浪漫 STORY 1

長歌行

【第六話】

編繪 夏達

出品——夏天島工作室

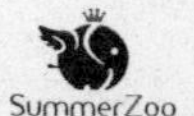

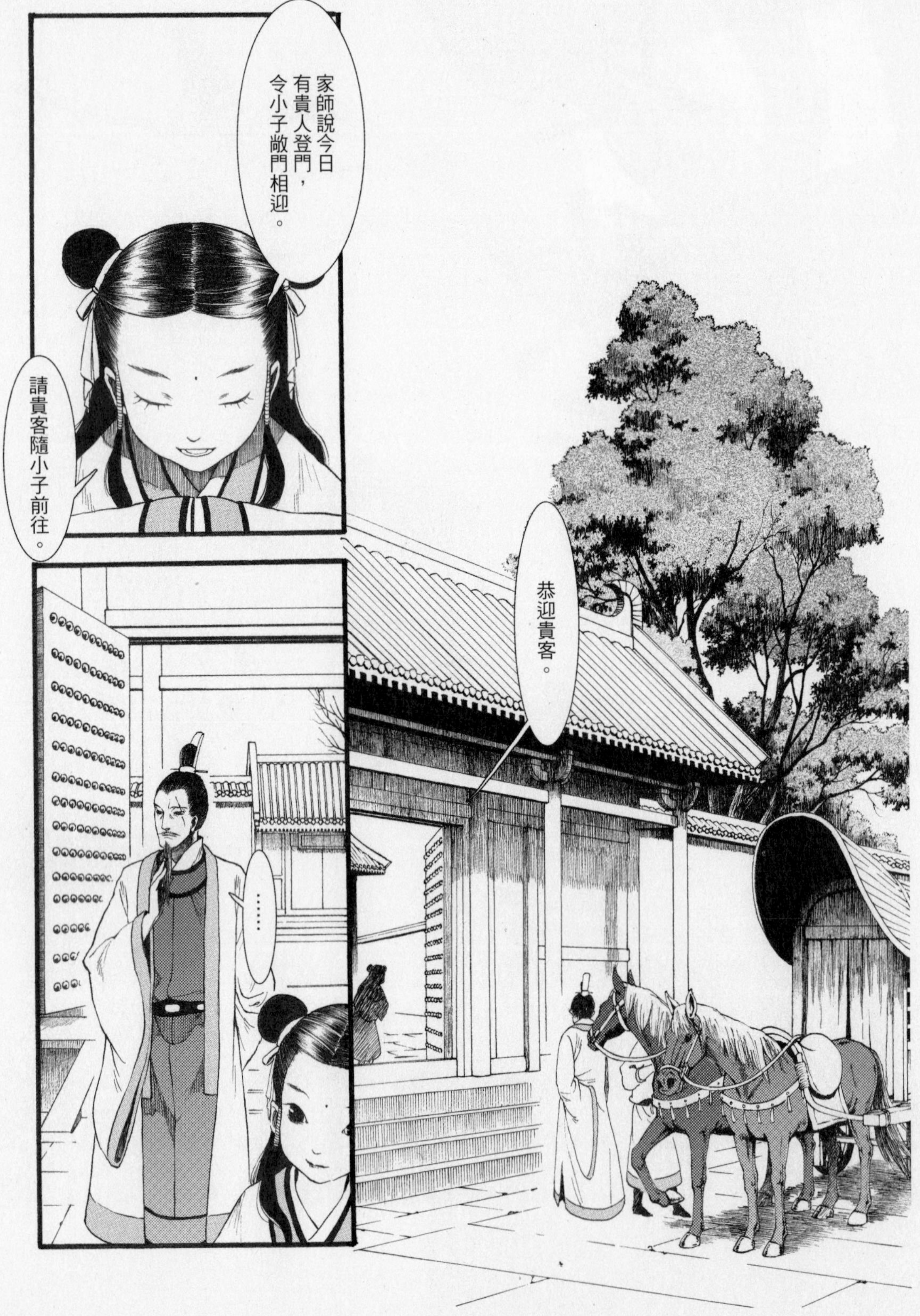
恭迎貴客。
家師說今日有貴人登門，令小子敞門相迎。
請貴客隨小子前往。
……

長歌行

夏達

Xia Da

夏天島工作室

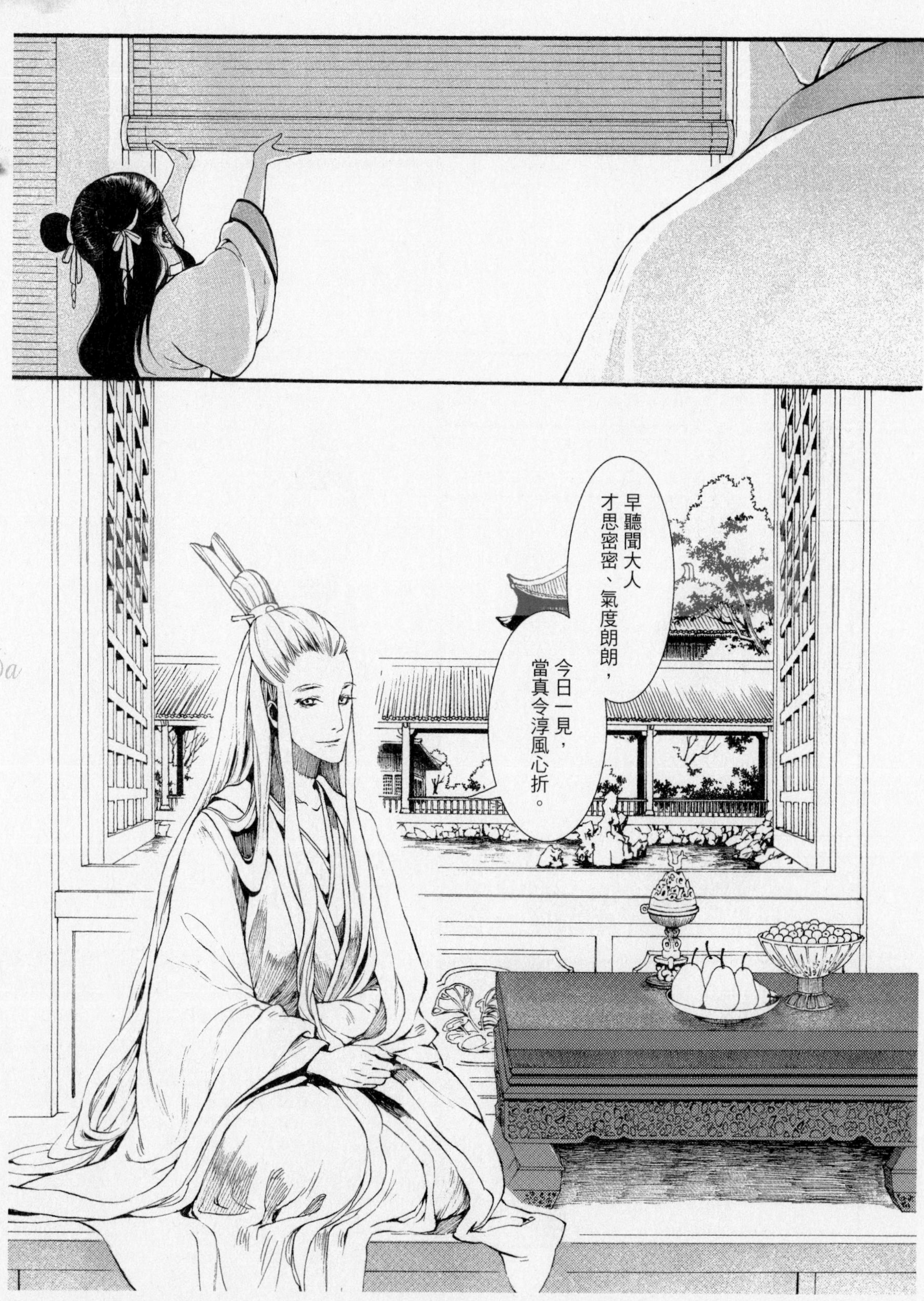

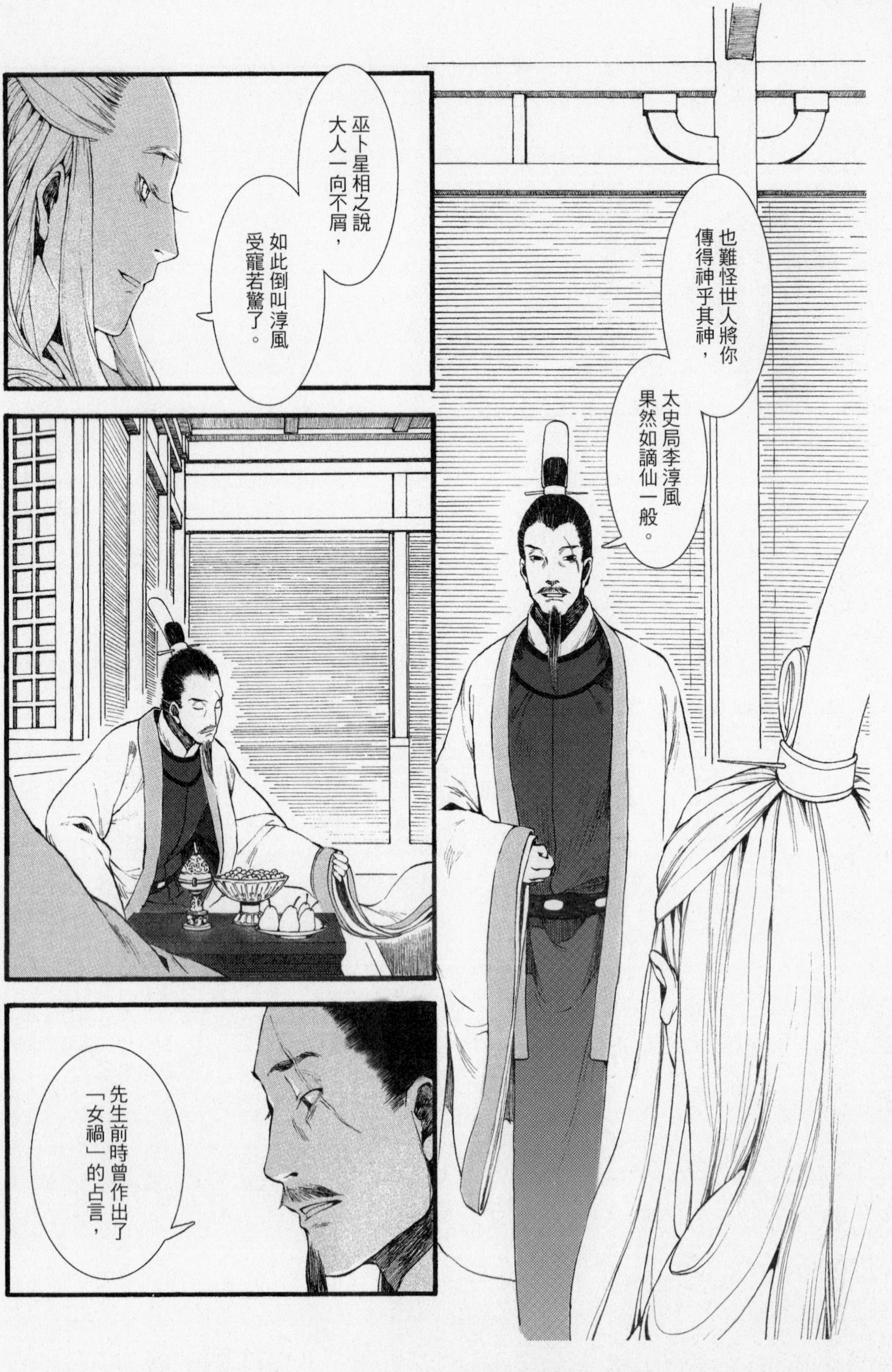

也難怪世人將你傳得神乎其神，

太史局李淳風果然如謫仙一般。

巫卜星相之說大人一向不屑，

如此倒叫淳風受寵若驚了。

先生前時曾作出了「女禍」的占言，

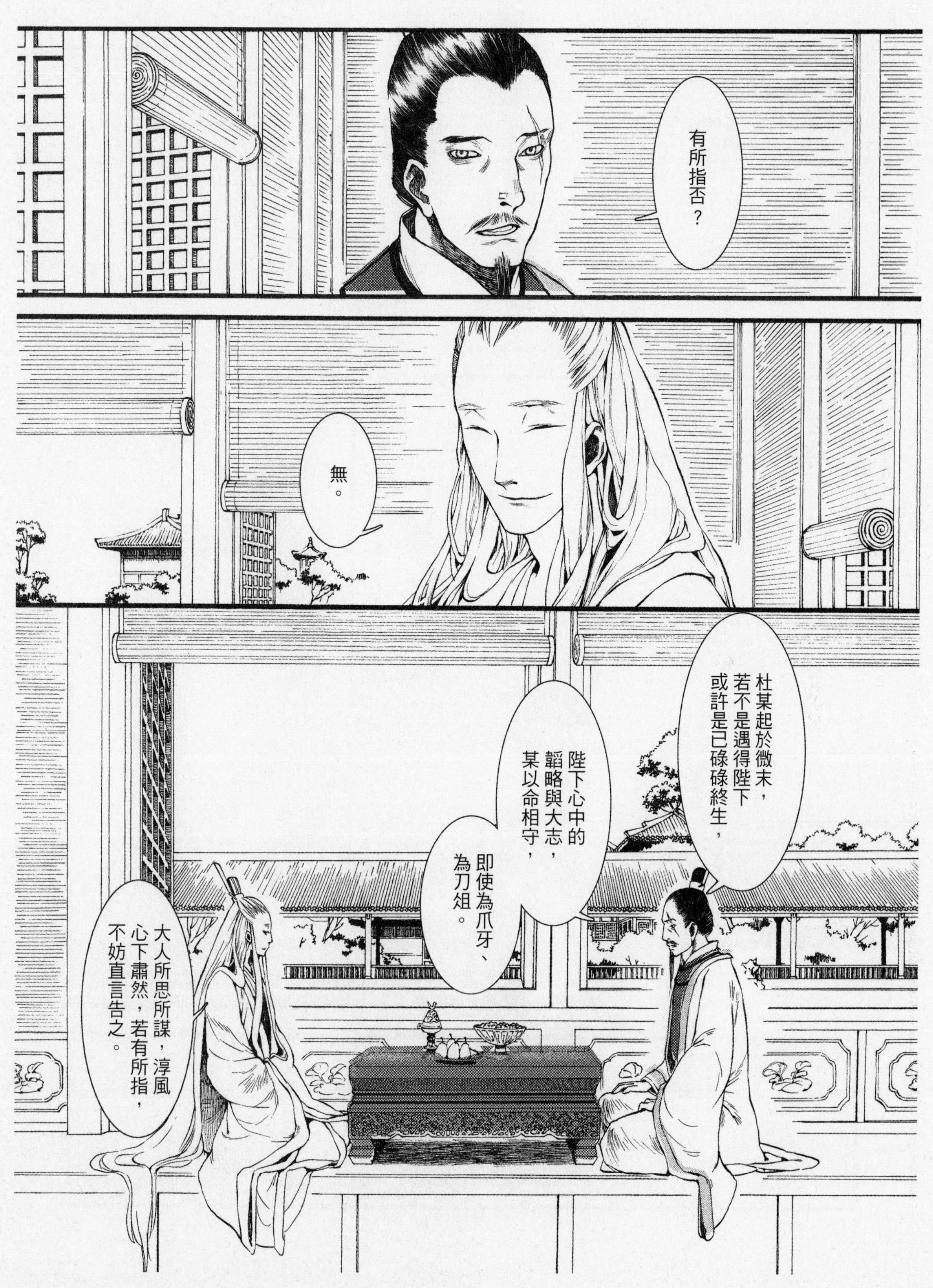
有所指否？
無。
杜某起於微末，若不是遇得陛下，或許是已碌碌終生，
陛下心中的韜略與大志，某以命相守，即使為爪牙、為刀俎。
大人所思所謀，淳風心下肅然，若有所指，不妨直言告之。

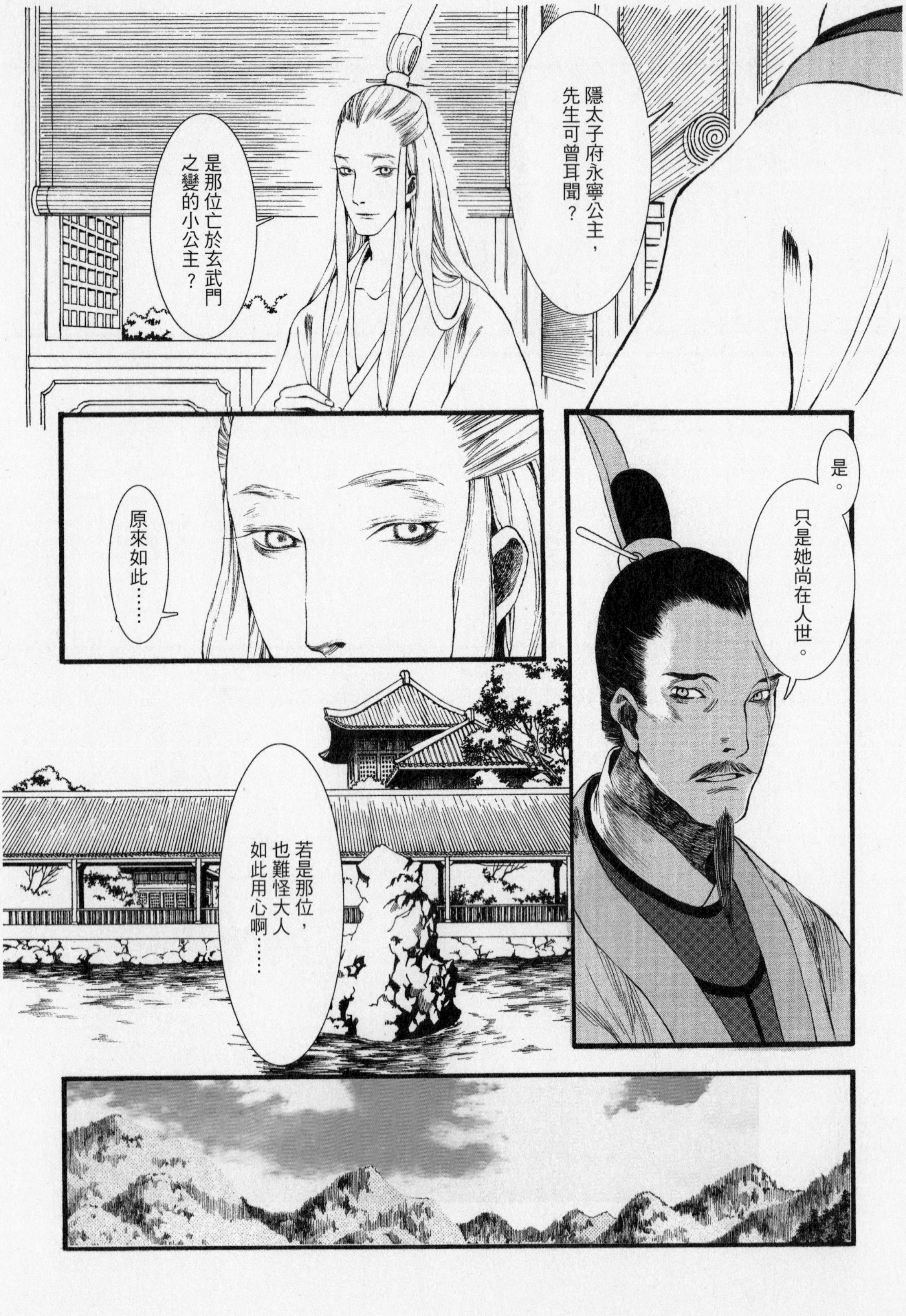

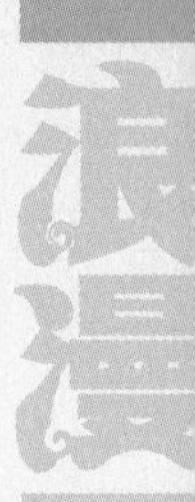

隱太子府永寧公主，先生可曾耳聞？

是那位亡於玄武門之變的小公主？

是。只是她尚在人世。

原來如此……

若是那位，也難怪大人如此用心啊……

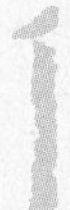

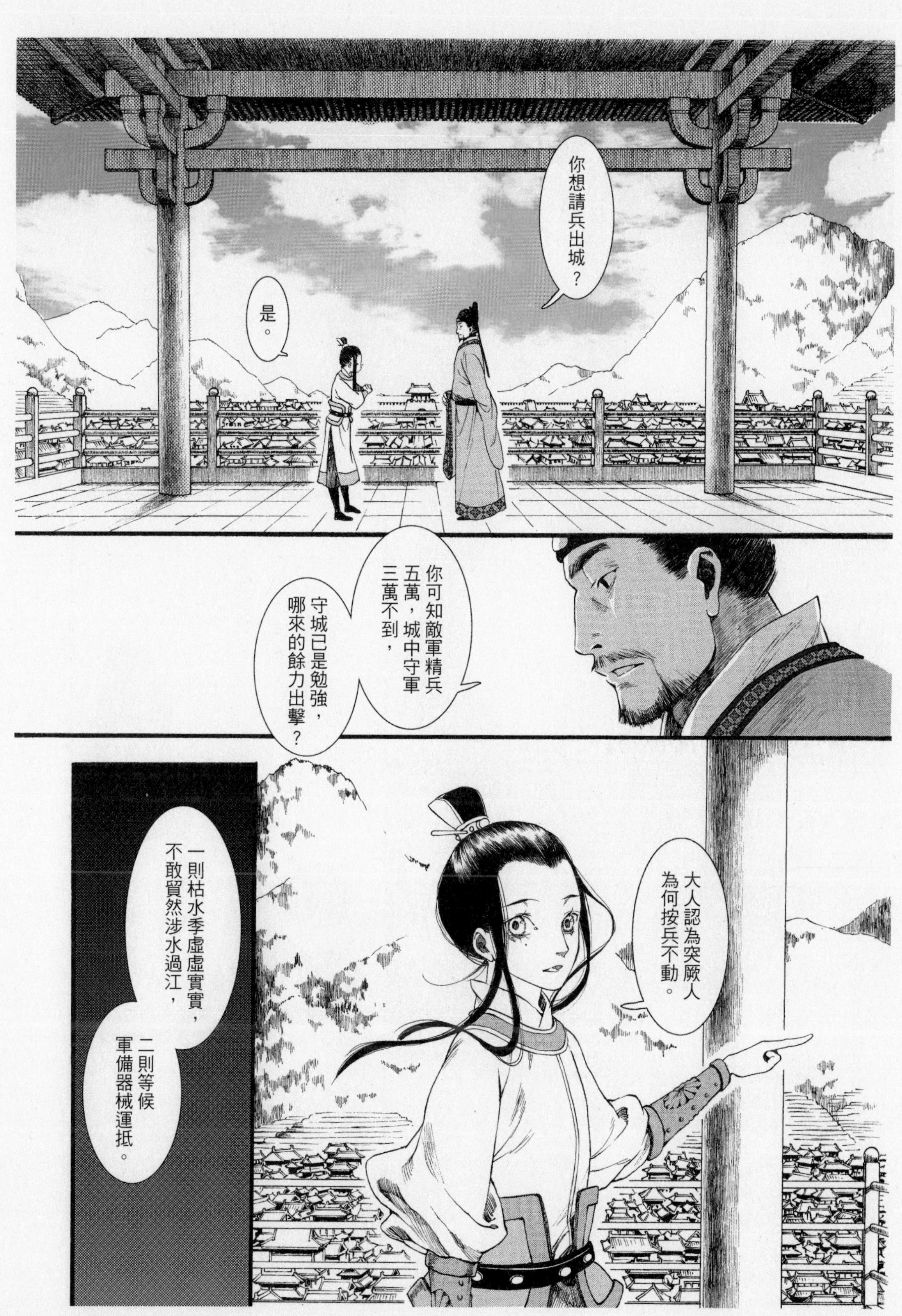
你想請兵出城？
是。
你可知敵軍精兵五萬，城中守軍三萬不到，
守城已是勉強，哪來的餘力出擊？
大人認為突厥人為何按兵不動。
一則枯水季虛虛實實，不敢貿然涉水過江，
二則等候軍備器械運抵。

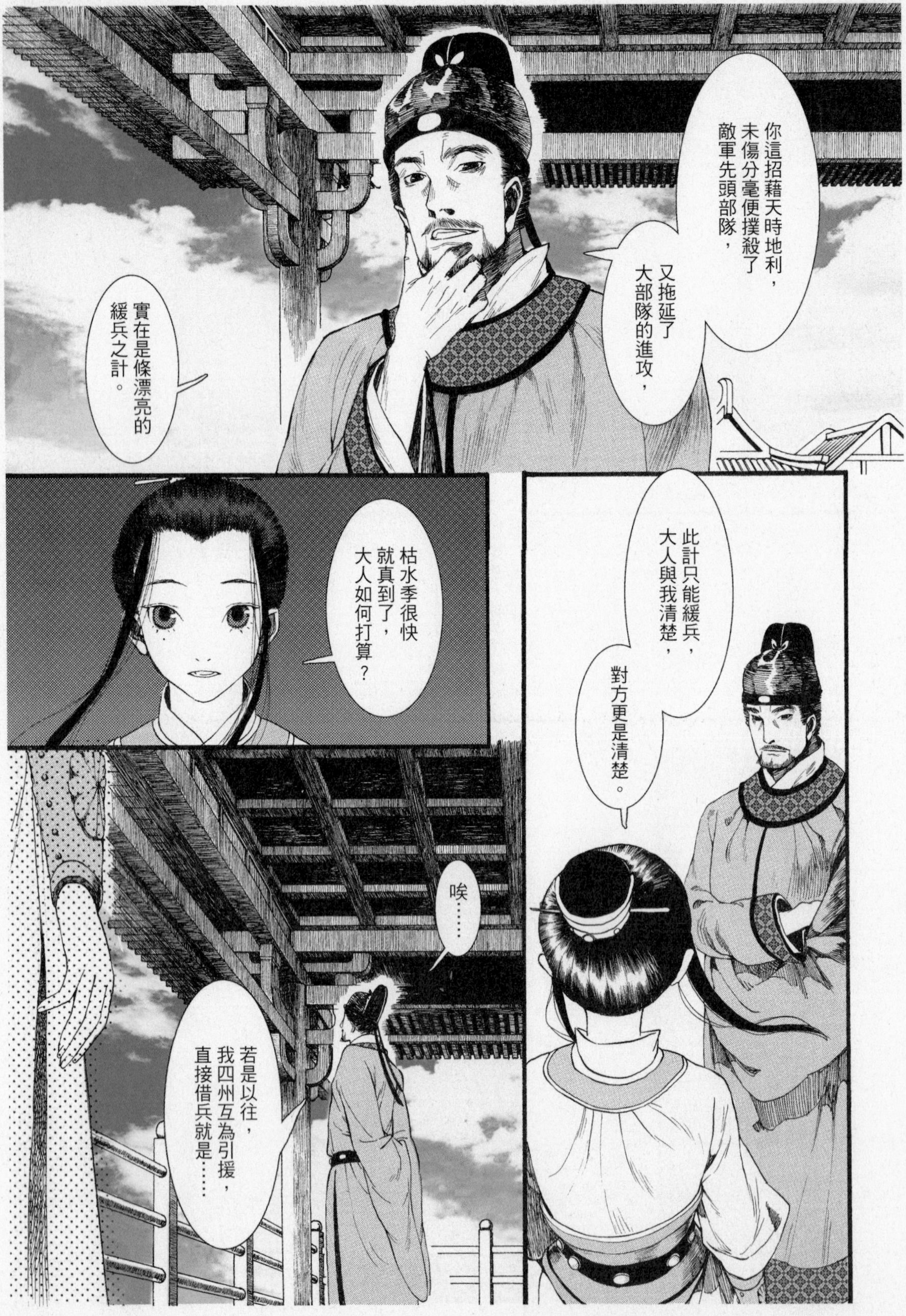

你這招藉天時地利，未傷分毫便撲殺了敵軍先頭部隊，

又拖延了大部隊的進攻，

實在是條漂亮的緩兵之計。

此計只能緩兵，大人與我清楚，

對方更是清楚。

枯水季很快就真到了，大人如何打算？

唉……

若是以往，我四州互為引援，直接借兵就是……

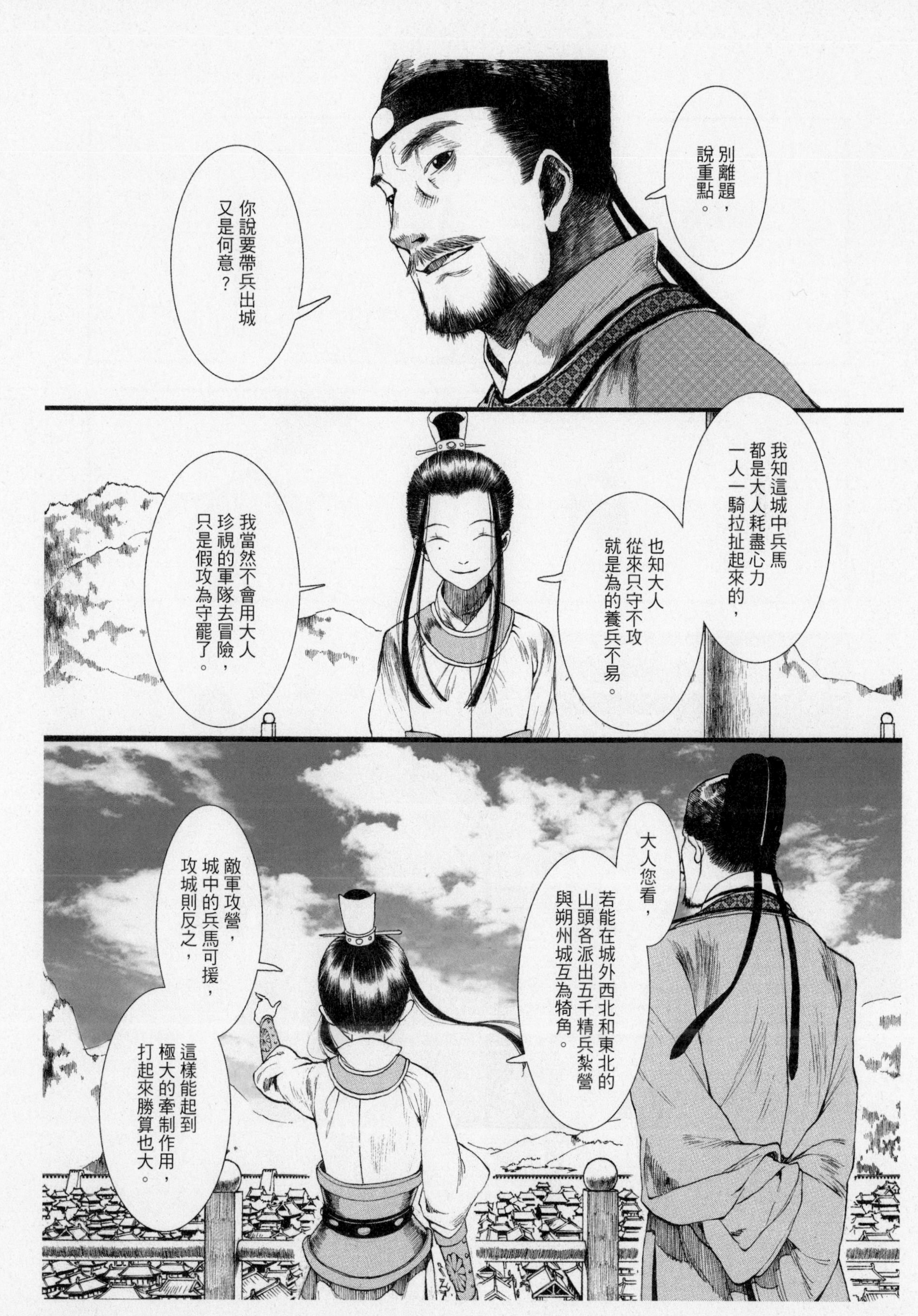
別離題，
說重點。
你說要帶兵出城
又是何意？
我知這城中兵馬
都是大人耗盡心力
一人一騎拉扯起來的，
也知大人
從來只守不攻
就是為的養兵不易。
我當然不會用大人
珍視的軍隊去冒險，
只是假攻為守罷了。
大人您看，
若能在城外西北和東北的
山頭各派出五千精兵紮營
與朔州城互為犄角。
敵軍攻營，
城中的兵馬可援，
攻城則反之，
這樣能起到
極大的牽制作用，
打起來勝算也大。

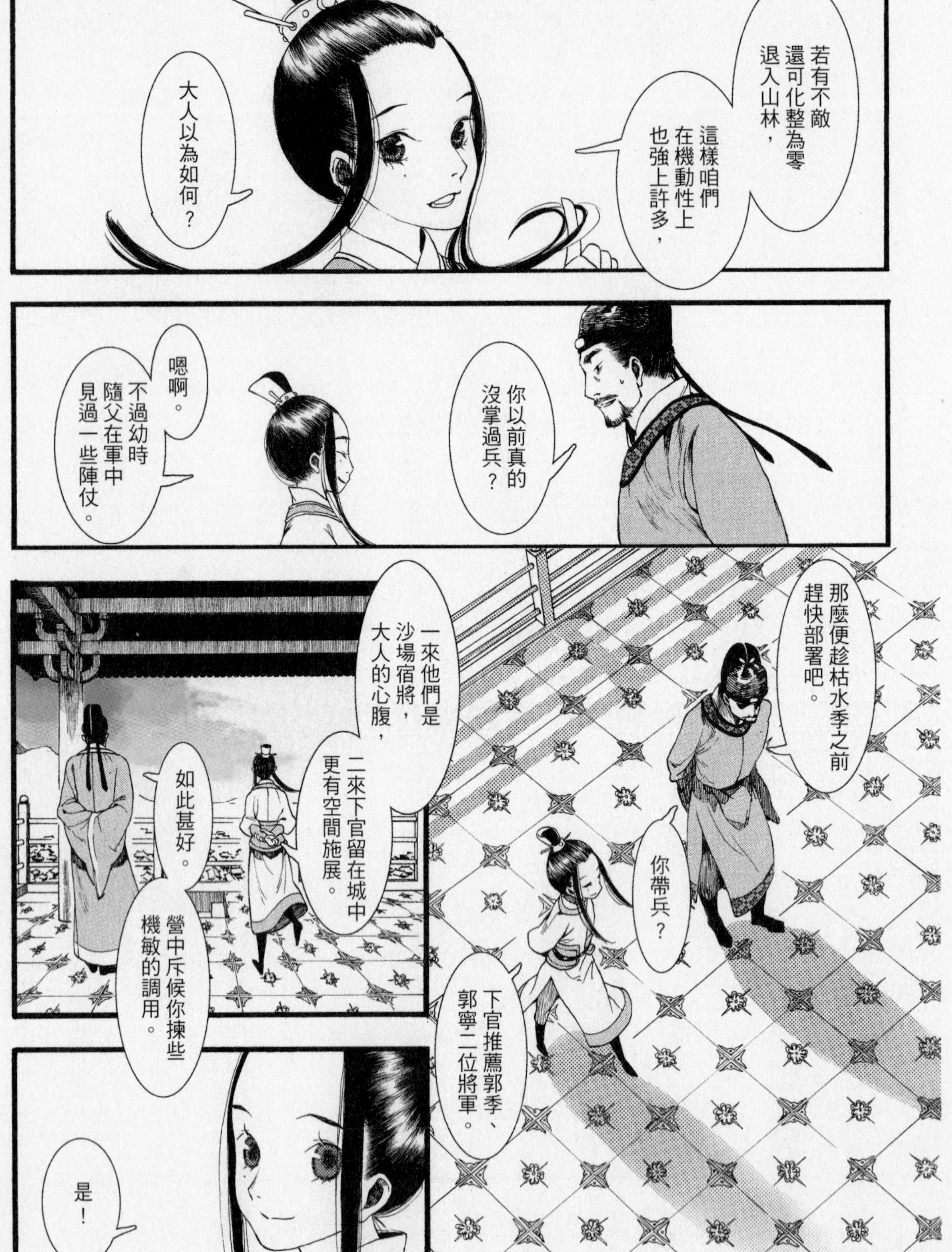
若有不敵還可化整為零退入山林，
這樣咱們在機動性上也強上許多，
大人以為如何？
你以前真的沒掌過兵？
嗯啊。
不過幼時隨父在軍中見過一些陣仗。
那麼便趁枯水季之前趕快部署吧。
你帶兵？
下官推薦郭季、郭寧二位將軍。
一來他們是沙場宿將，大人的心腹，
二來下官留在城中更有空間施展。
如此甚好。
營中斥候你揀些機敏的調用。
是！

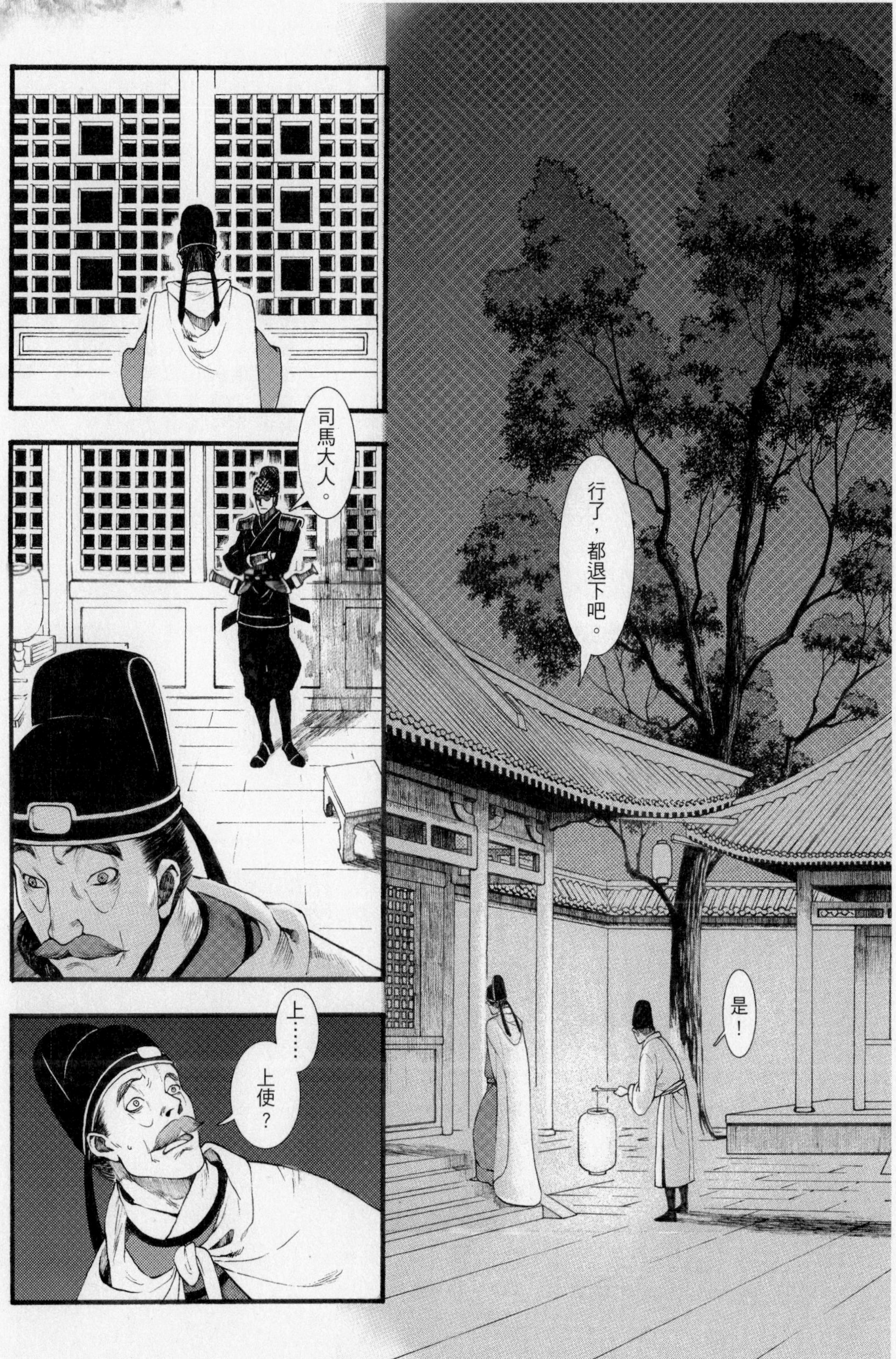
行了，都退下吧。
是！
司馬大人。
上……
上使？

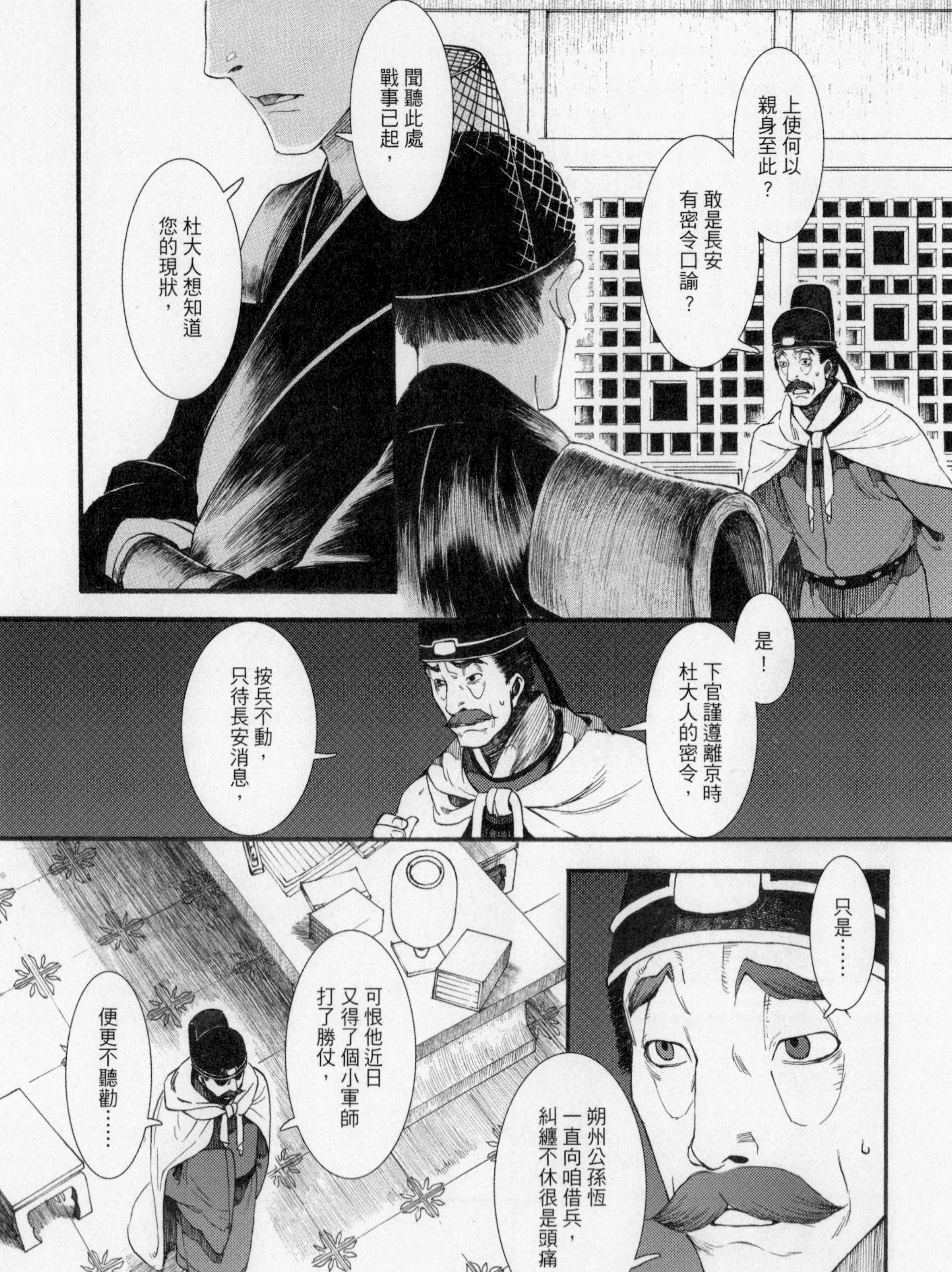
上使何以
親身至此？
敢是長安
有密令口諭？
聞聽此處
戰事已起，
杜大人想知道
您的現狀，
是！
下官謹遵離京時
杜大人的密令，
按兵不動，
只待長安消息，
只是……
朔州公孫恆
一直向咱借兵，
糾纏不休很是頭痛，
可恨他近日
又得了個小軍師
打了勝仗，
便更不聽勸……

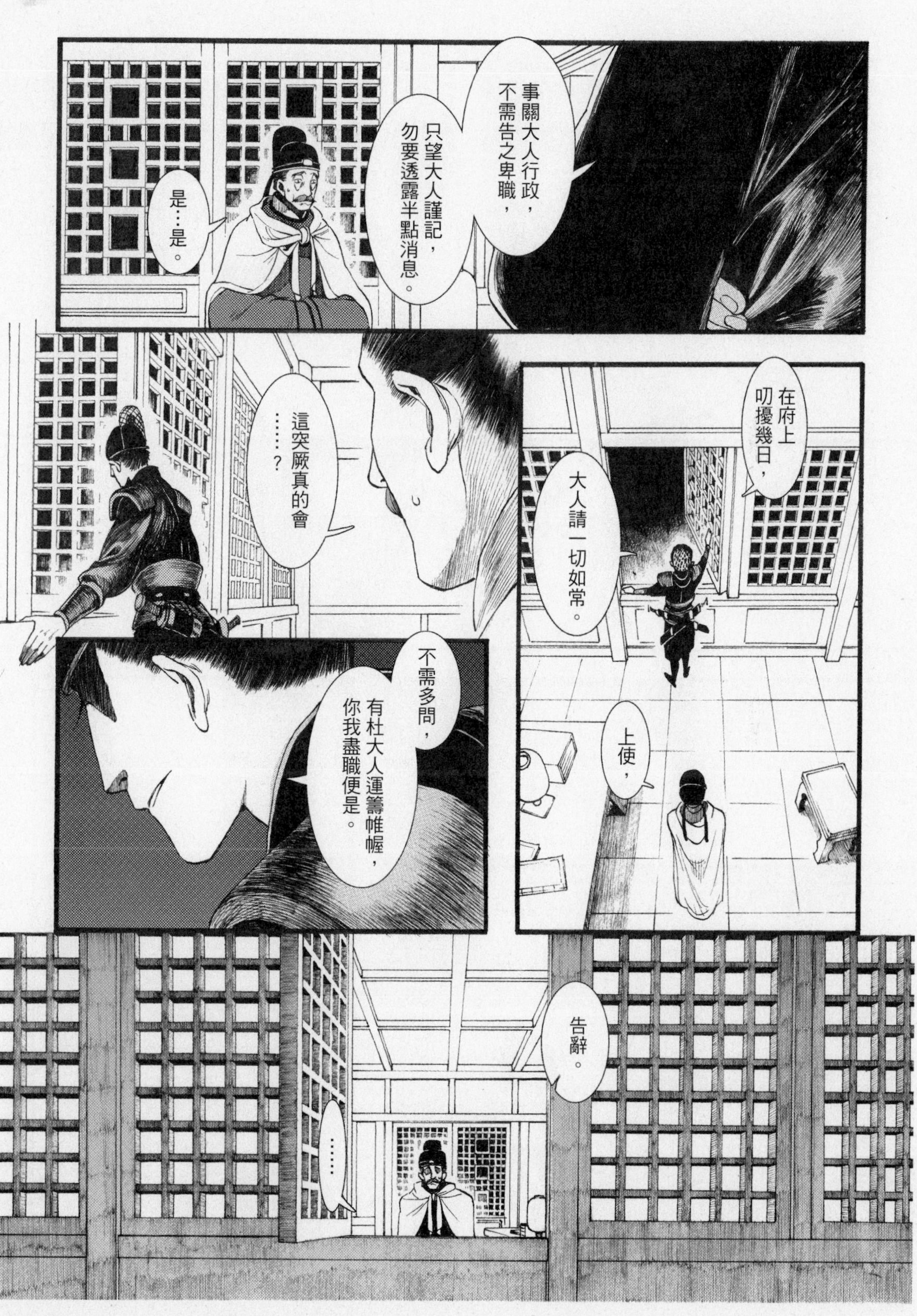
事關大人行政，不需告之卑職，
只望大人謹記，勿要透露半點消息。
是…是。
在府上叨擾幾日，
大人請一切如常。
這突厥真的會……？
上使，
不需多問，有杜大人運籌帷幄，你我盡職便是。
告辭。
……

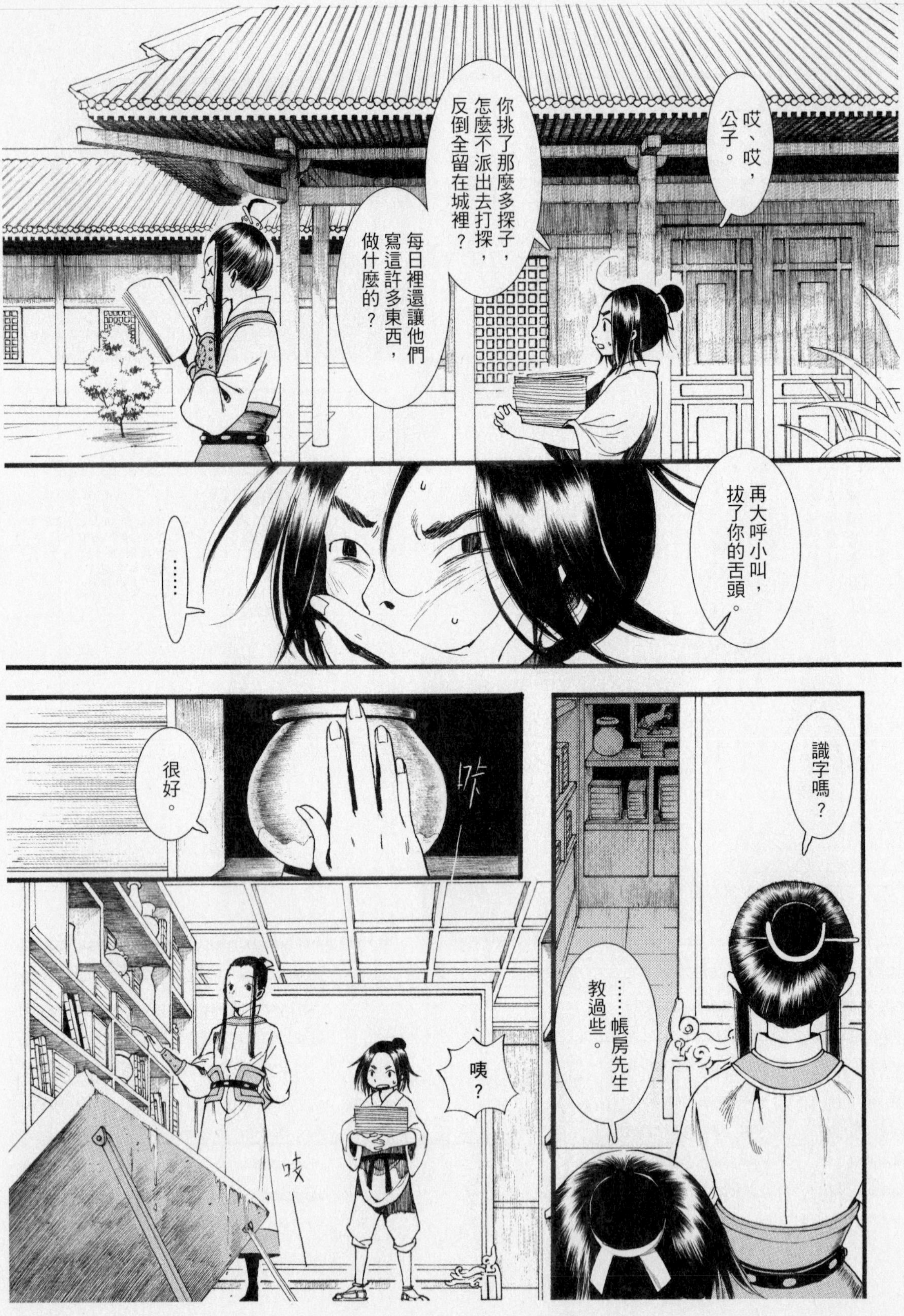

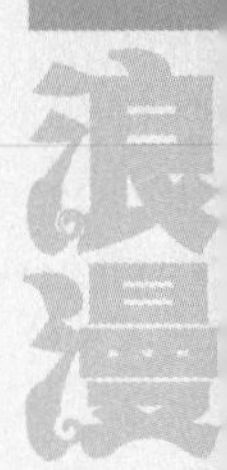

哎、哎，公子。

你挑了那麼多探子，怎麼不派出去打探，反倒全留在城裡？

每日裡還讓他們寫這許多東西，做什麼的？

再大呼小叫，拔了你的舌頭。

……

識字嗎？

……帳房先生教過些。

很好。

咦？

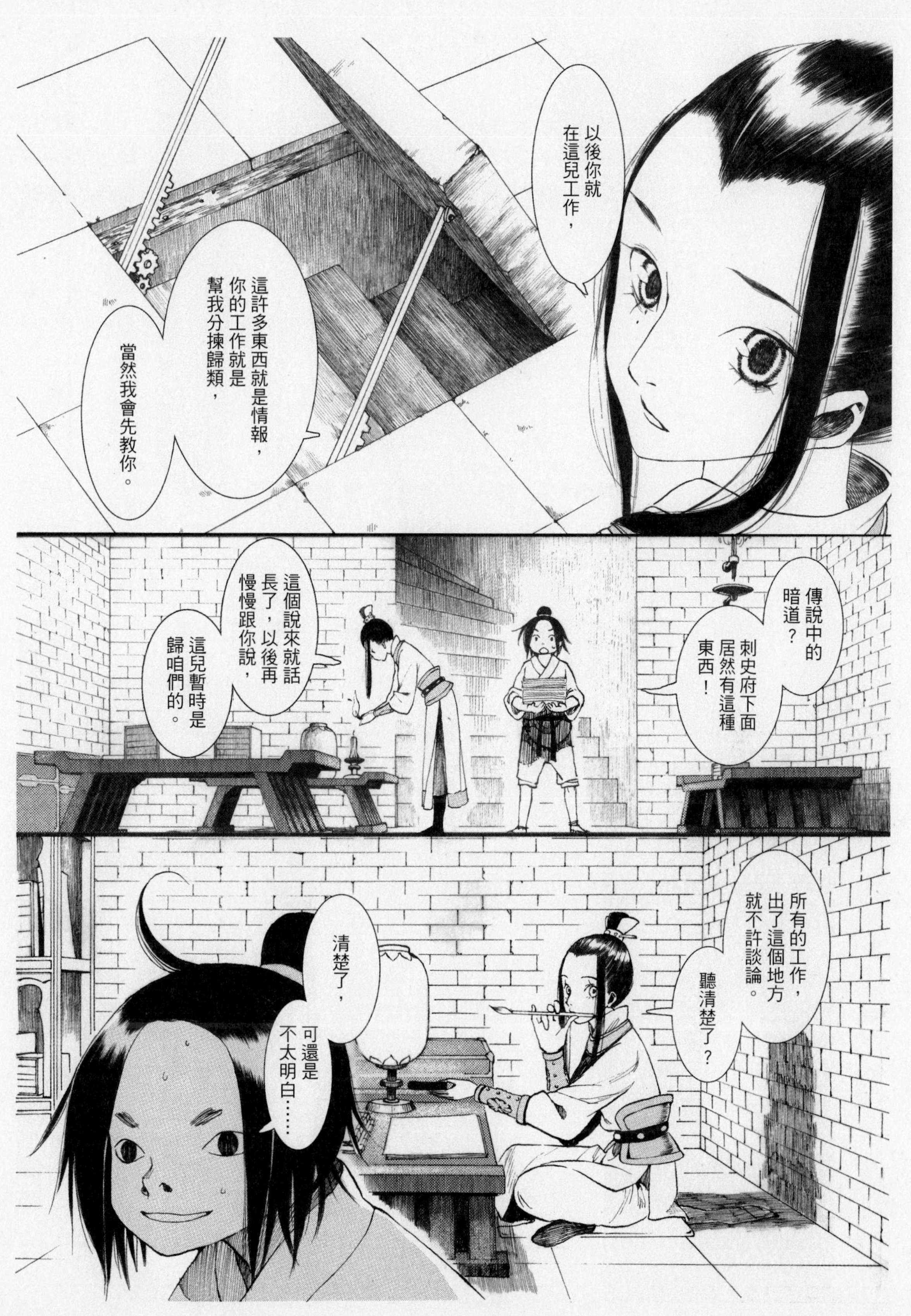
以後你就在這兒工作，
這許多東西就是情報，你的工作就是幫我分揀歸類，
當然我會先教你。
傳說中的暗道？
刺史府下面居然有這種東西！
這個說來就話長了，以後再慢慢跟你說，
這兒暫時是歸咱們的。
所有的工作，出了這個地方就不許談論。
聽清楚了？
清楚了，
可還是不太明白……

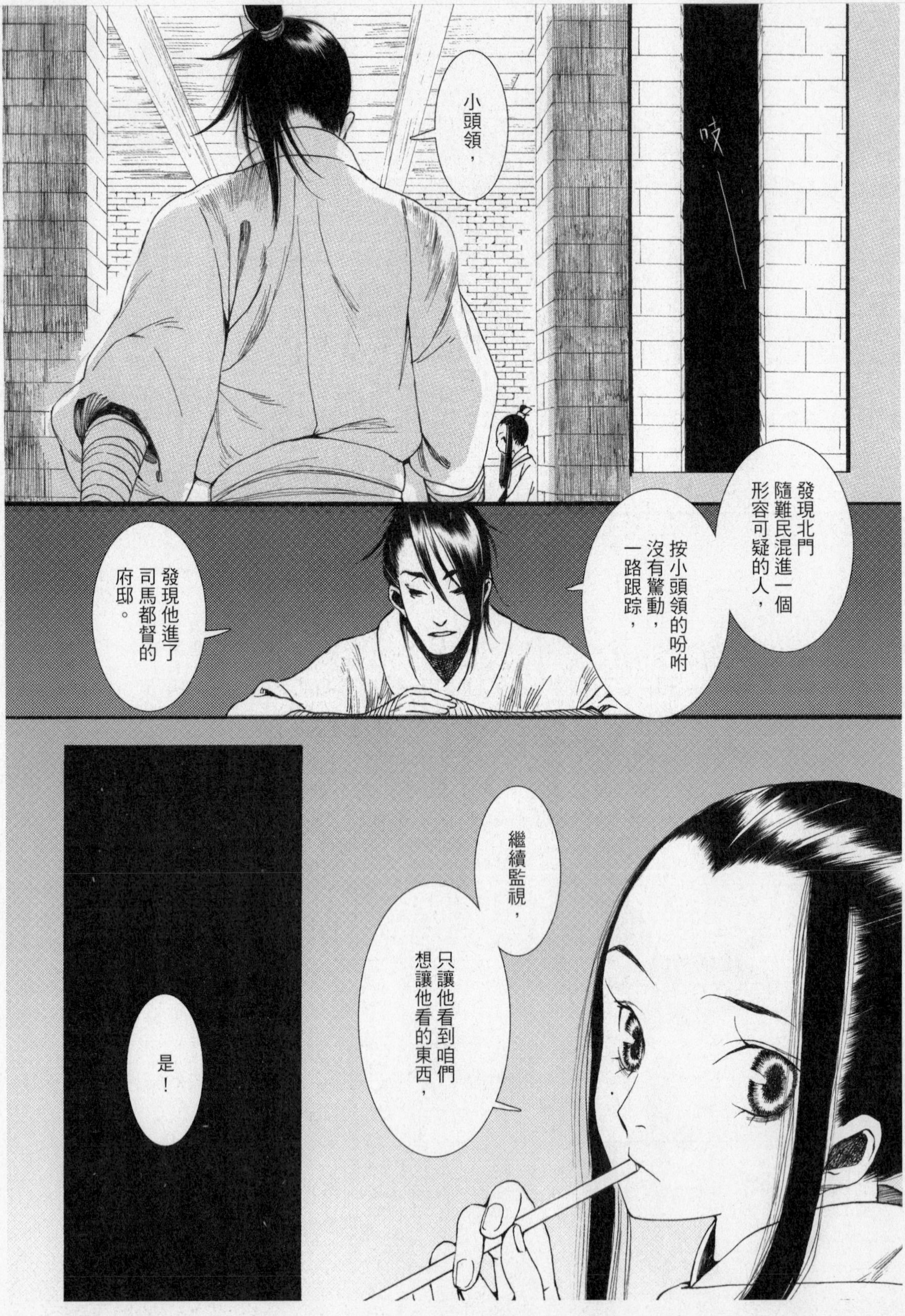

咳——

小頭領，

發現北門隨難民混進一個形容可疑的人，

按小頭領的吩咐沒有驚動，一路跟蹤，

發現他進了司馬都督的府邸。

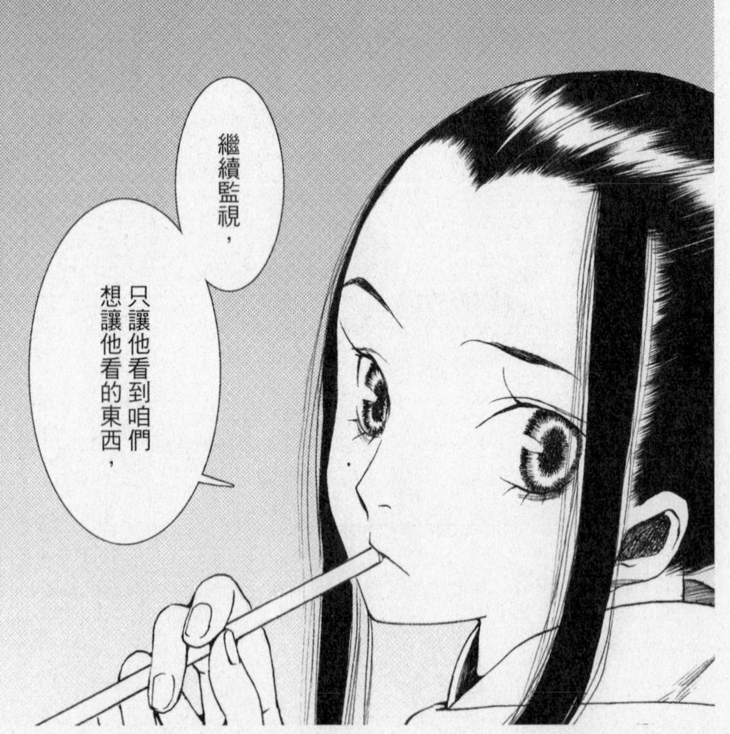

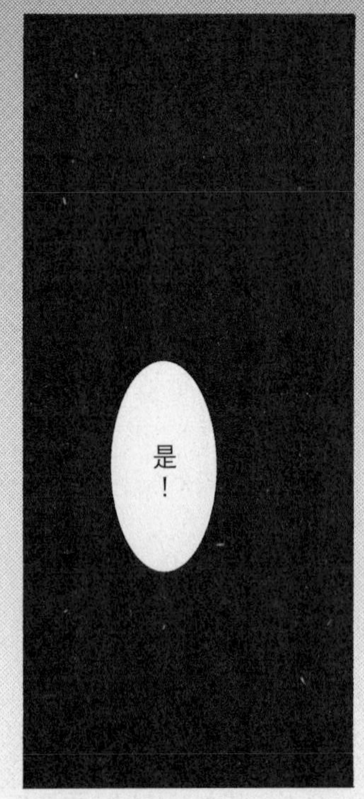

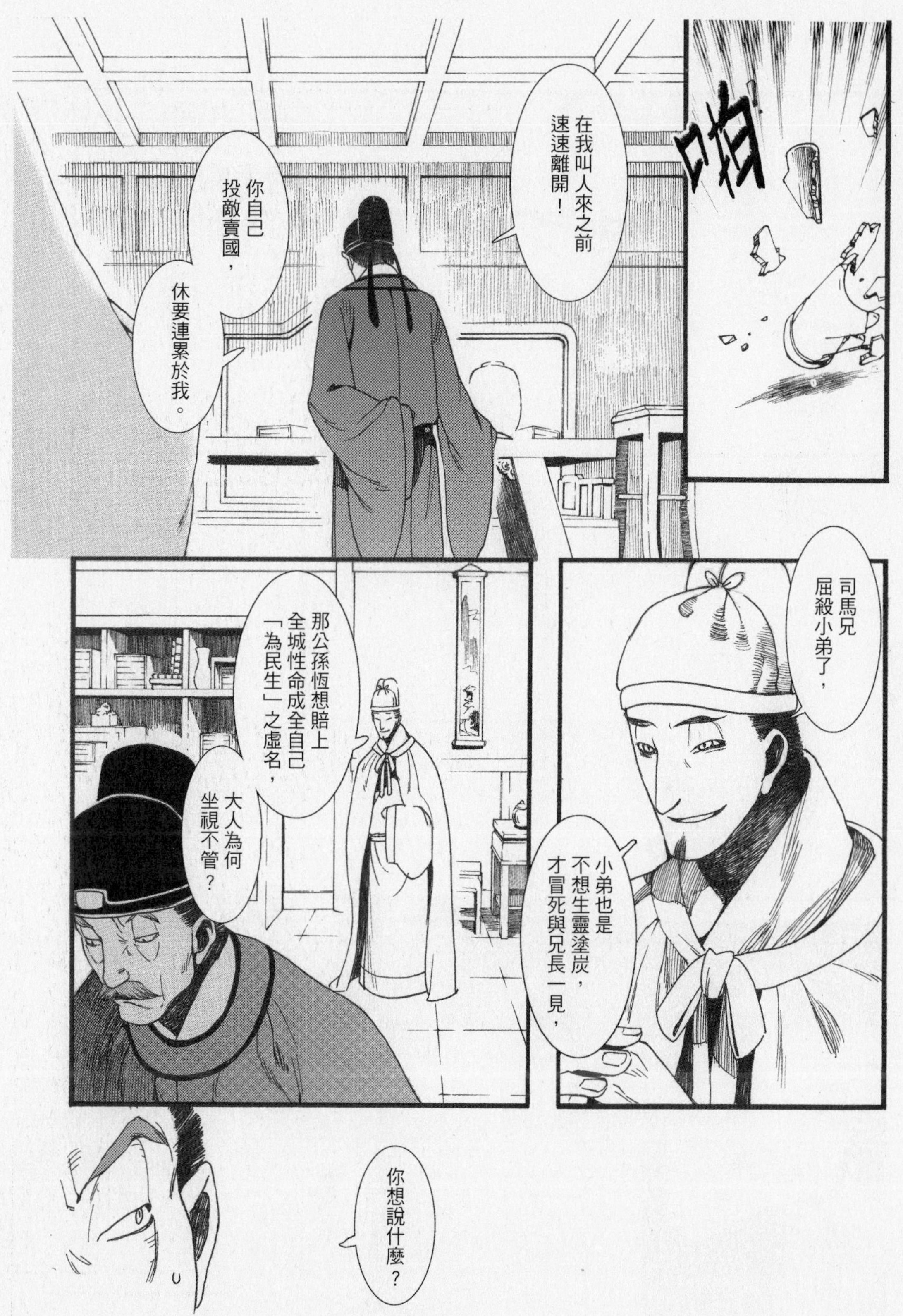
啪!
在我叫人來之前速速離開!
你自己投敵賣國，休要連累於我。
司馬兄屈殺小弟了，
小弟也是不想生靈塗炭，才冒死與兄長一見，
那公孫恆想賠上全城性命成全自己「為民生」之虛名，
大人為何坐視不管？
你想說什麼？

突厥如飢狼一般勇且無謀，獻出一頭羊餵飽它，它也就滿足了。一直餓著它卻與它撕咬，實在不是明智的做法。

大人代天子巡牧四州兵馬，若都折損於此，這政績可就不好看了。

……

若讓出朔州，突厥定會止步，

大人仍是都督，小弟也有好處，何樂而不為？

都督，公孫大人求見。

讓他大廳等候！

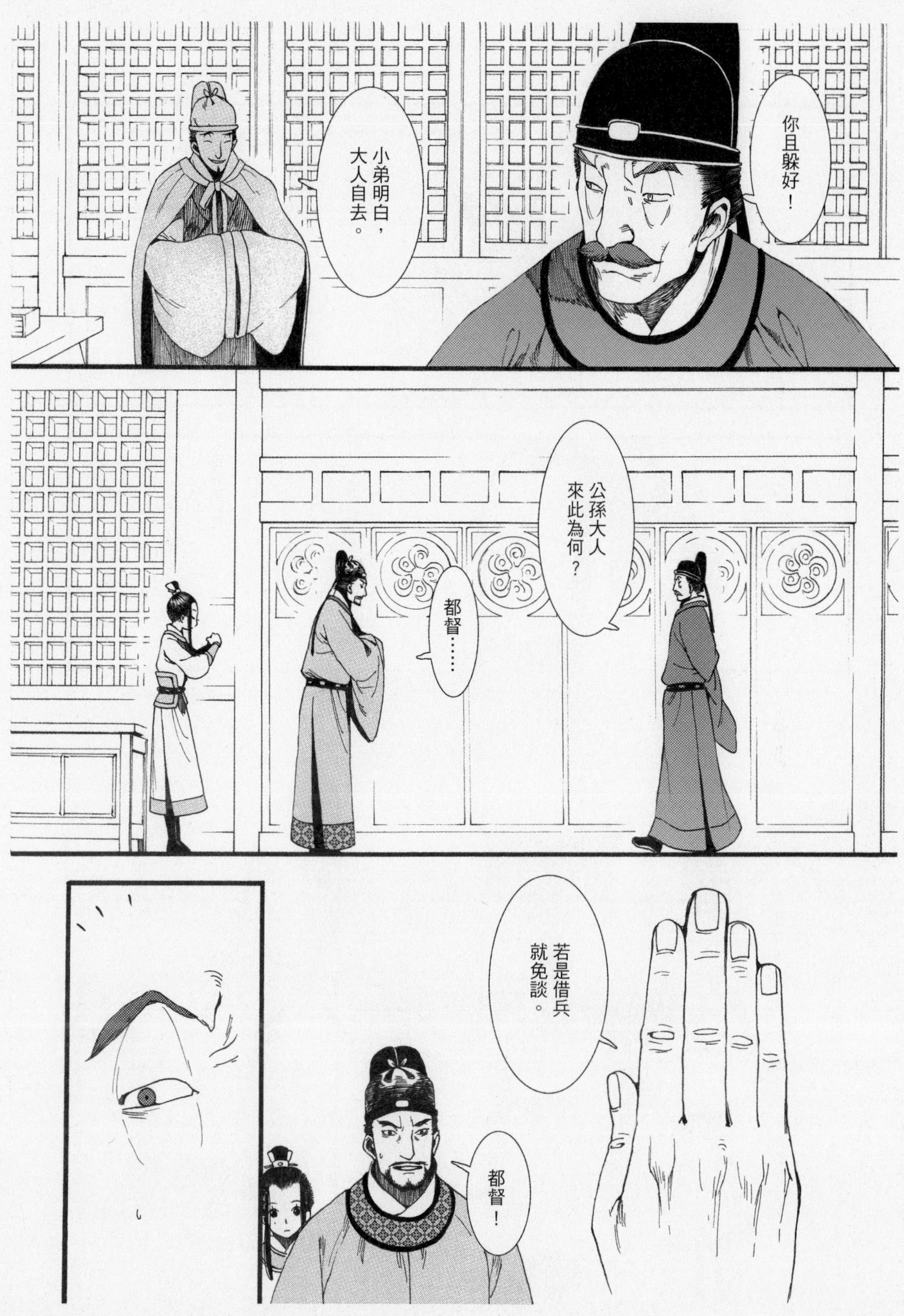
你且躲好！
小弟明白，大人自去。
公孫大人來此為何？
都督……
若是借兵就免談。
都督！

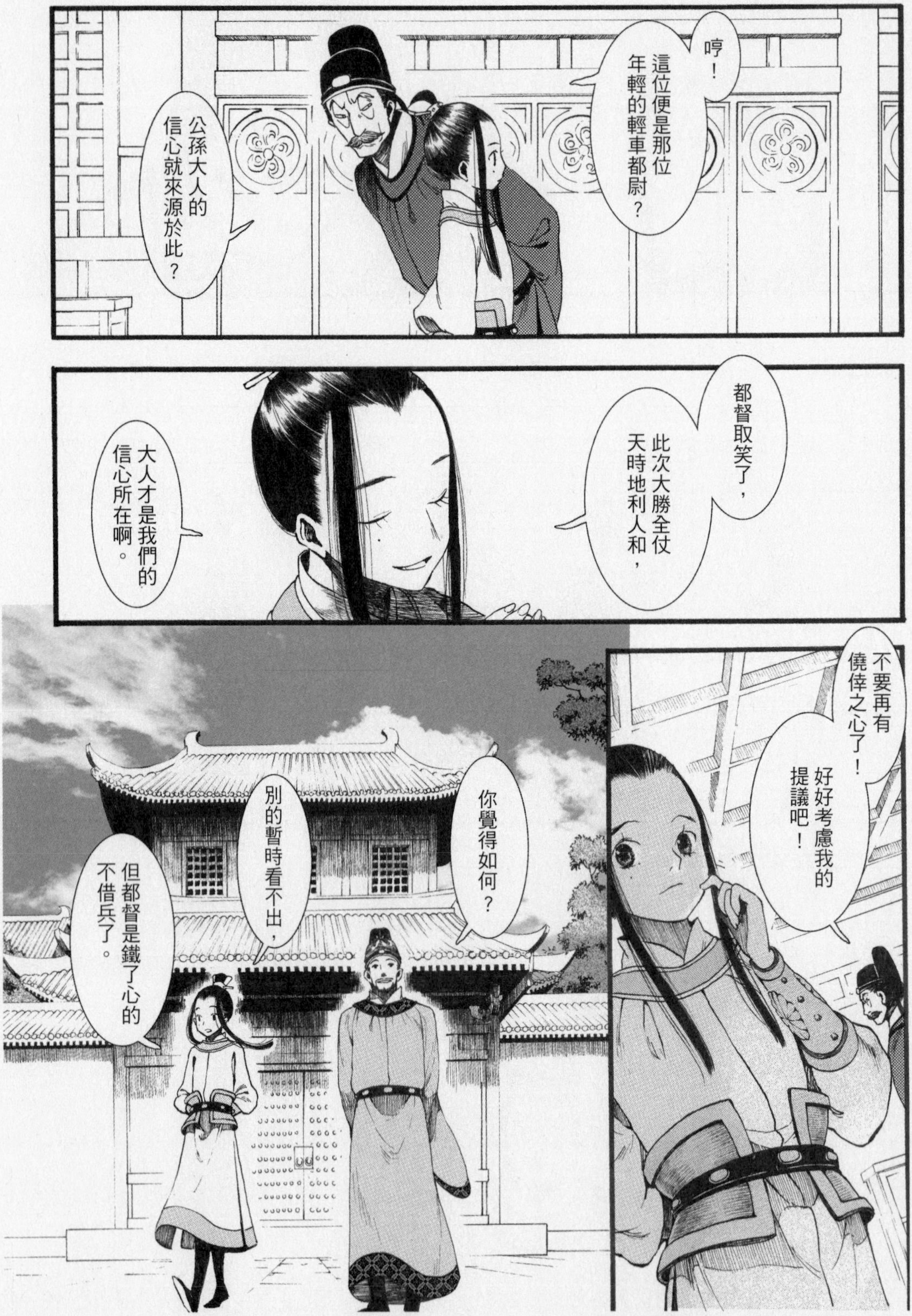

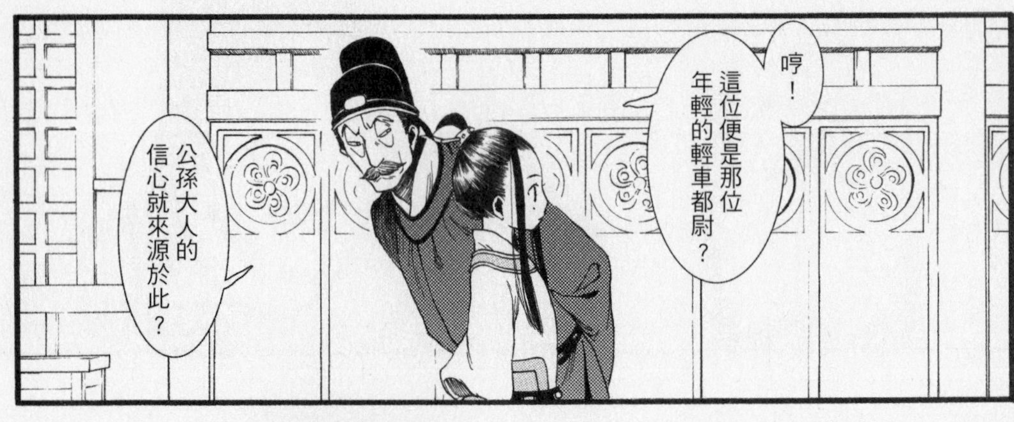
哼！
這位便是那位年輕的輕車都尉？
公孫大人的信心就來源於此？

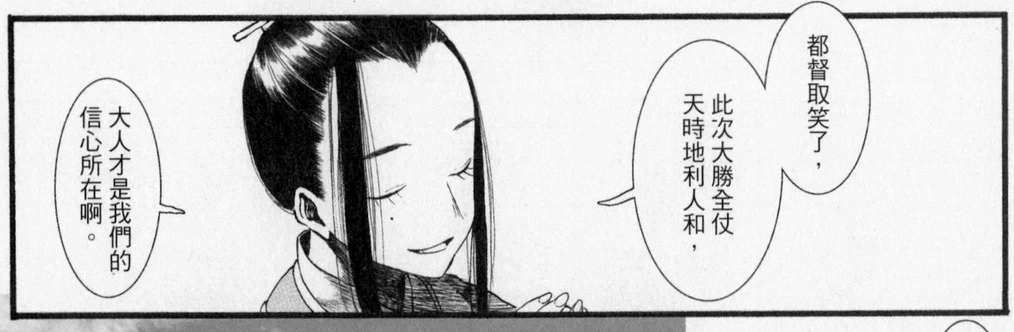
都督取笑了，
此次大勝全仗天時地利人和，
大人才是我們的信心所在啊。

不要再有僥倖之心了！
好好考慮我的提議吧！
你覺得如何？
別的暫時看不出，
但都督是鐵了心的不借兵了。

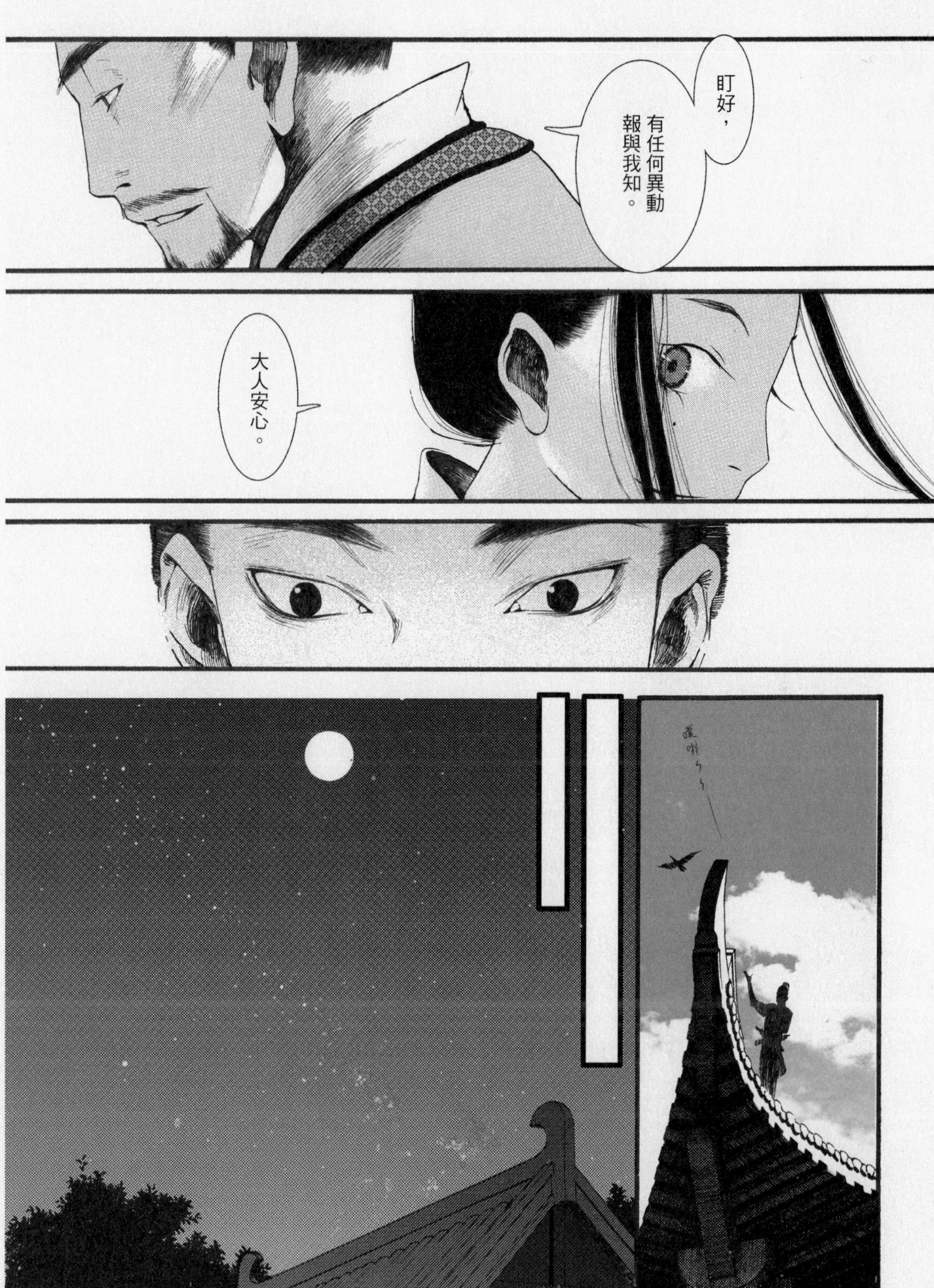
盯好，
有任何異動
報與我知。
大人安心。

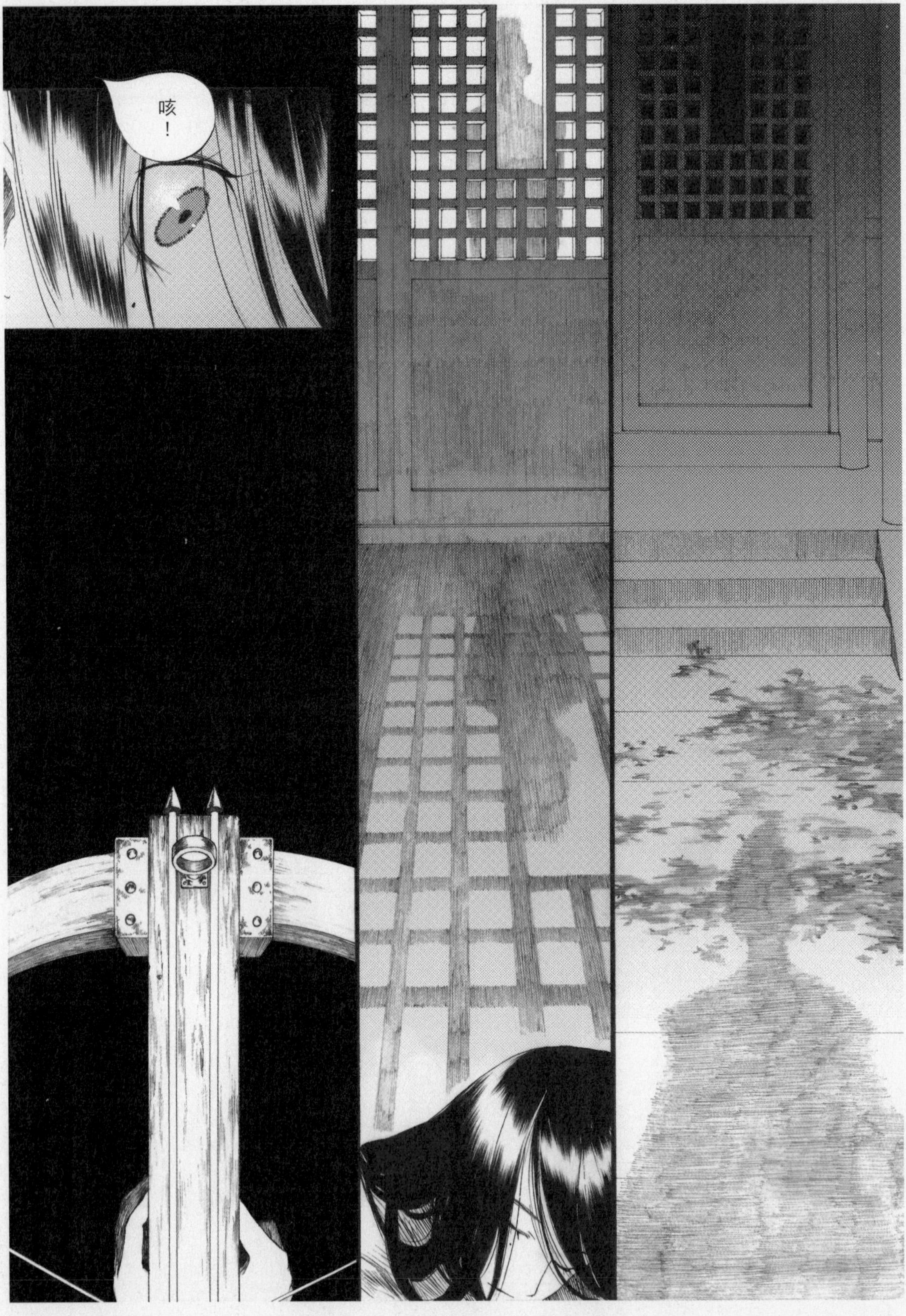

咳！

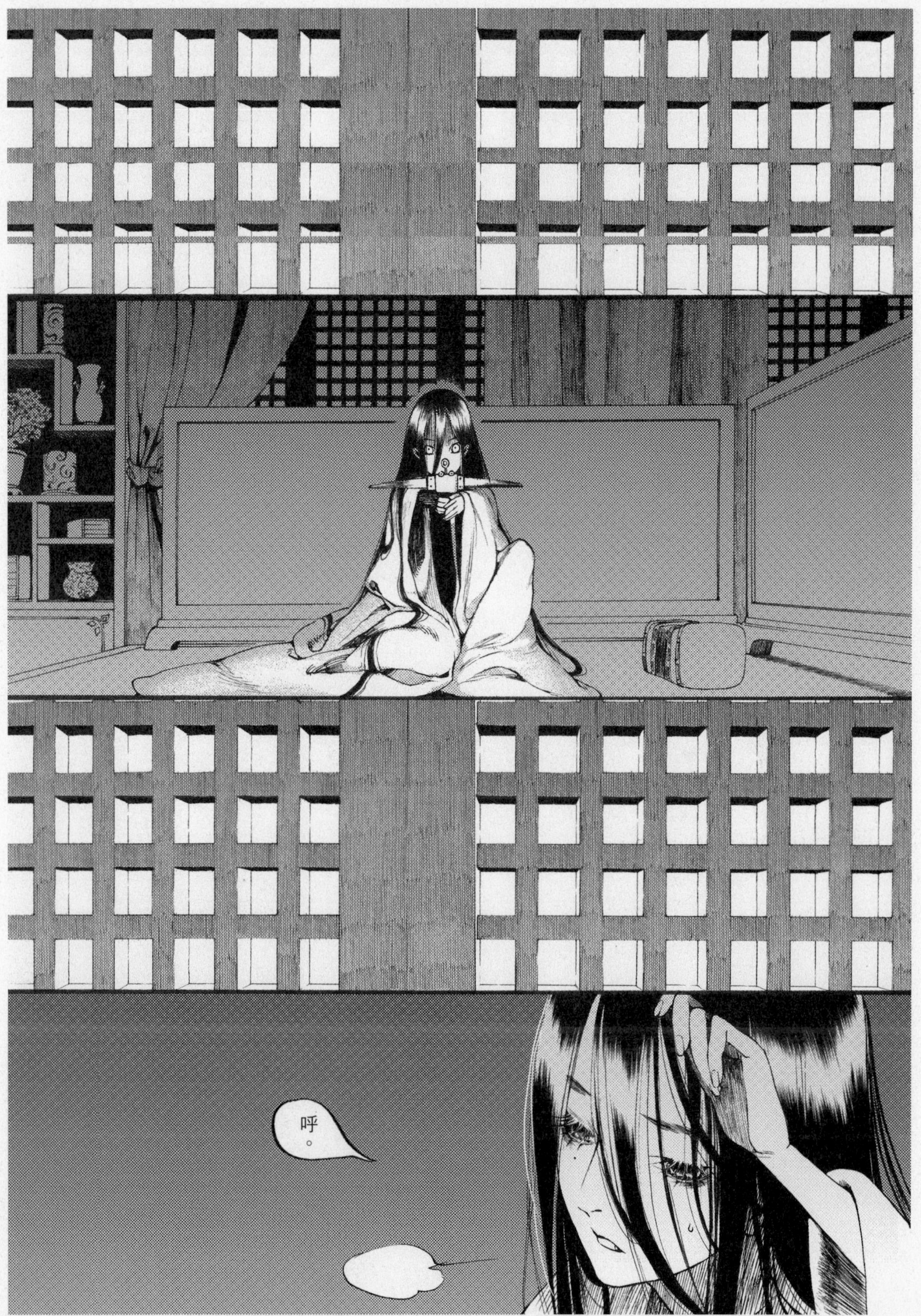
呼。

咱並沒興趣追究妳的過去。

只是一個連性別都要掩飾的人，很難令人安心啊，

夫人的行蹤，是妳透露給山賊的吧？

且不管妳處心積慮為的是什麼，

妳不動公孫一家，我不動妳。

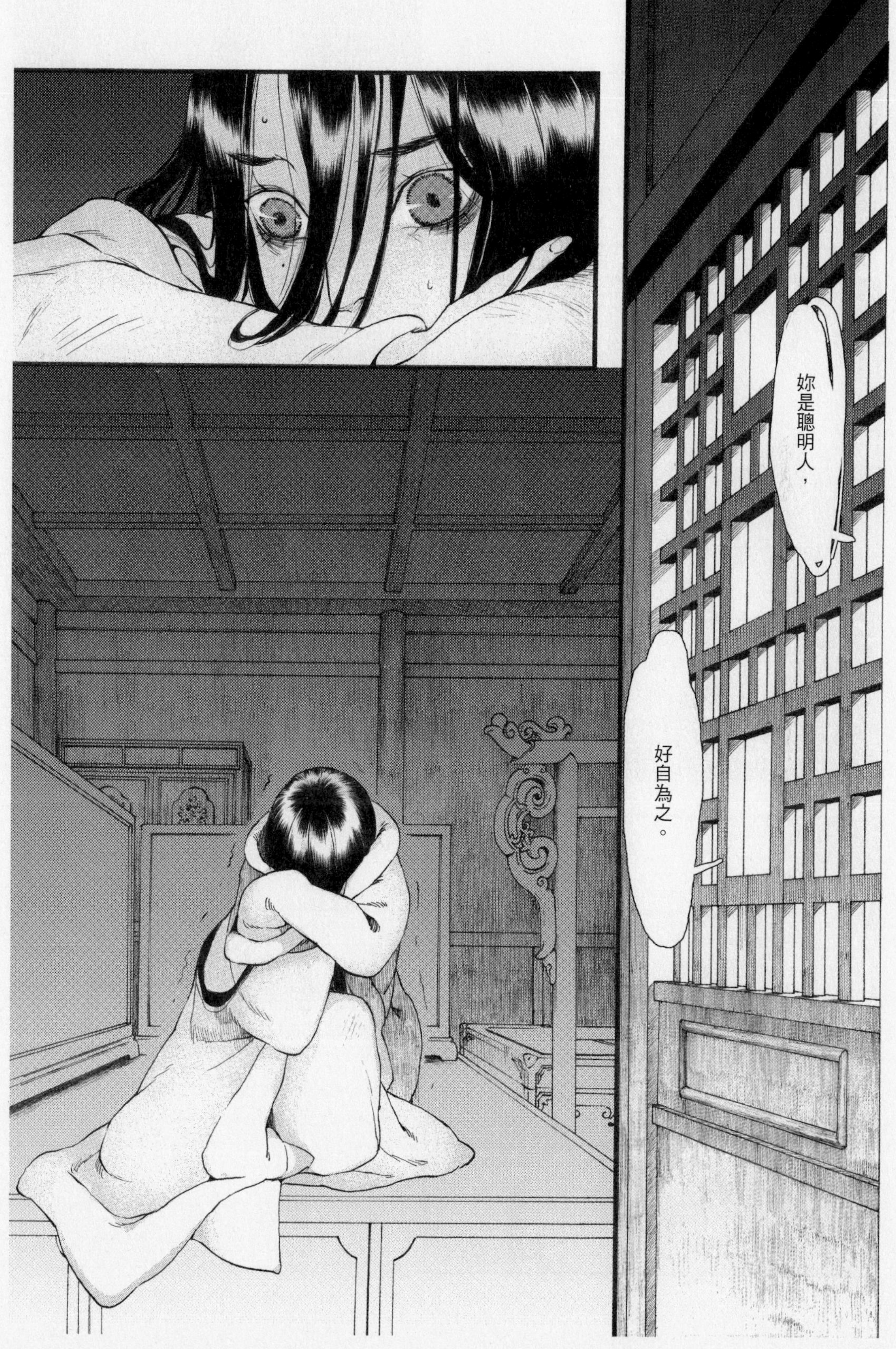
妳是聰明人，
好自為之。

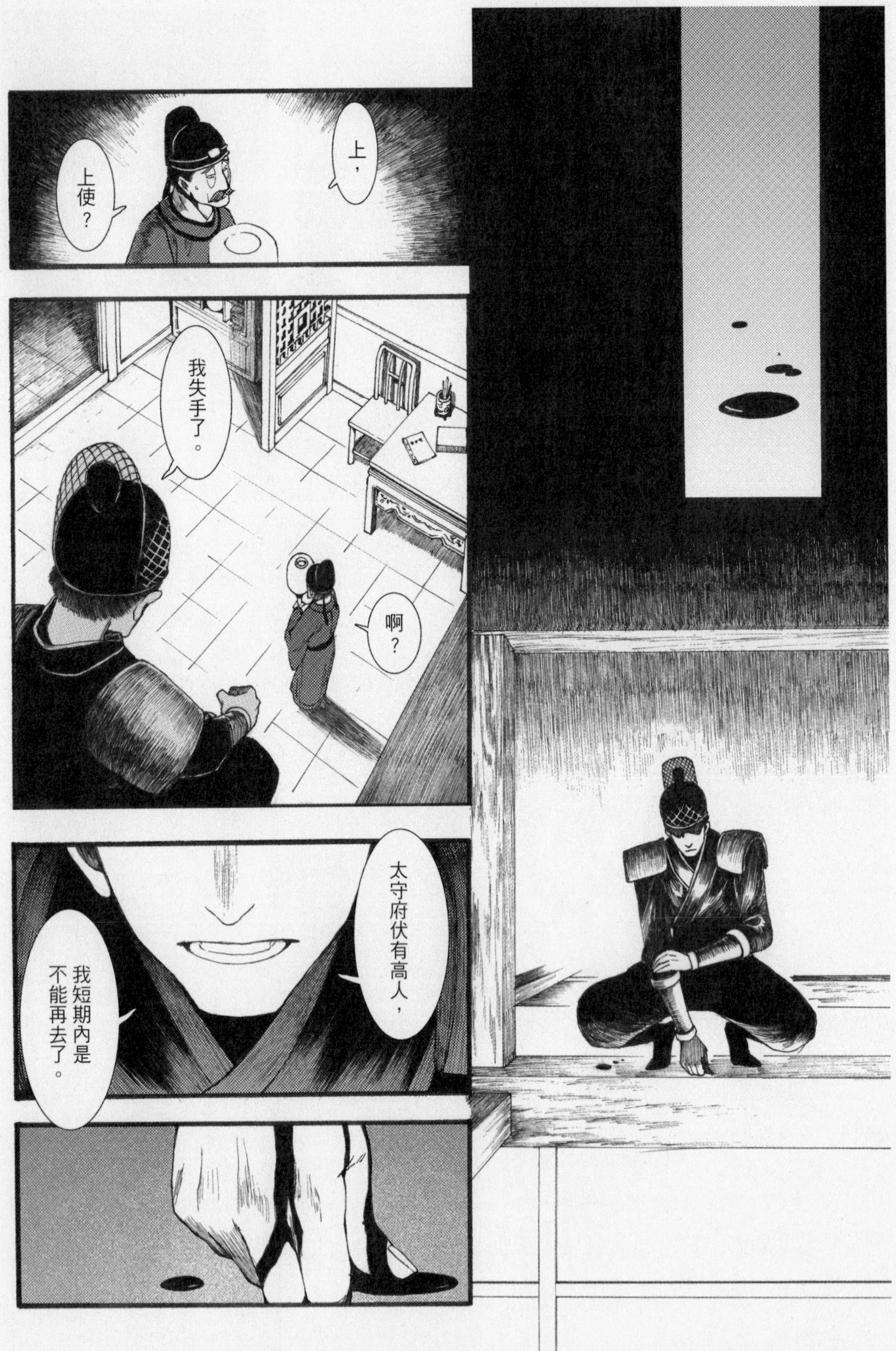
上，
上使？
我失手了。
啊？
太守府伏有高人，
我短期內是不能再去了。

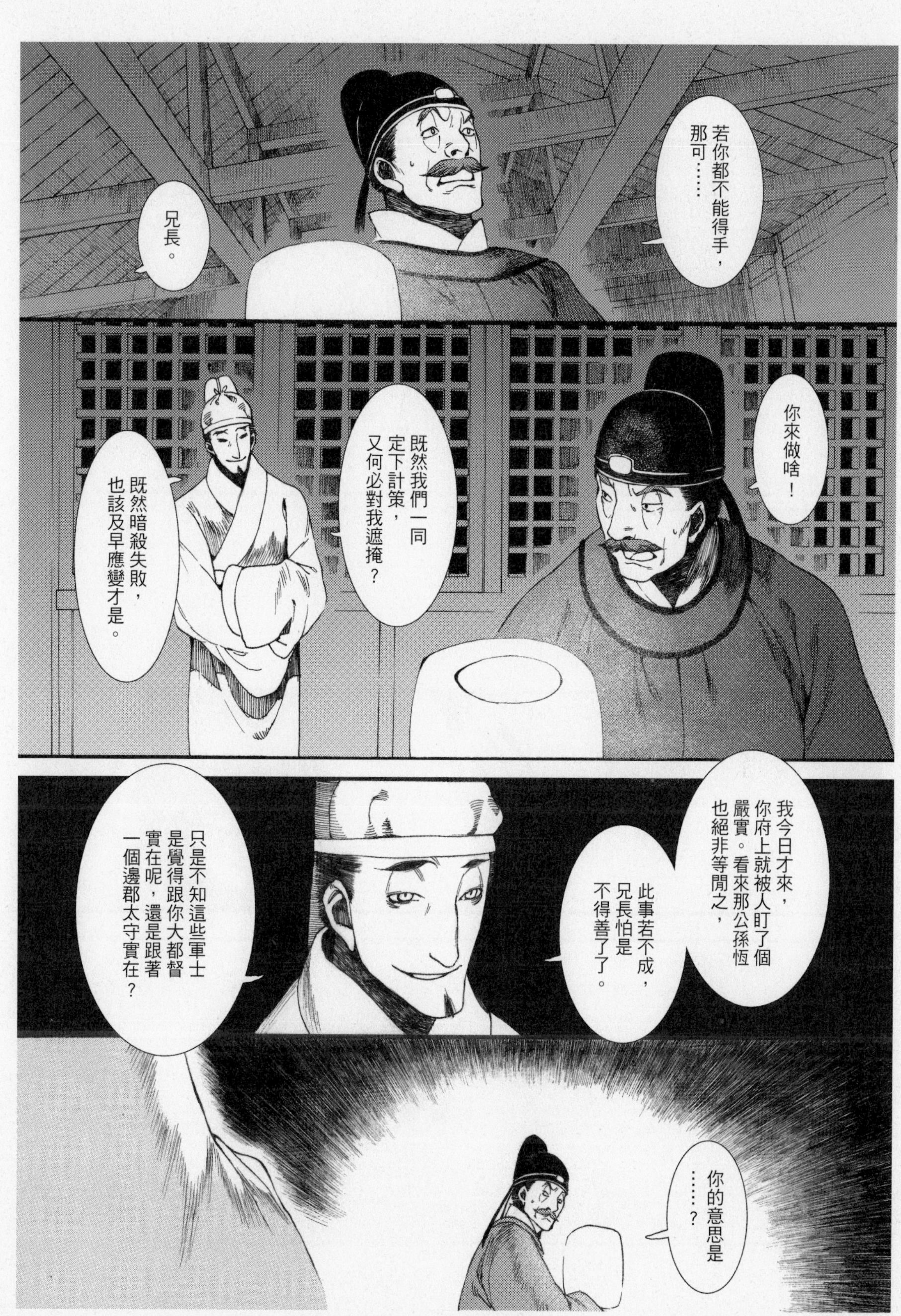
若你都不能得手，那可……
兄長。
你來做啥！
既然我們一同定下計策，又何必對我遮掩？
既然暗殺失敗，也該及早應變才是。
我今日才來，你府上就被人盯了個嚴實。看來那公孫恆也絕非等閒之，
此事若不成，兄長怕是不得善了了。
只是不知這些軍士是覺得跟你大都督實在呢，還是跟著一個邊郡太守實在？
你的意思是……？

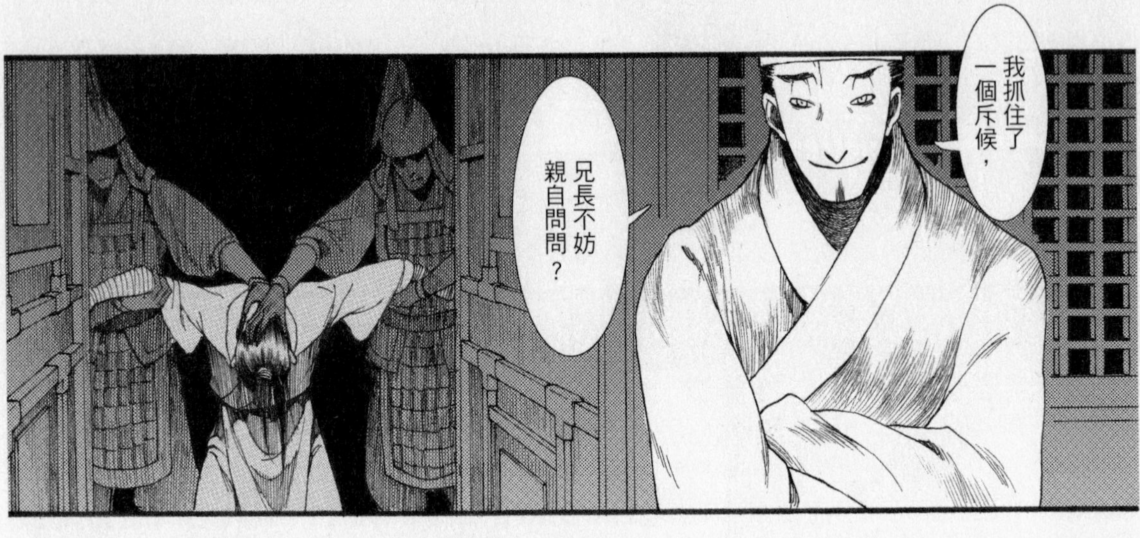
我抓住了一個斥候，
兄長不妨親自問問？
呼啊
咔
咔

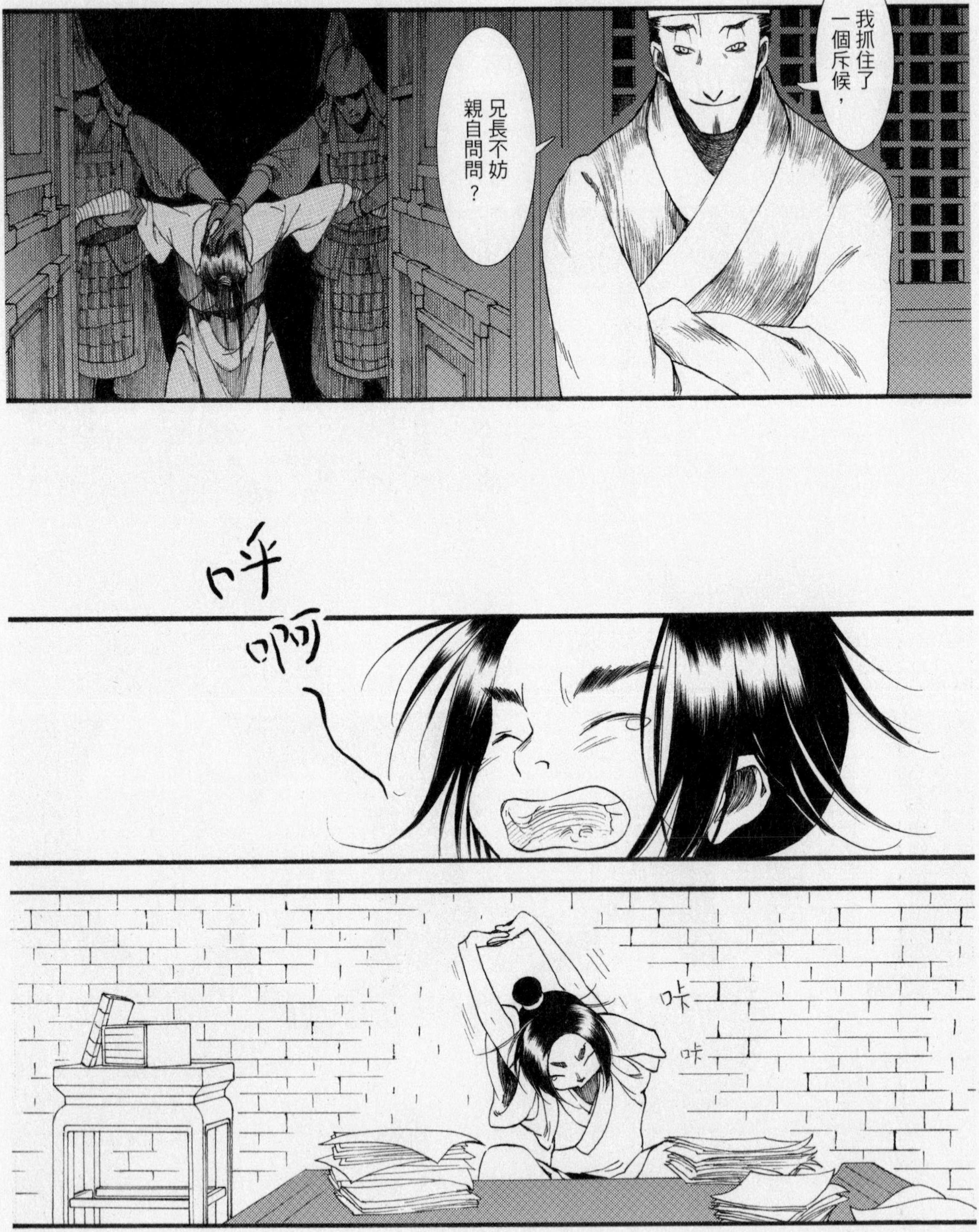

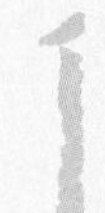

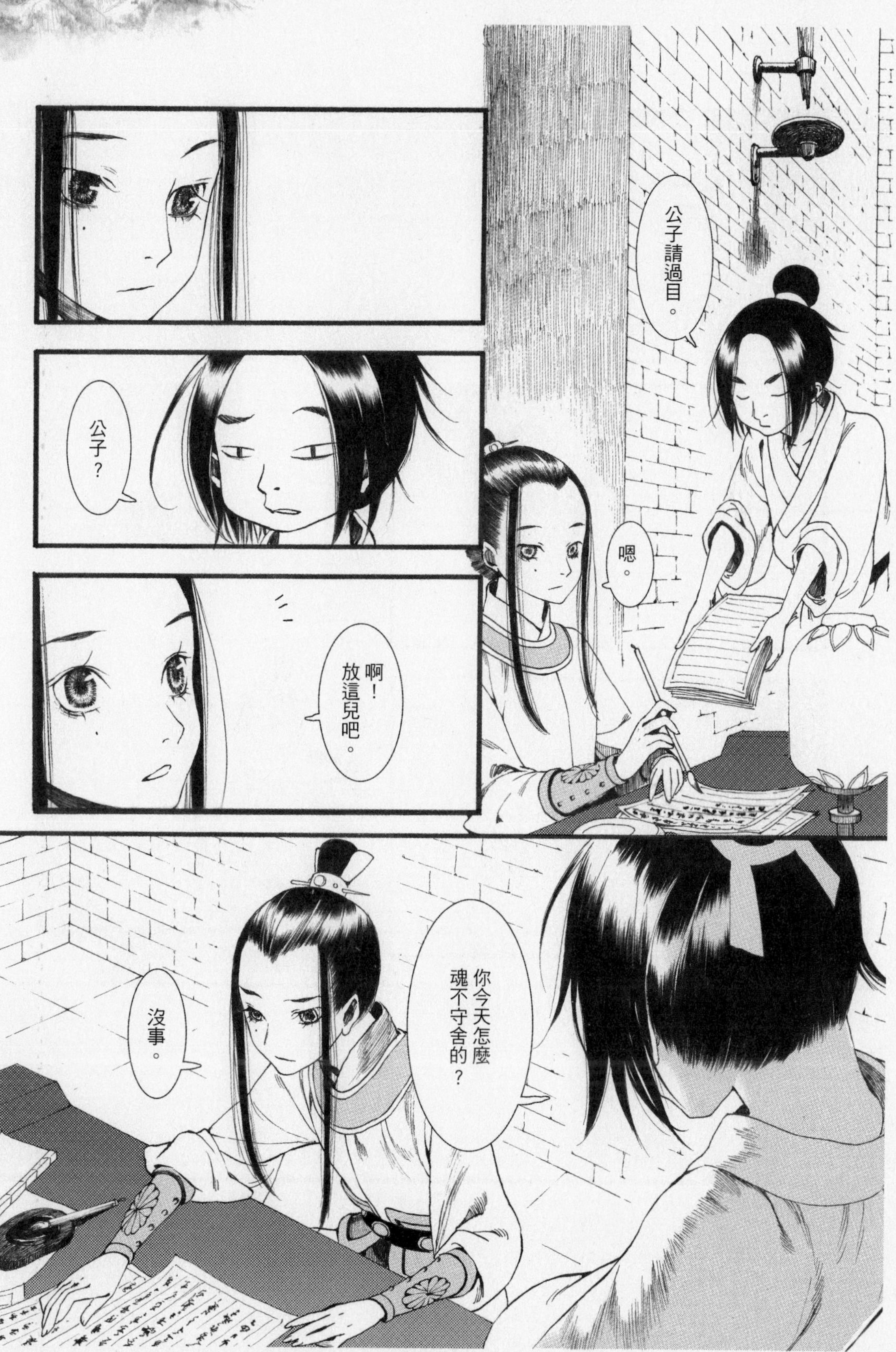
公子請過目。
嗯。
公子？
啊！放這兒吧。
你今天怎麼魂不守舍的？
沒事。

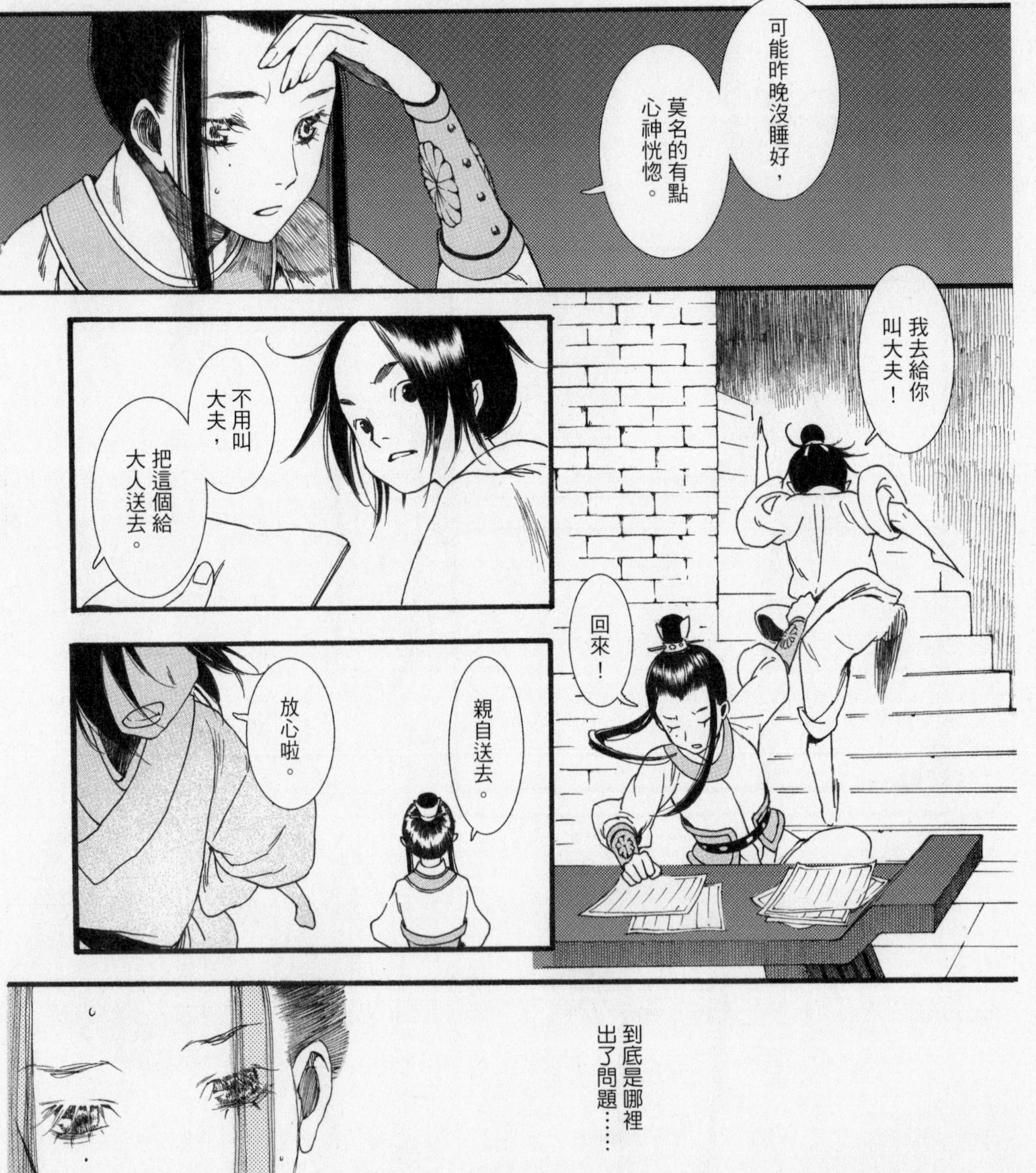
可能昨晚沒睡好，
莫名的有點心神恍惚。
我去給你叫大夫！
不用叫大夫，
把這個給大人送去。
回來！
親自送去。
放心啦。
到底是哪裡出了問題……
難道是我算漏了什麼？

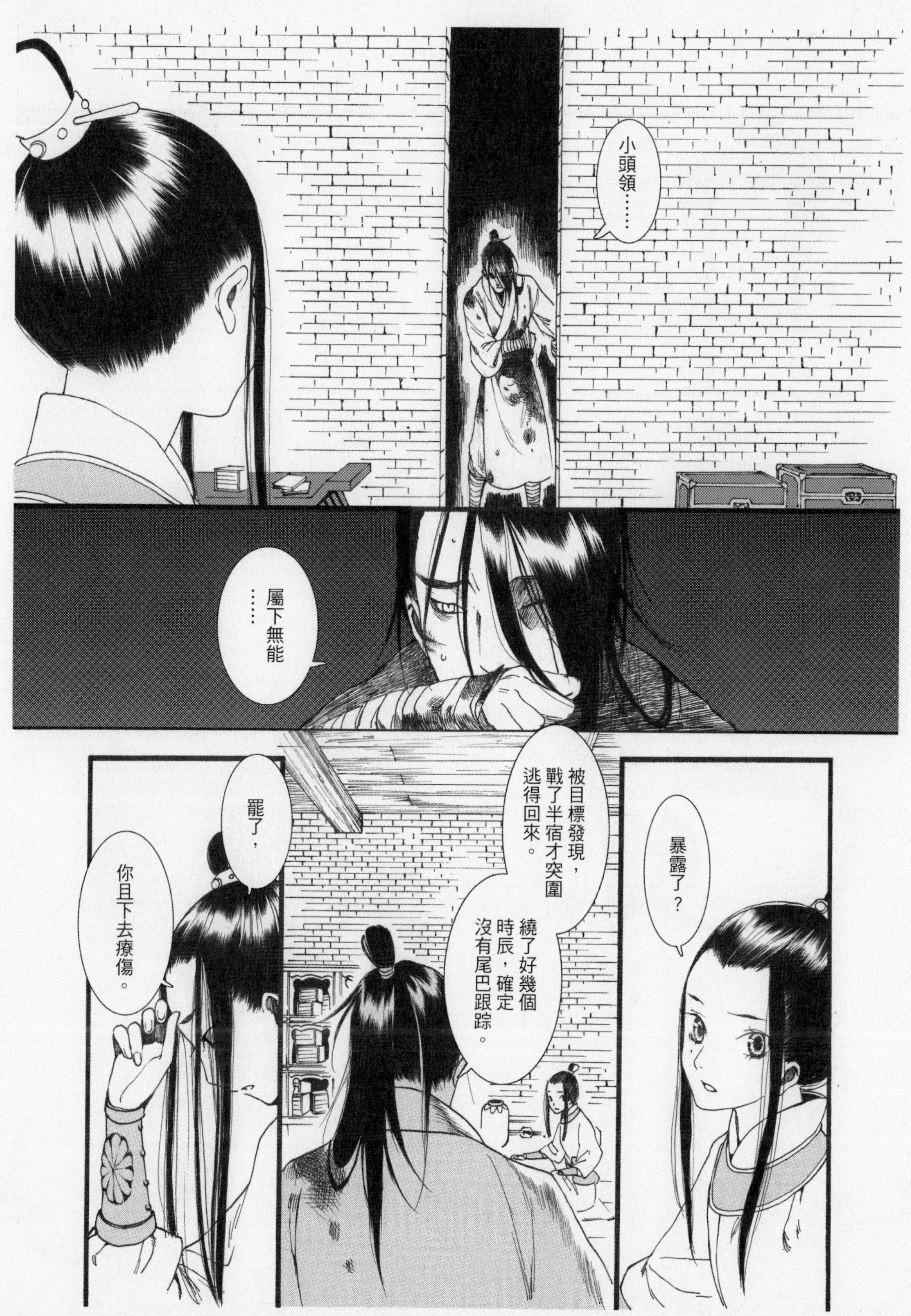
小頭領……
屬下無能……
暴露了？
被目標發現，戰了半宿才突圍逃得回來。
繞了好幾個時辰，確定沒有尾巴跟踪。
罷了，
你且下去療傷。

近期不要再露面。

是。

還有什麼事？

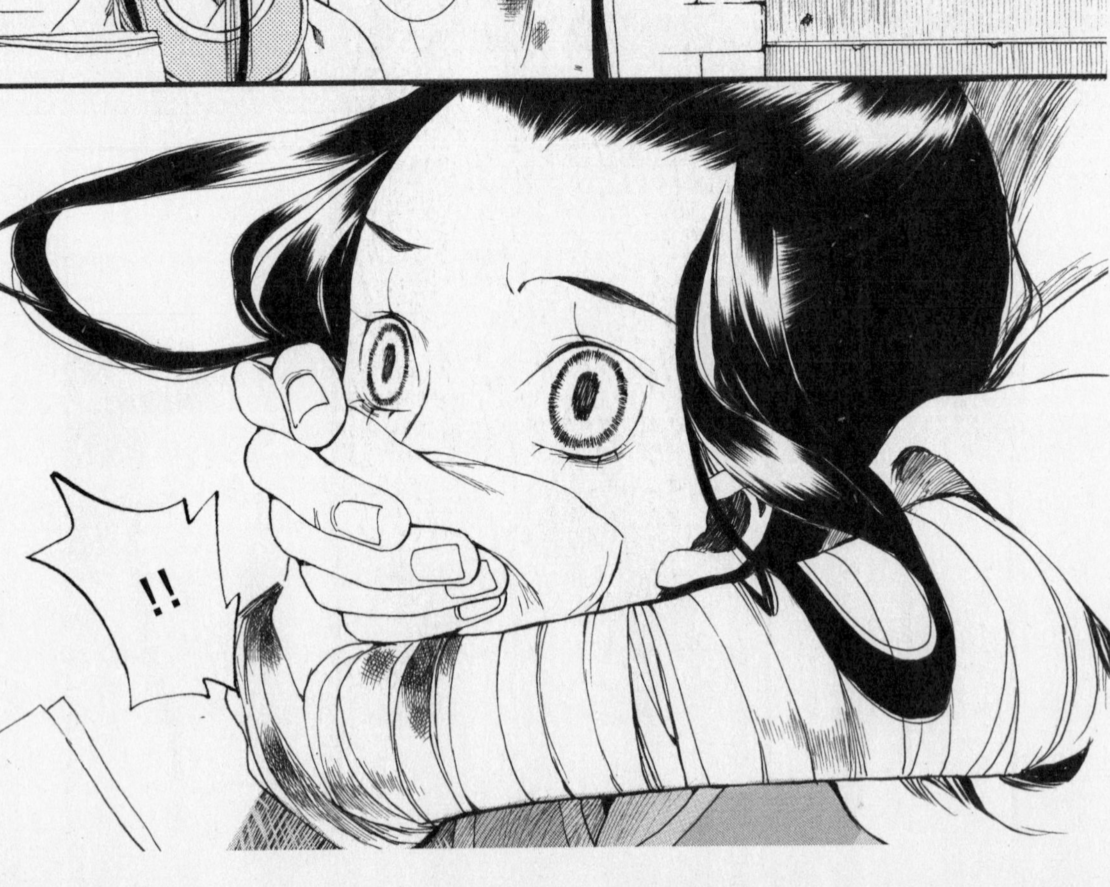

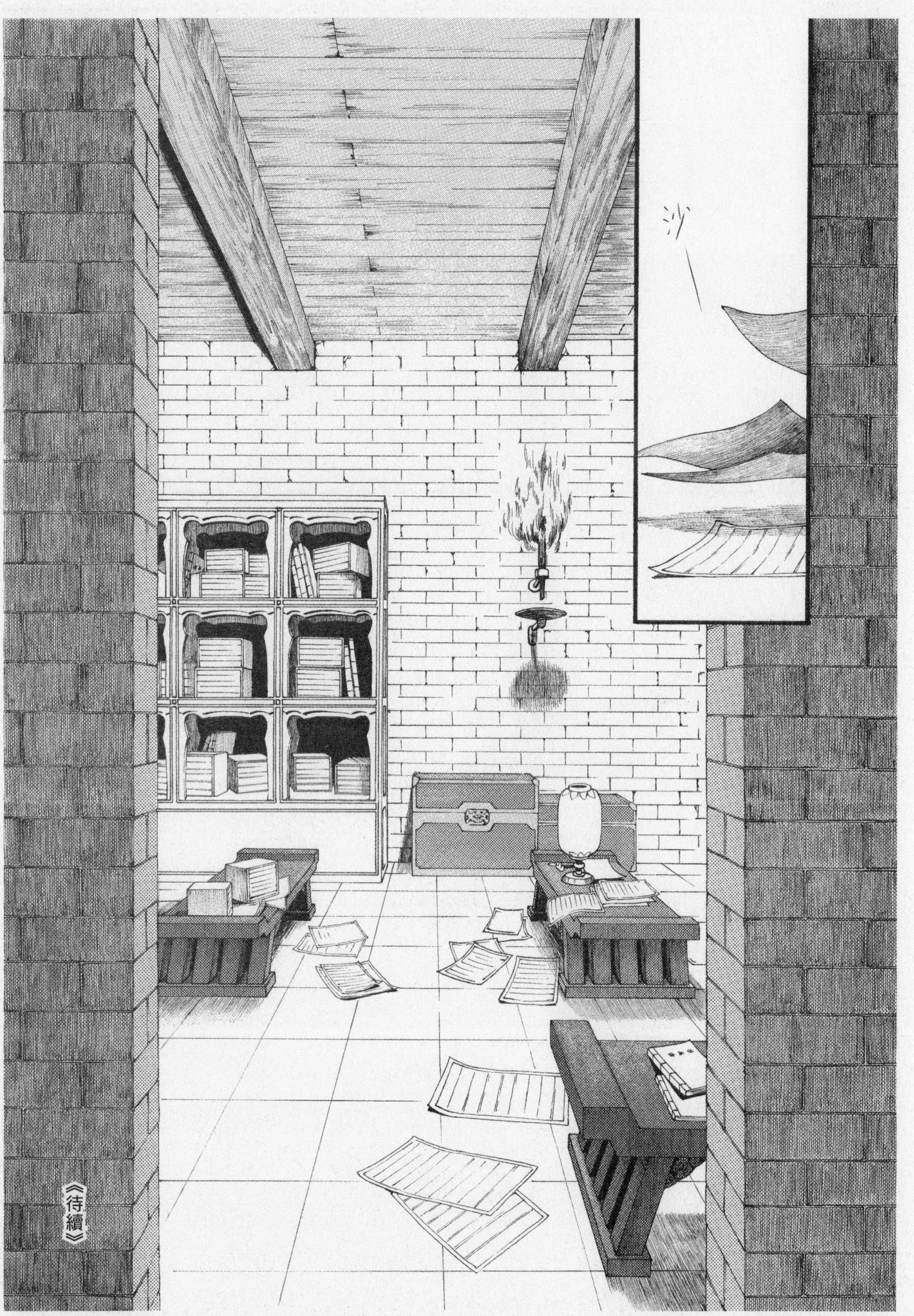
沙
《待續》

哀傷浮游
Sad for you

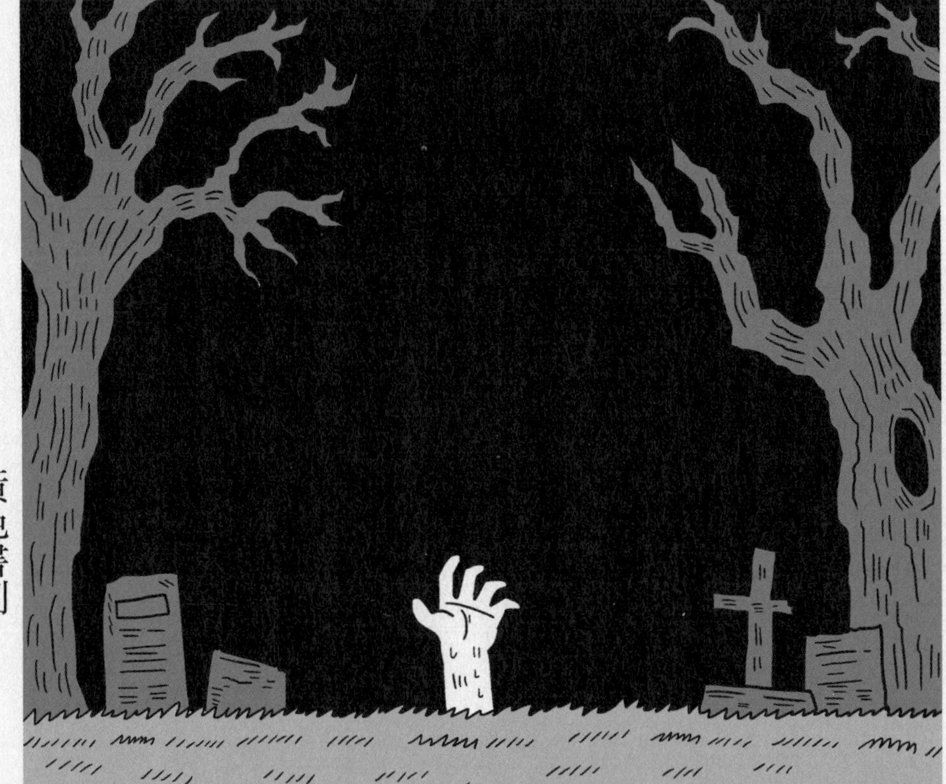

編繪——黃色書刊

責任編輯——圍巾小新

「經驗值」

黃色書刊
YELLOW BOOK

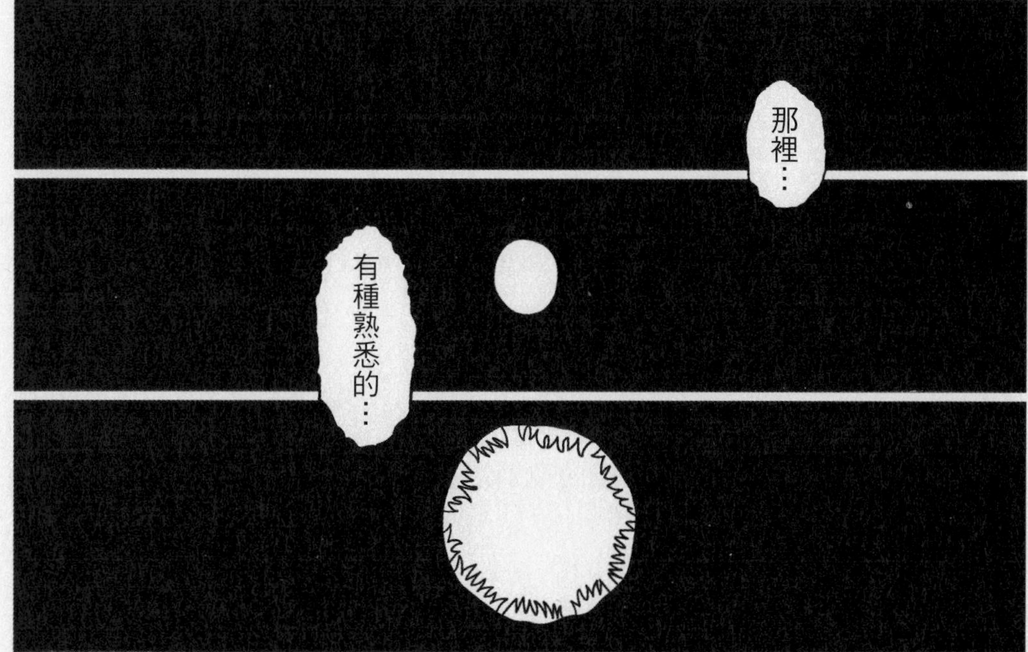
那裡⋯
有種熟悉的⋯

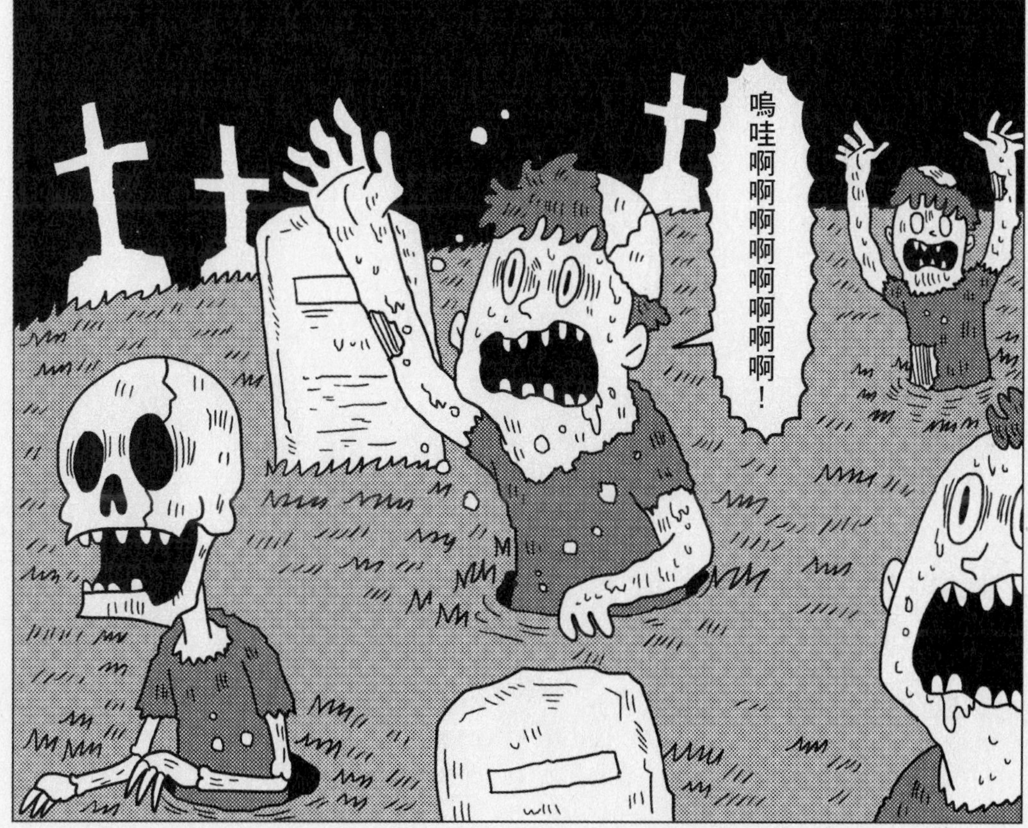
嗚哇啊啊啊啊啊啊啊啊！

浪漫
STORY
2

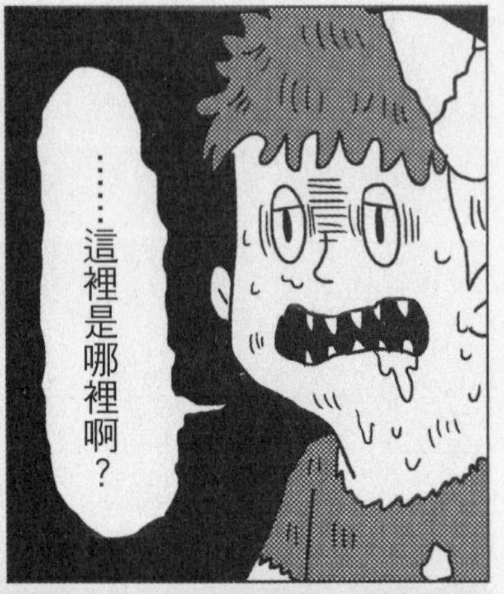
……這裡是哪裡啊?

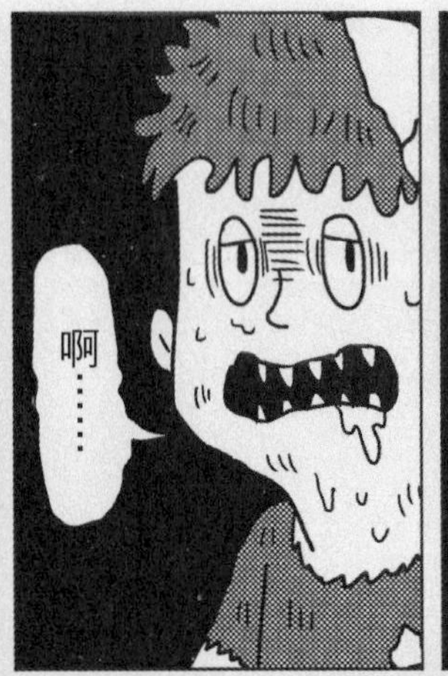
啊……

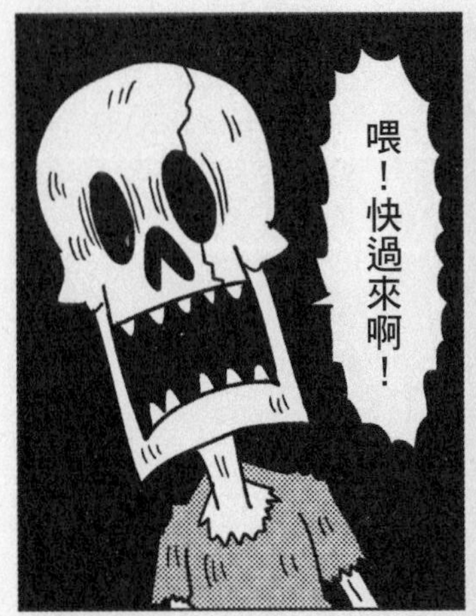
喂!快過來啊!

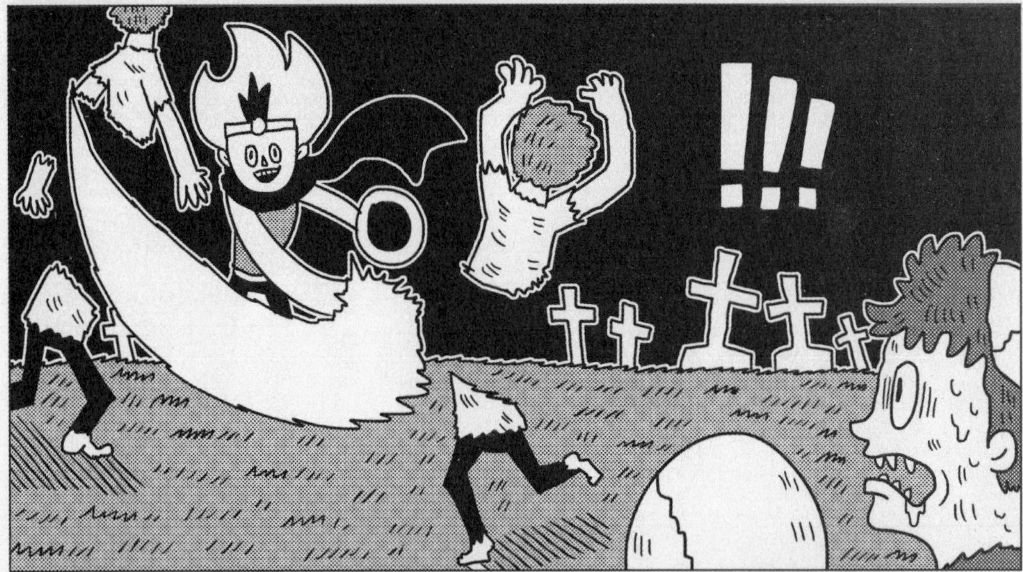
!!!

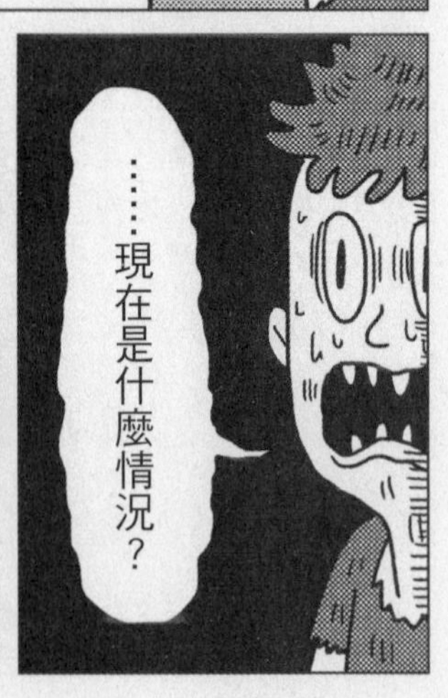
……現在是什麼情況?

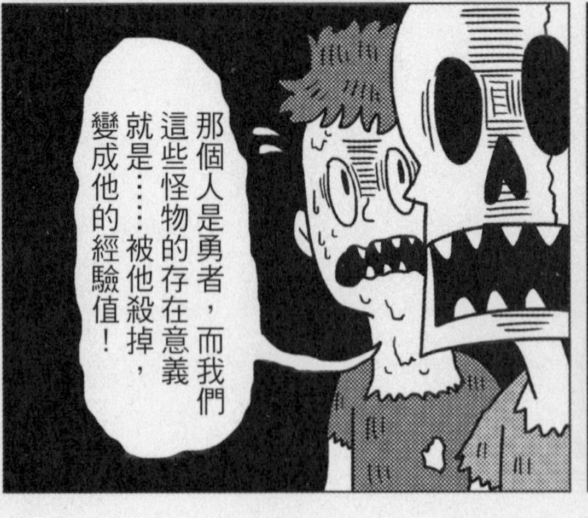
那個人是勇者,而我們這些怪物的存在意義就是……被他殺掉,變成他的經驗值!

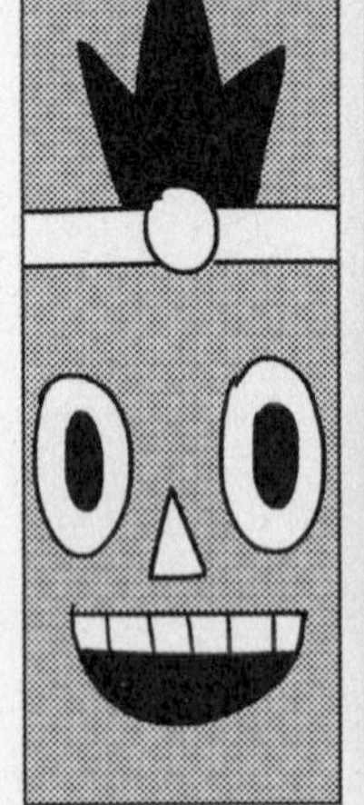

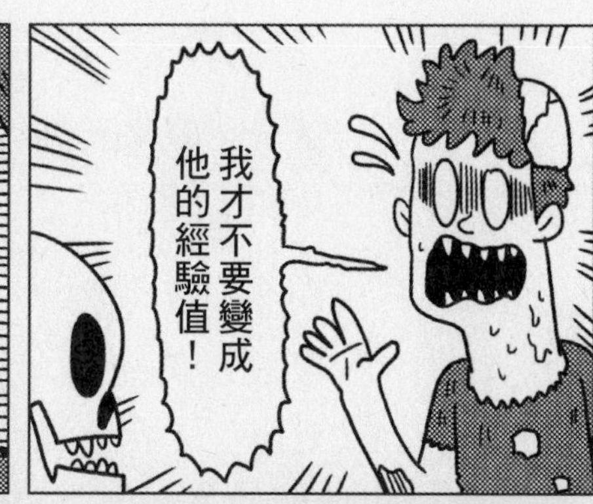

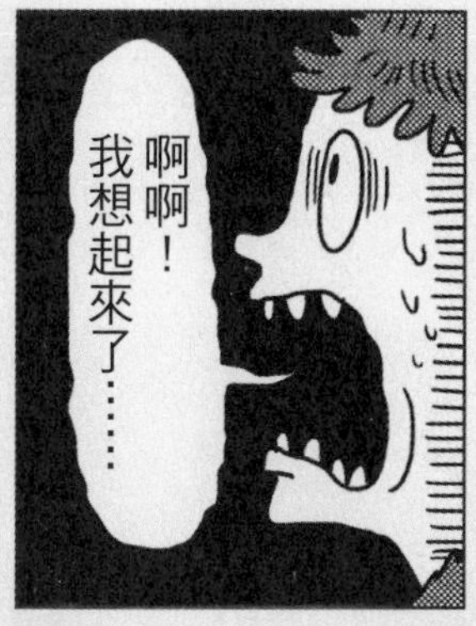

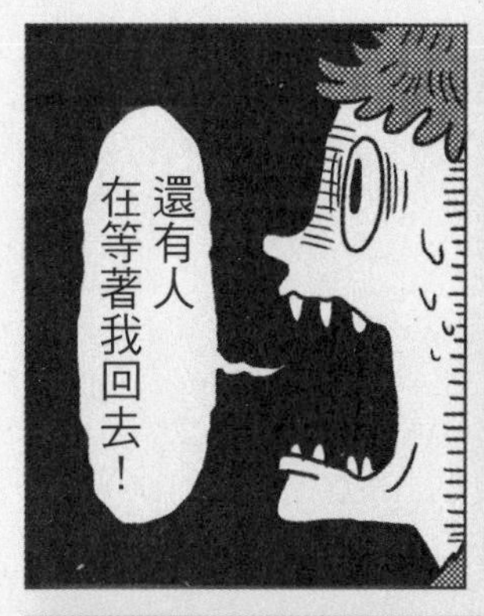

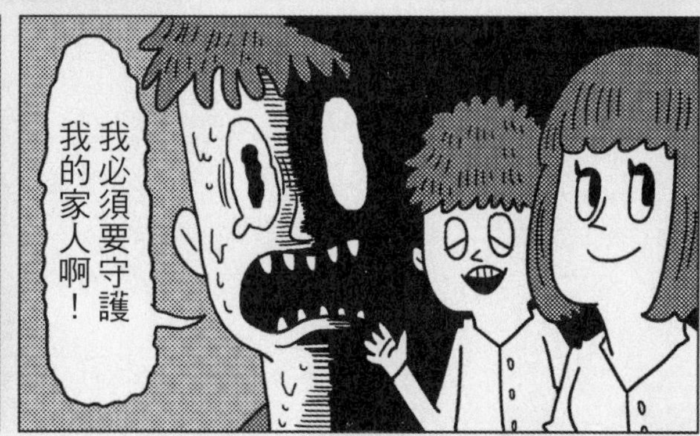

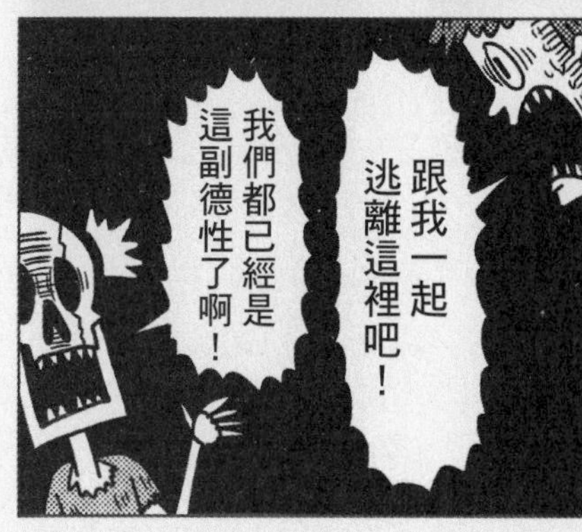

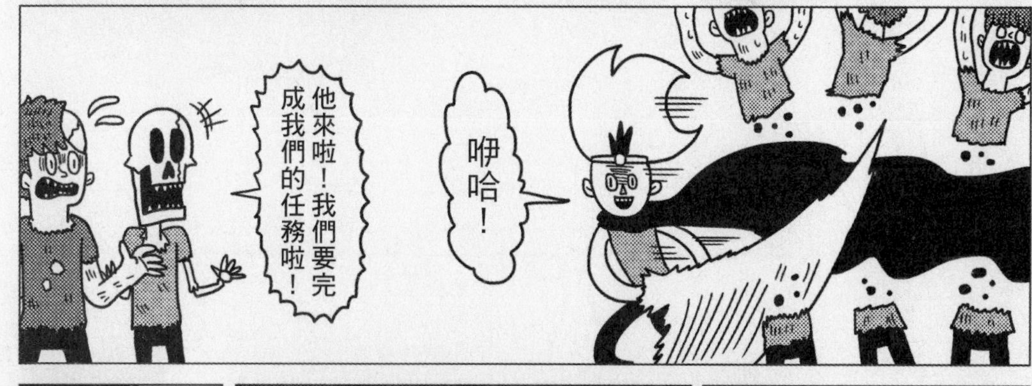

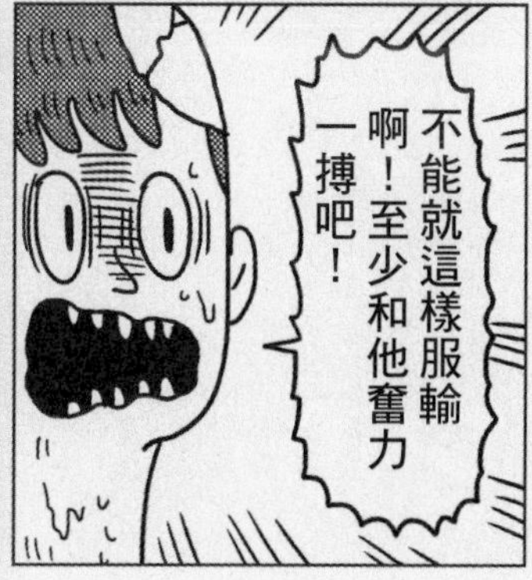

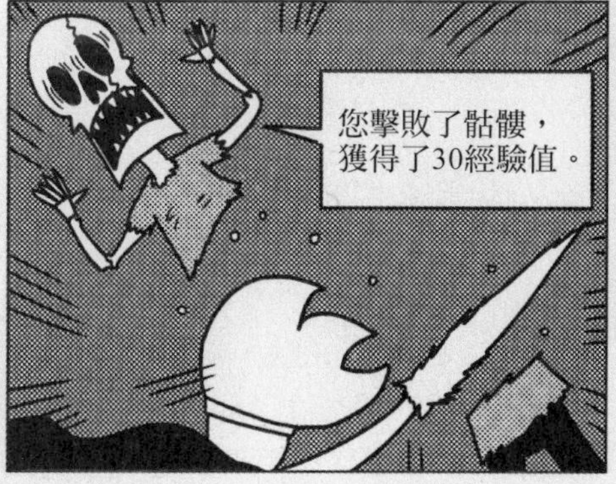

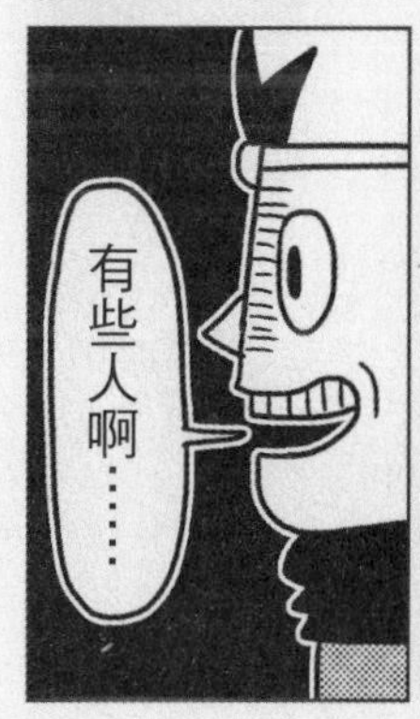

獻給這個世界：「有些人生來注定要當其他人的經驗值。」

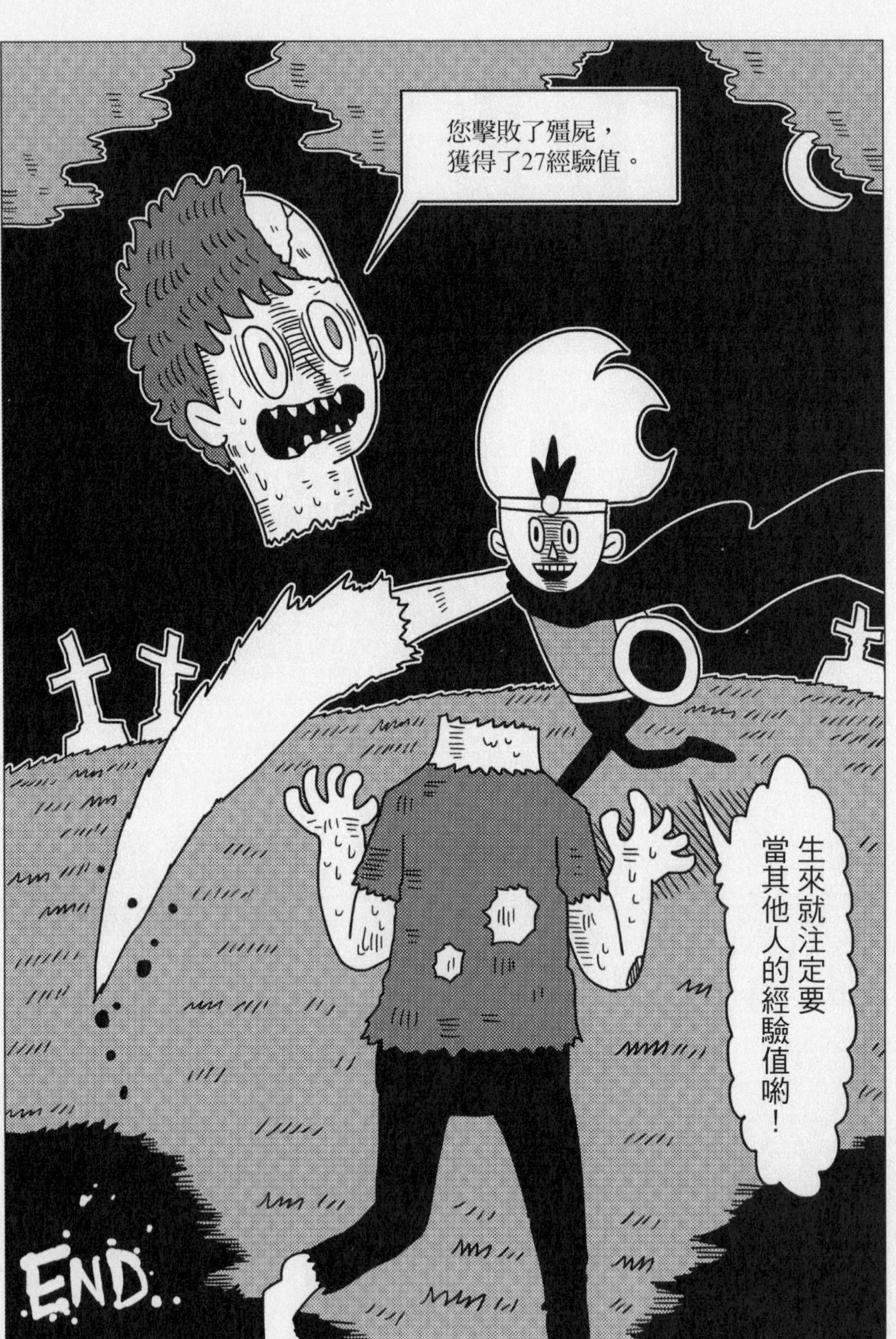
您擊敗了殭屍，
獲得了27經驗值。
生來就注定要
當其他人的經驗值喲！
END

愛漫畫，是件浪漫的事……

畫漫畫，是一件要命浪漫的事！

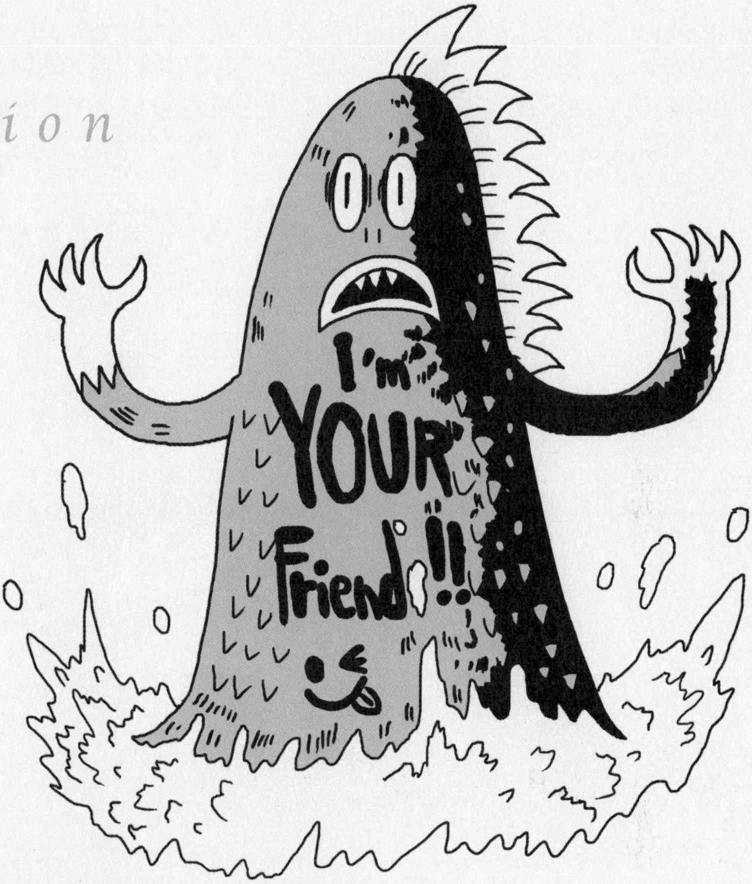

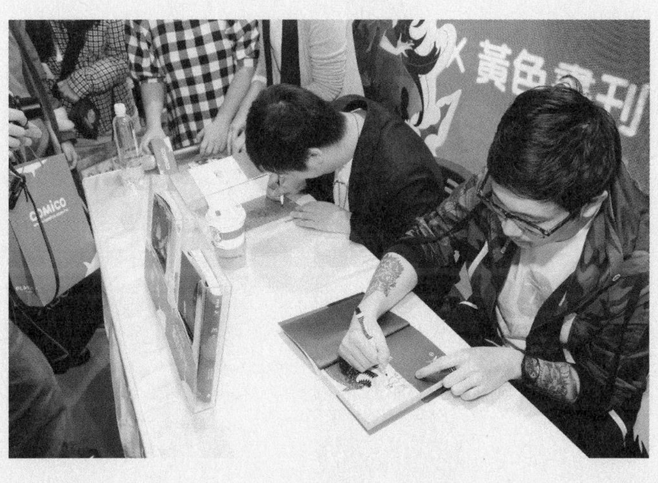

黃色書刊又出書囉！

這一次，浪漫編輯小組發現在熱鬧的動漫展場裡舉辦新書簽名會的黃色書刊，已經明顯進步了很多，在面對現場廣大讀者和媒體鏡頭時臉部表情都一派輕鬆，而他親手接過一個個讀者們送上的新書時，臉上的微笑更是完全超級暖男般的無敵呀！

新書《W》仍由時報出版發行，喜歡黃色書刊的朋友們千萬別錯過了！加油加油！

日安，帕頌先生。

The Puzzle House

編繪——MORIKU墨里可

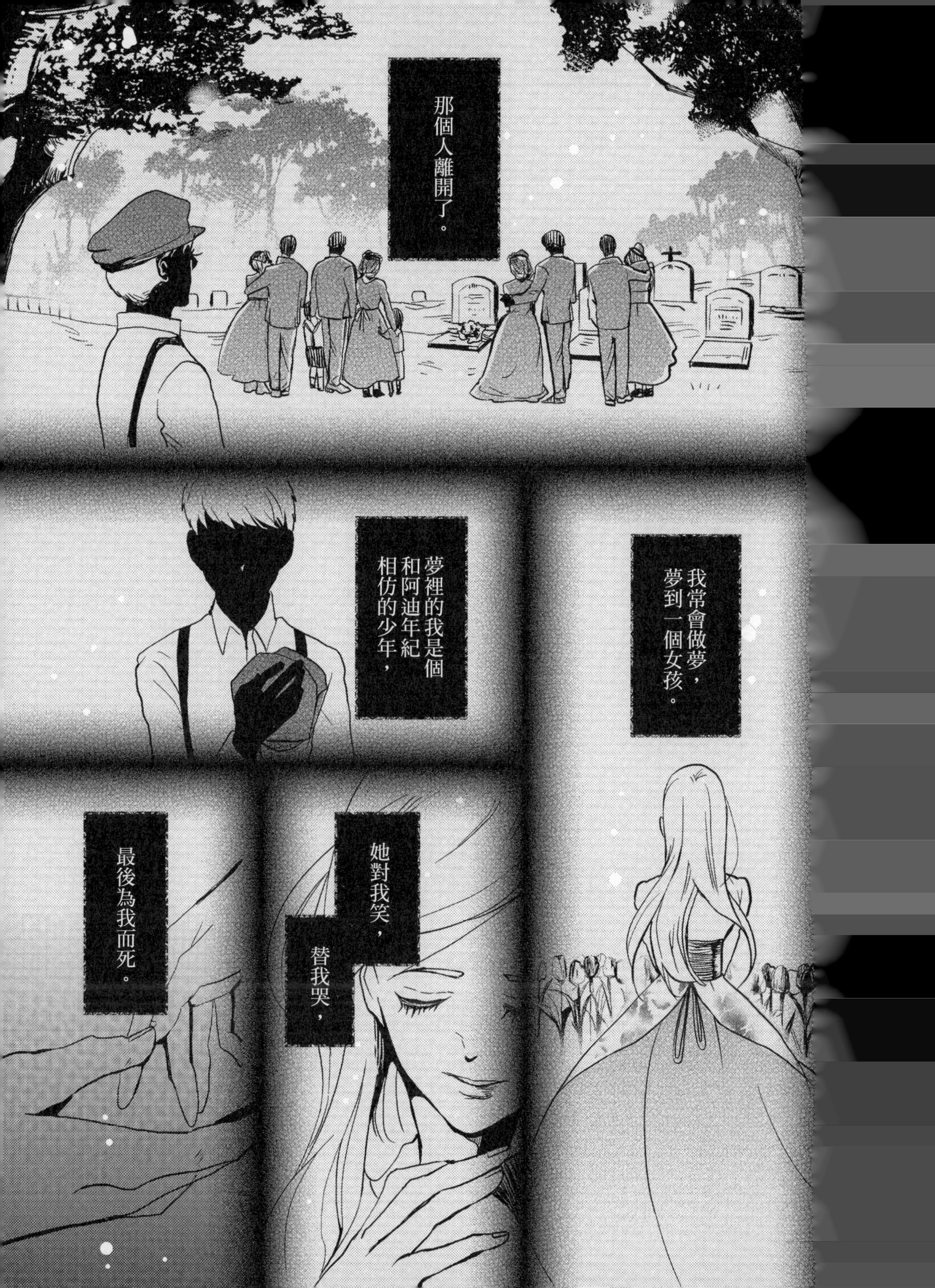
那個人離開了。
我常會做夢，
夢到一個女孩。
夢裡的我是個
和阿迪年紀
相仿的少年，
她對我笑，
替我哭，
最後為我而死。

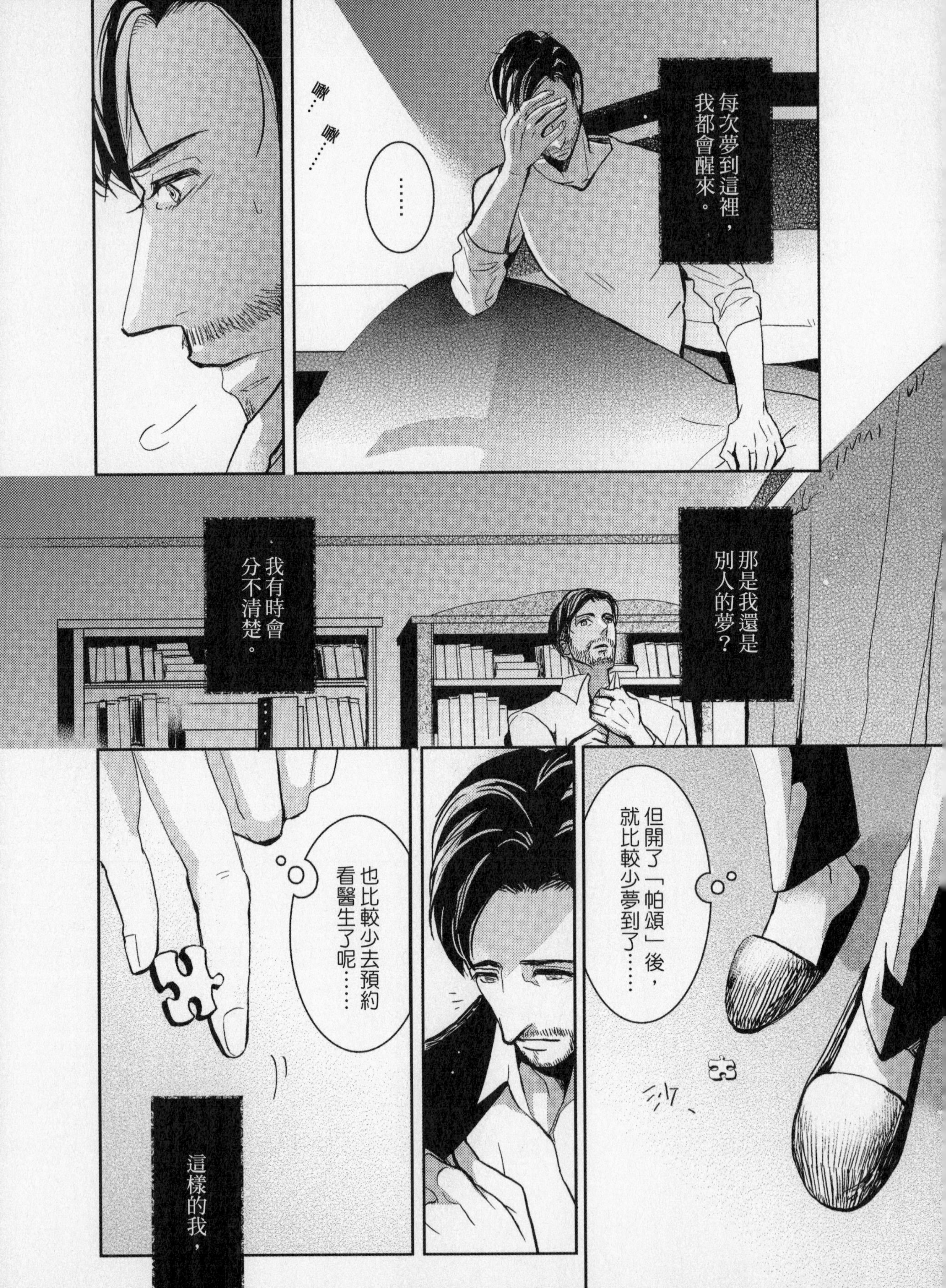
每次夢到這裡，
我都會醒來。
……
啾…啾……
那是我還是別人的夢？
我有時會分不清楚。
但開了「帕頌」後，就比較少夢到了……
沙、
也比較少去預約看醫生了呢……
這樣的我，

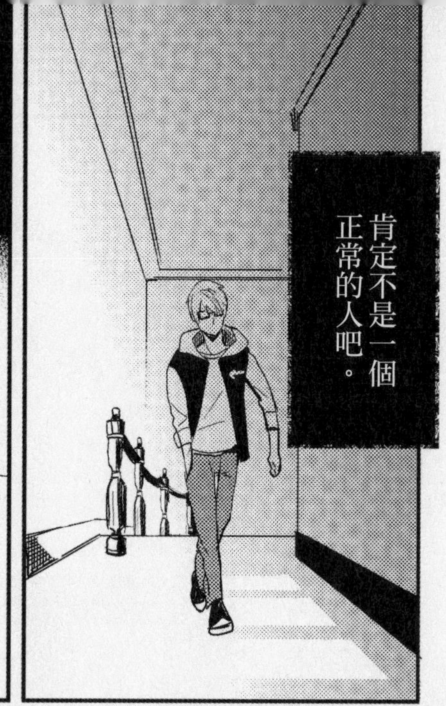
肯定不是一個
正常的人吧。

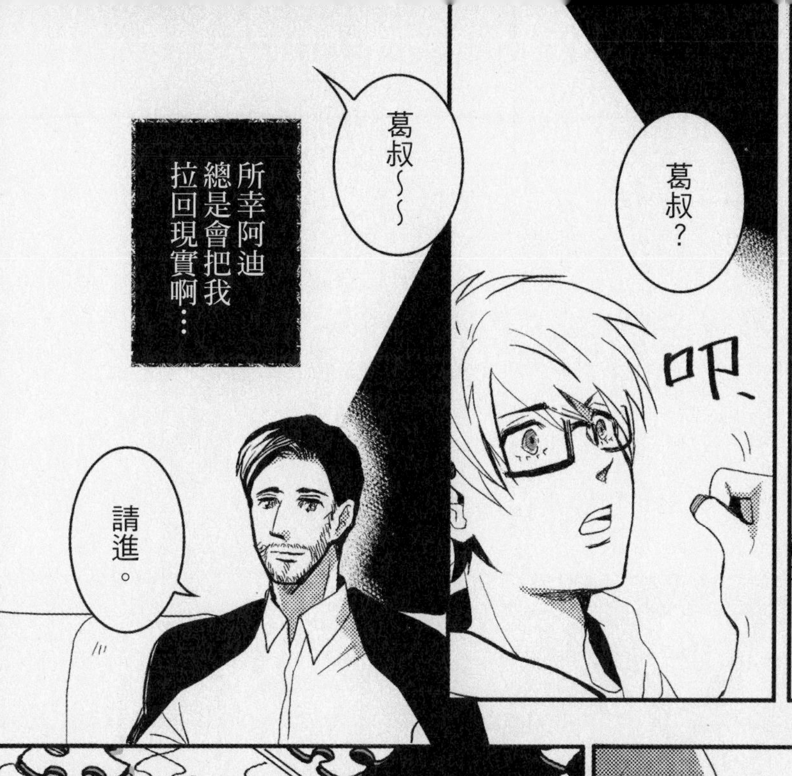
叩、
葛叔？
葛叔～～
所幸阿迪
總是會把我
拉回現實啊…
請進。

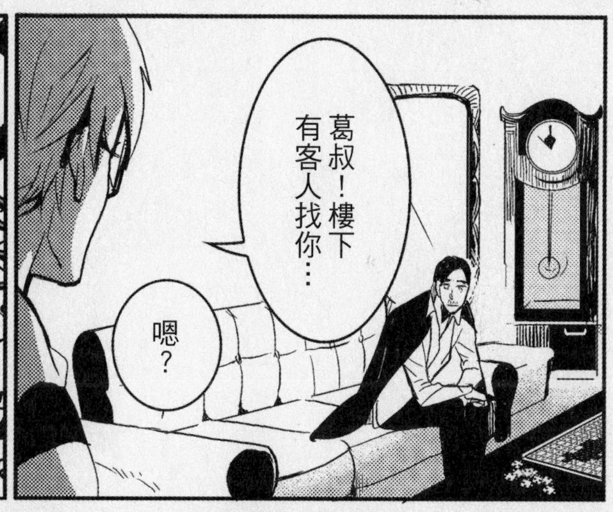
葛叔！樓下
有客人找你…
嗯？

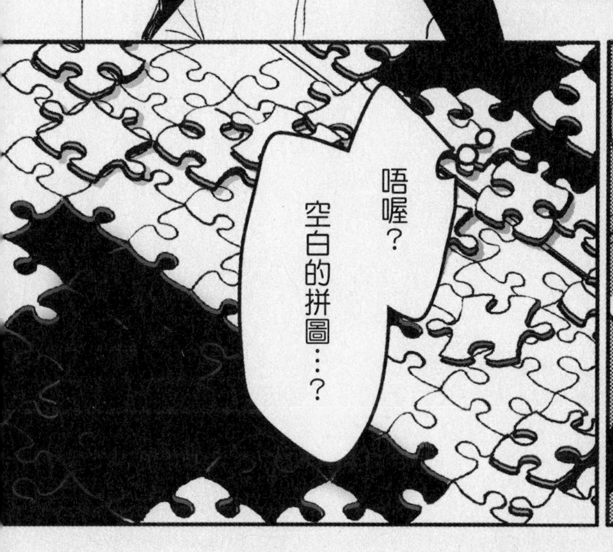
唔喔？
空白的拼圖…？

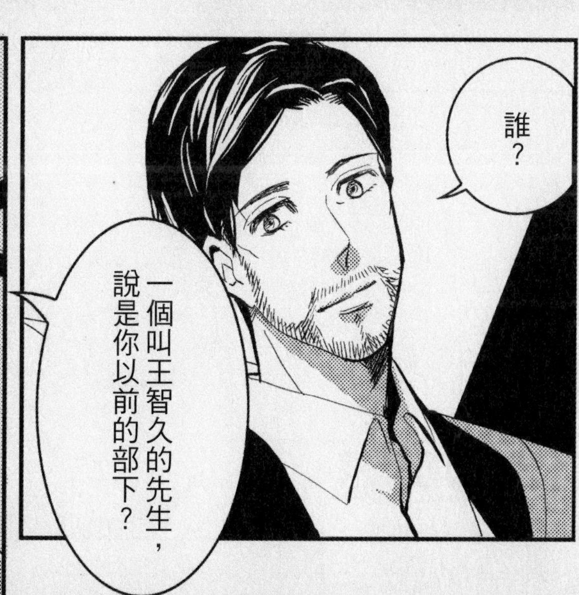
誰？
一個叫王智久的先生，
說是你以前的部下？

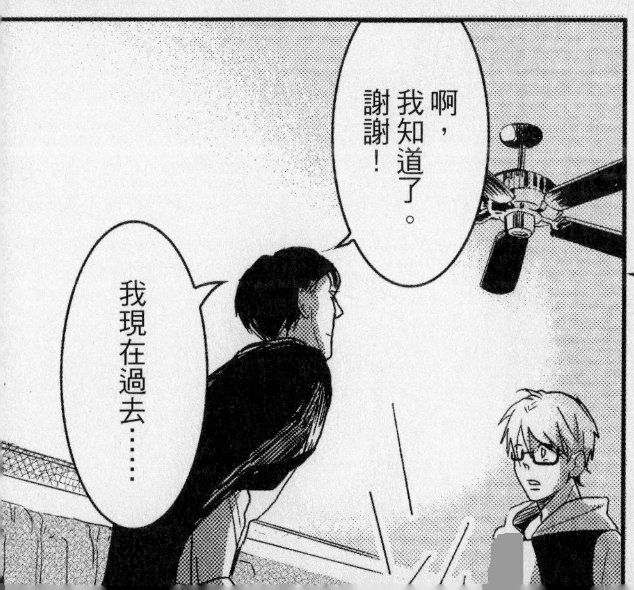
啊，
我知道了。
謝謝！
我現在過去……

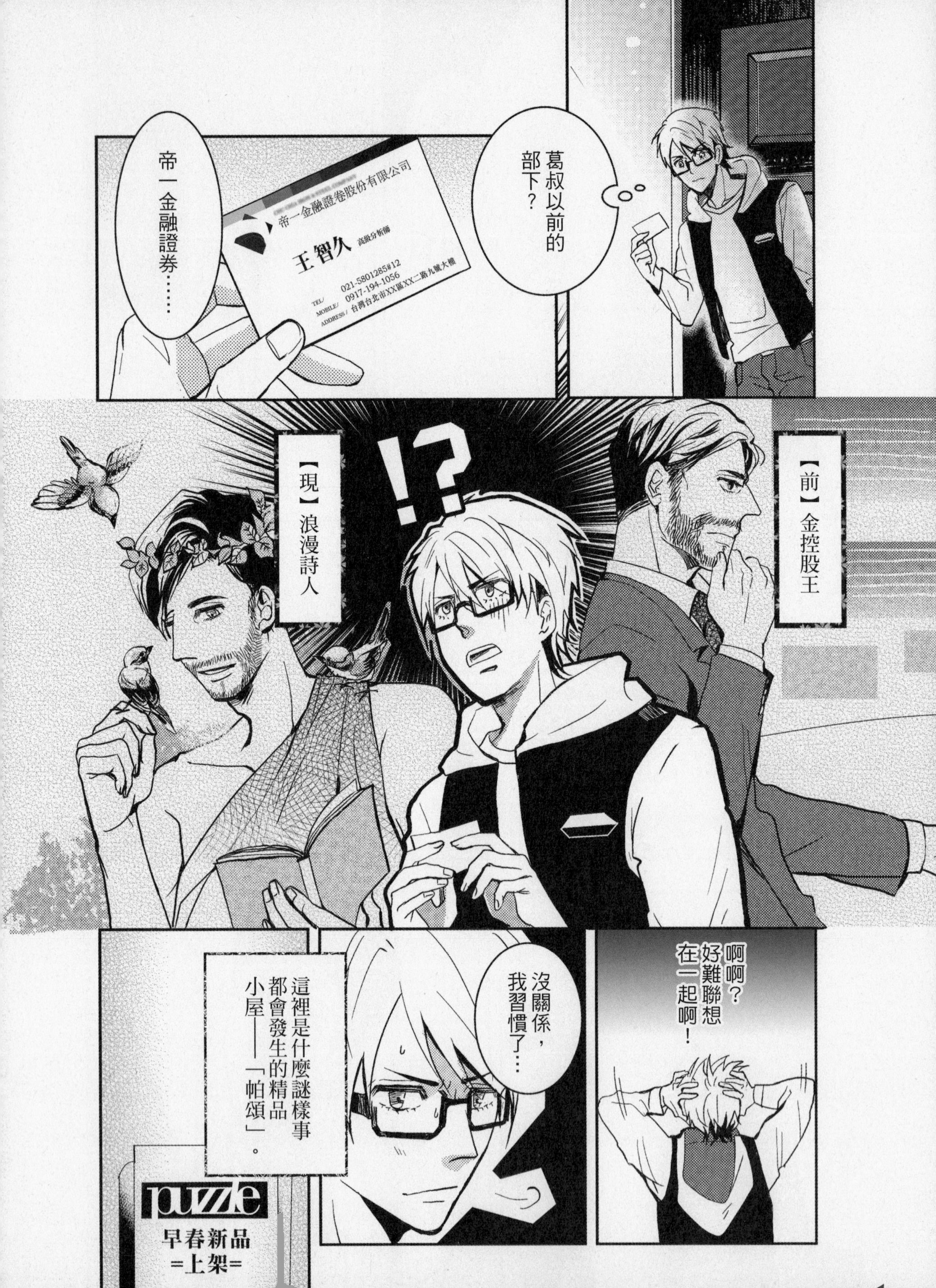
葛叔以前的部下？
帝一金融證卷股份有限公司
王智久 高級分析師
TEL/ 021-5801285#12
MOBILE/ 0917-194-1056
ADDRESS/ 台灣台北市XX區XX二路九號大樓
帝一金融證券……
【前】金控股王
!?
【現】浪漫詩人
啊啊？好難聯想在一起啊！
沒關係，我習慣了……
這裡是什麼謎樣事都會發生的精品小屋——「帕頌」。
puzzle
早春新品
=上架=

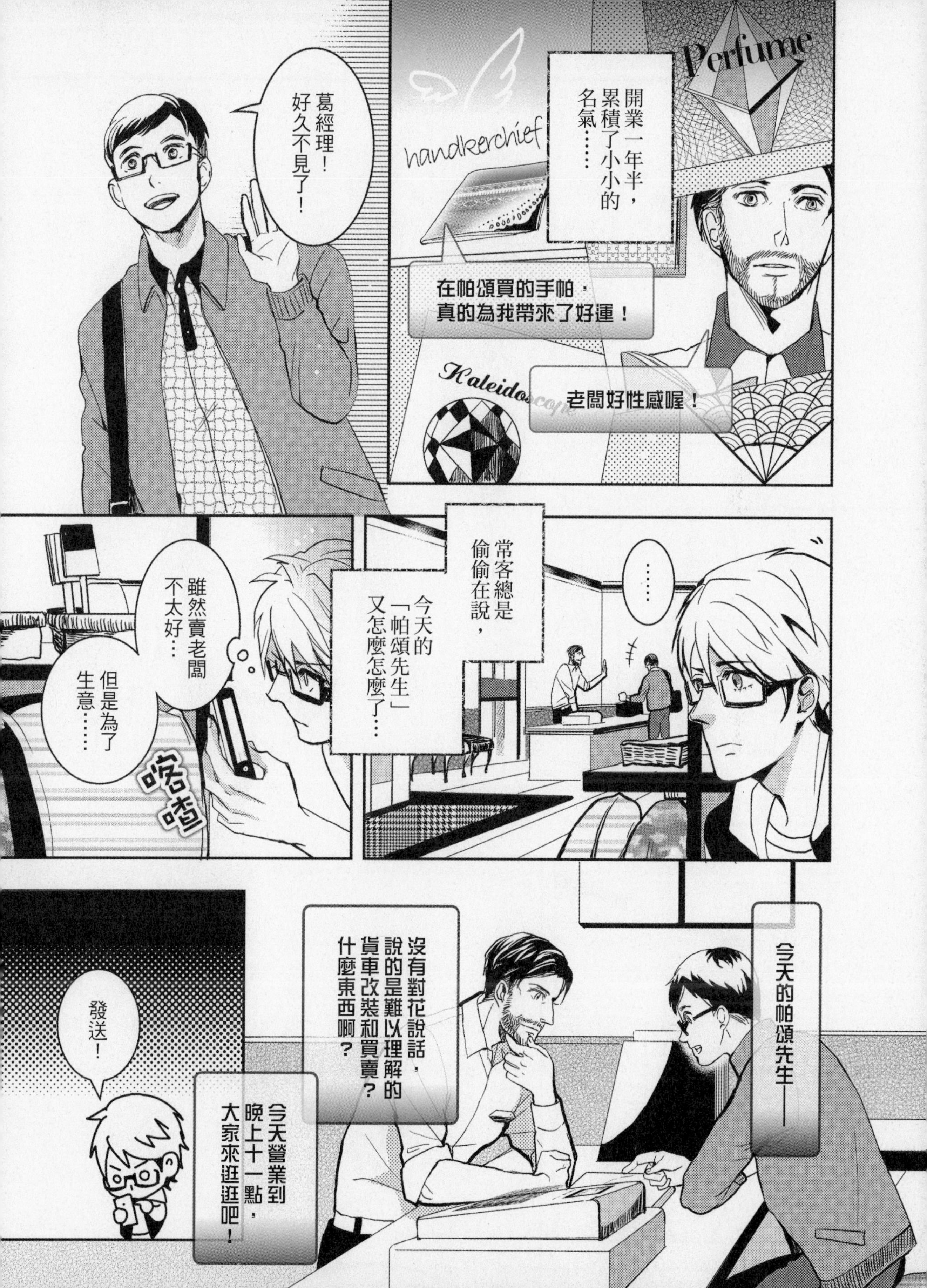
Perfume
開業一年半，累積了小小的名氣……
葛經理！好久不見了！
handkerchief
在帕頌買的手帕，真的為我帶來了好運！
Kaleidoscope
老闆好性感喔！
常客總是偷偷在說，
……
今天的「帕頌先生」又怎麼怎麼了…
雖然賣老闆不太好…
但是為了生意……
喀嗒
今天的帕頌先生——
沒有對花說話，說的是難以理解的貨車改裝和買賣？什麼東西啊？
發送！
今天營業到晚上十一點，大家來逛逛吧！

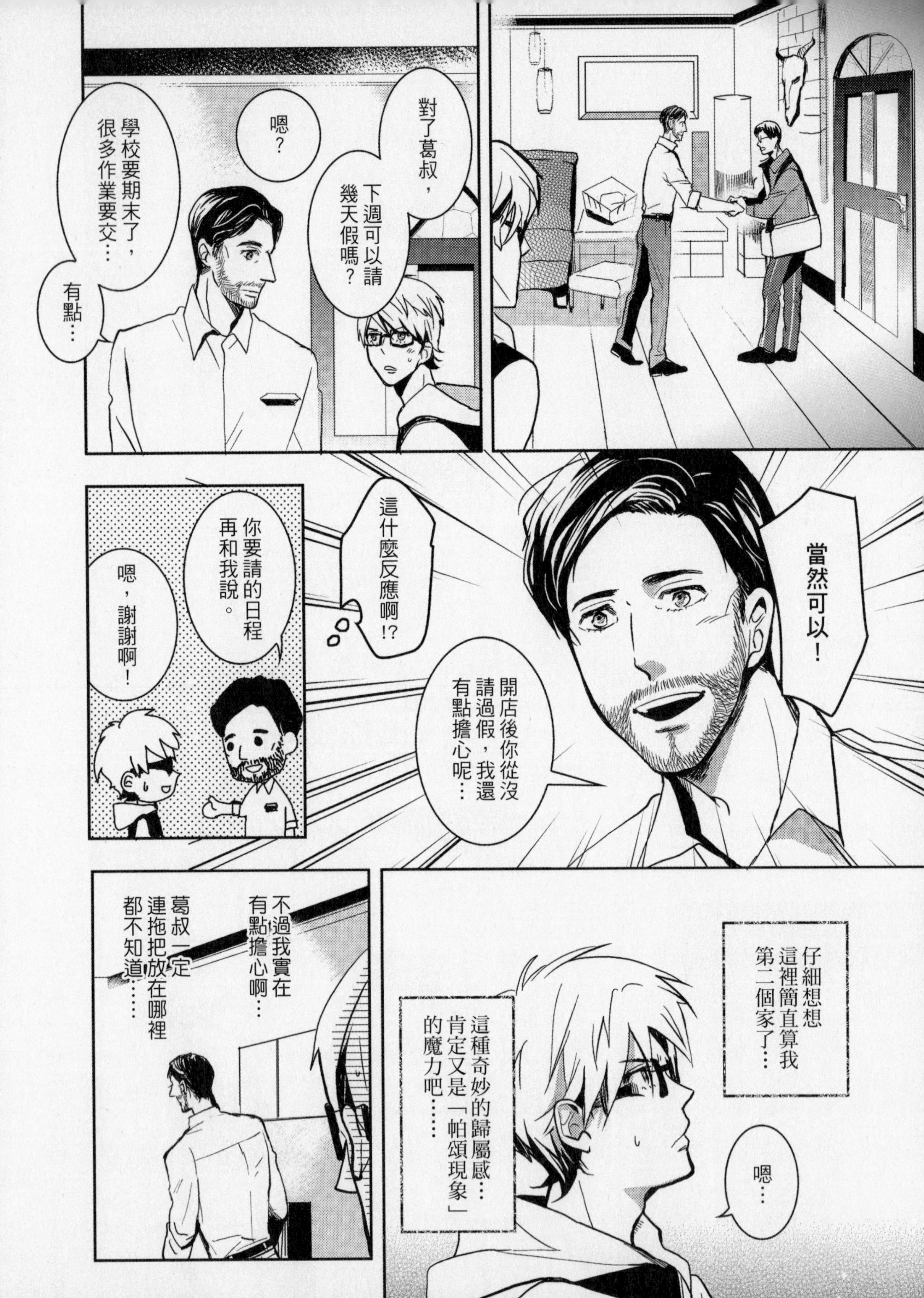
對了葛叔，下週可以請幾天假嗎？
嗯？
學校要期末了，很多作業要交…
有點…
當然可以！
開店後你從沒請過假，我還有點擔心呢…
這什麼反應啊!?
你要請的日程再和我說。
嗯，謝謝啊！
仔細想想這裡簡直算我第二個家了…
這種奇妙的歸屬感…肯定又是「帕頌現象」的魔力吧……
嗯…
不過我實在有點擔心啊…
葛叔一定連拖把放在哪裡都不知道……

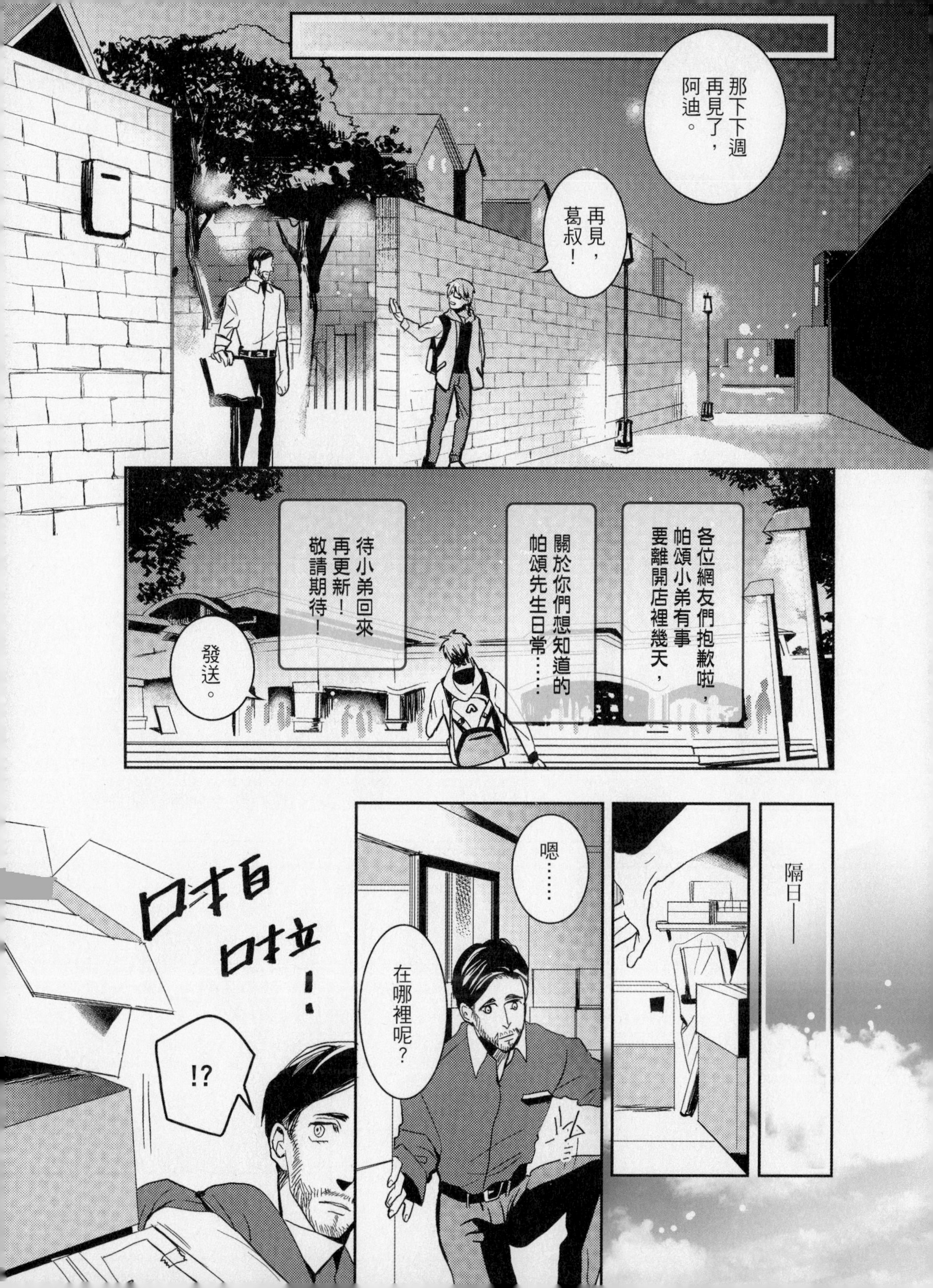

那下下週再見了，阿迪。

再見，葛叔！

各位網友們抱歉啦，帕頌小弟有事要離開店裡幾天，

關於你們想知道的帕頌先生日常……

待小弟回來再更新！敬請期待！

發送。

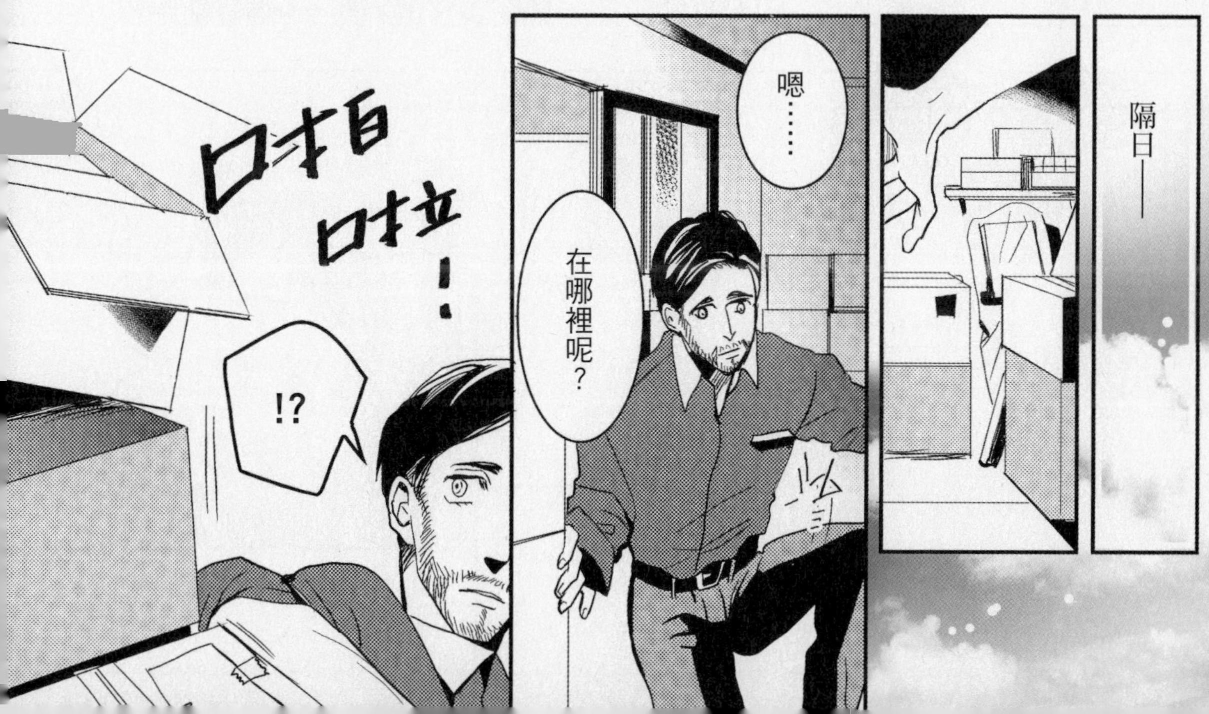

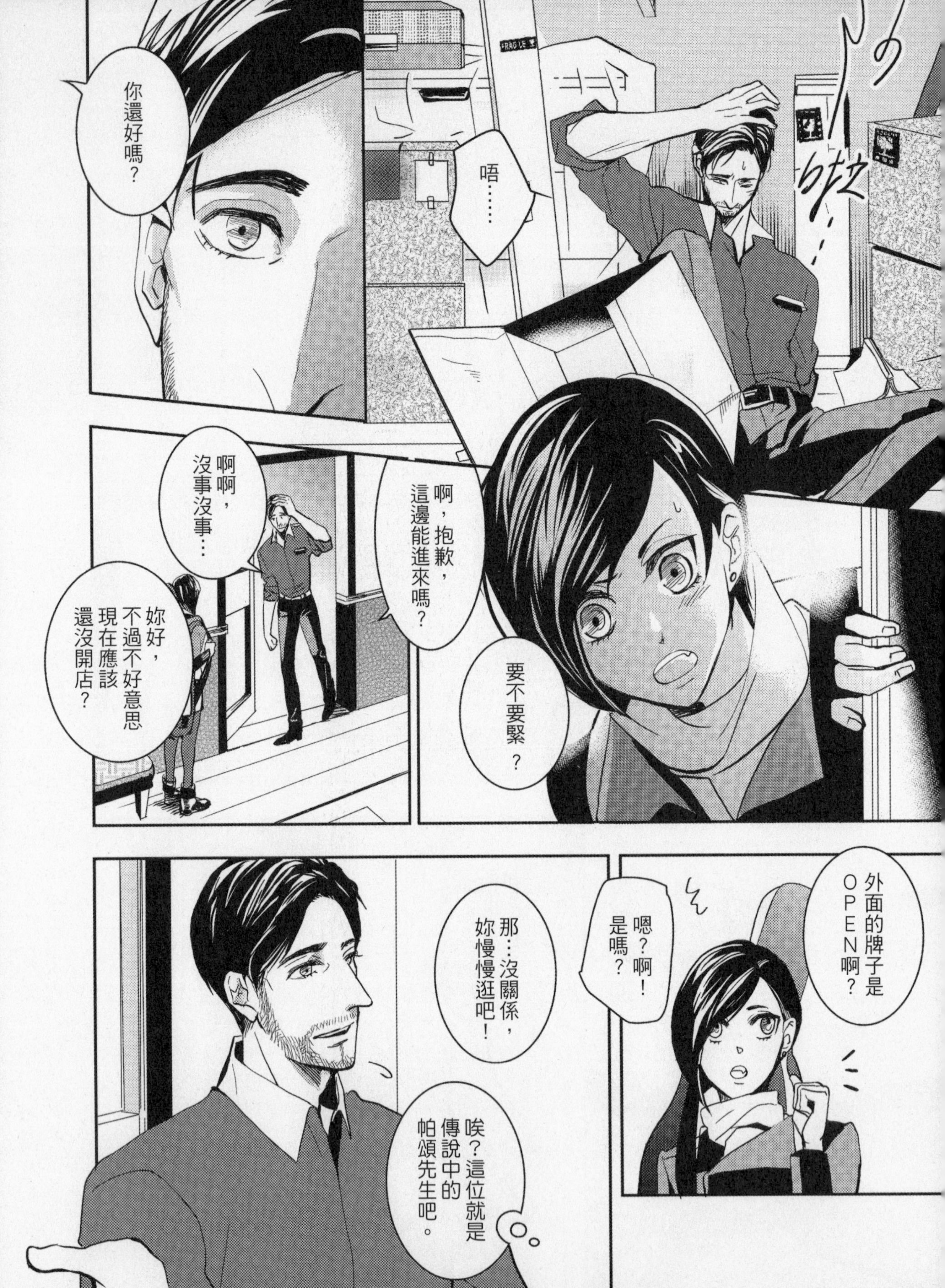
啦
唔……
你還好嗎？
啊，抱歉，這邊能進來嗎？
要不要緊？
啊啊，沒事沒事…
妳好，不過不好意思現在應該還沒開店？
外面的牌子是OPEN啊？
嗯？啊！是嗎？
那…沒關係，妳慢慢逛吧！
唉？這位就是傳說中的帕頌先生吧。

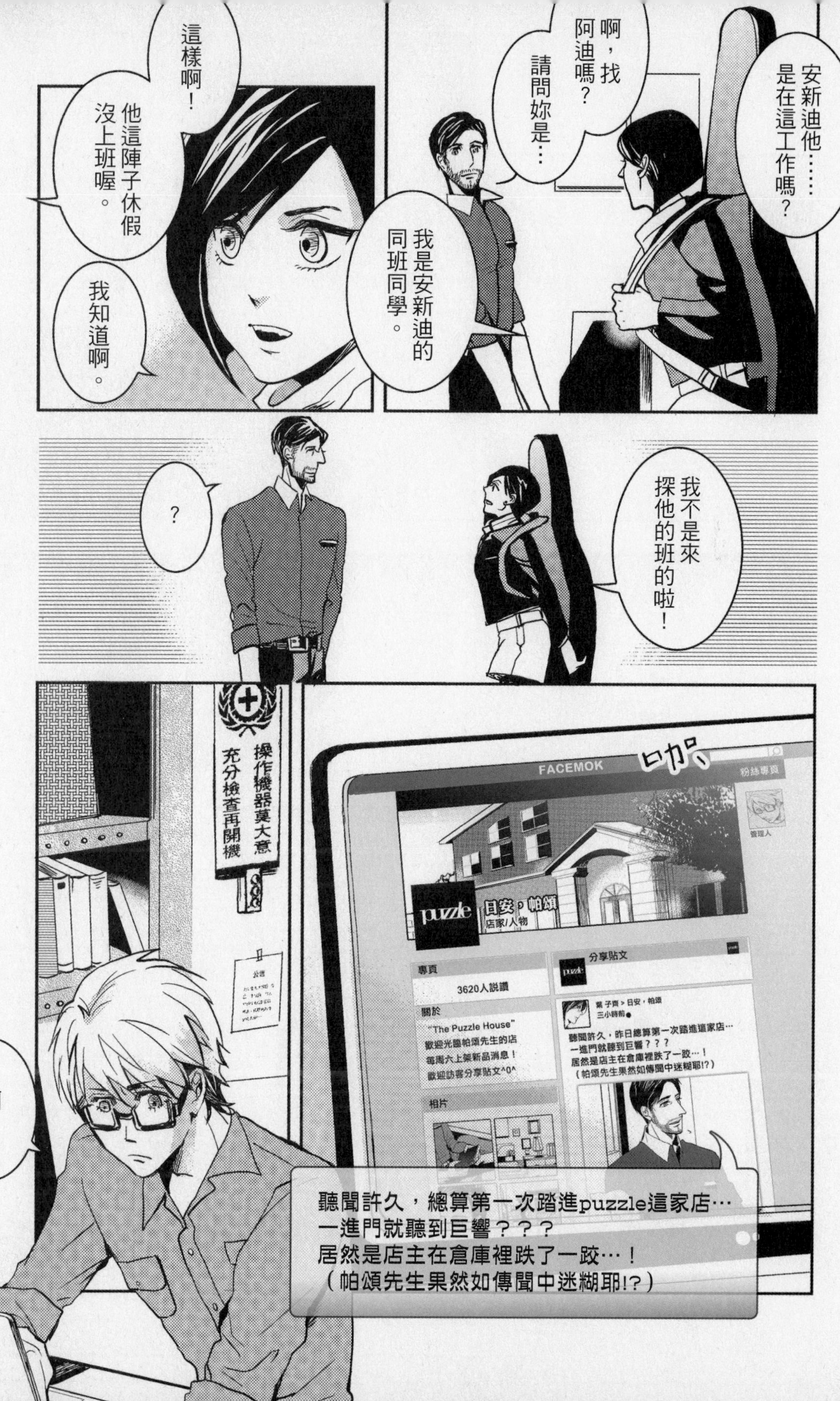
安新迪他……是在這工作嗎？
啊，找阿迪嗎？請問妳是……
我是安新迪的同班同學。
這樣啊！他這陣子休假沒上班喔。
我知道啊。
我不是來探他的班的啦！
？
操作機器莫大意 充分檢查再開機
FACEMOK
ㄇㄉㄚ、
粉絲專頁
puzzle
日安，帕頌
店家/人物
專頁
3620人説讚
關於
"The Puzzle House"
歡迎光臨帕頌先生的店
每周六上架新品消息！
歡迎訪客分享貼文^0^
相片
分享貼文
聽聞許久，昨日總算第一次踏進這家店…
一進門就聽到巨響？？？
居然是店主在倉庫裡跌了一跤…！
(帕頌先生果然如傳聞中迷糊耶!?)
啊？
聽聞許久，總算第一次踏進puzzle這家店…
一進門就聽到巨響？？？
居然是店主在倉庫裡跌了一跤…！
（帕頌先生果然如傳聞中迷糊耶!?）

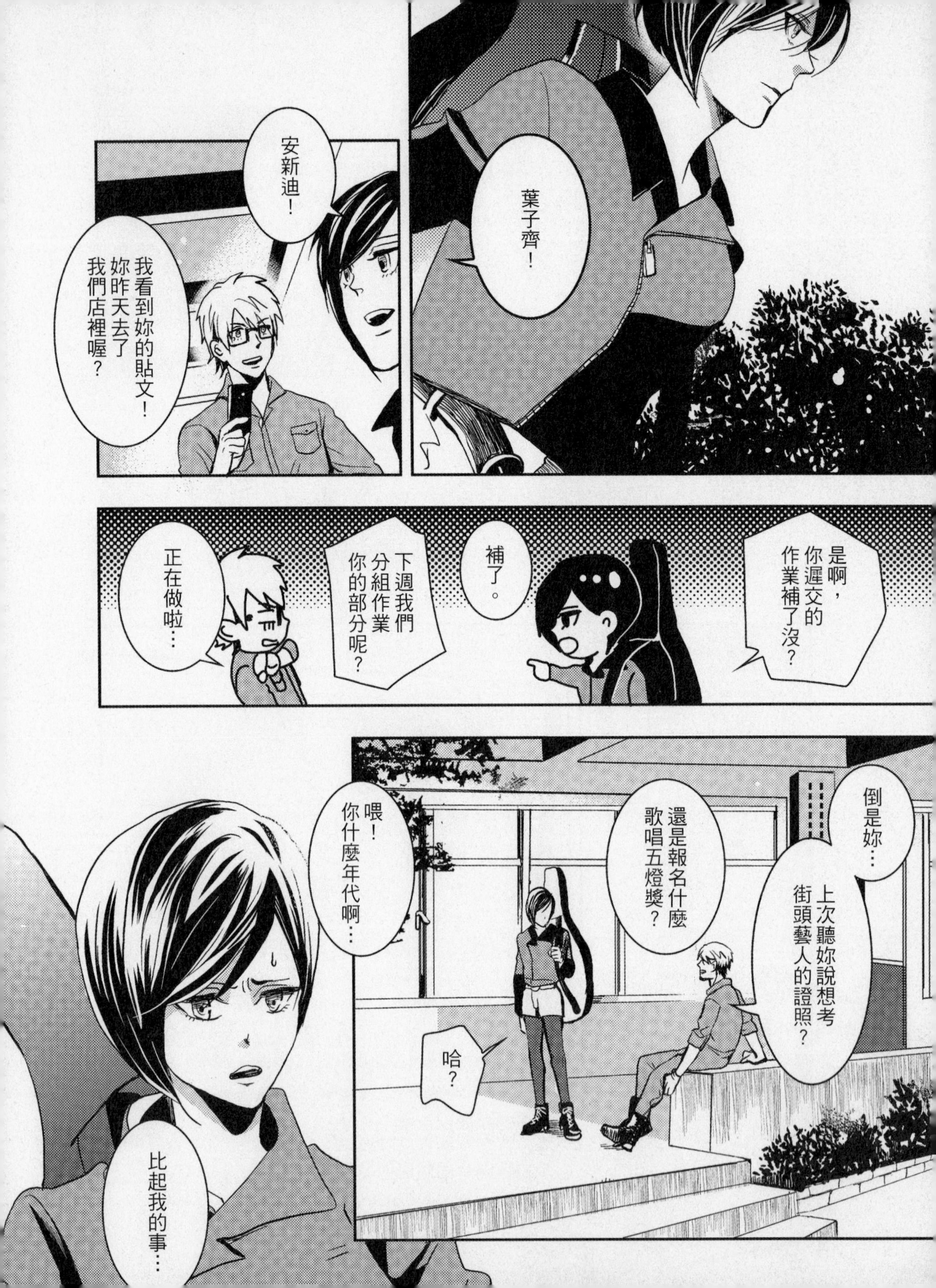

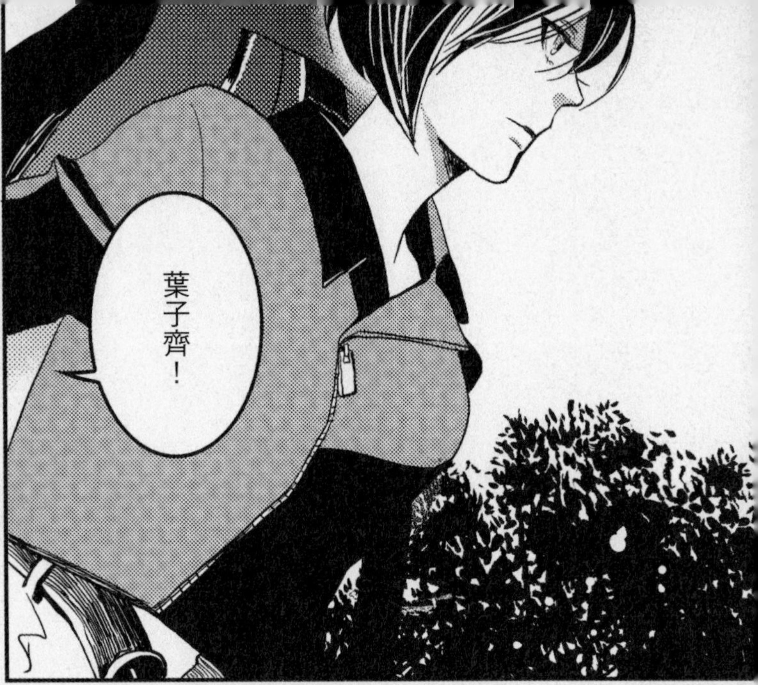
葉子齊！

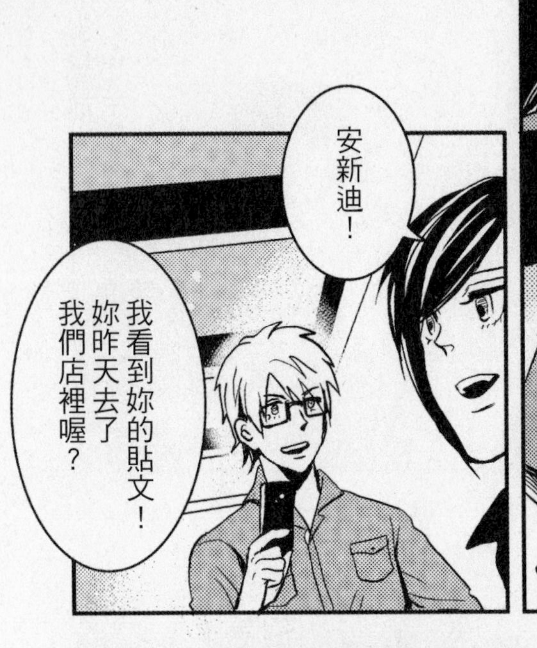
安新迪！
我看到妳的貼文！妳昨天去了我們店裡喔？

是啊，你遲交的作業補了沒？
補了。
下週我們分組作業你的部分呢？
正在做啦…

倒是妳…
上次聽妳說想考街頭藝人的證照？
還是報名什麼歌唱五燈獎？
哈？
喂！你什麼年代啊…
比起我的事…

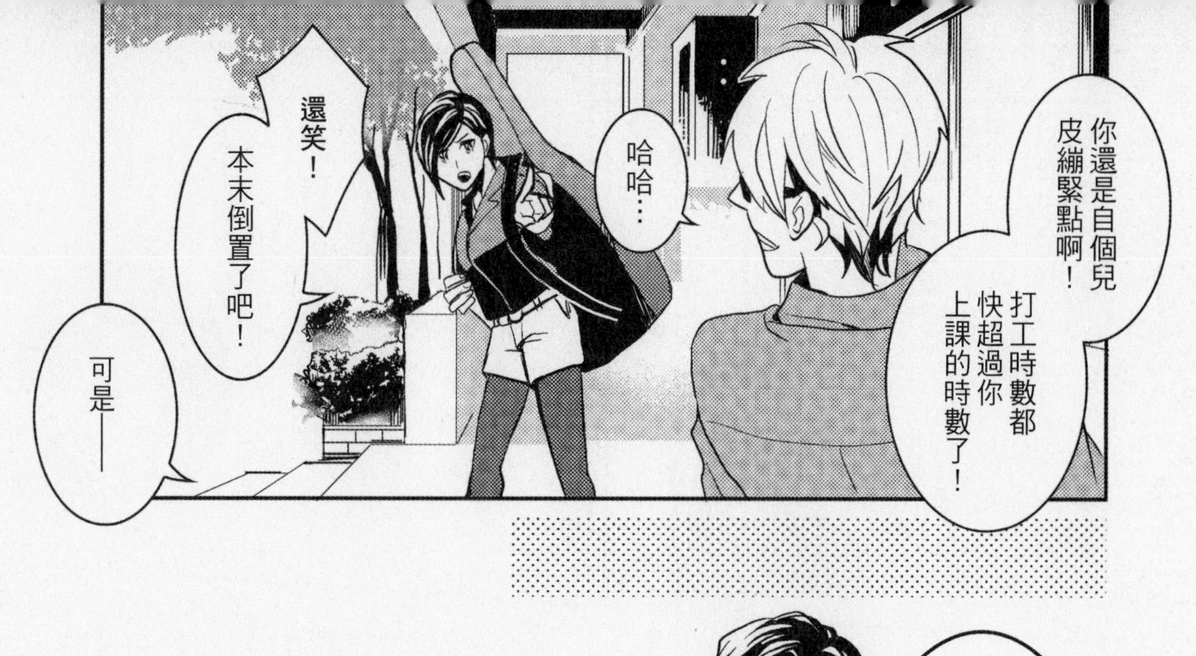
你還是自個兒皮繃緊點啊！
打工時數都快超過你上課的時數了！
哈哈⋯
還笑！
本末倒置了吧！
可是——
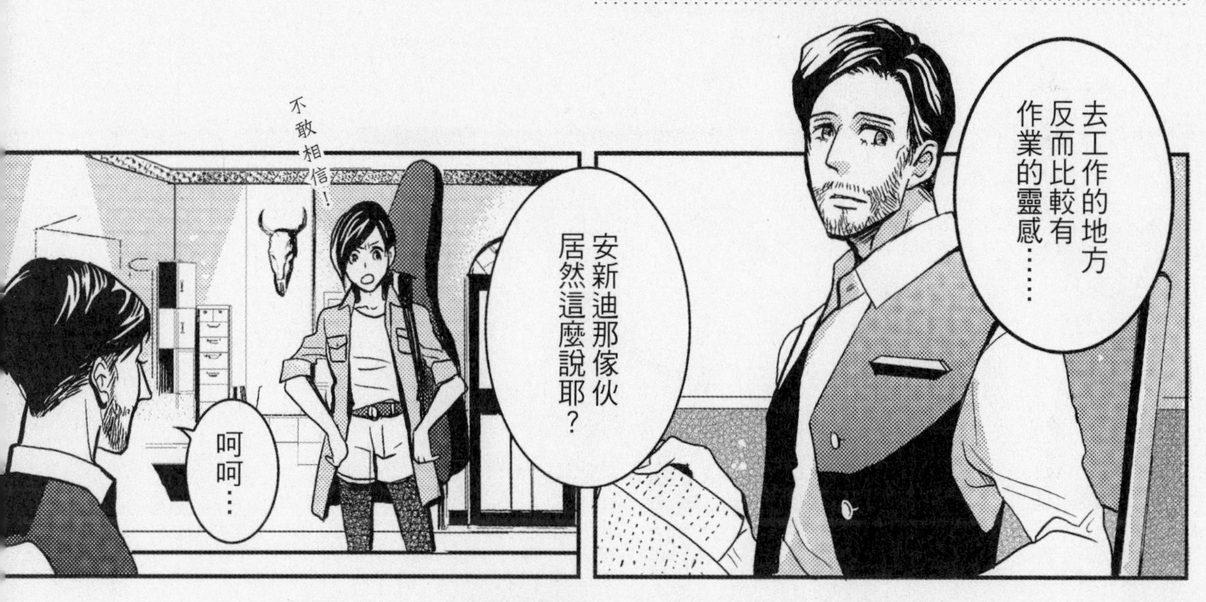
去工作的地方反而比較有作業的靈感⋯⋯
安新迪那傢伙居然這麼說耶？
不敢相信！
呵呵⋯
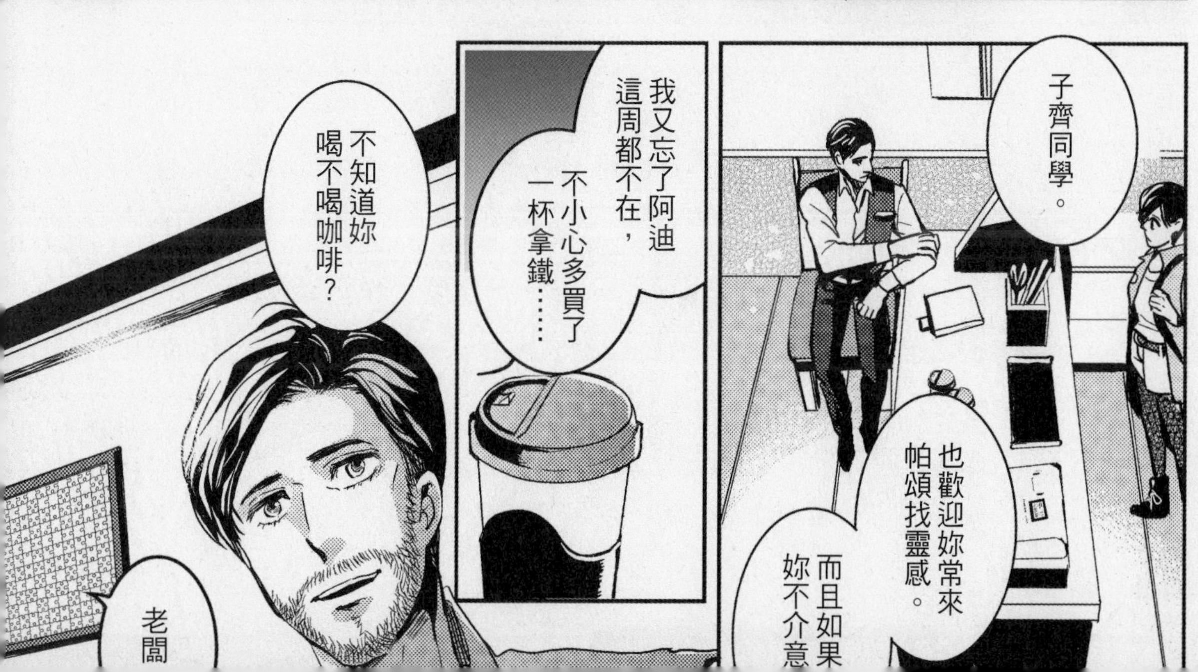
子齊同學。
也歡迎妳常來帕頌找靈感。
而且如果妳不介意
我又忘了阿迪這周都不在，
不小心多買了一杯拿鐵⋯⋯
不知道妳喝不喝咖啡？
老闆

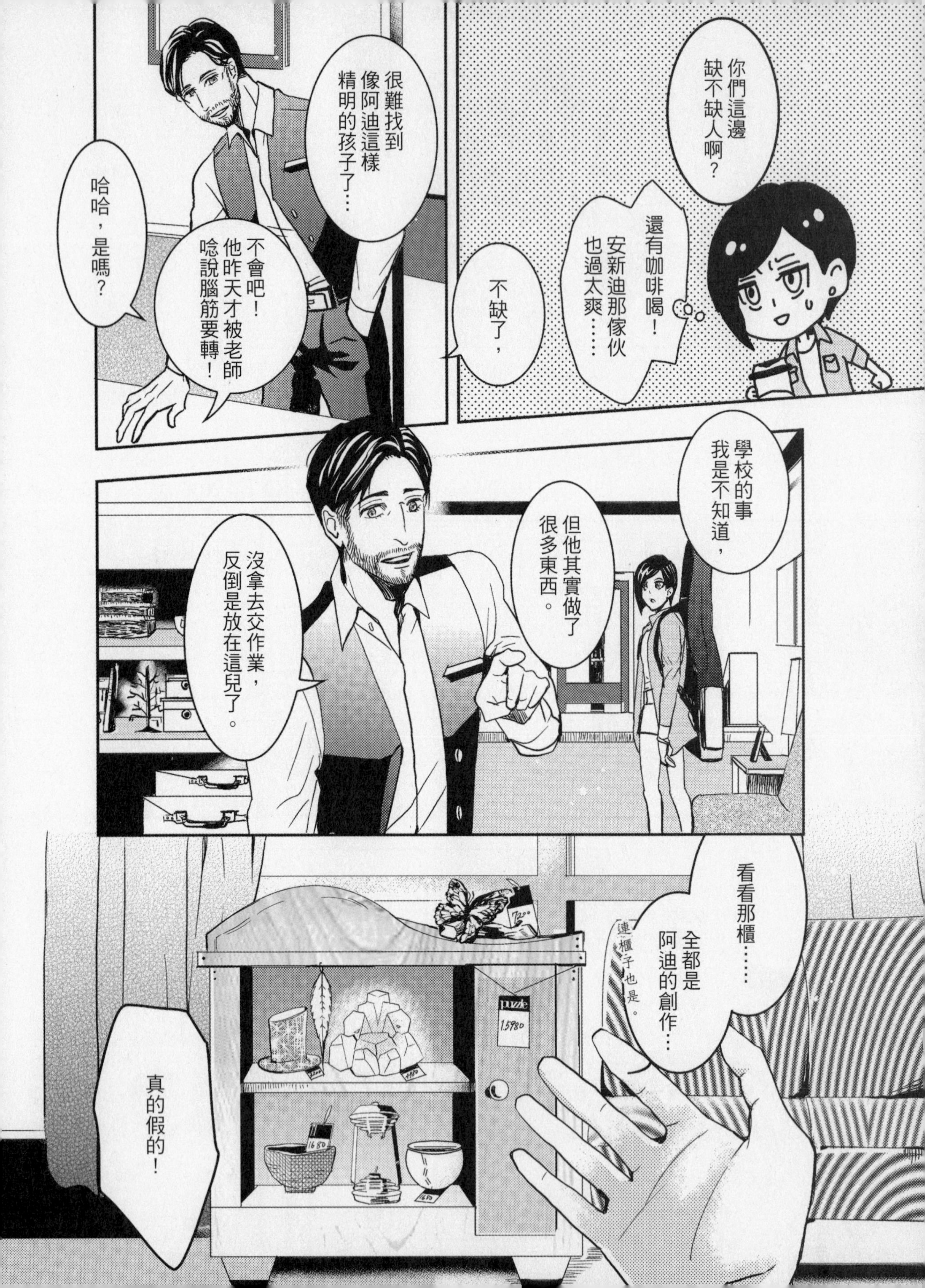
你們這邊缺不缺人啊？
還有咖啡喝！安新迪那傢伙也過太爽……
不缺了，
很難找到像阿迪這樣精明的孩子了……
不會吧！他昨天才被老師唸說腦筋要轉！
哈哈，是嗎？
學校的事我是不知道，
但他其實做了很多東西。
沒拿去交作業，反倒是放在這兒了。
看看那櫃……全都是阿迪的創作……
連櫃子也是。
真的假的！

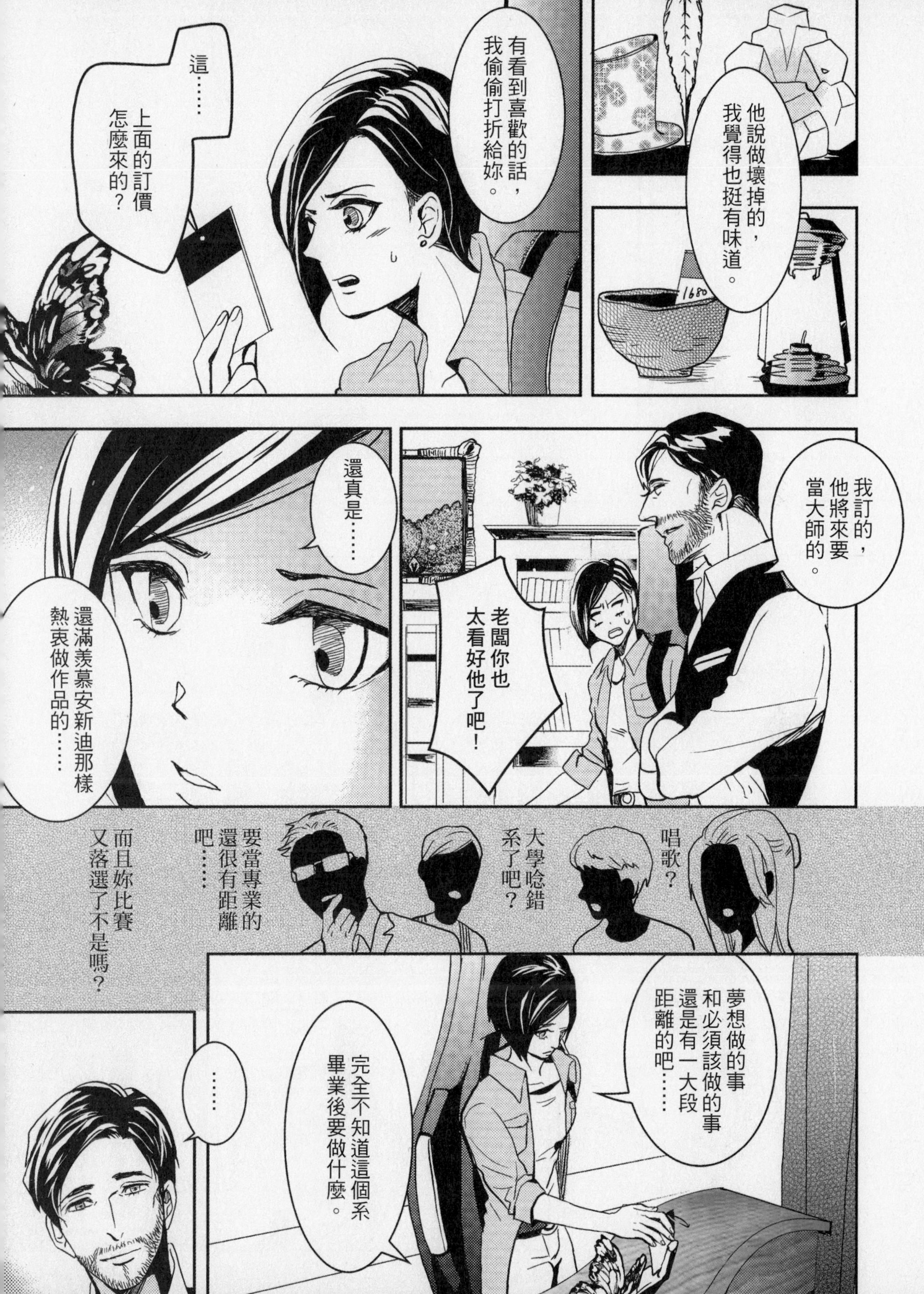
他說做壞掉的，我覺得也挺有味道。
1680
有看到喜歡的話，我偷偷打折給妳。
這……上面的訂價怎麼來的？
我訂的，他將來要當大師的。
老闆你也太看好他了吧！
還真是……
還滿羨慕安新迪那樣熱衷做作品的……
唱歌？
大學唸錯系了吧？
要當專業的還很有距離吧……
而且妳比賽又落選了不是嗎？
夢想做的事和必須該做的事還是有一大段距離的吧……
完全不知道這個系畢業後要做什麼。
……

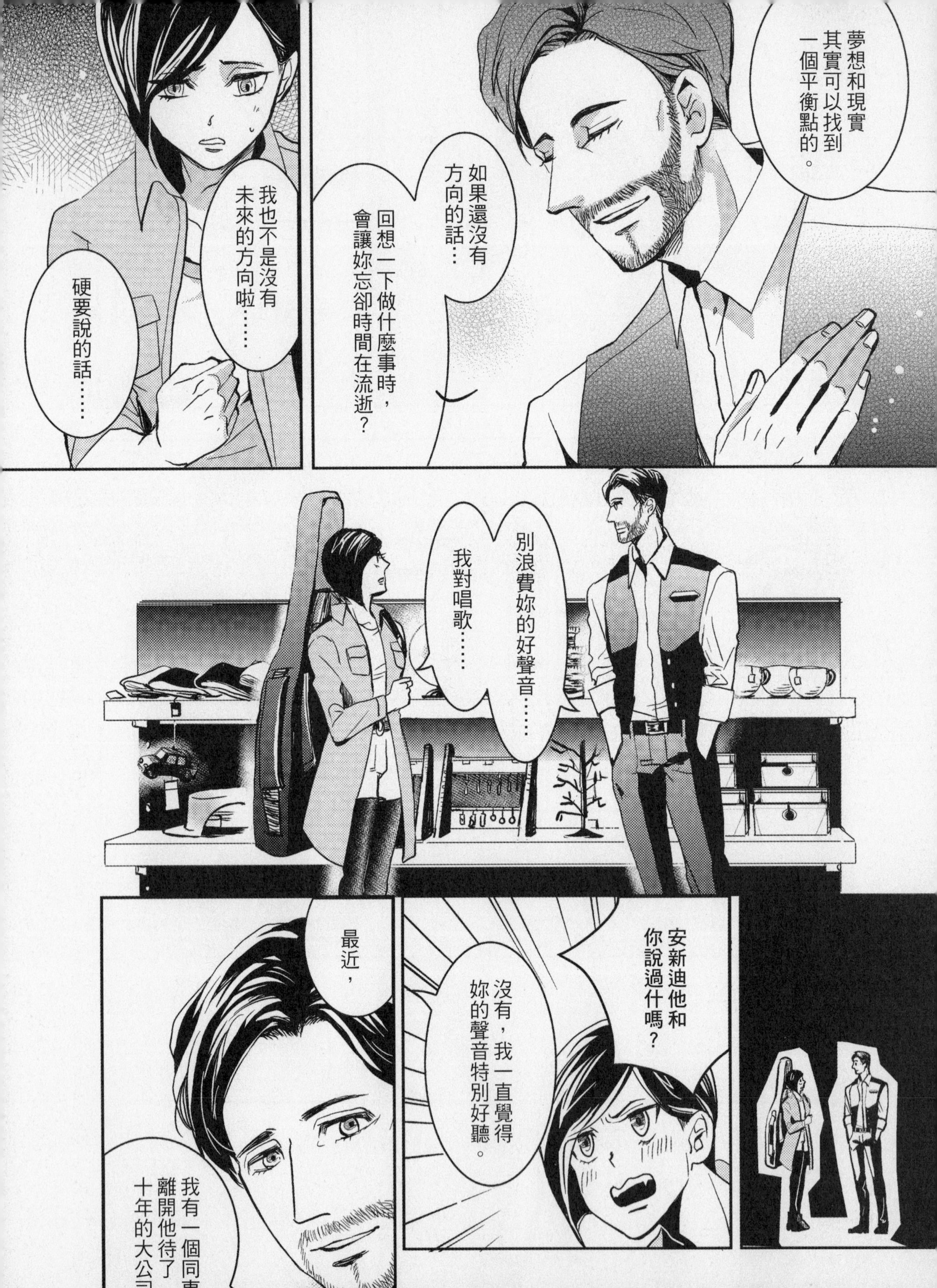
夢想和現實
其實可以找到
一個平衡點的。
如果還沒有
方向的話……
回想一下做什麼事時，
會讓妳忘卻時間在流逝？
我也不是沒有
未來的方向啦……
硬要說的話……
別浪費妳的好聲音……
我對唱歌……
安新迪他和
你說過什麼嗎？
沒有，我一直覺得
妳的聲音特別好聽。
最近，
我有一個同事
離開他待了
十年的大公司

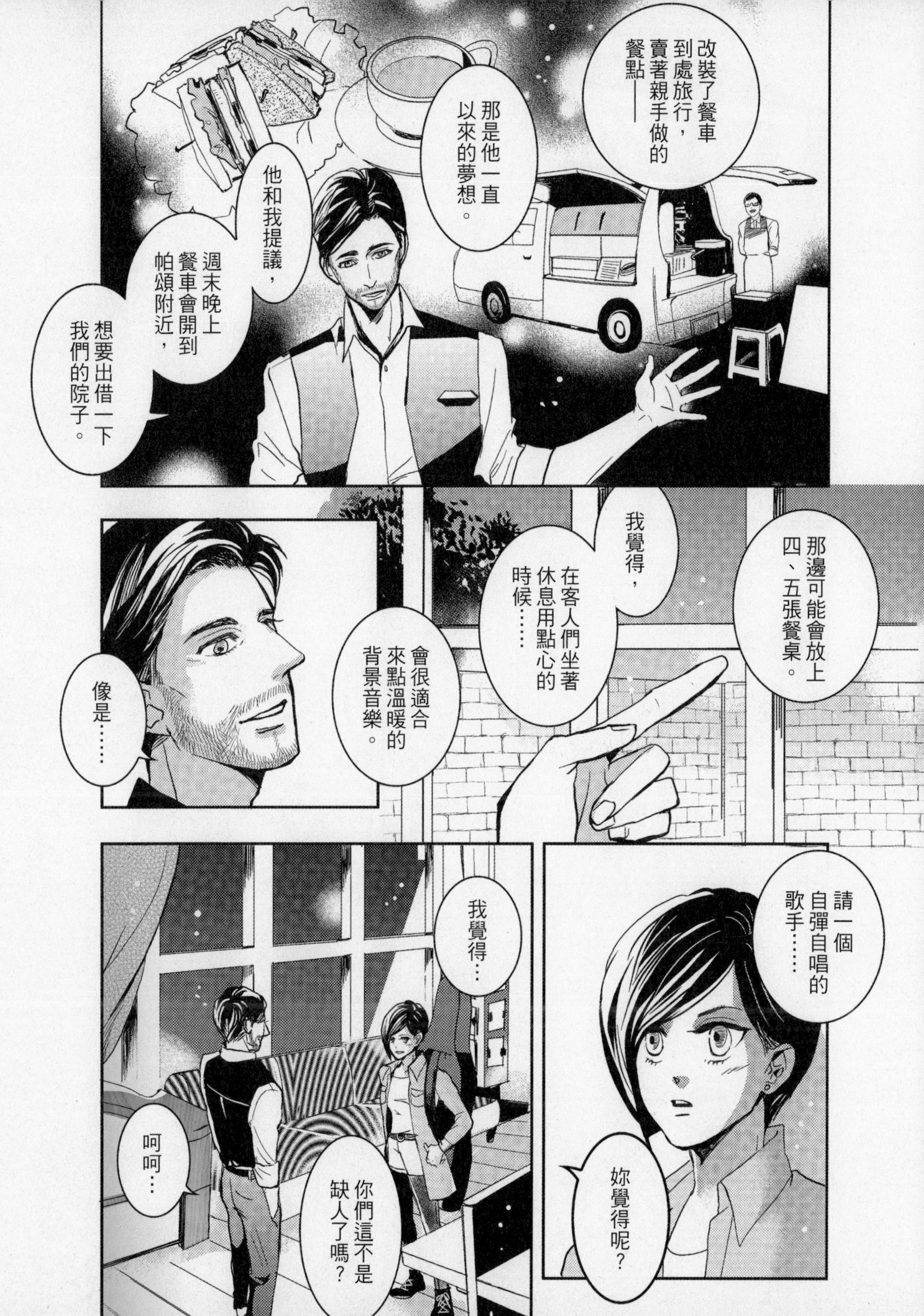
改裝了餐車到處旅行，賣著親手做的餐點——
那是他一直以來的夢想。
他和我提議，
週末晚上餐車會開到帕頌附近，
想要出借一下我們的院子。
那邊可能會放上四、五張餐桌。
我覺得，
在客人們坐著休息用點心的時候……
會很適合來點溫暖的背景音樂。
像是……
請一個自彈自唱的歌手……
我覺得……
妳覺得呢？
你們這不是缺人了嗎？
呵呵…

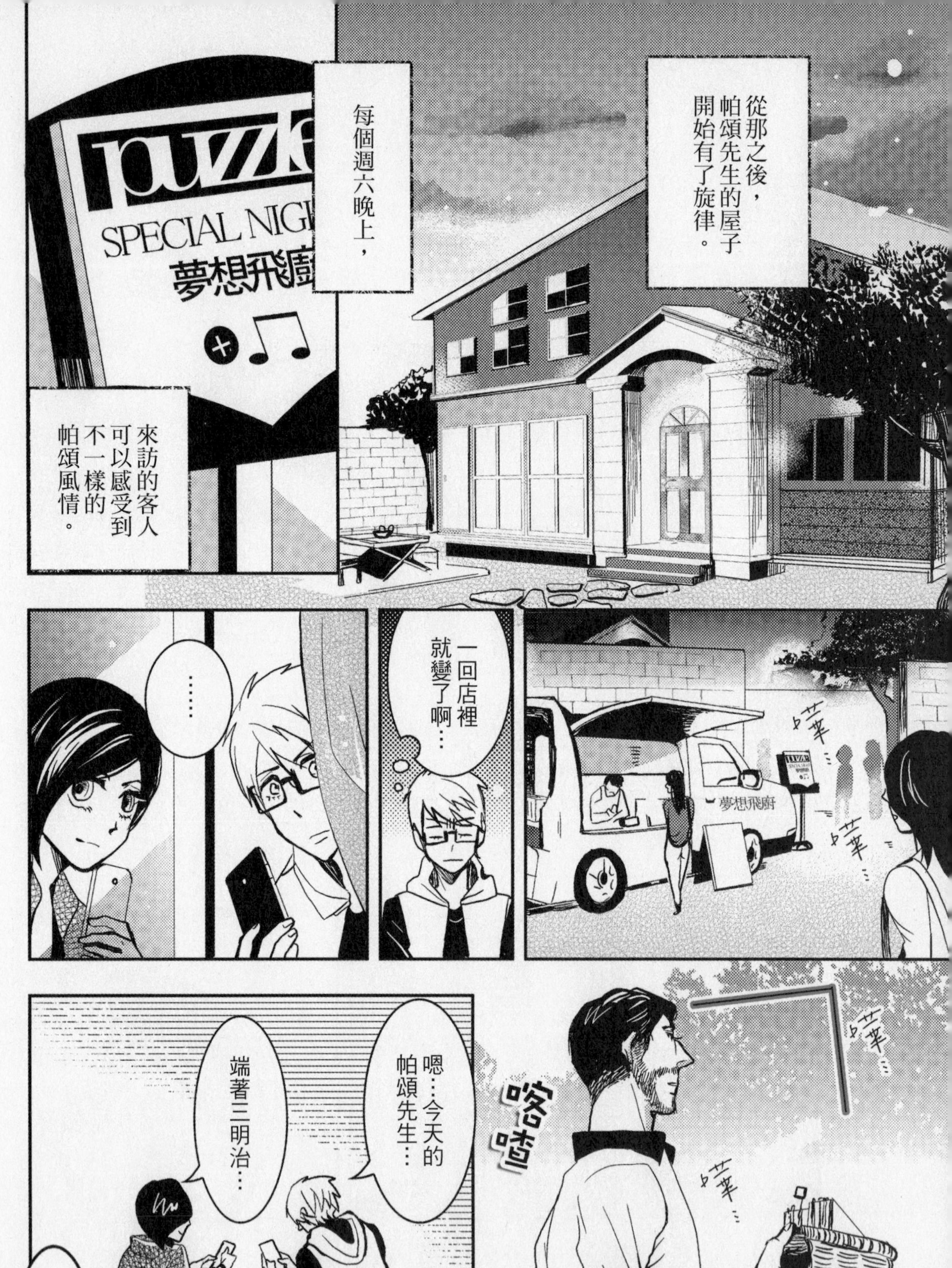
從那之後，帕頌先生的屋子開始有了旋律。
每個週六晚上，
puzzle
SPECIAL NIG
夢想飛廚
來訪的客人可以感受到不一樣的帕頌風情。
嘩…
嘩…
夢想飛廚
一回店裡就變了啊…
……
嘩…
喀噠
嗯…今天的帕頌先生…
端著三明治…
嘩…
……

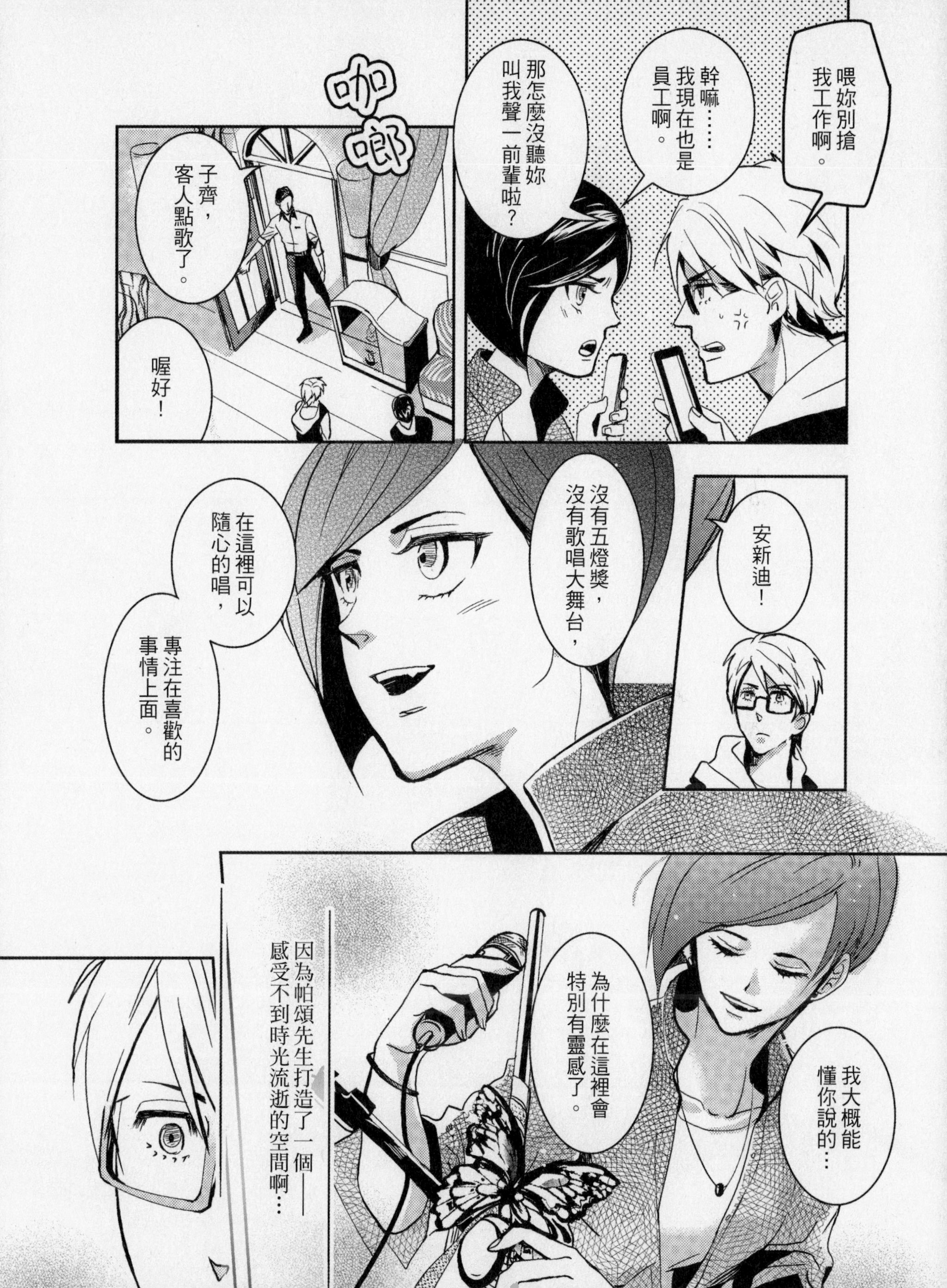
喂妳別搶
我工作啊。
幹嘛……
我現在也是
員工啊。
那怎麼沒聽妳
叫我聲一前輩啦？
咖
啷
子齊，
客人點歌了。
喔好！
安新迪！
沒有五燈獎，
沒有歌唱大舞台，
在這裡可以
隨心的唱，
專注在喜歡的
事情上面。
我大概能
懂你說的……
為什麼在這裡會
特別有靈感了。
因為帕頌先生打造了一個——
感受不到時光流逝的空間啊……

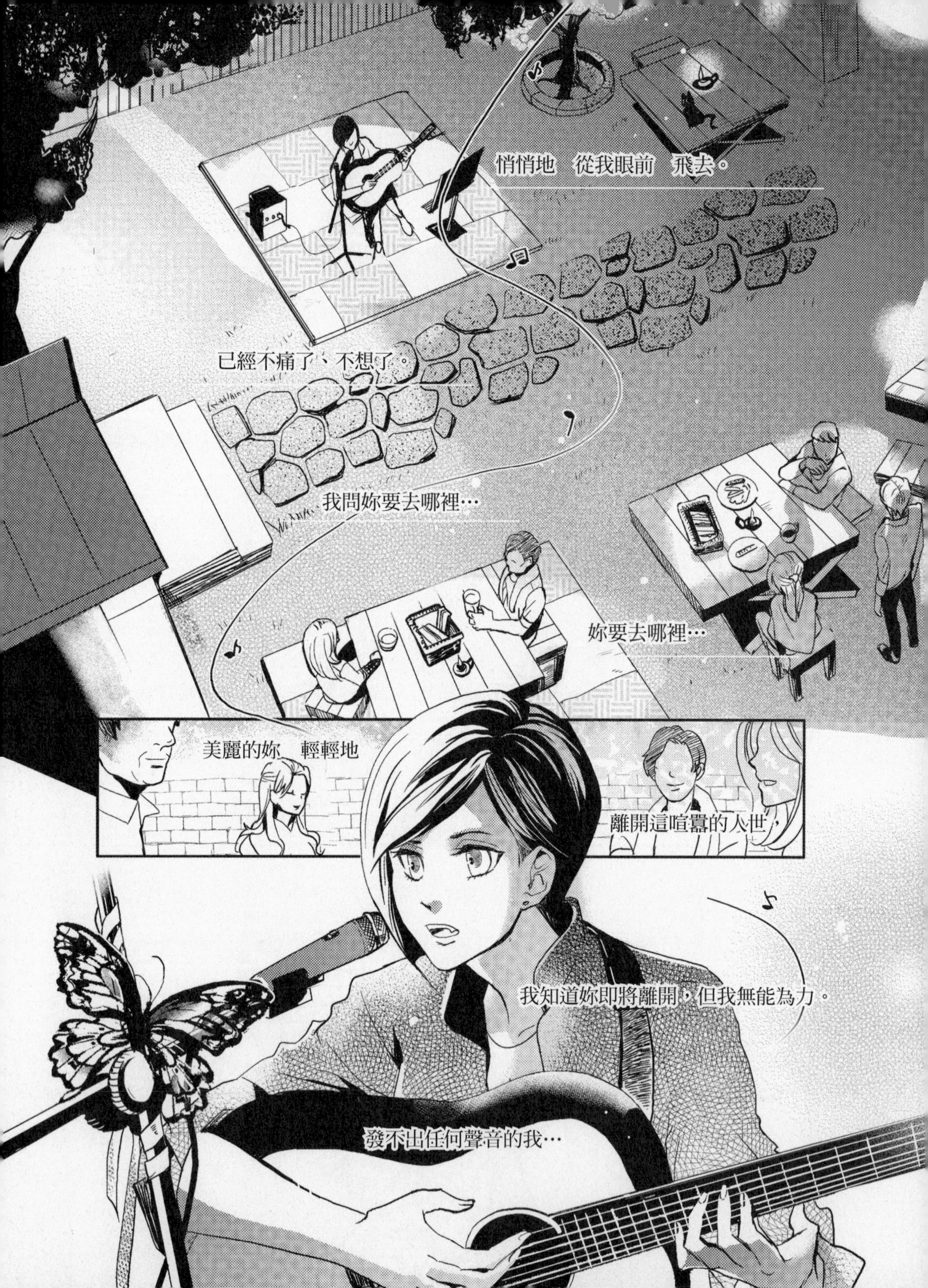
悄悄地　從我眼前　飛去。
已經不痛了、不想了。
我問妳要去哪裡…
妳要去哪裡…
美麗的妳　輕輕地
離開這喧囂的人世，
我知道妳即將離開，但我無能為力。
發不出任何聲音的我…

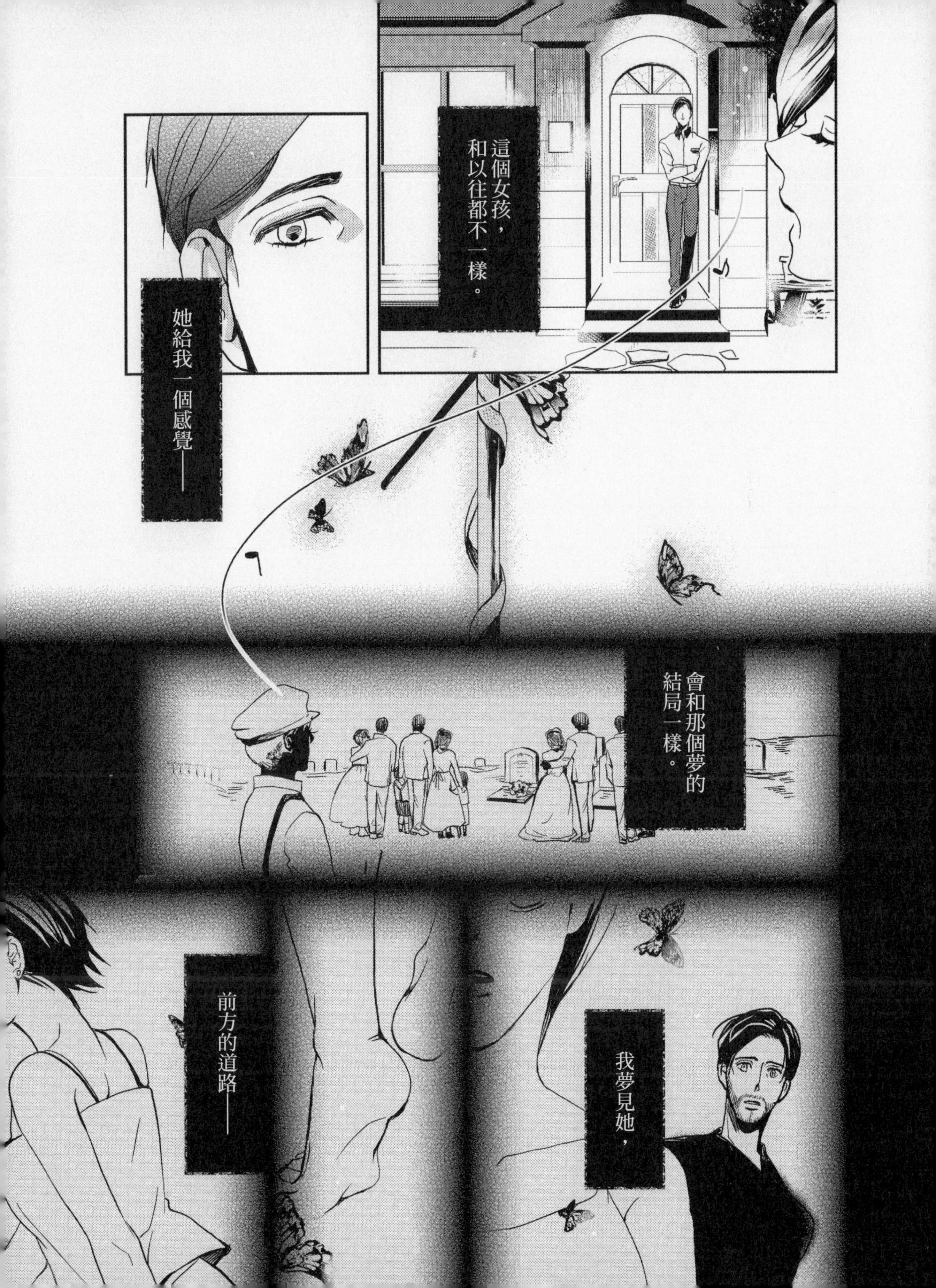
這個女孩，
和以往都不一樣。
她給我一個感覺——
會和那個夢的
結局一樣。
我夢見她，
前方的道路——

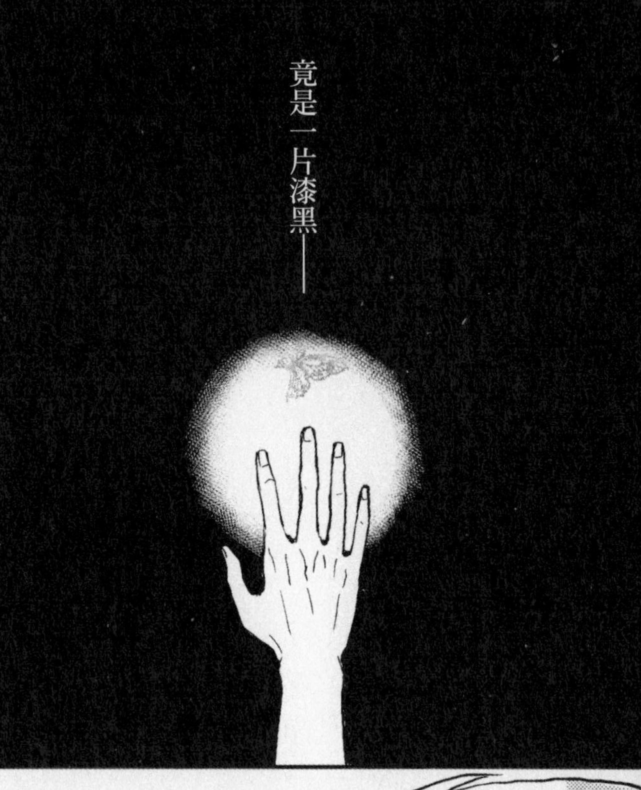
竟是一片漆黑——
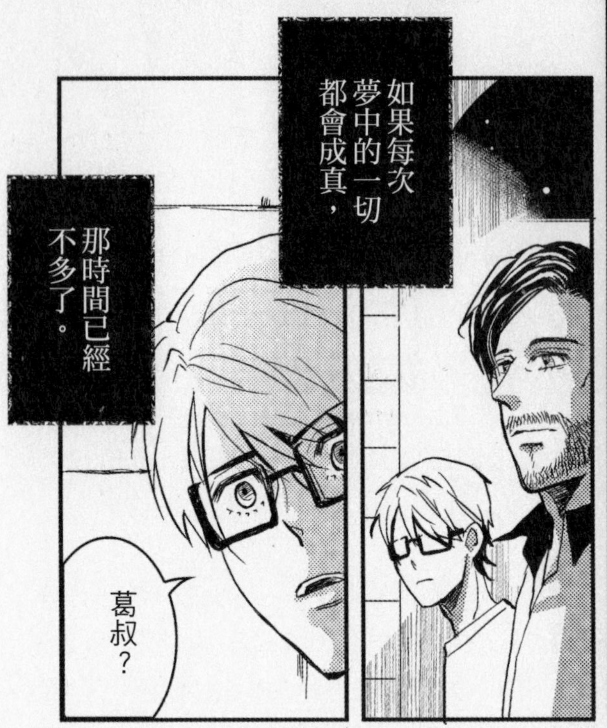
如果每次夢中的一切都會成真，
那時間已經不多了。
葛叔？
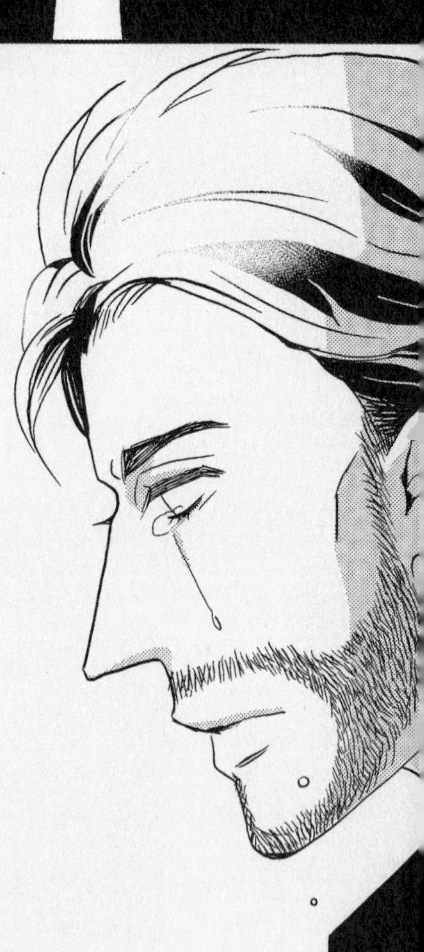
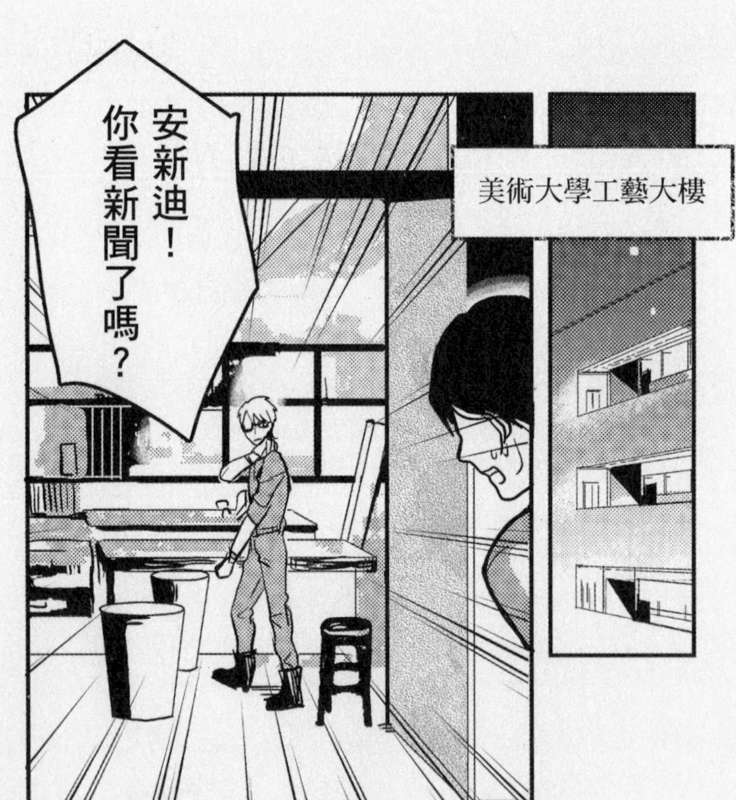
美術大學工藝大樓
安新迪！你看新聞了嗎？

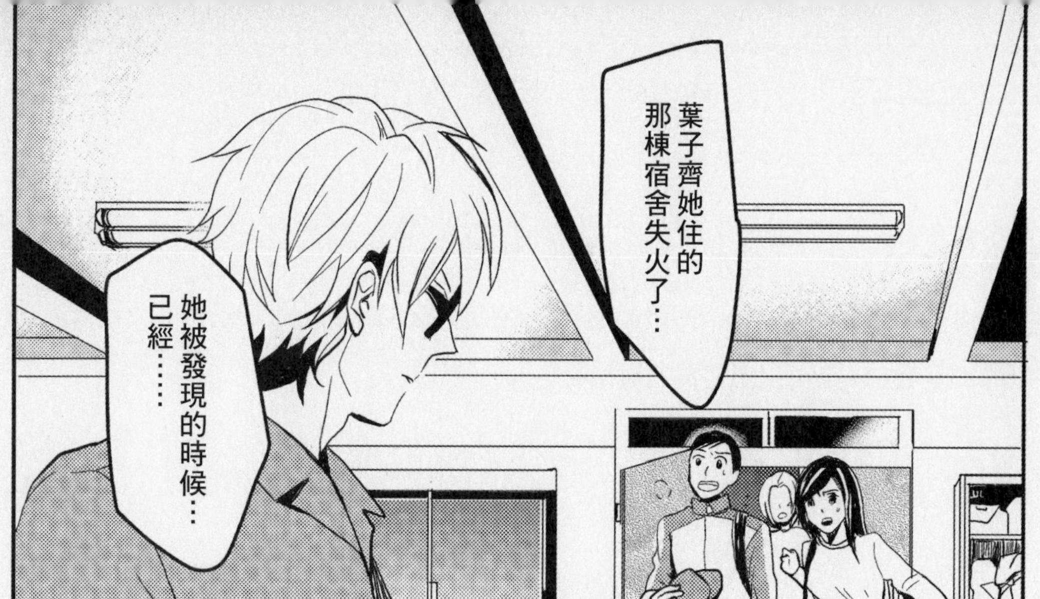
葉子齊她住的
那棟宿舍失火了…
她被發現的時候…
已經……

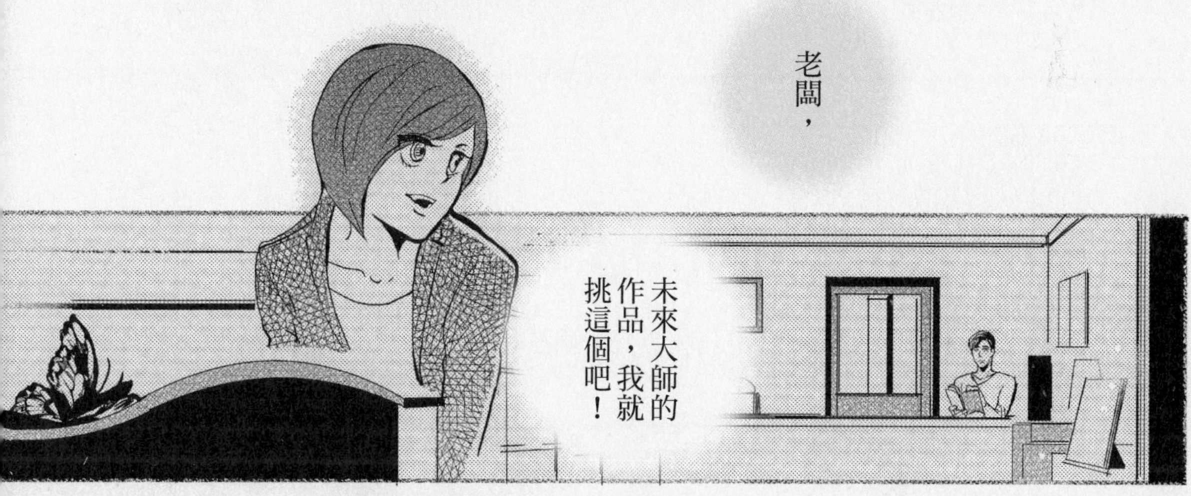
老闆，
未來大師的
作品，我就
挑這個吧！

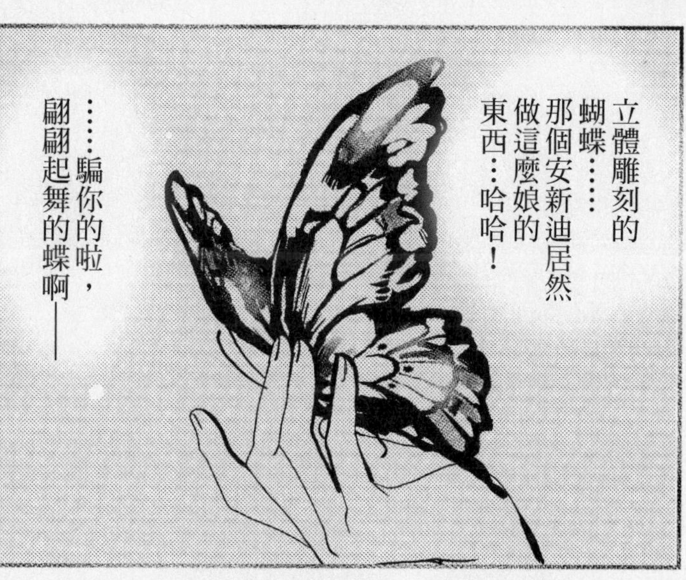
立體雕刻的
蝴蝶……
那個安新迪居然
做這麼娘的
東西…哈哈！
……騙你的啦，
翩翩起舞的蝶啊——

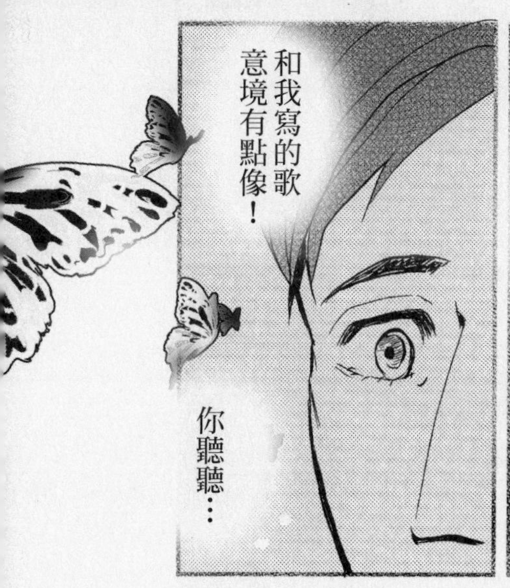
和我寫的歌
意境有點像！
你聽聽…

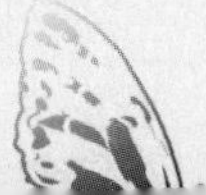

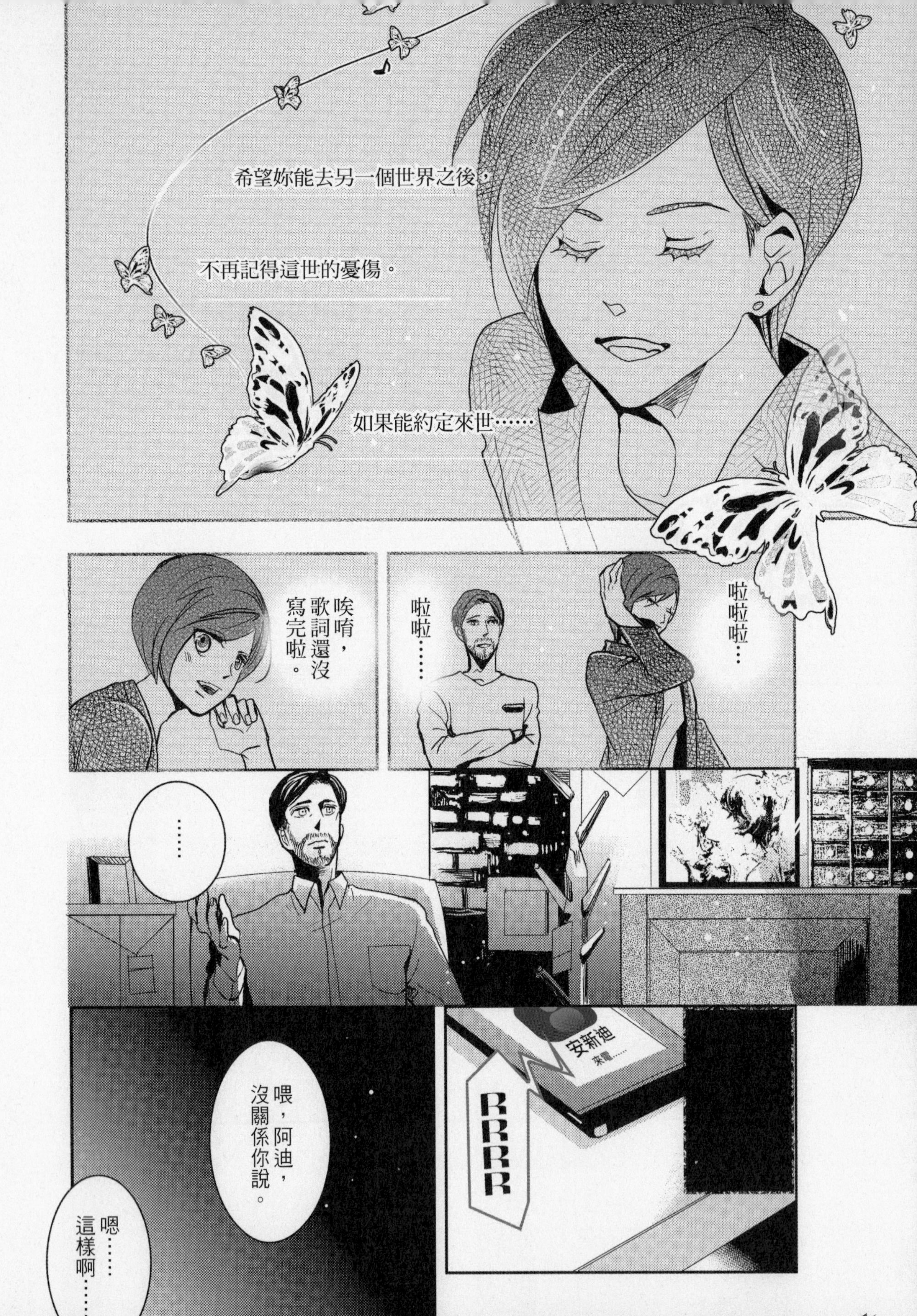
希望妳能去另一個世界之後，
不再記得這世的憂傷。
如果能約定來世……
啦啦啦……
啦啦……
唉唷，歌詞還沒寫完啦。
……
安新迪
來電……
RRRR
喂，阿迪，沒關係你說。
嗯……這樣啊……

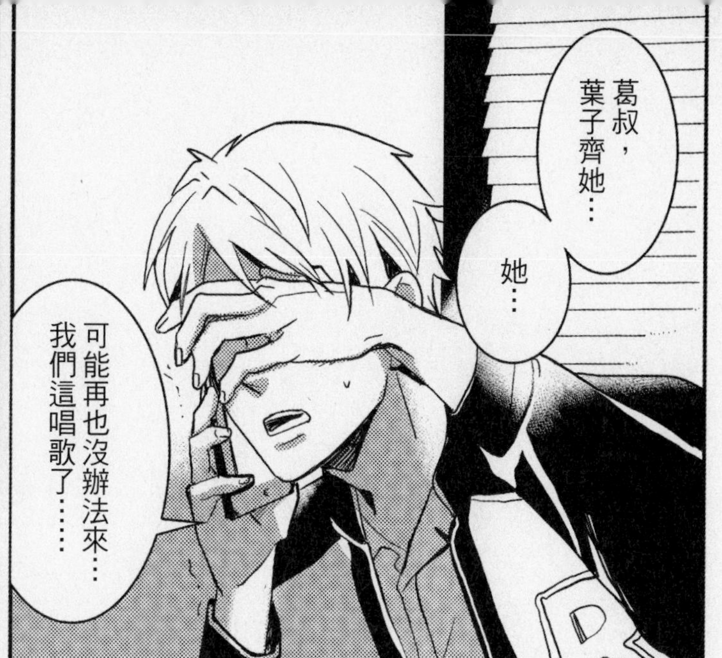
葛叔，
葉子齊她……
她……
可能再也沒辦法來……
我們這唱歌了……
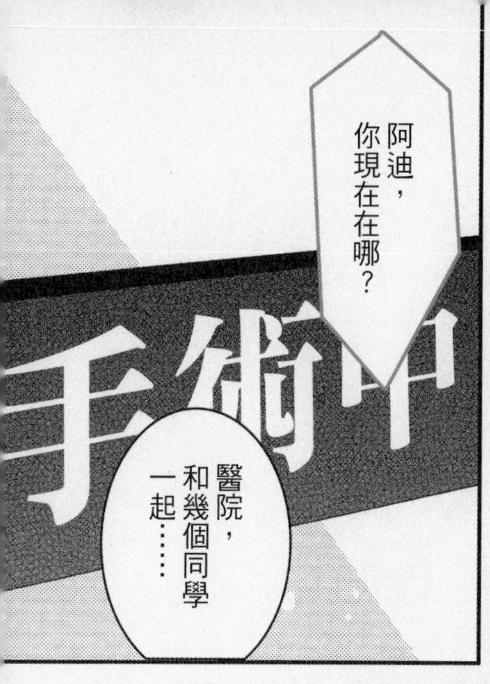
手術中
阿迪，
你現在在哪？
醫院，
和幾個同學
一起……
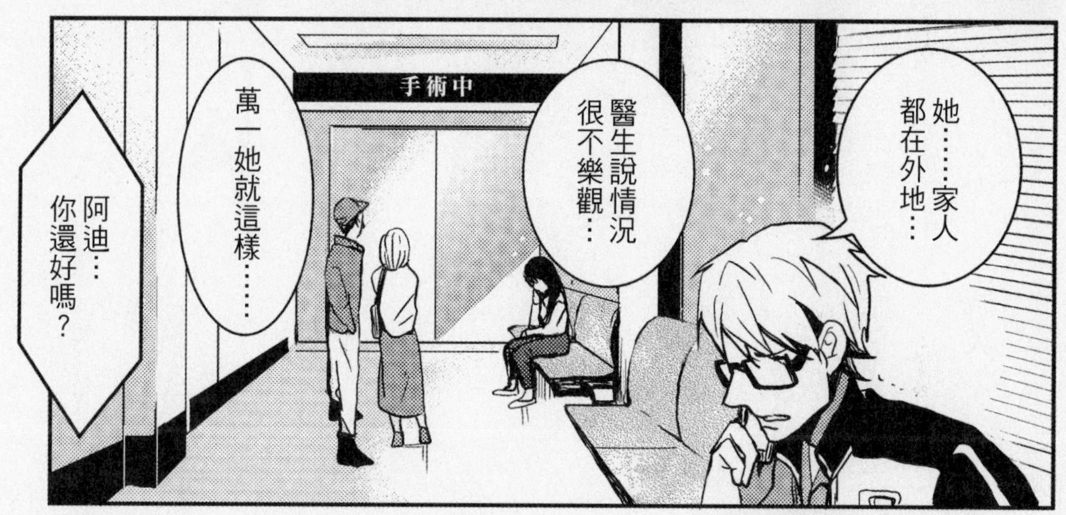
她……家人
都在外地……
醫生說情況
很不樂觀……
手術中
萬一她就這樣……
阿迪……
你還好嗎？
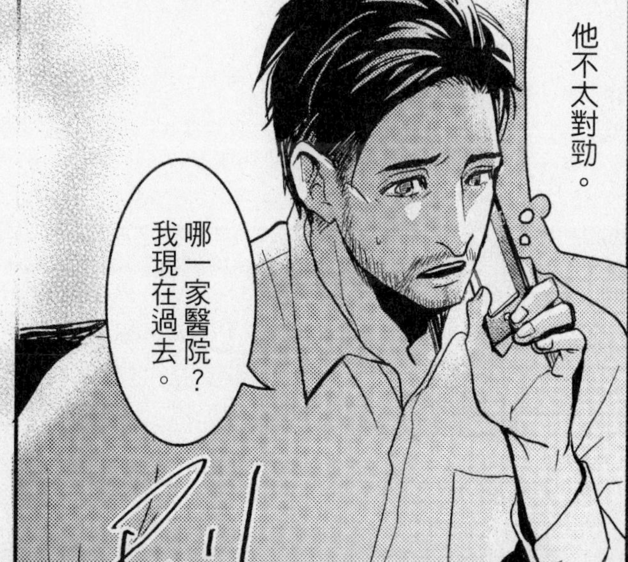
他不太對勁。
哪一家醫院？
我現在過去。
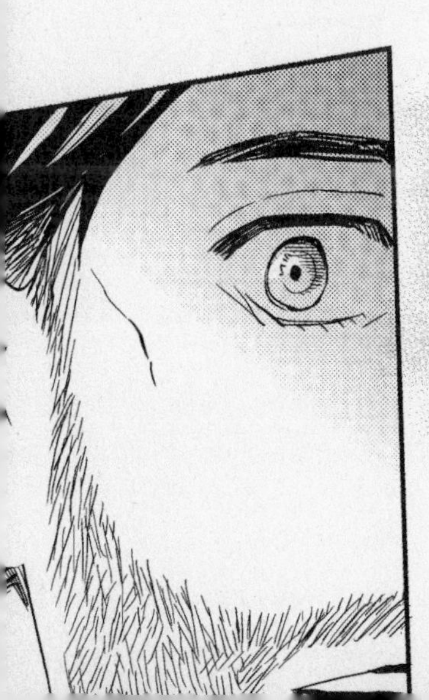
還記得……

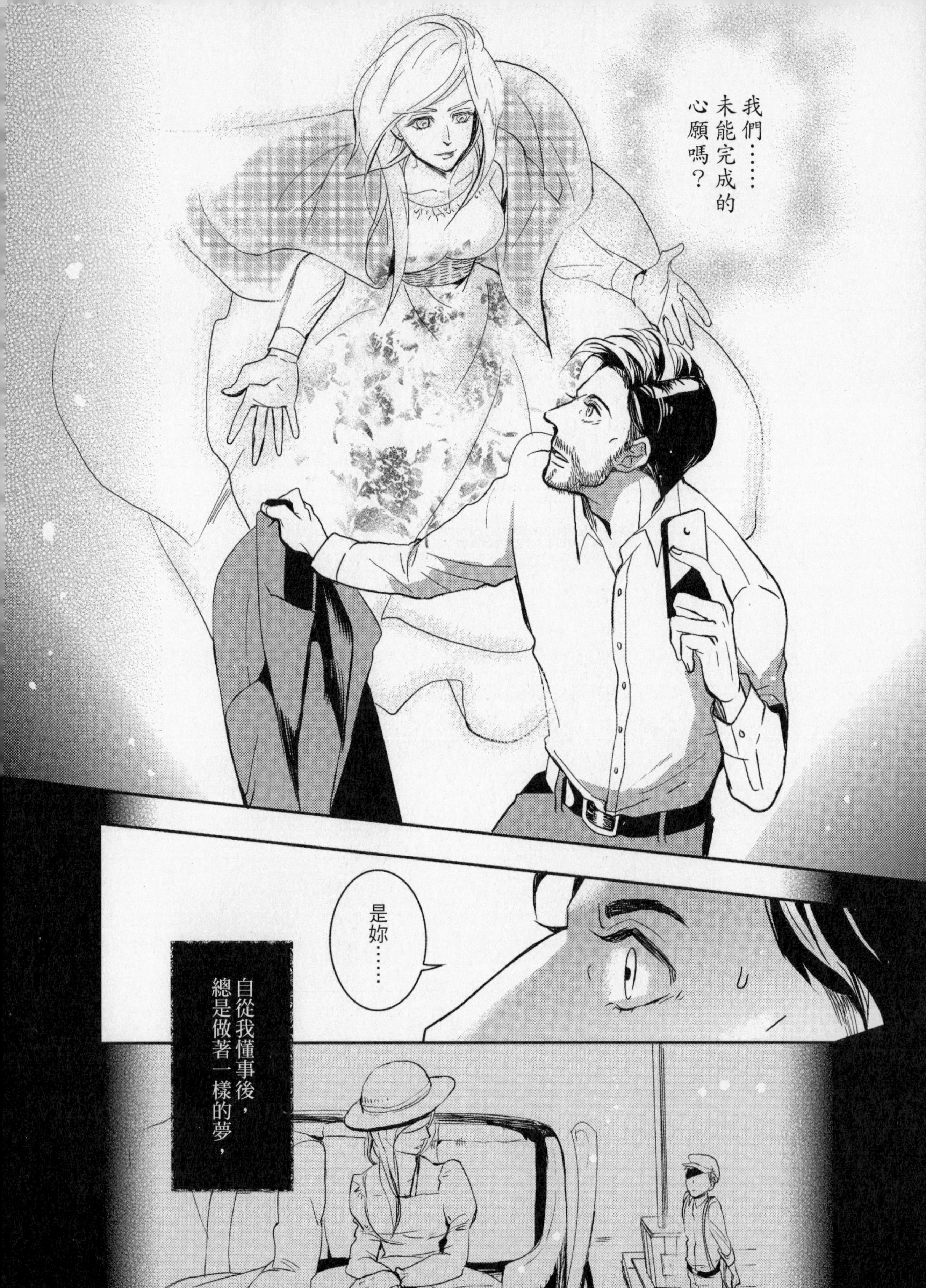
我們……
未能完成的
心願嗎？
是妳……
自從我懂事後，
總是做著一樣的夢，

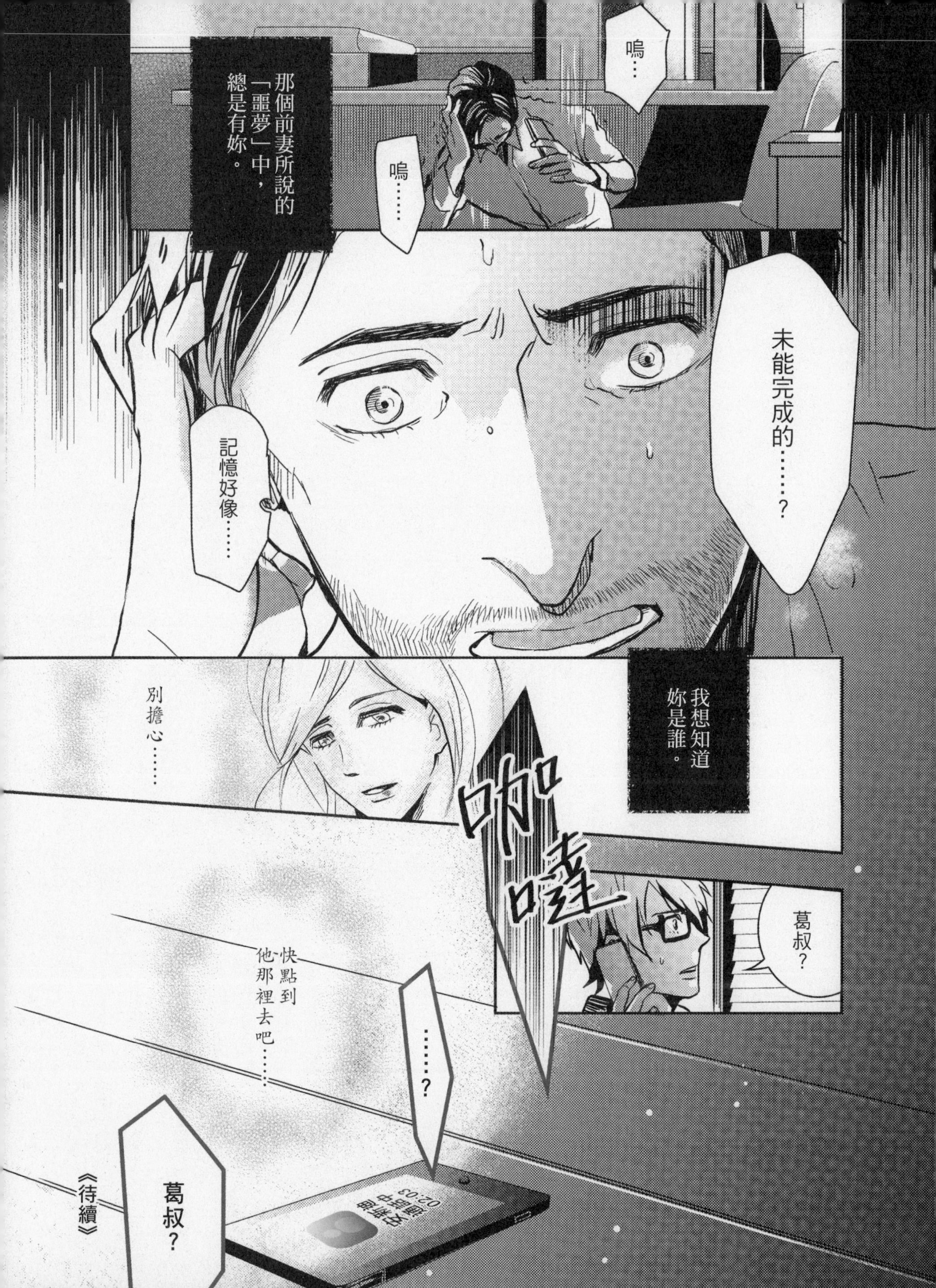
嗚……
嗚……
那個前妻所說的「噩夢」中，總是有妳。
未能完成的……？
記憶好像……
我想知道妳是誰。
別擔心……
咔噠
葛叔？
……？
快點到他那裡去吧……
葛叔？
《待續》

浪漫 STORY 4

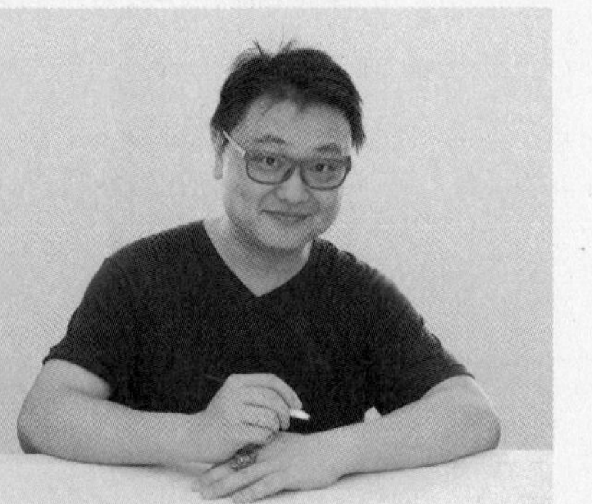

每次我用筆名時、別人就一直用我的本名介紹我。我用本名時、又有人叫我的筆名。所以，這次連載就把我的筆名送給我的筆、而用本名來發表了！

這次的故事想表達什麼？您若感覺到了、我們才算是演出成功。

其實把所有的對白拿掉，我想大部份的讀者應該還是能看懂這個故事吧～「被背棄是一種巨大的傷痛，那種困惑、恐懼、無助、期盼、失落……絕望，是每隻被遺棄的動物所共同遭遇的痛。然後我採用了一種緩緩漸次滲入的方式來訴說這樣的過程，配上誇張逗趣的表情及一些搞笑。這是我喜歡用的手法，可能有點類似卓別林或周星馳電影的風格吧！因為，我自己就很擅長把傷心難過的事轉成笑話啊！

小巴這種狗狗的嘴角總有個類似微笑的弧線，但眼尾卻又有個黑色淚滴型的斑點，天生就是充滿喜感又笑中帶淚的丑角演員呢！

（老編：感謝浪漫的電影界愛狗友人Ｌｅａｒ，沒有你的發動就不會有這系列的漫畫。）

狗狗的故事系列初登場～〈小巴，回家〉，獻給所有狗狗們……

祈願世界再也不要有流浪狗啦！

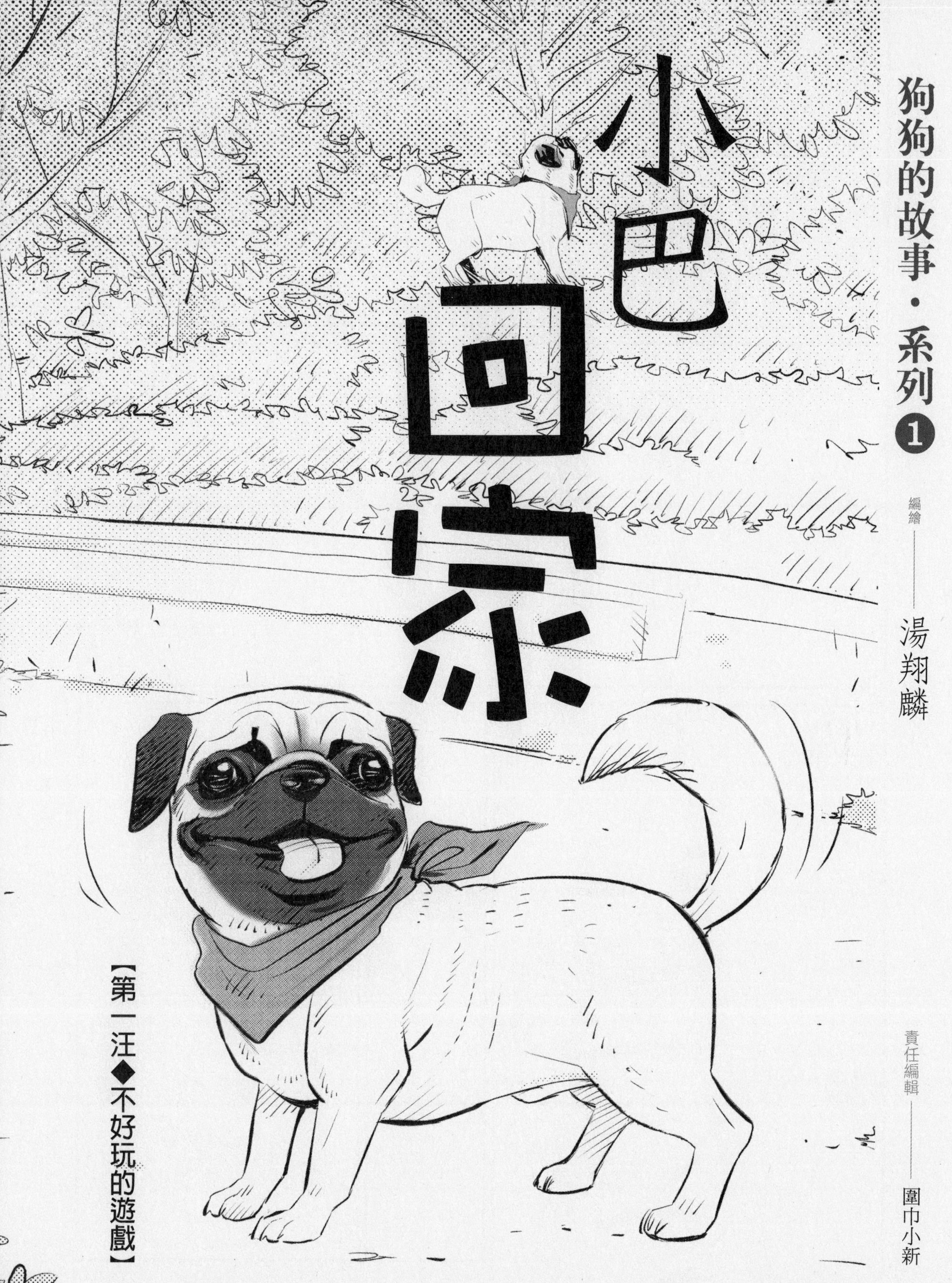

狗狗的故事．系列 1

編繪——湯翔麟

責任編輯——圍巾小新

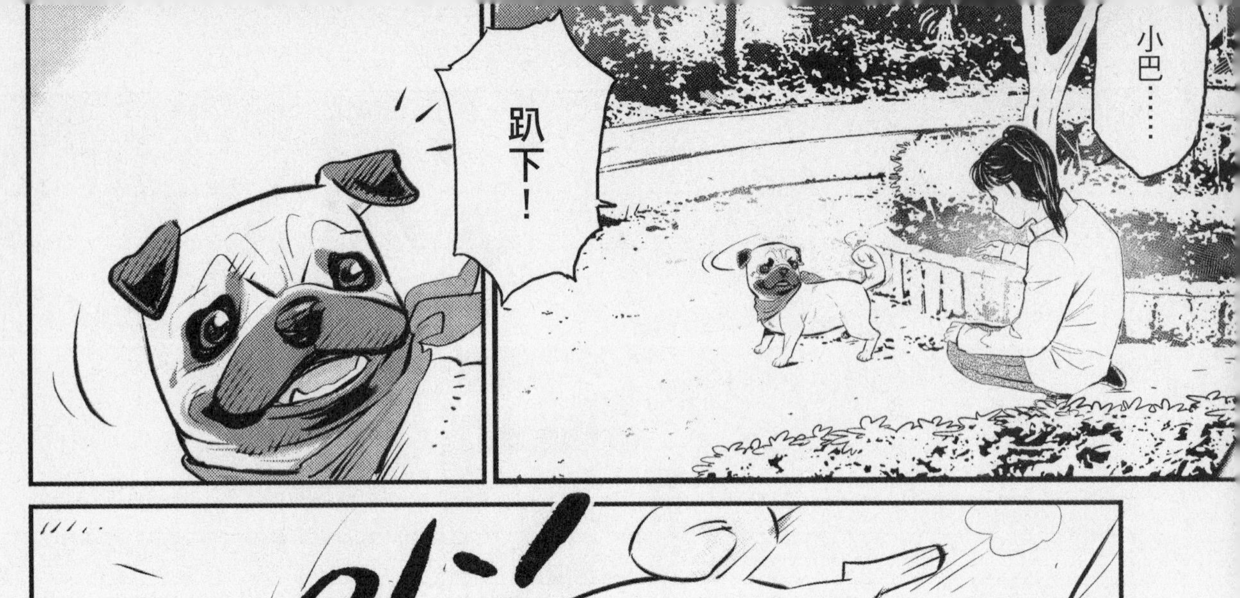
小巴……
趴下！

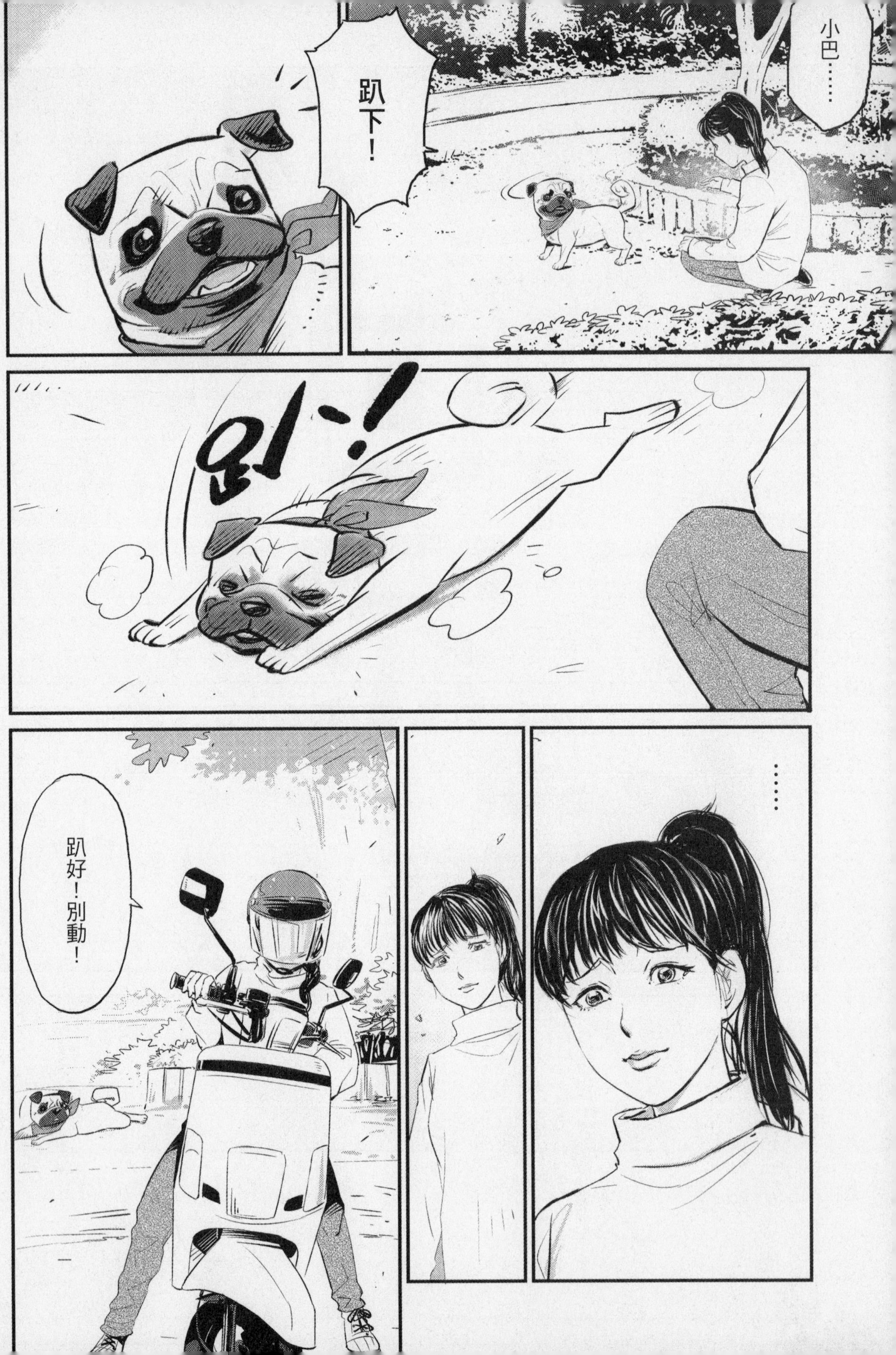

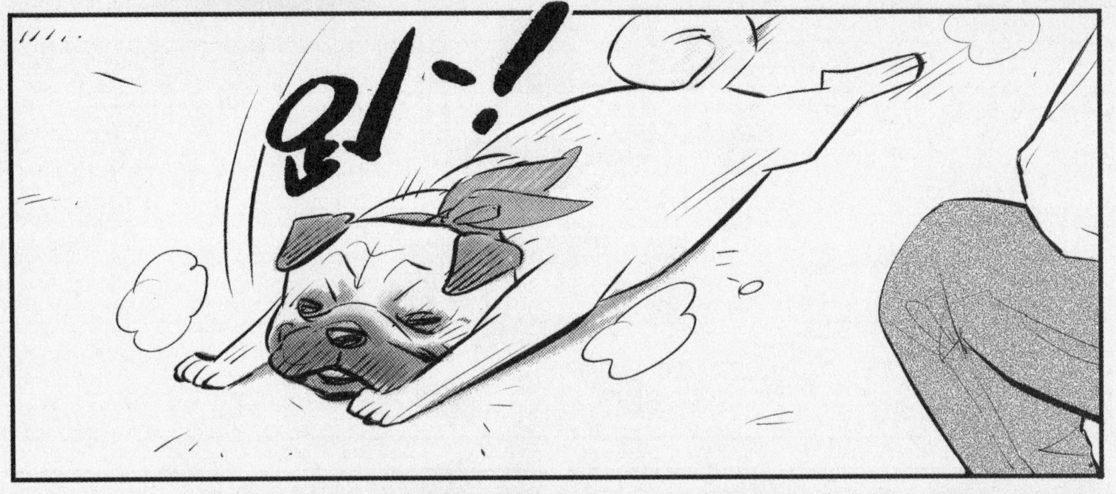
……
趴好！別動！

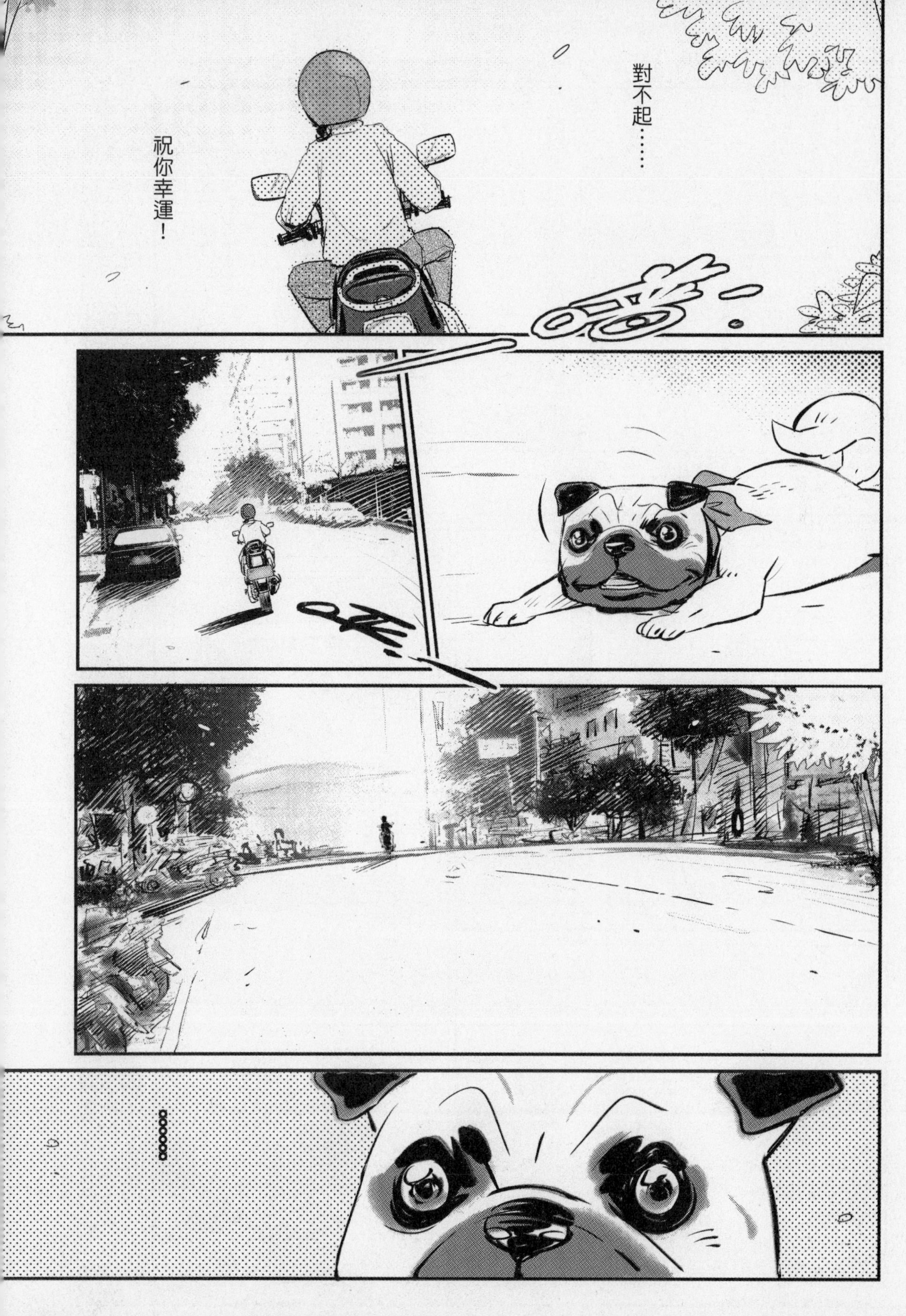
對不起……
祝你幸運！
……

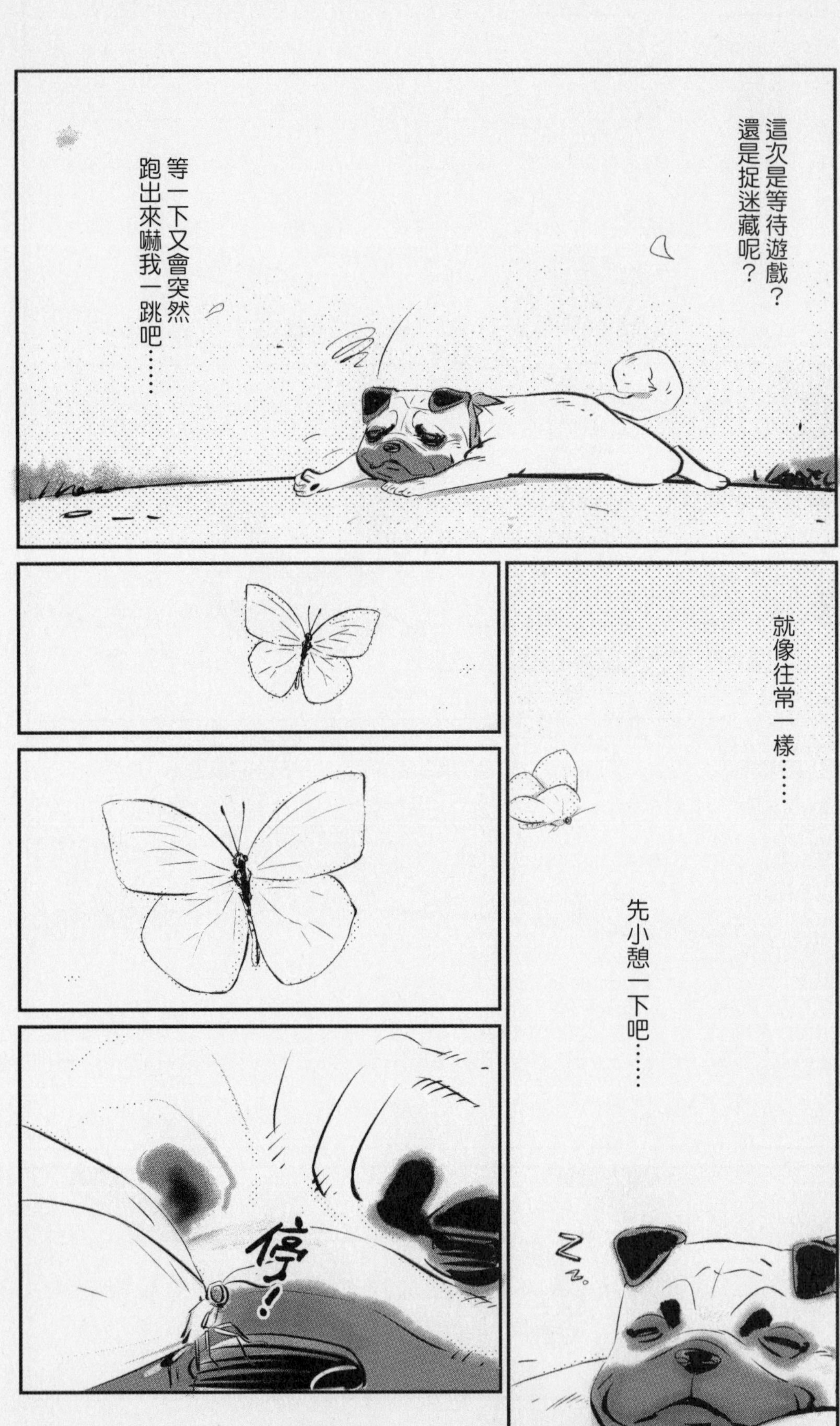
這次是等待遊戲？
還是捉迷藏呢？
等一下又會突然
跑出來嚇我一跳吧……
就像往常一樣……
先小憩一下吧……
停！

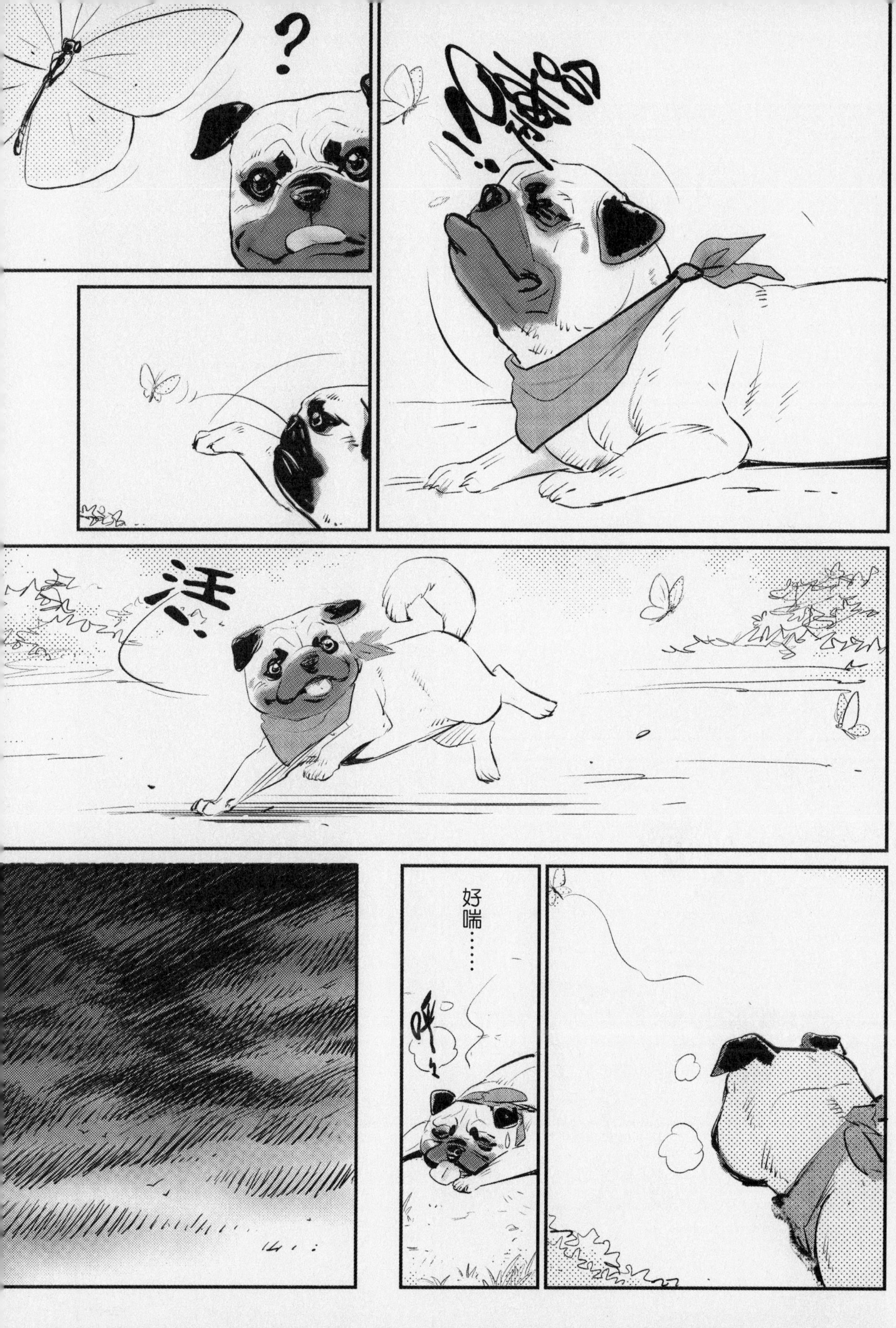

?
汪!

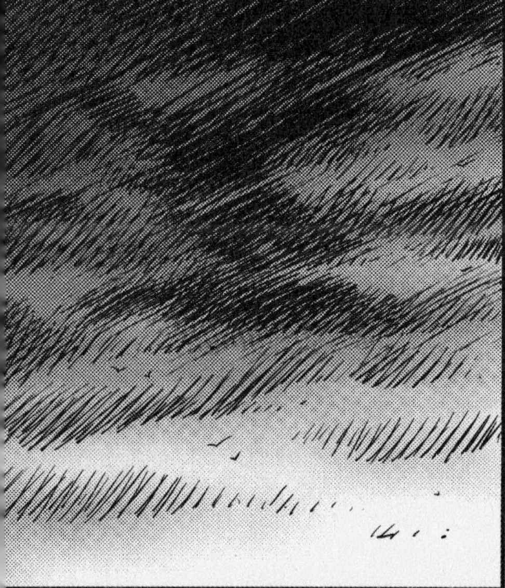

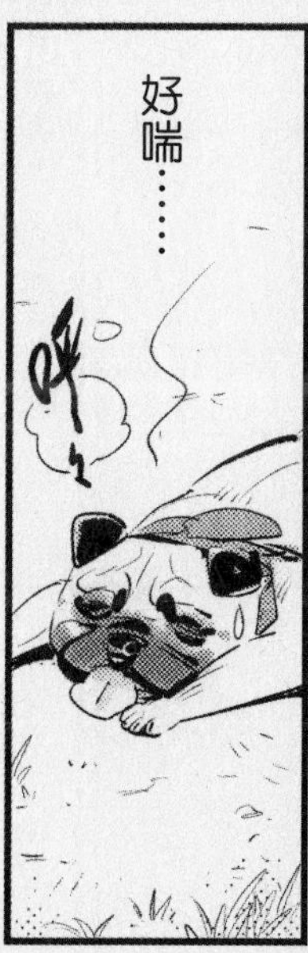
好喘……
呼

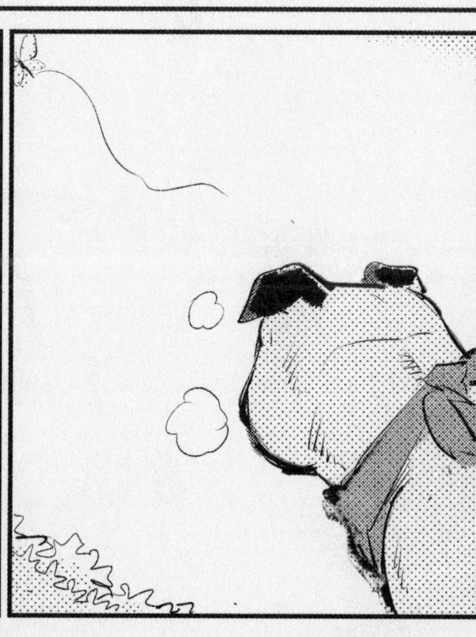

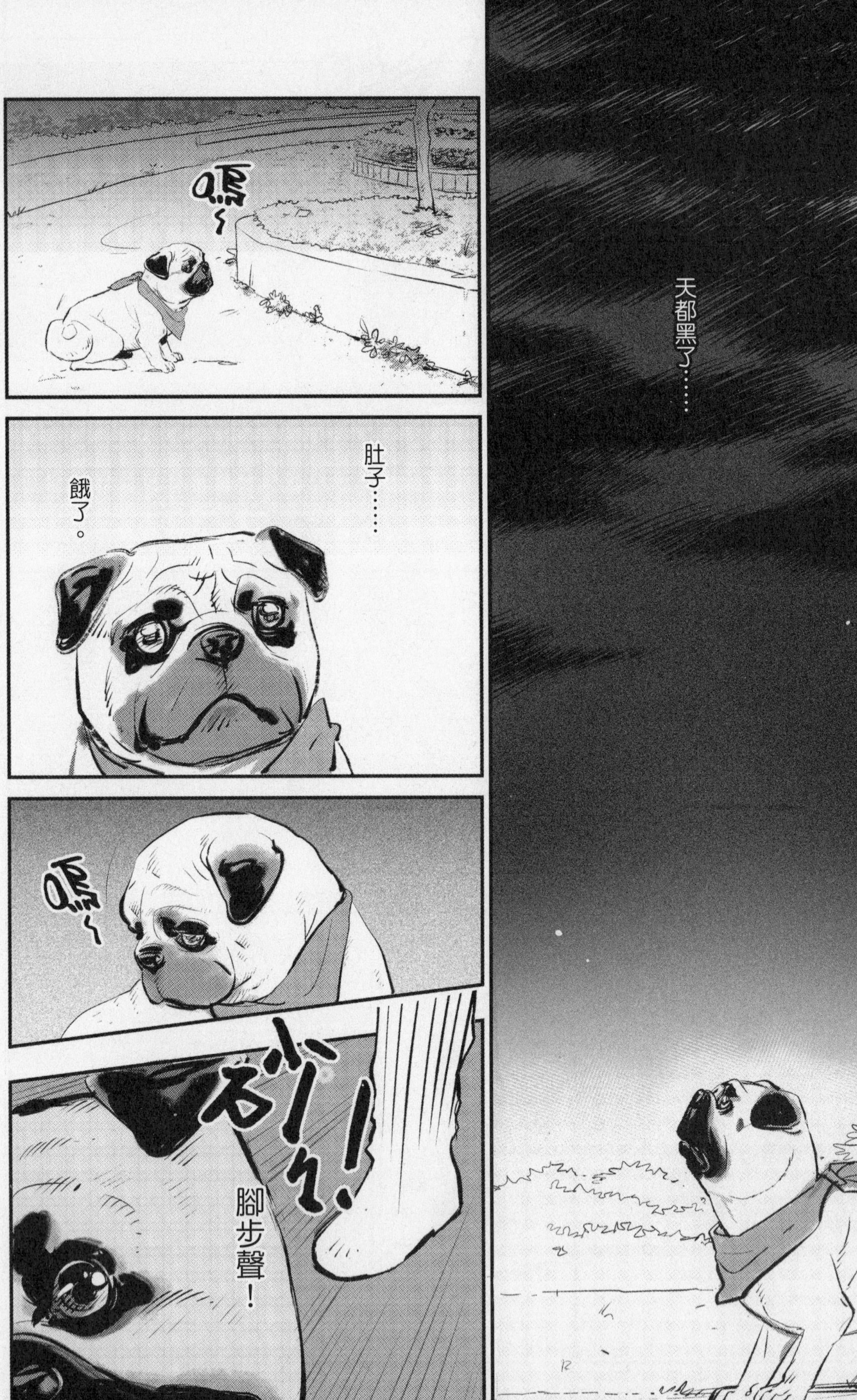
天都黑了……
嗚～
肚子……
餓了。
嗚～
腳步聲！

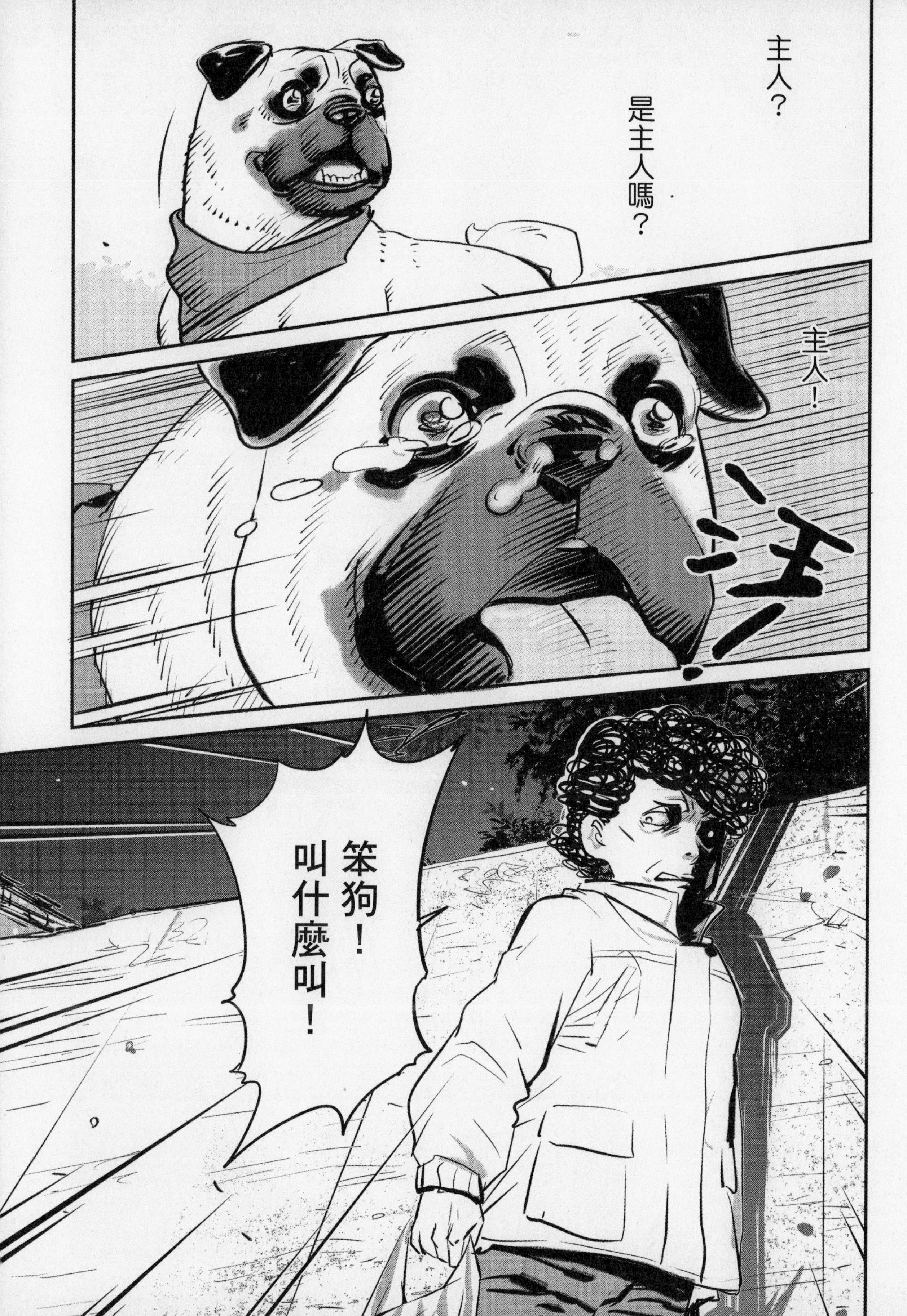
主人？
是主人嗎？
主人！
汪！
笨狗！叫什麼叫！

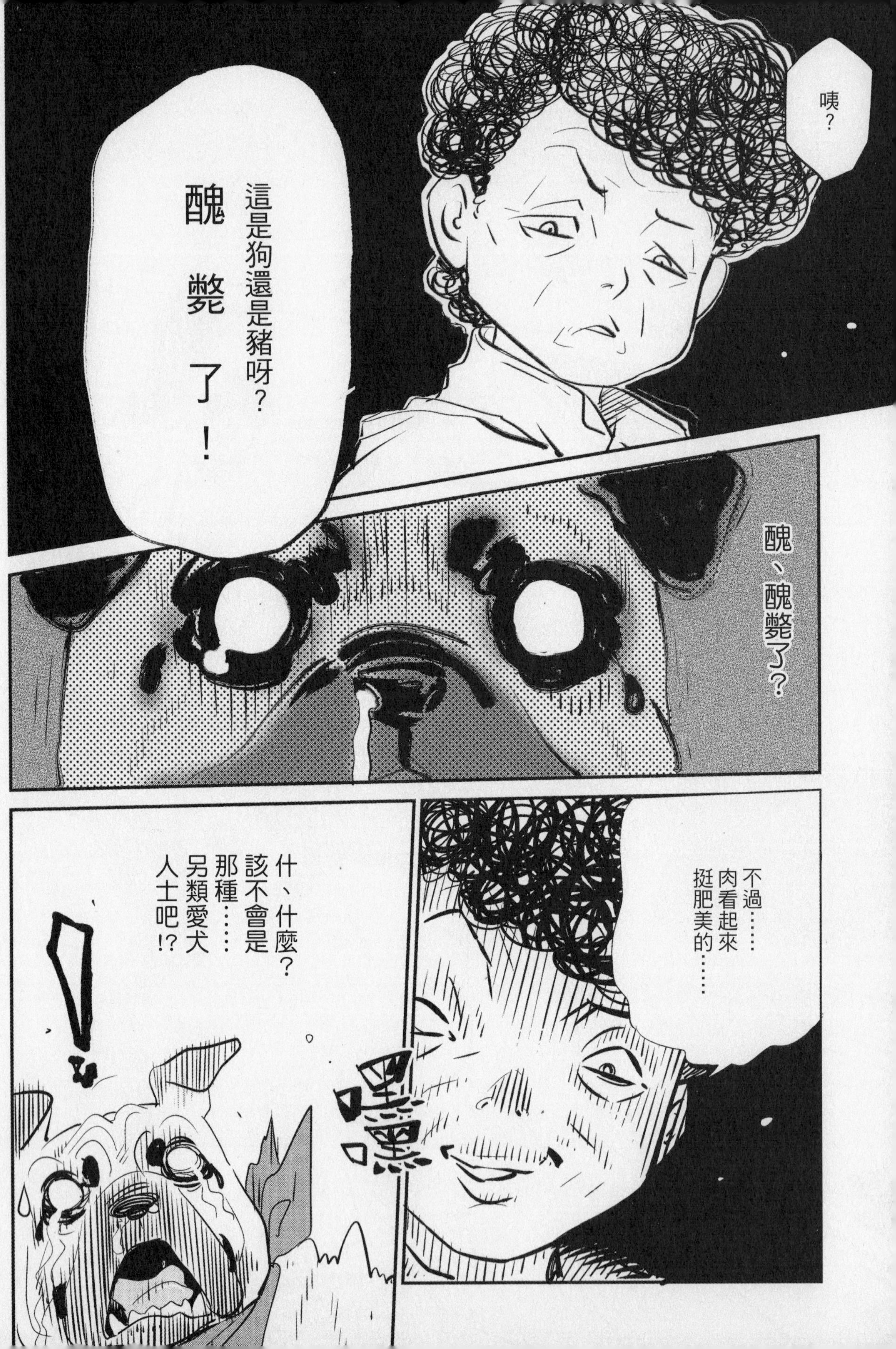

咦？

這是狗還是豬呀？
醜斃了！

醜、醜斃了？

不過……肉看起來挺肥美的……

嘿嘿

什、什麼？該不會是那種……另類愛犬人士吧!?

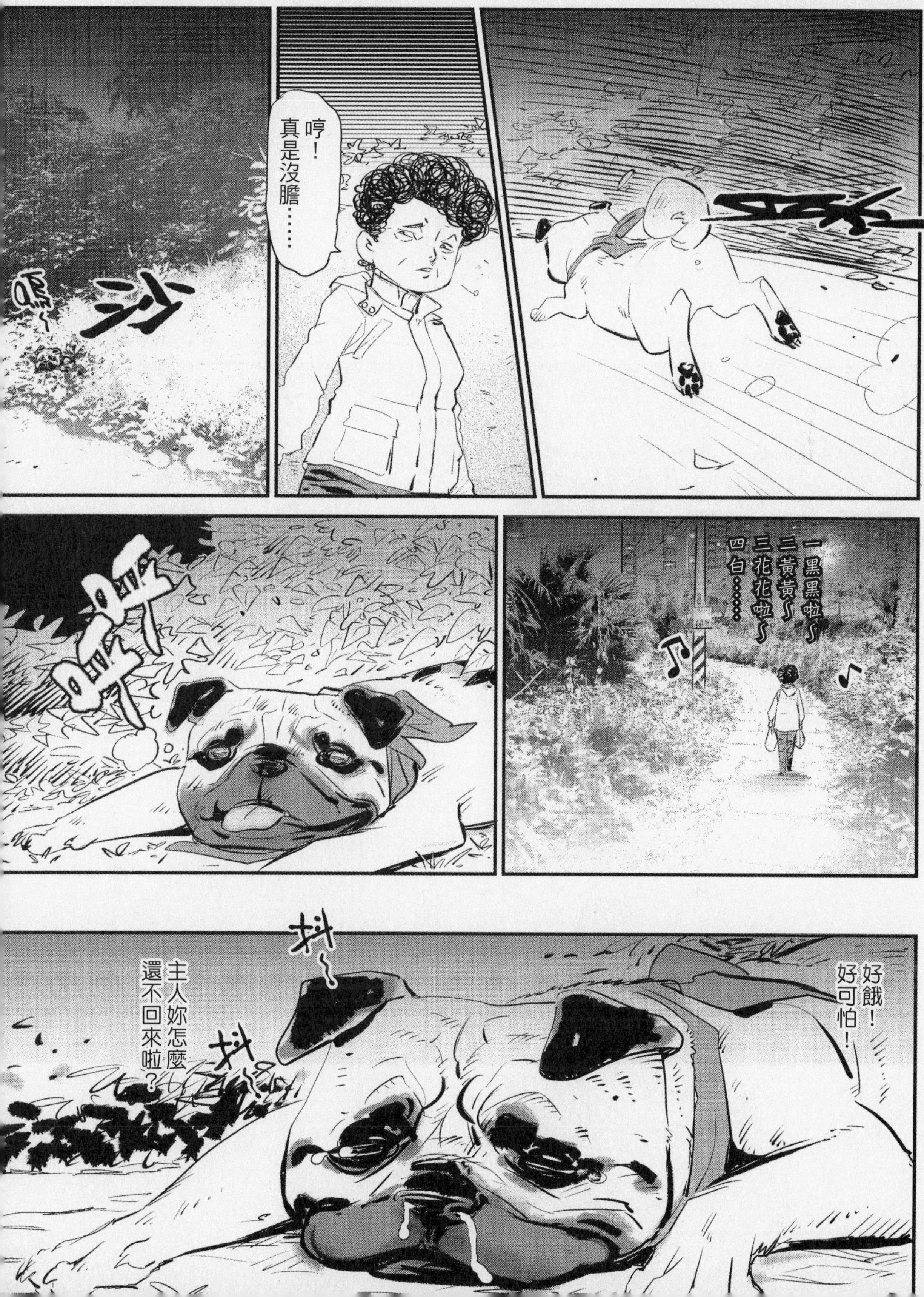

哼！真是沒膽……

沙

嗚~

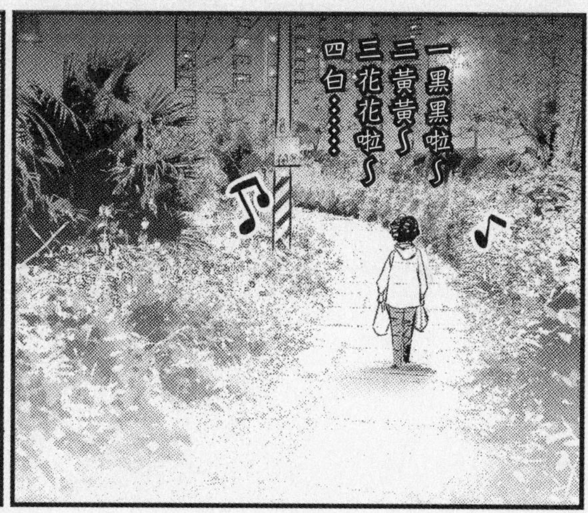

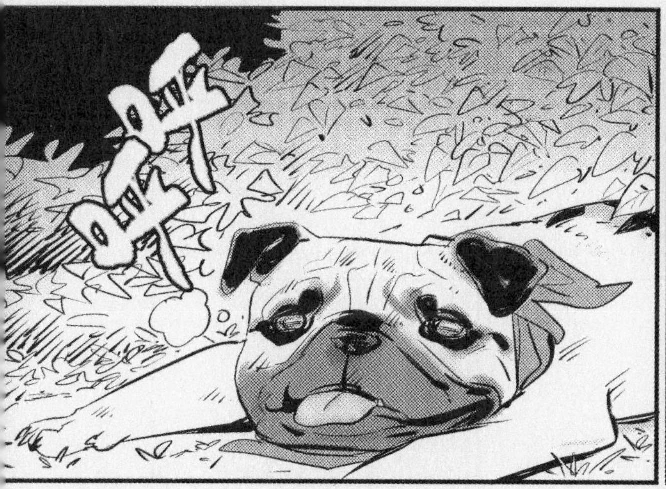

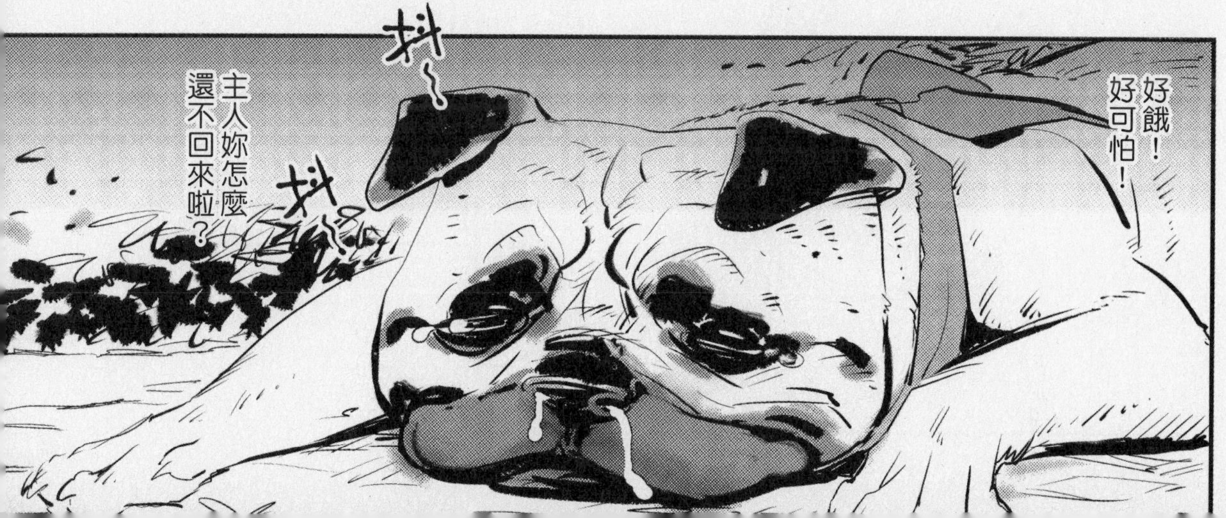

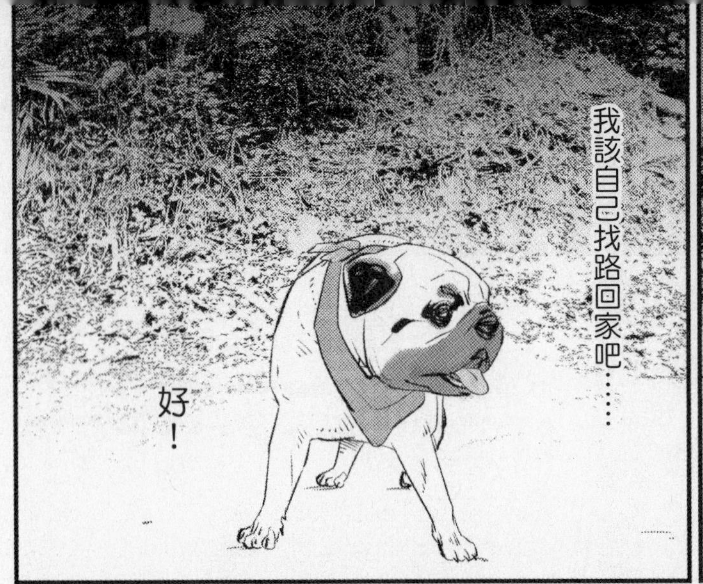
我該自己找路回家吧……
好！

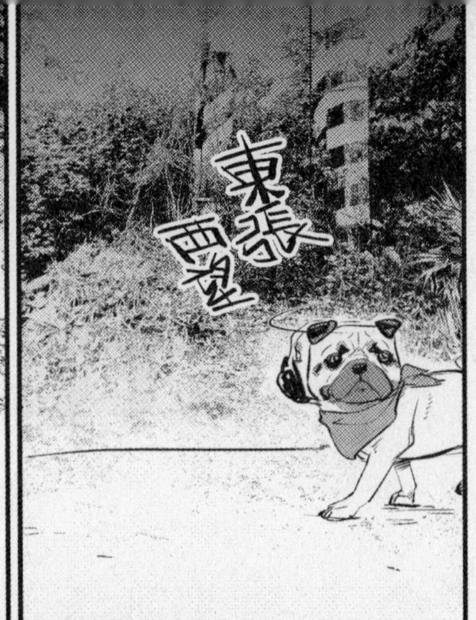
東張西望

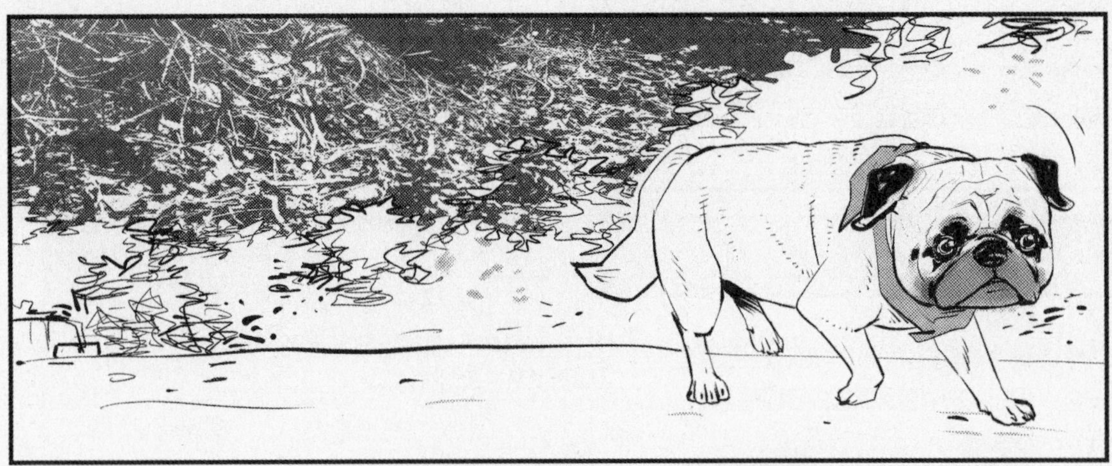

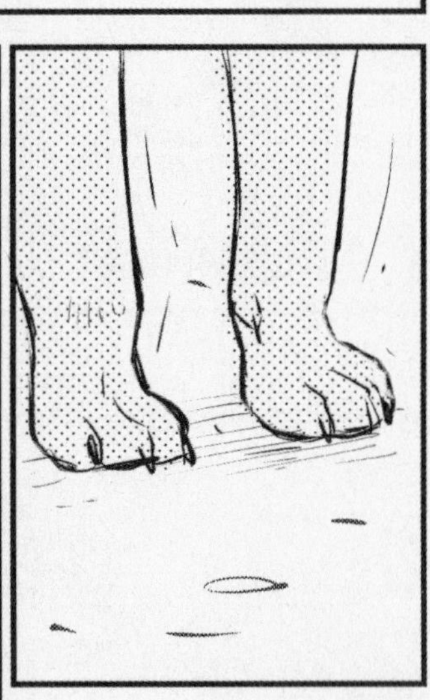

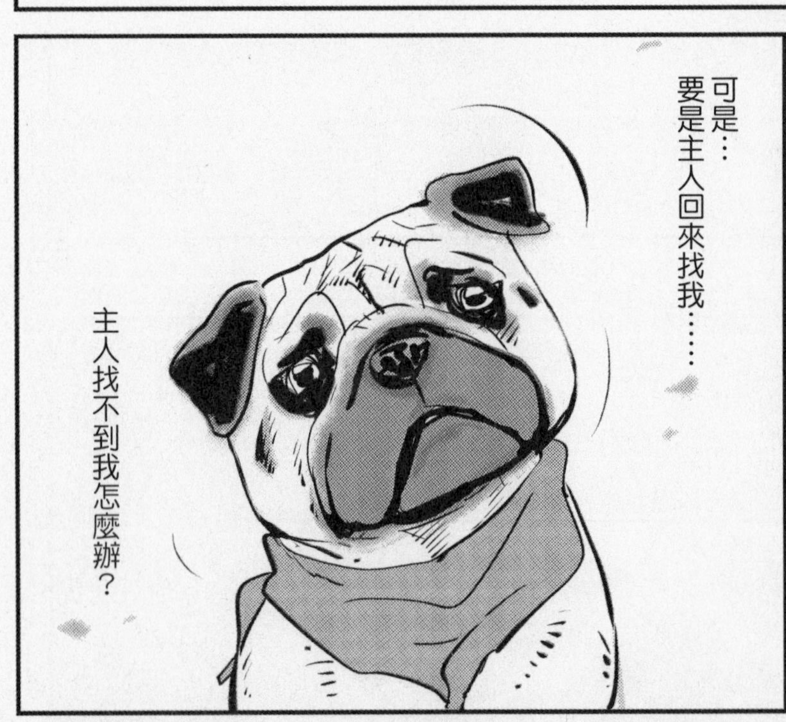
可是……
要是主人回來找我……
主人找不到我怎麼辦？

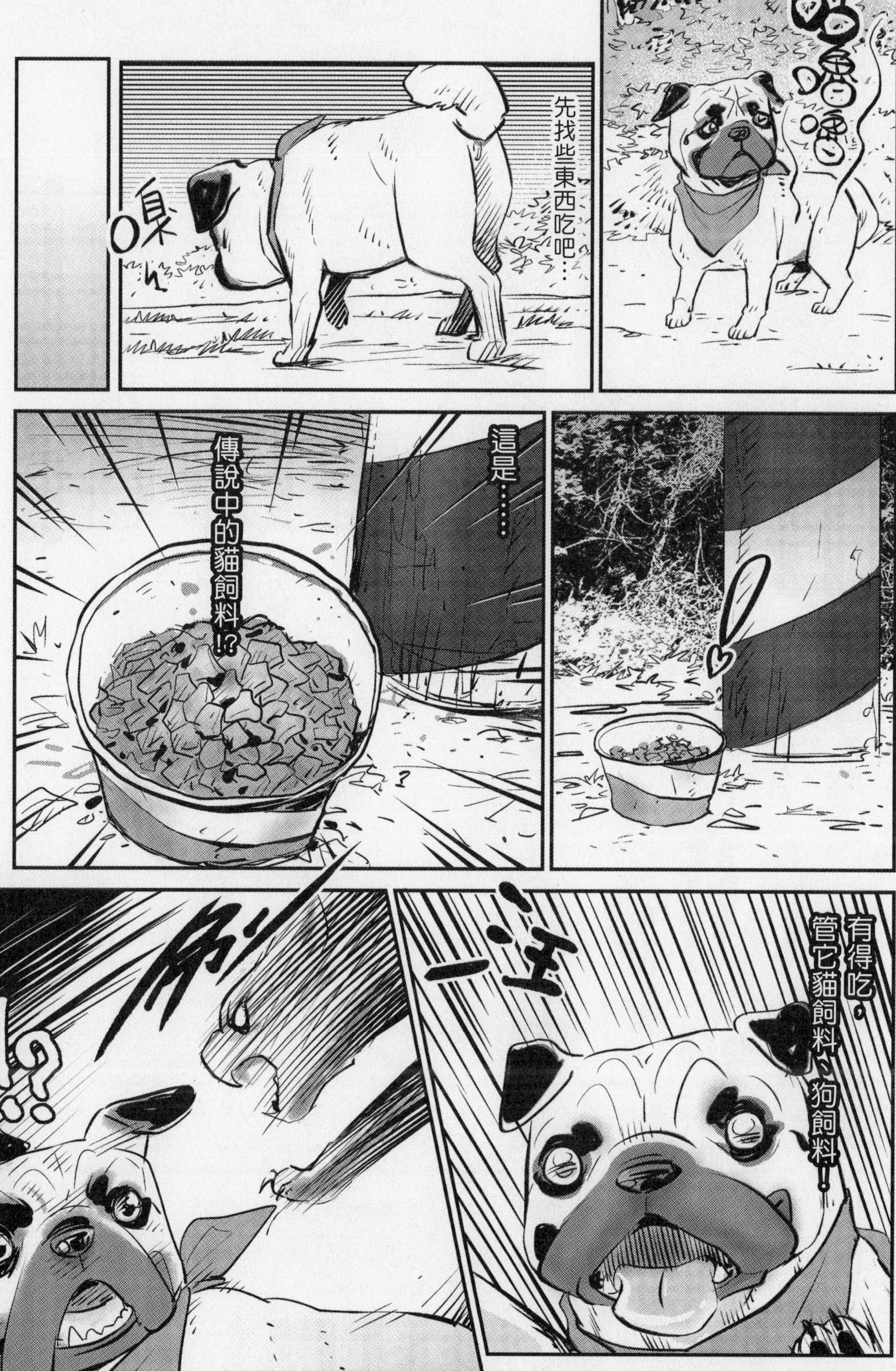

咕嚕嚕
先找些東西吃吧……
嗅
這是……
傳說中的貓飼料!?
有得吃，管它貓飼料、狗飼料！
一空
!?

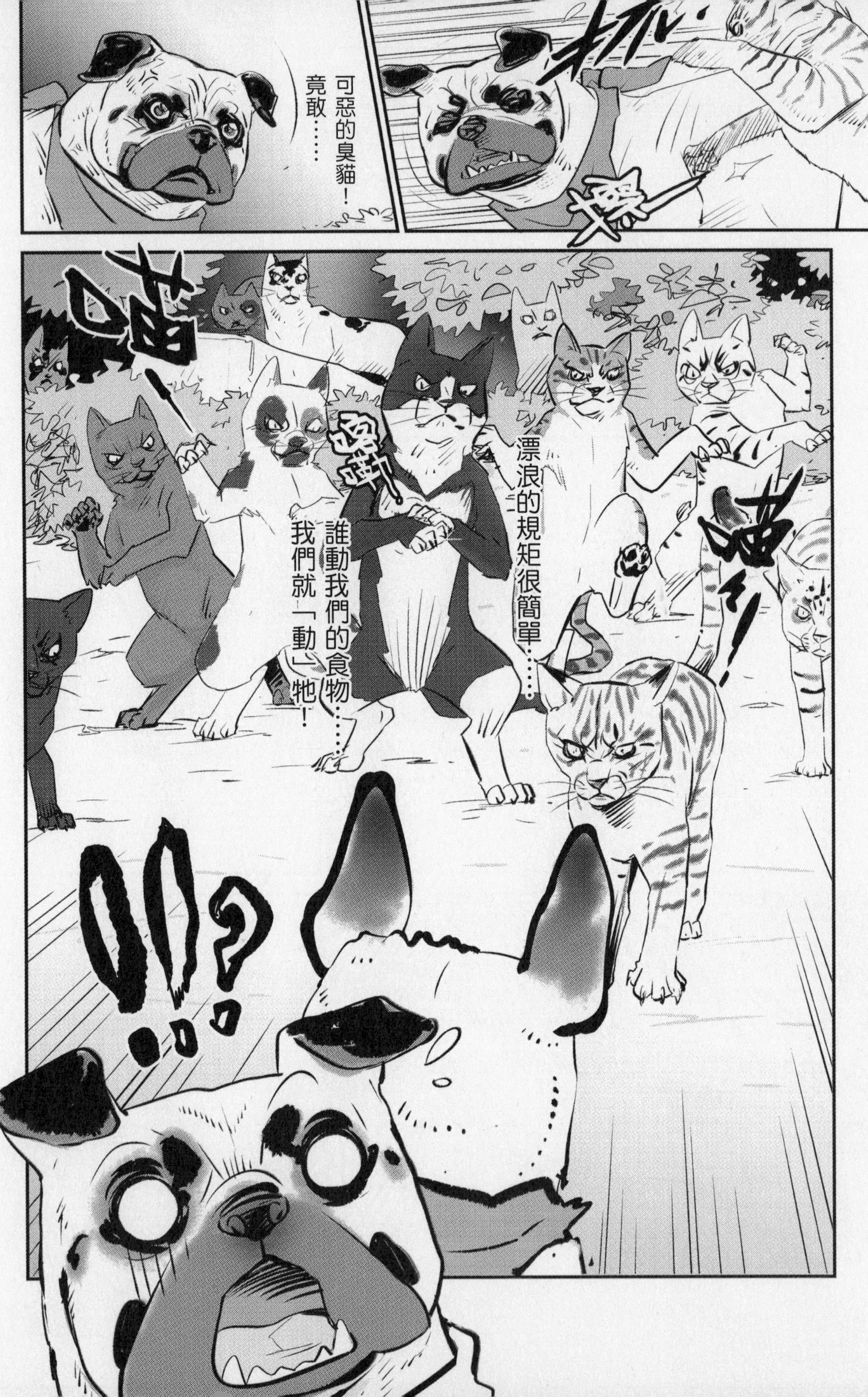
可惡的臭貓！
竟敢……
漂浪的規矩很簡單……
誰動我們的食物……
我們就「動」牠！
!!?

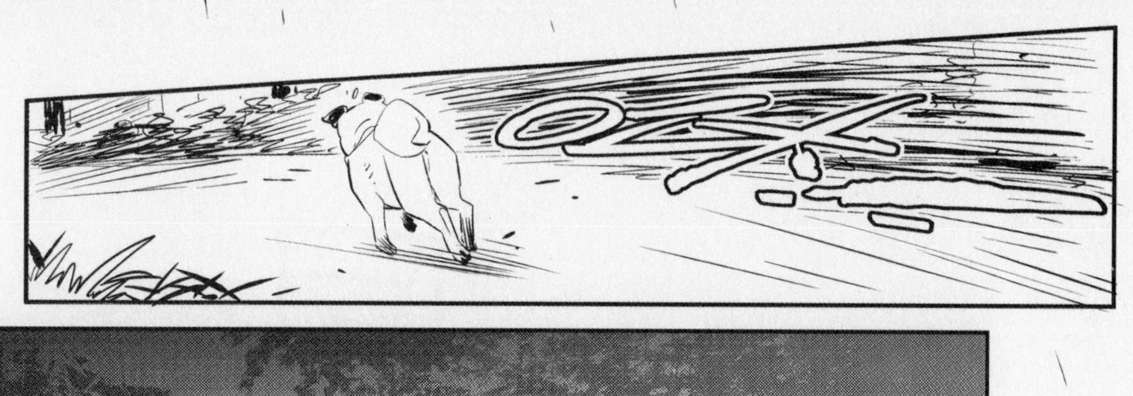

淅瀝々

主人妳快出現啦！
小巴不想繼續這個
一點都不好玩的遊戲了啦！

淅瀝々

嗷嗚

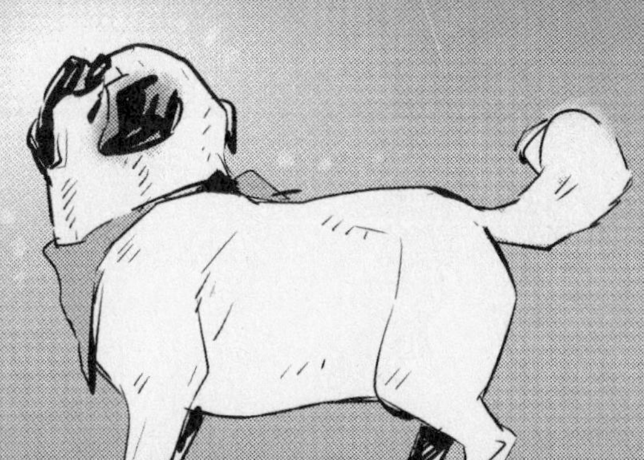

《待續》

同學會
19歲的那年春天。

每到這春暖花開的季節
我就會想起
屬於我的那年春天
曾經　深深戀著想著的一個女孩……

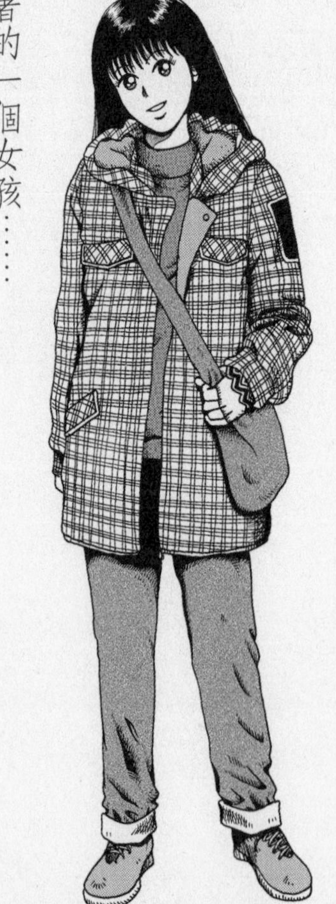

編繪——小魚

責任編輯——圍巾小新

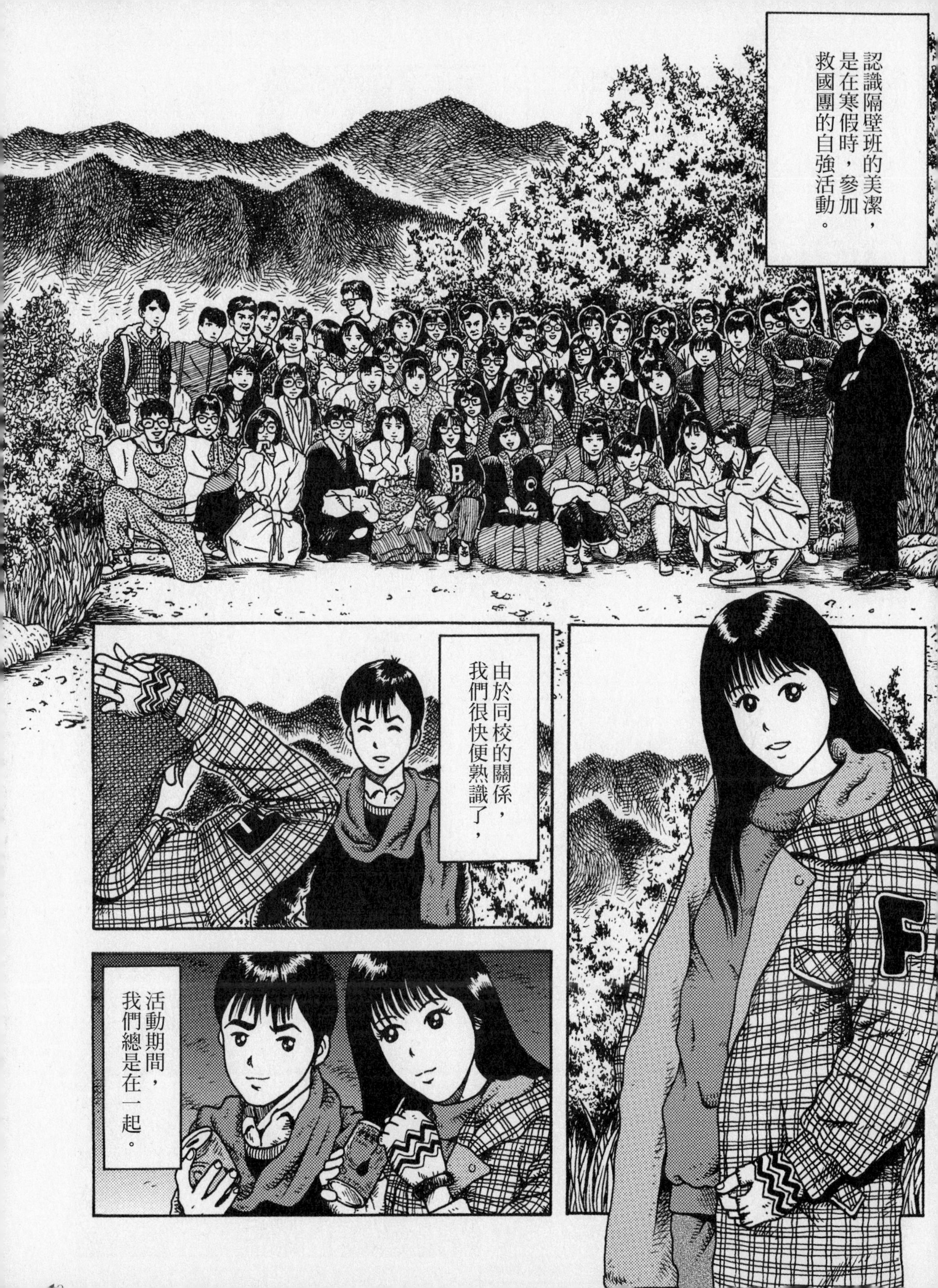
認識隔壁班的美潔，
是在寒假時，參加
救國團的自強活動。
由於同校的關係，
我們很快便熟識了，
活動期間，
我們總是在一起。

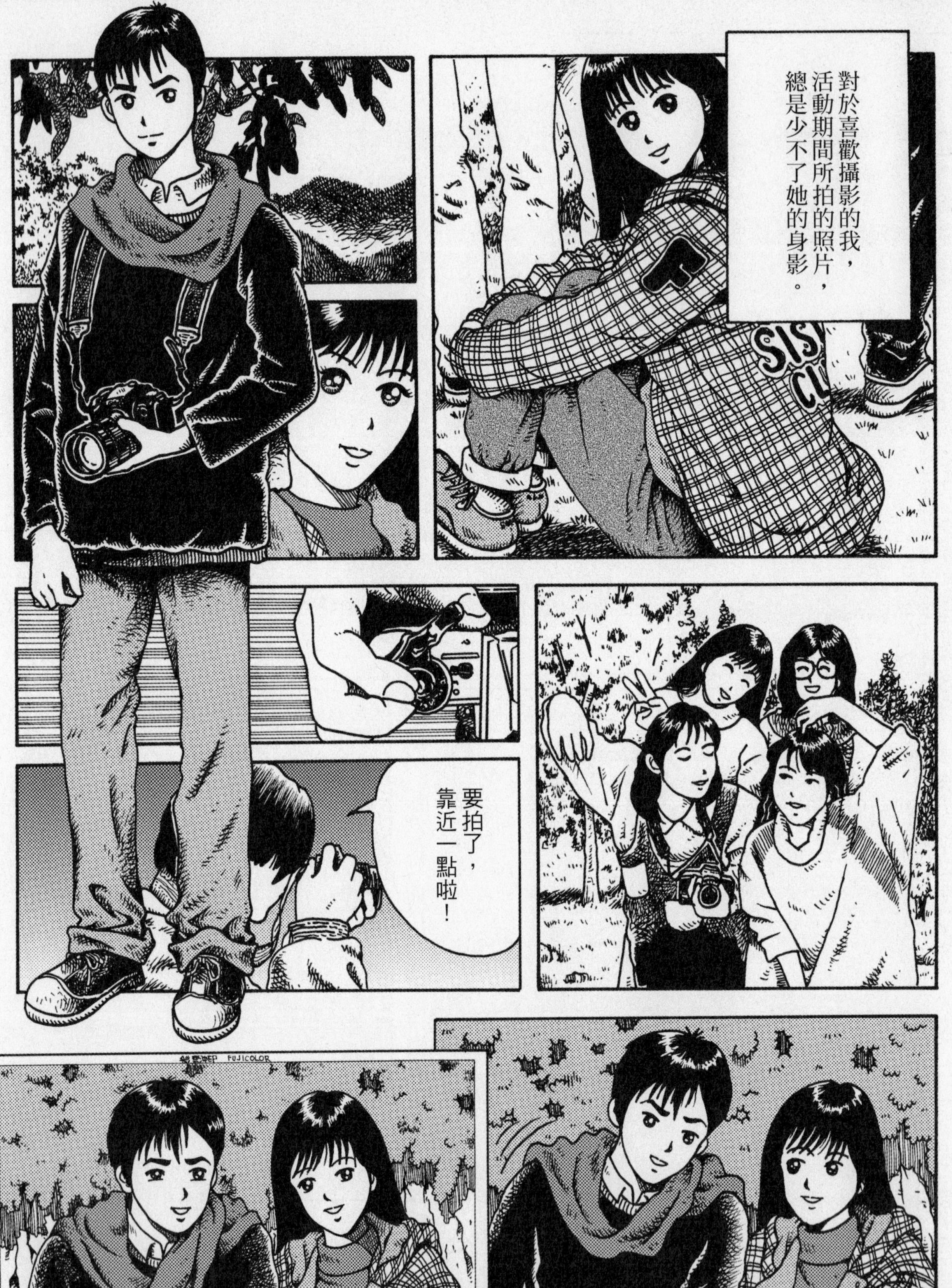
對於喜歡攝影的我，
活動期間所拍的照片，
總是少不了她的身影。
要拍了，
靠近一點啦！
FUJICOLOR

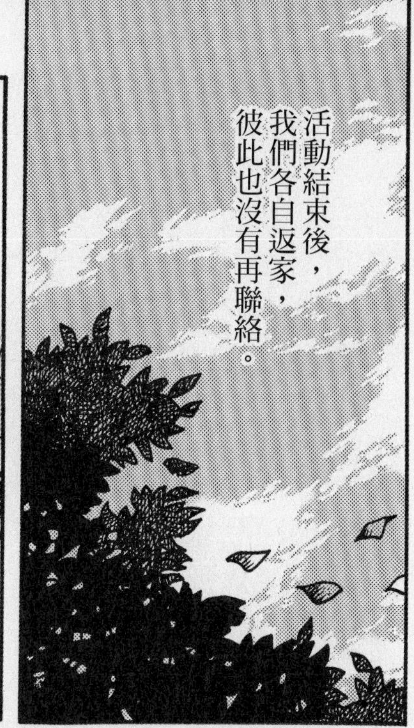
活動結束後，
我們各自返家，
彼此也沒有再聯絡。

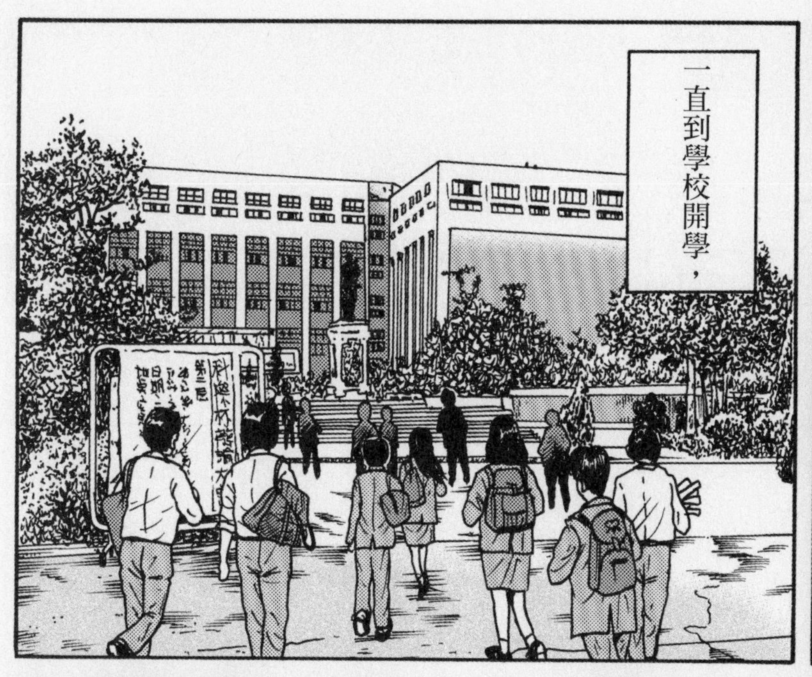
一直到學校開學，

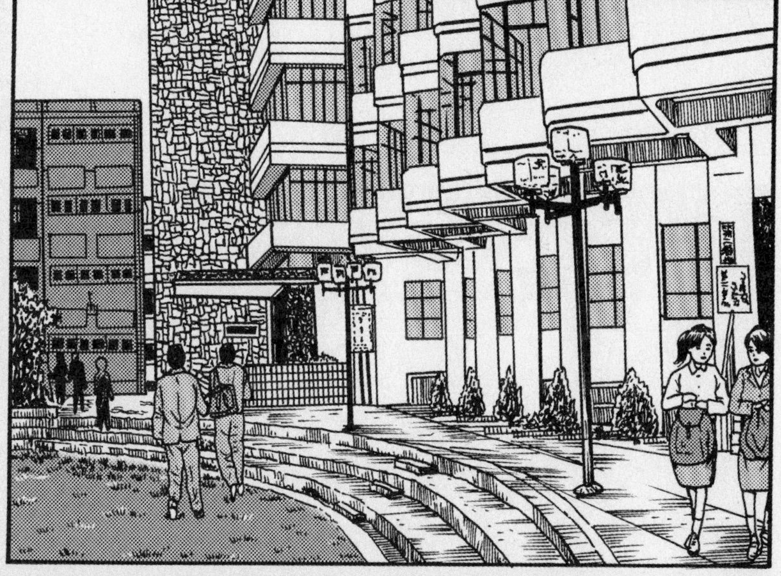

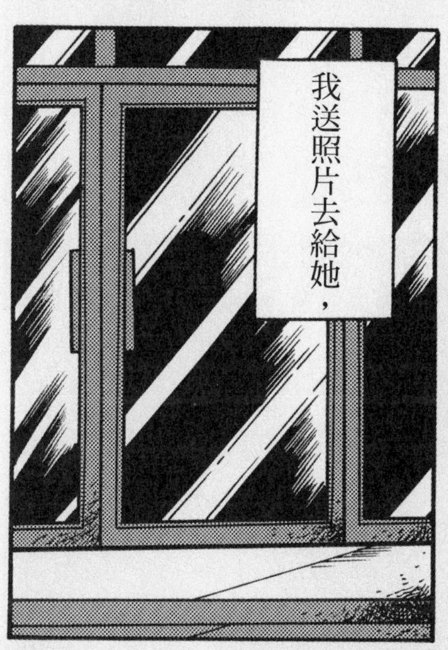
我送照片去給她，

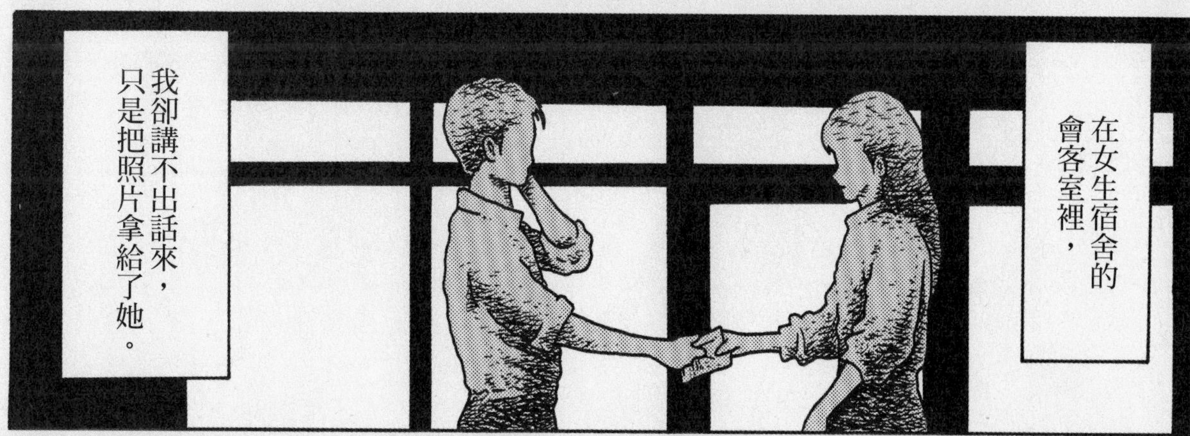
在女生宿舍的
會客室裡，
我卻講不出話來，
只是把照片拿給了她。

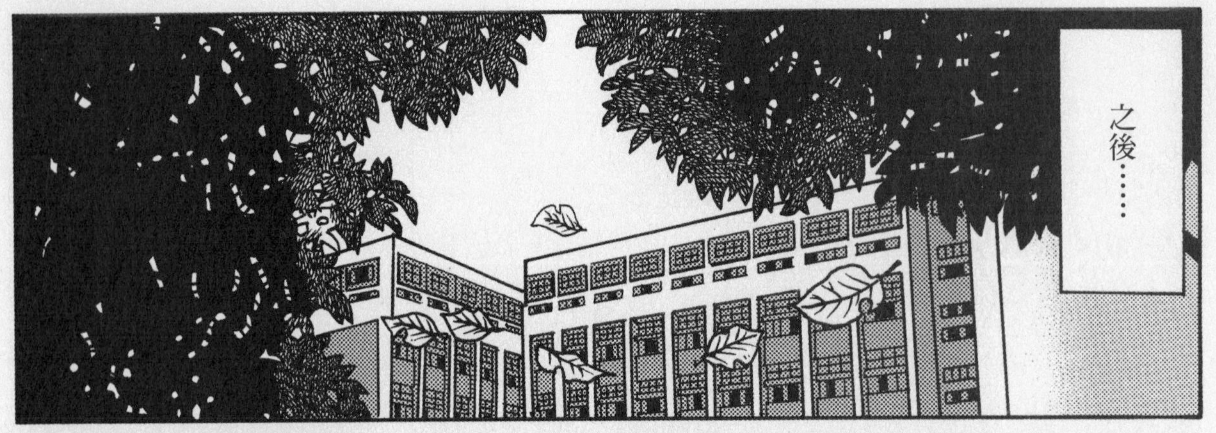
之後……

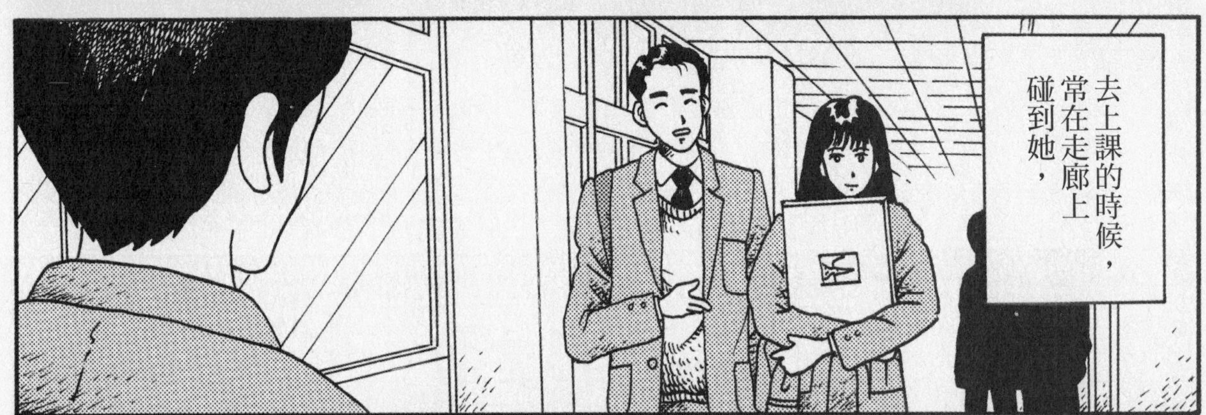
去上課的時候，
常在走廊上
碰到她，

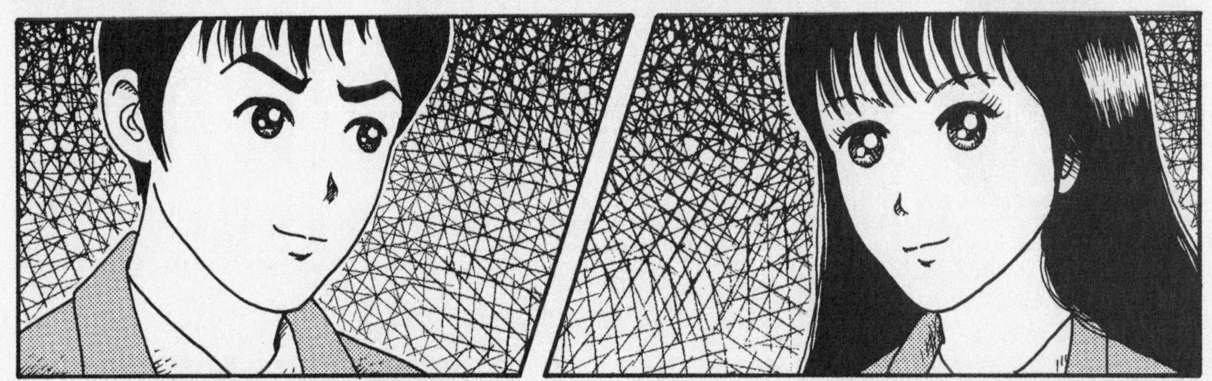

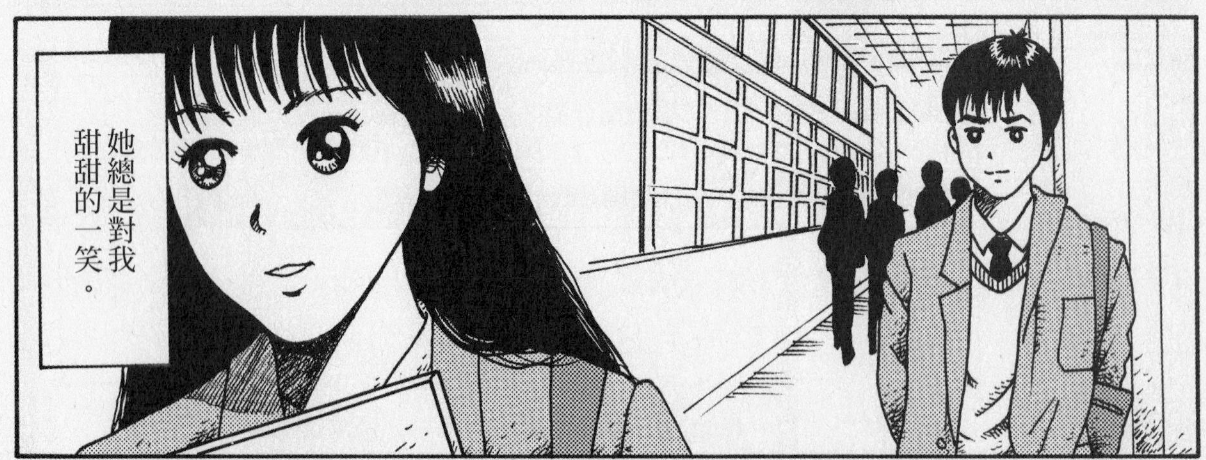
她總是對我
甜甜的一笑。

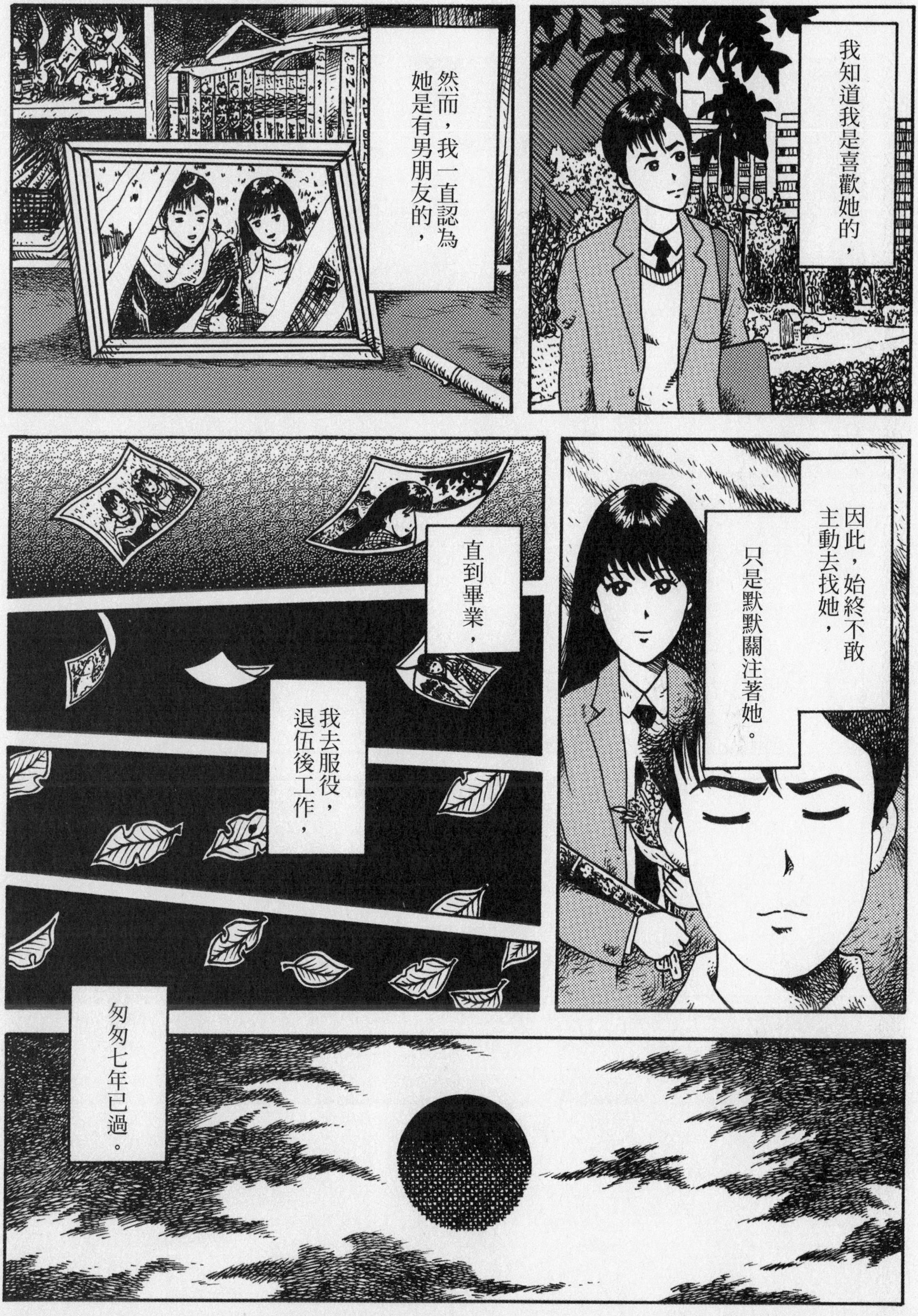

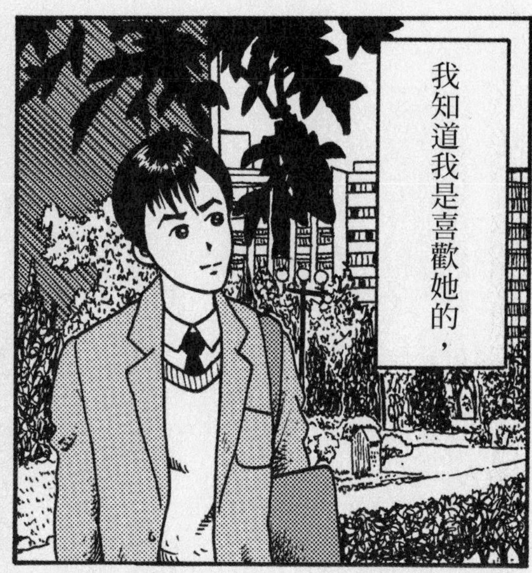

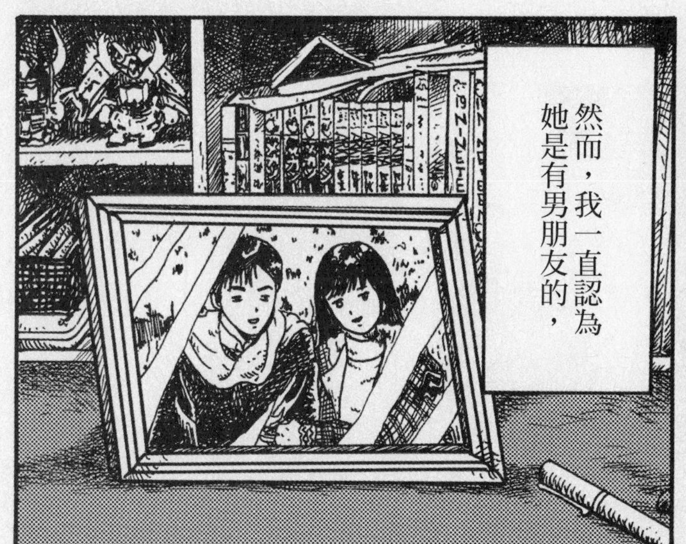

因此，始終不敢
主動去找她，
只是默默關注著她。

直到畢業，

我去服役，
退伍後工作，

匆匆七年已過。

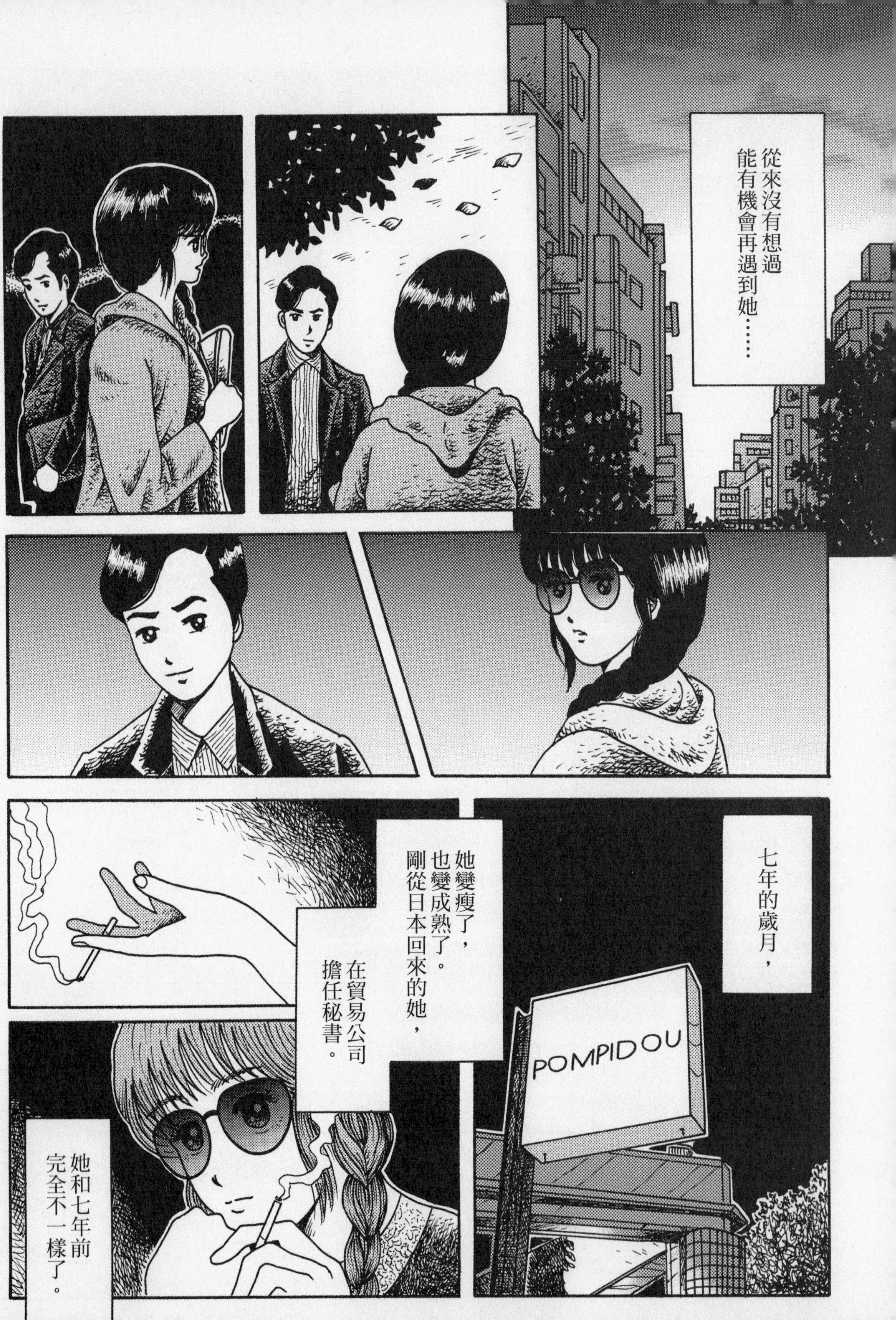

從來沒有想過
能有機會再遇到她……

七年的歲月，

POMPIDOU

她變瘦了，
也變成熟了。
剛從日本回來的她，

在貿易公司
擔任秘書。

她和七年前
完全不一樣了。

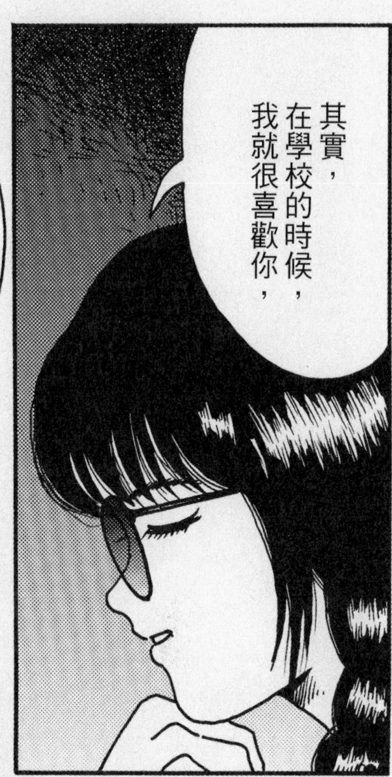
其實，
在學校的時候，
我就很喜歡你，
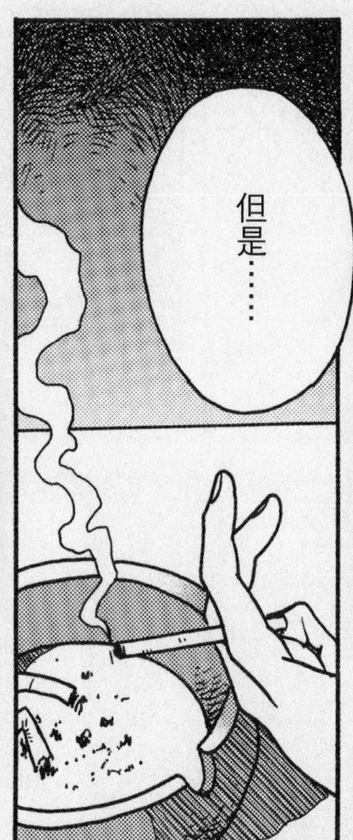
但是……
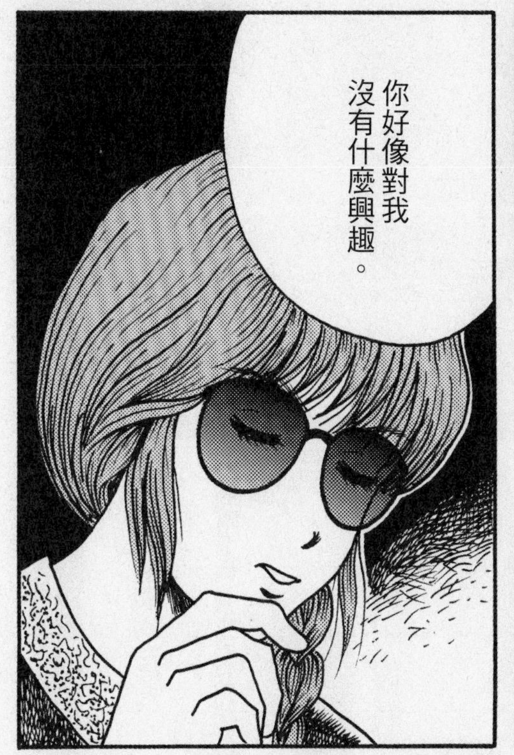
你好像對我
沒有什麼興趣。
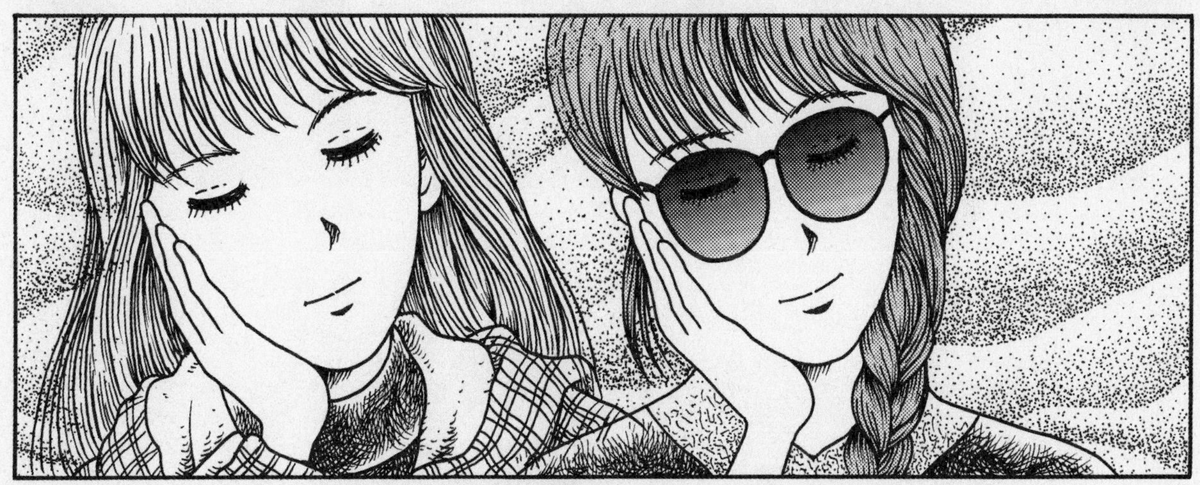
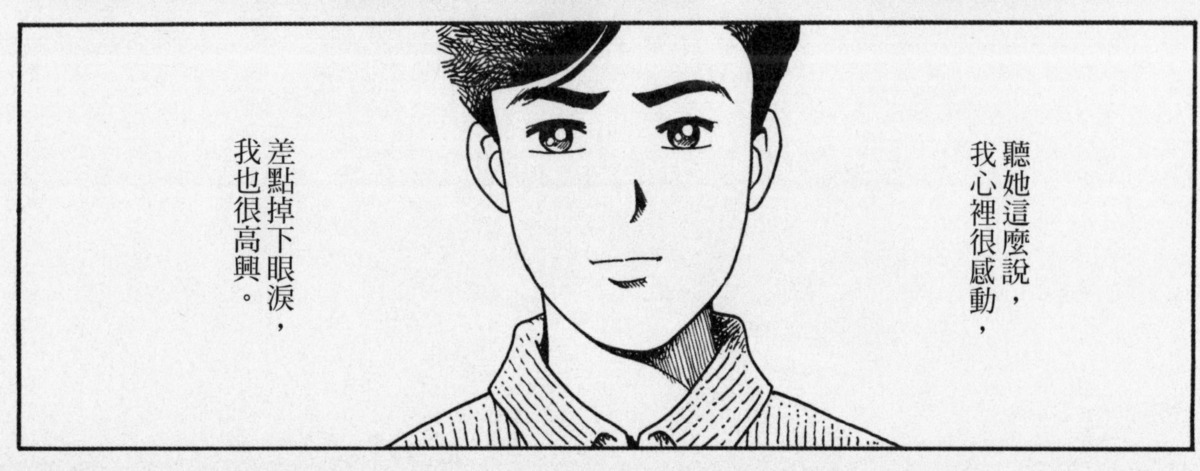
聽她這麼說，
我心裡很感動，
差點掉下眼淚，
我也很高興。

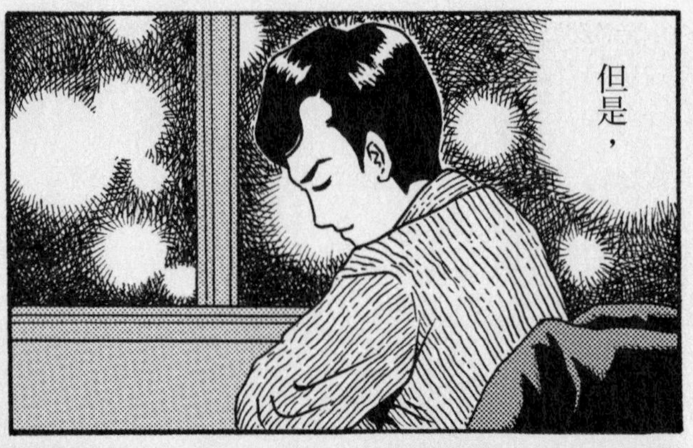

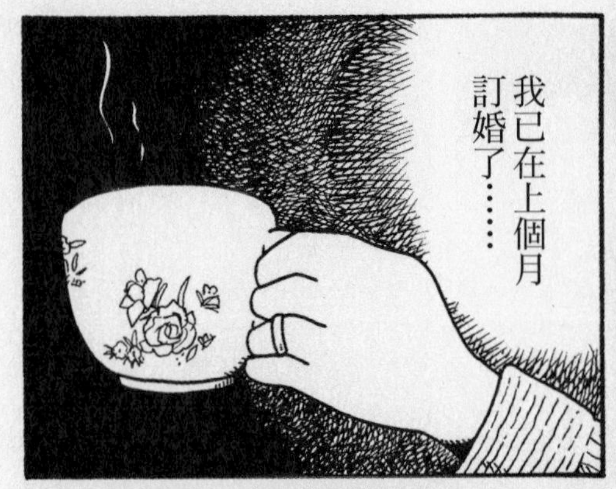

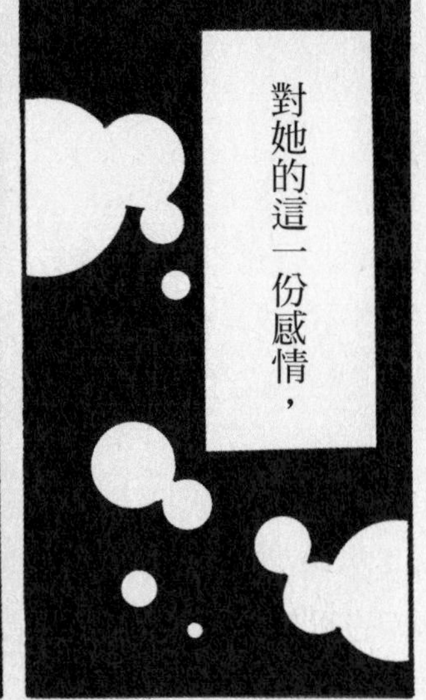

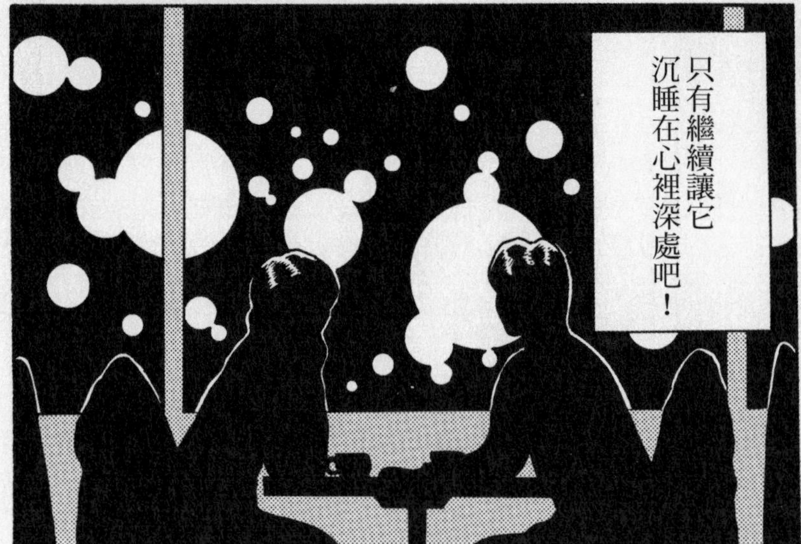

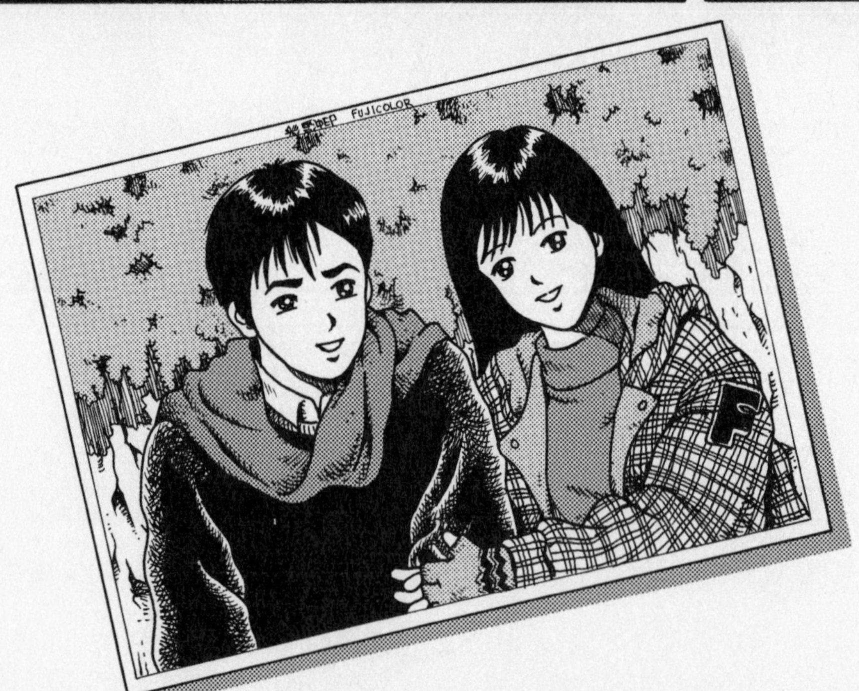

《完》

愛漫畫，是件浪漫的事……

浪漫

Inspiration

靈感碎碎念

畫漫畫，是一件要命浪漫的事！

隨著日子一天一天過去，
一顆名為截稿日的定時炸彈，
在腦海中開始悄悄啟動；
滴答滴答，
滴答滴答，
倒數計時器的聲音，
在開始焦燥的思緒中，
有節奏的持續響著。

對焦不清的模糊視力，
看著一筆一筆刻畫的線條，
彷彿可以看到時間，
在原本空蕩蕩的白紙上，
安安靜靜的流動著。

滴答滴答，
滴答滴答，
倒數計時器的聲音，
依舊在腦海中響著，
迴盪不去。

編輯大人
引爆時間可否再緩一緩？

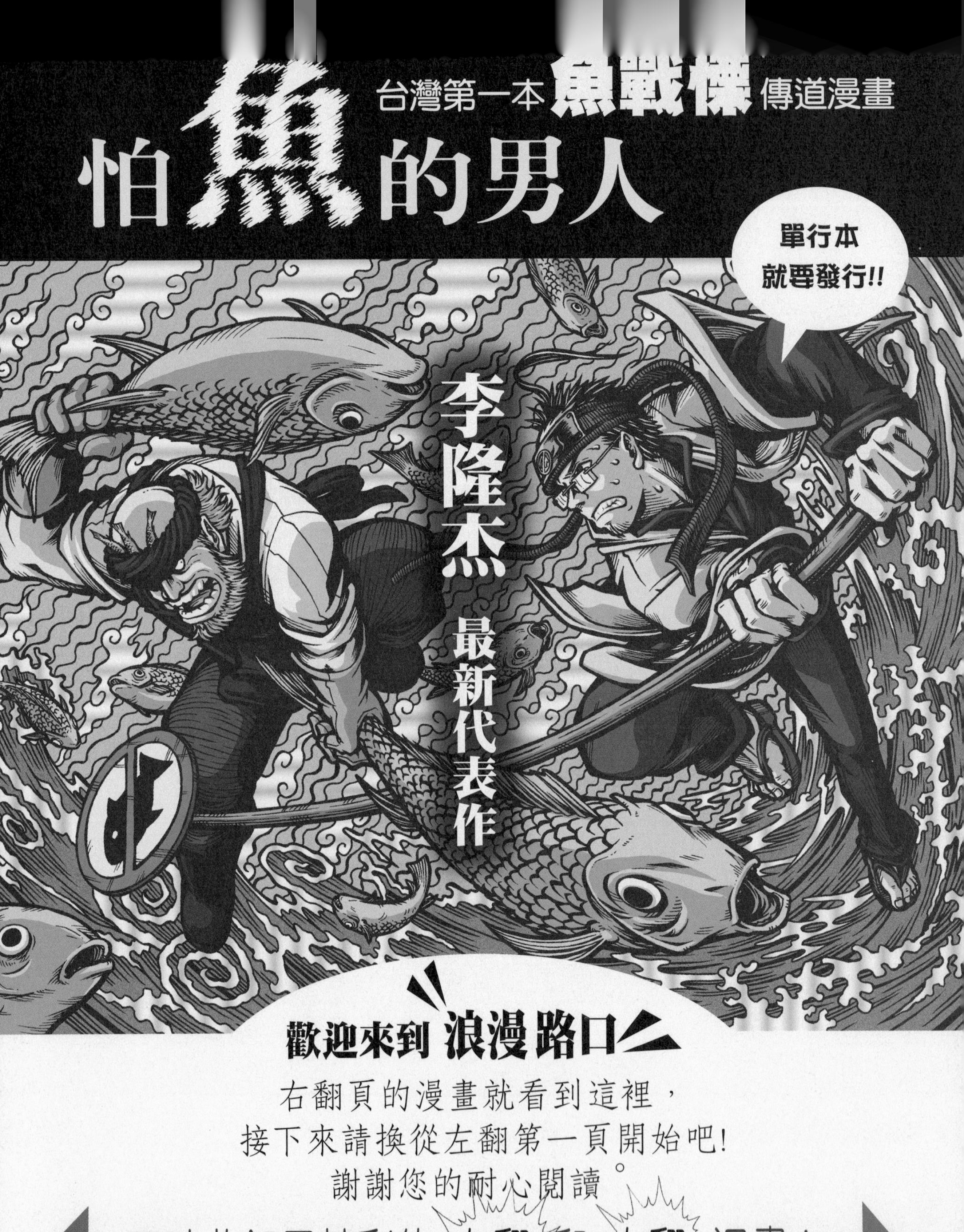
台灣第一本魚戰慄傳道漫畫
怕魚的男人
單行本
就要發行!!
李隆杰
最新代表作
歡迎來到 浪漫路口
右翻頁的漫畫就看到這裡，
接下來請換從左翻第一頁開始吧!
謝謝您的耐心閱讀。
同時收錄最精彩的 左翻 和 右翻 漫畫!

榮獲2009日本第三屆國際漫畫大獎(*International MANGA Award*)

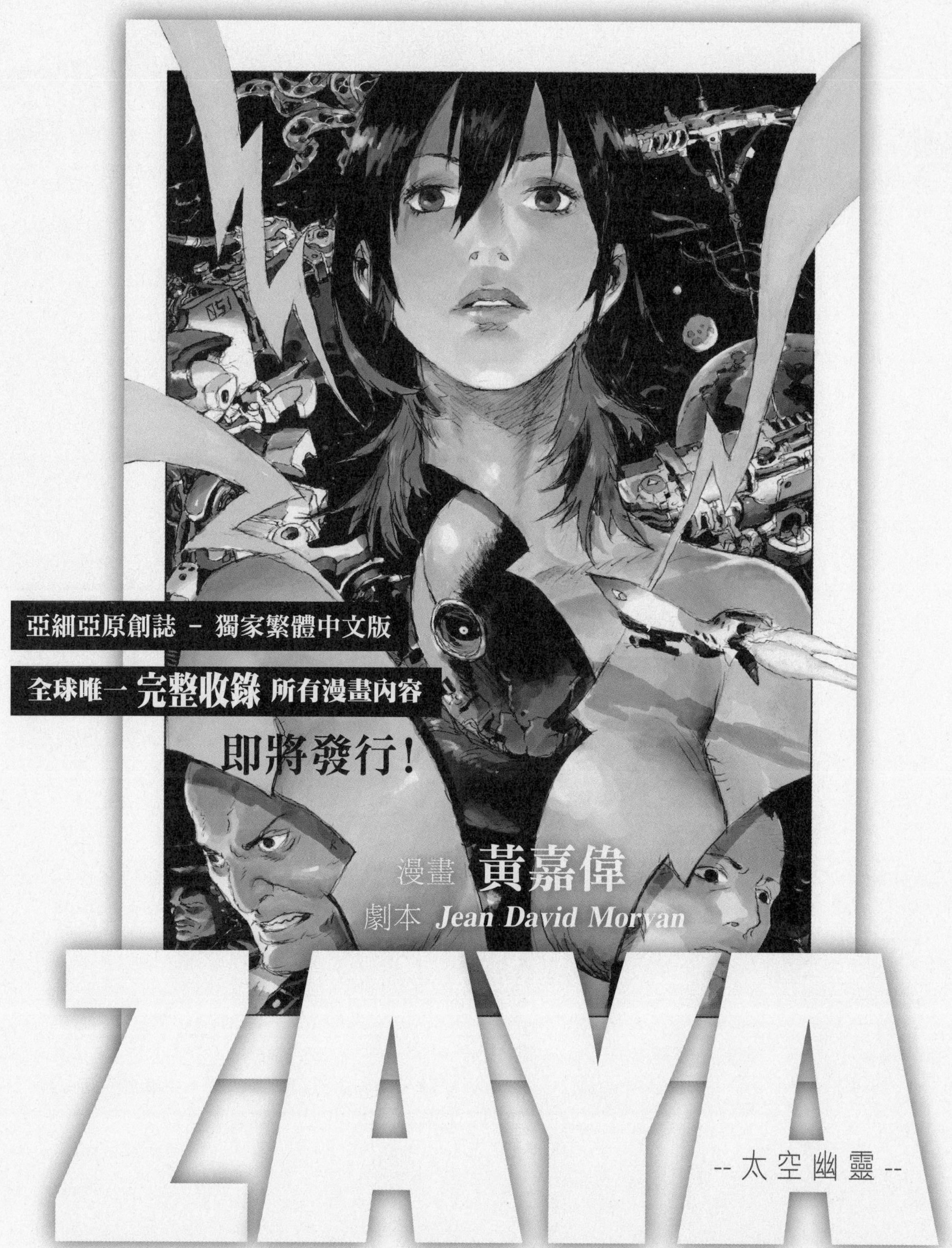

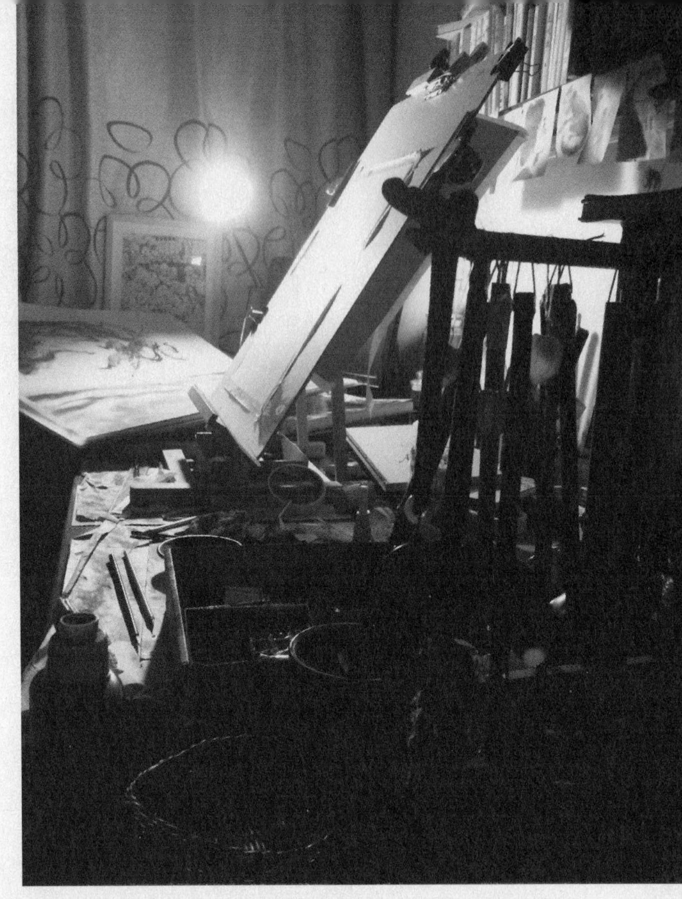

Q5、亞洲充斥著大量日本漫畫，您的作品風格仍充滿靈動的獨特氣質……實在是非常特殊，是否可以跟我們分享這是如何形成的呢？

稻曰：我覺得內心的修行很重要，畫的東西是作者內心的反映，我的性情則是風格。除去多年技法的學習摸索，心智的成長對世界看法有了不同，會挖掘事物隱藏在本質內的美，風格就慢慢變得更為明顯和成熟了，我也只是畫自己的心情、熟悉的事物和這些故事罷了。

Q6、平常時，您除了畫漫畫、還有什麼嗜好呢？曾經想過若是不畫漫畫、會從事甚麼工作或是不一樣的生活嗎？

稻曰：除了畫漫畫，我還喜歡在山裡散步遛狗……哈哈！若是要選擇其他工作，大概還會是手藝一類，中國民間一些編織雕刻或其他玩物我都很感興趣。

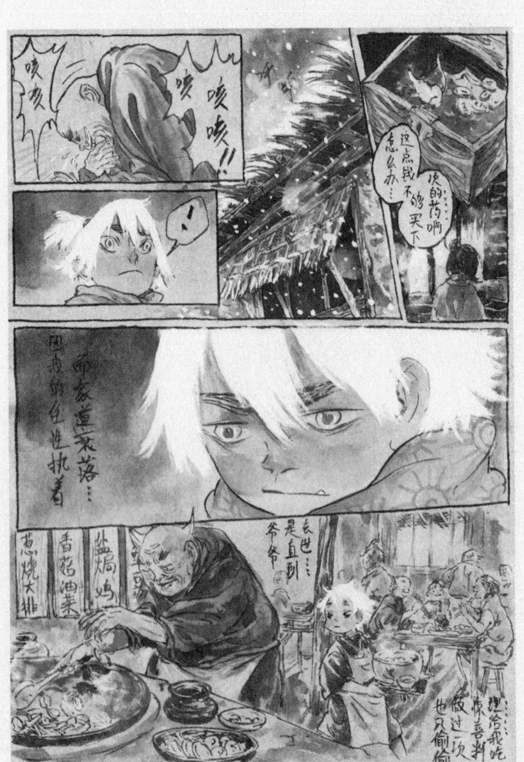

Q7、您是否有喜歡的漫畫家或是喜愛的漫畫作品？請和我們分享您的感動。

稻曰：我很喜歡坂口尚、松本大洋、富堅義博……很多很多漫畫家都值得尊敬。但我太花心了，近年又忙於工作很少看漫畫，一時想不起其他要列舉的。

Q8、現在進行的計畫甚麼時候會發表？

稻曰：因為我習慣是等事情快完成十之八九了才會公佈，若一開始就說出來我就沒有做下去的興緻。今年確實會出一本書，但日期並不確定，勞煩大家靜心等待了。

Q9、是否有計畫前來台灣，如果來的話、有哪些想去或想吃的食物嗎？

稻曰：只要時間合適我也很想到台灣玩一趟，拜訪台灣的一些高山族部落地區，也有太多美食想吃了。可惜我本身是吃兩口就飽的可恨體質，能有胃口特別好的朋友陪同才是我首先要好好想想的呢！

浪漫

浪漫會客室

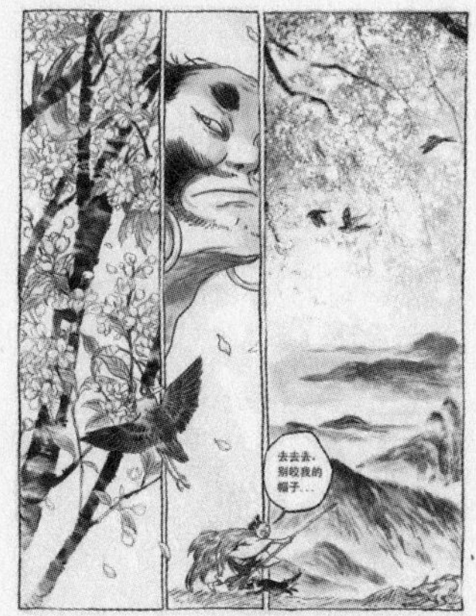

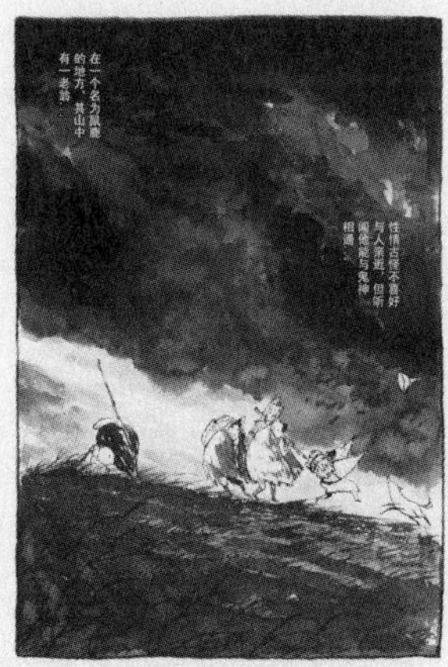

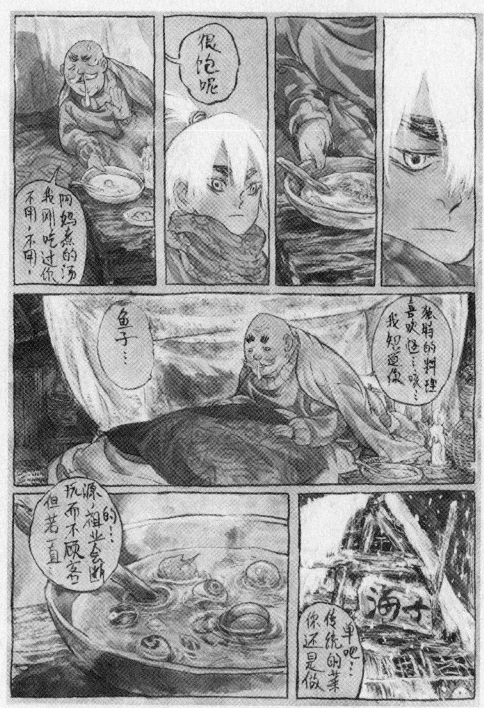

Q1、首次在台灣發表作品、是否請您先簡單的向大家介紹一下自己？

稻曰：大家好，我是早稻。

Q2、最初觸動開始畫漫畫的緣份是甚麼？

稻曰：小時候村裡訊息較為封閉，能看的書不多，我又喜歡畫，偶爾父母會在地攤買些國畫書給我臨摹。有一次上初中的姐姐拿她同學畫的小冊子給我看，他是用簡潔生動的筆法將身邊的朋友畫出來，然後改編成搞笑故事。那次我心裡真的受到極大的衝擊，我也想畫！然後就開始一直畫到了現在。

雖然我初中已有創作故事，但因為缺乏經驗所以都是半成品，真正完成的第一個短篇故事是在高二的時候，是一個叫《果子王國》的搞笑漫畫，十分意外的還拿了一個小小的新人獎。記得第一次和編輯接觸我簡直徹夜難眠、緊張又興奮，但是相比開心我感覺更深的是～感到自己能力遠遠的不足。之後不斷投稿不斷失敗，在物質資訊都缺乏的年代這是我唯一能學習、獲得經驗的管道，看到自己進步就已經很滿足，這階段我燃起的奮鬥力、無限的精力、現在都令我記憶深刻。

Q3、您是否知道透過網路、台灣已經有許多喜愛你作品的讀者？早稻是您唯一的筆名嗎？是否有什麼特別涵意？或是當初取筆名的靈感？能和大家分享？

稻曰：很高興有那麼多讀者喜歡我的作品，因為我是七月出生的，那個時節村裡正好收割早稻，我挺喜歡這種淳樸感，其實也是偷懶而用此名啦！

Q4、我們曾在網路上看到您稱自己是「畫漫畫的野人」、有什麼原因嗎？

稻曰：有兩方面吧！一是我真的很喜歡童年在山澗溪流野逛的日子，二是那幾年是我經歷最難熬的時候，因畫風受質疑之聲很多，身體不好、在學校更不順心……在別人眼中我就是一個性情怪異的問題學生（笑）。其實「野人」是隨口之說，但也許是那時苦思半年終於悟道，決定拋開雜事堅持自己信念後，對過去一些失望之事的執著得到解脫的輕鬆心情吧！

製作——浪漫編輯室

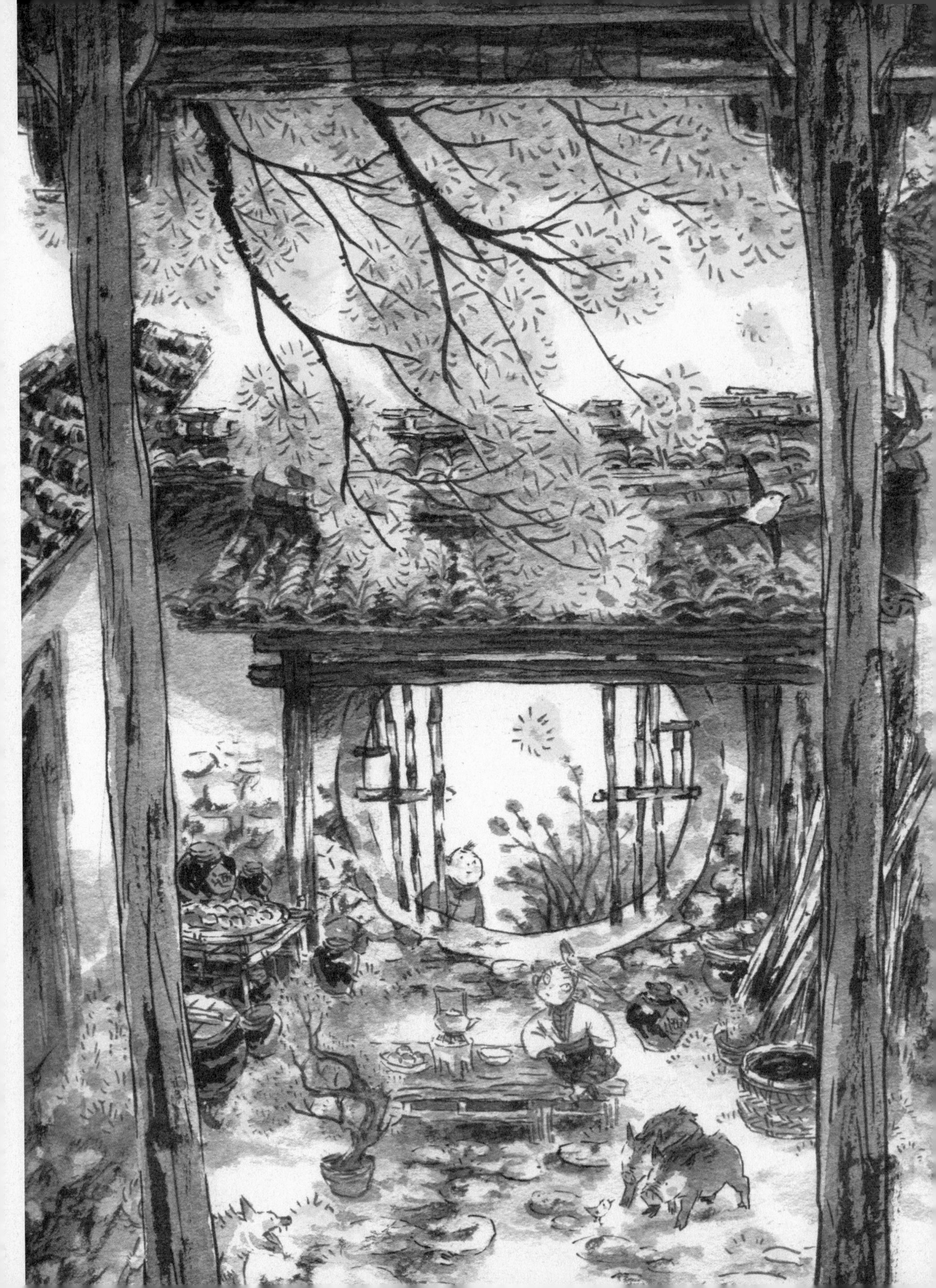

浪漫會客室

早稻

採訪：夏樹，射手座，浪漫編輯。
早稻，巨蟹座，神秘漫畫家。

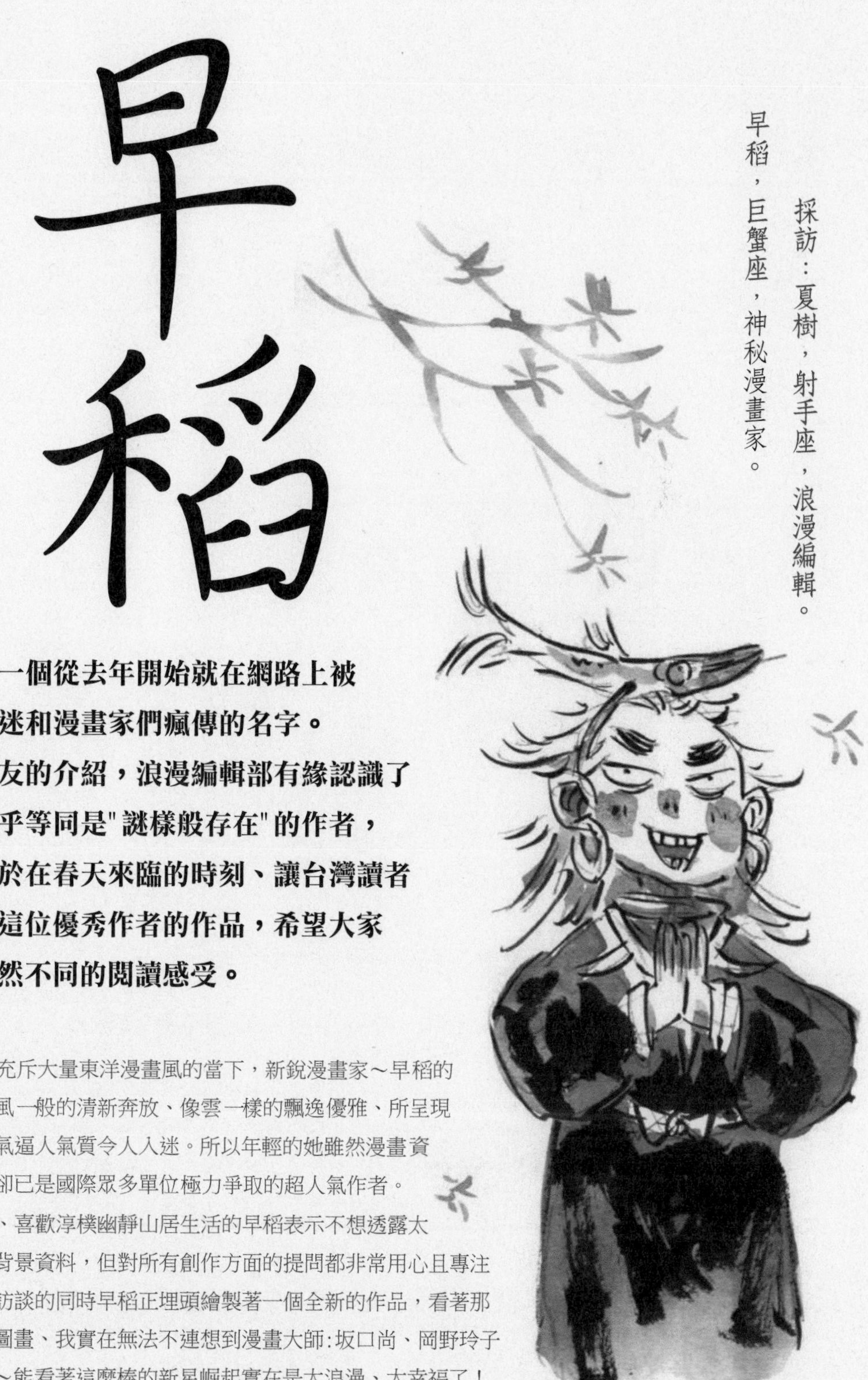

早稻，一個從去年開始就在網路上被廣大漫迷和漫畫家們瘋傳的名字。透過好友的介紹，浪漫編輯部有緣認識了這位幾乎等同是"謎樣般存在"的作者，並且終於在春天來臨的時刻、讓台灣讀者們欣賞這位優秀作者的作品，希望大家能有截然不同的閱讀感受。

製作——浪漫編輯室

在全球充斥大量東洋漫畫風的當下，新銳漫畫家～早稻的作品就似風一般的清新奔放、像雲一樣的飄逸優雅、所呈現的獨特靈氣逼人氣質令人入迷。所以年輕的她雖然漫畫資歷不深，卻已是國際眾多單位極力爭取的超人氣作者。

愛狗、喜歡淳樸幽靜山居生活的早稻表示不想透露太多自己的背景資料，但對所有創作方面的提問都非常用心且專注的回答。訪談的同時早稻正埋頭繪製著一個全新的作品，看著那一張張的圖畫、我實在無法不連想到漫畫大師：坂口尚、岡野玲子……神哪～能看著這麼棒的新星崛起實在是太浪漫、太幸福了！

愛 漫 畫 ， 是 件 浪 漫 的 事……

Inspiration

靈感碎碎念

畫漫畫，是一件要命浪漫的事！

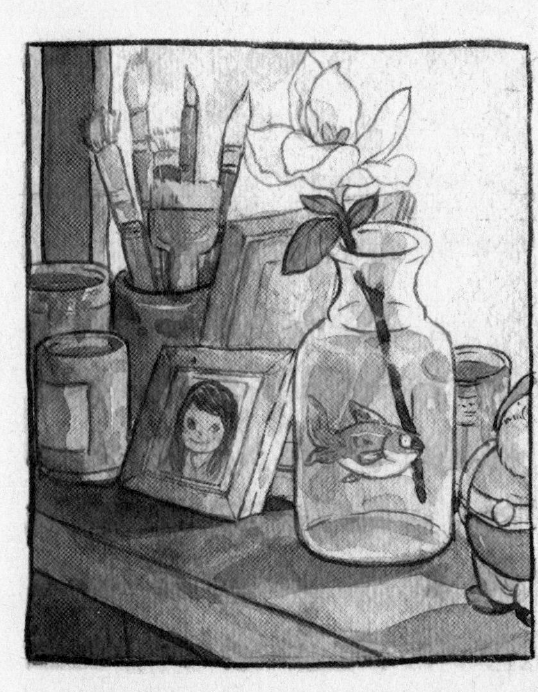

一場春雨、串起不同世界的人和故事。

這篇「春雨」是應當時的編輯要求畫一個～
同一世界、不同的人、同時遇到不同的事。
所以，我就用一場春雨來連結起這些不同世界的所有線索，
而故事最終回歸到老繪師的畫面上做完結……。
創作的過程並沒有甚麼特別的事，一樣是靜靜的在家中完成，
陰暗的天氣、我開著檯燈、窗外下著小雨……。

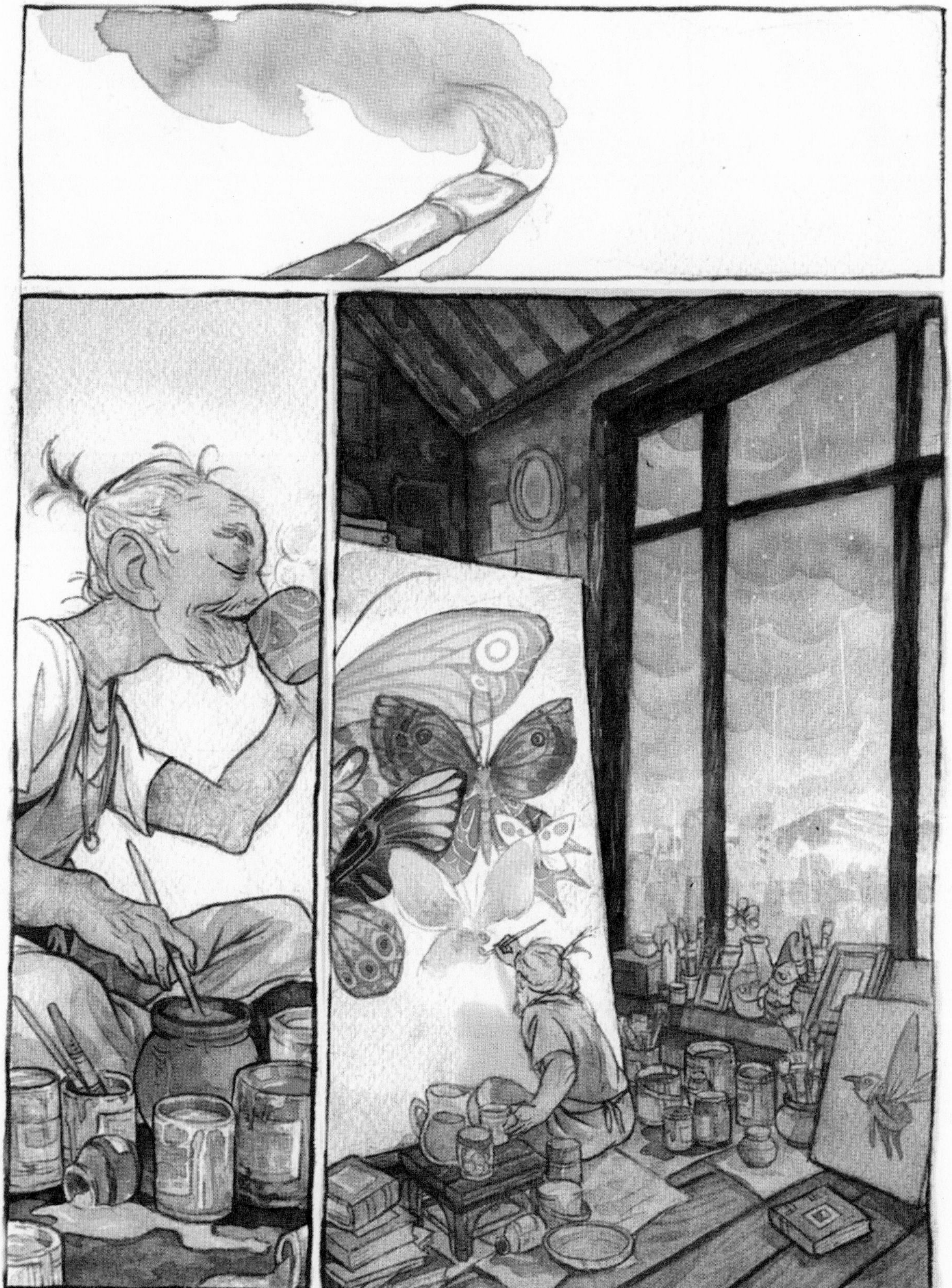

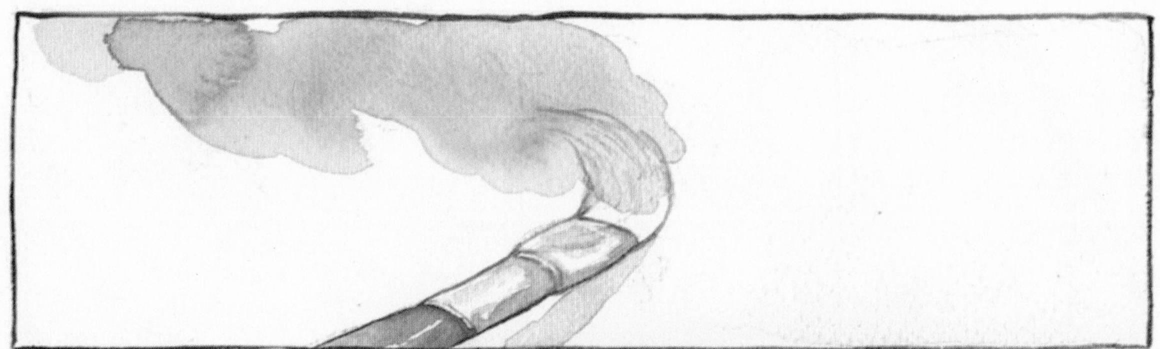

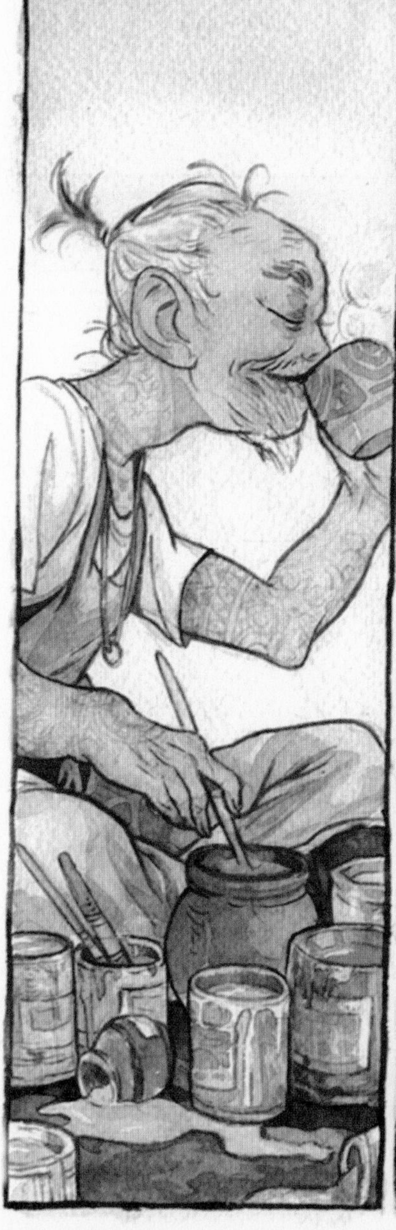

《完》

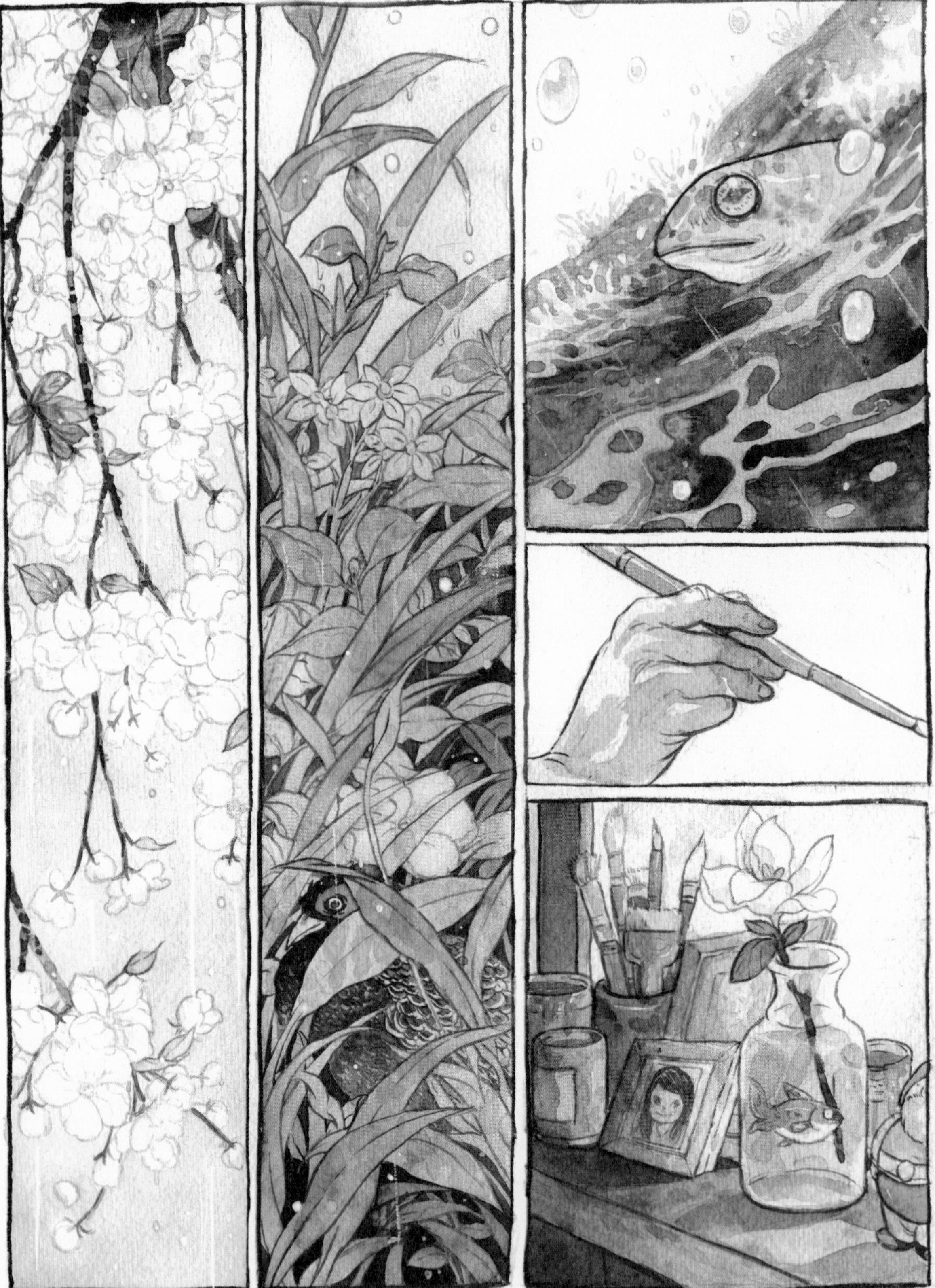

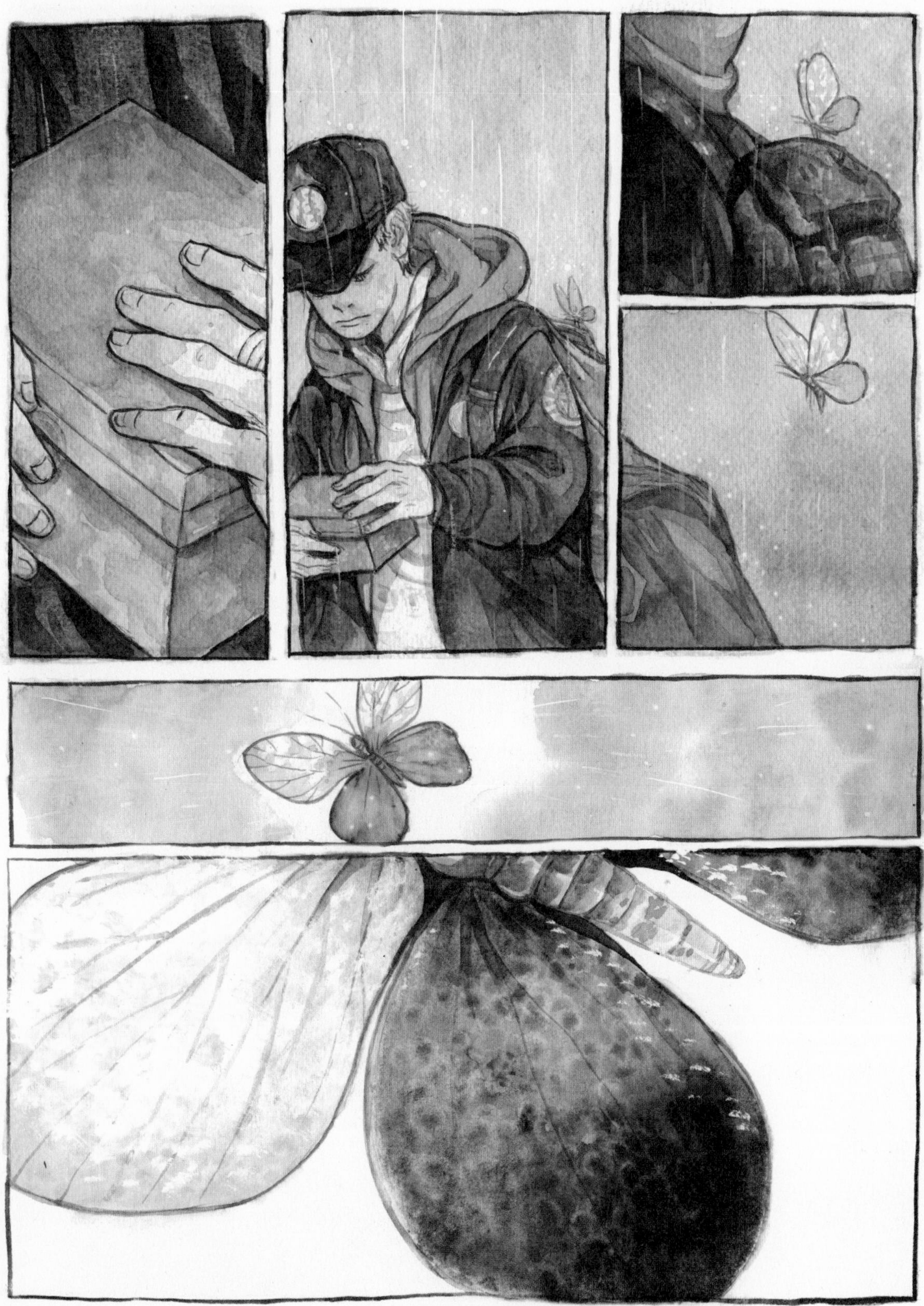

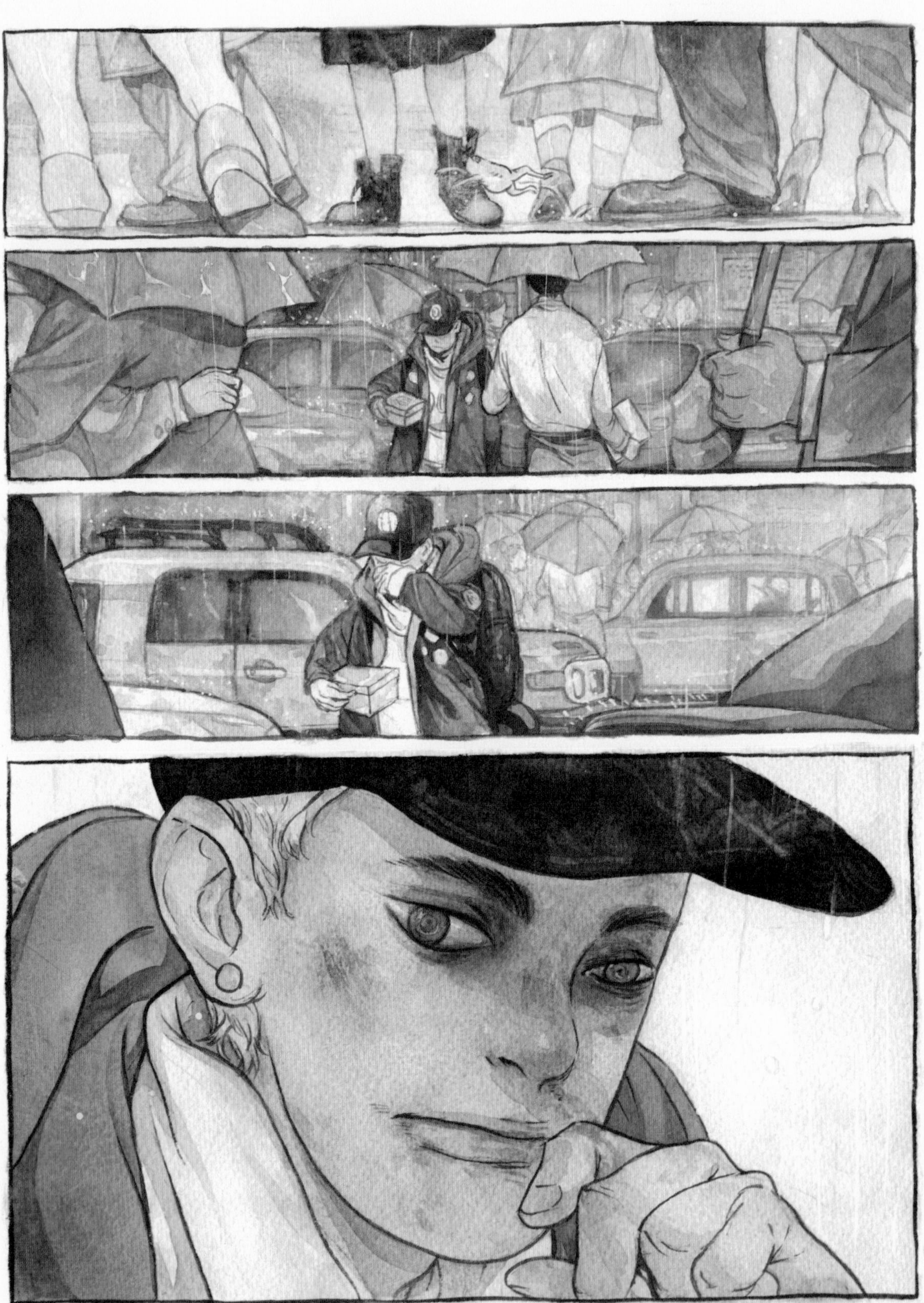

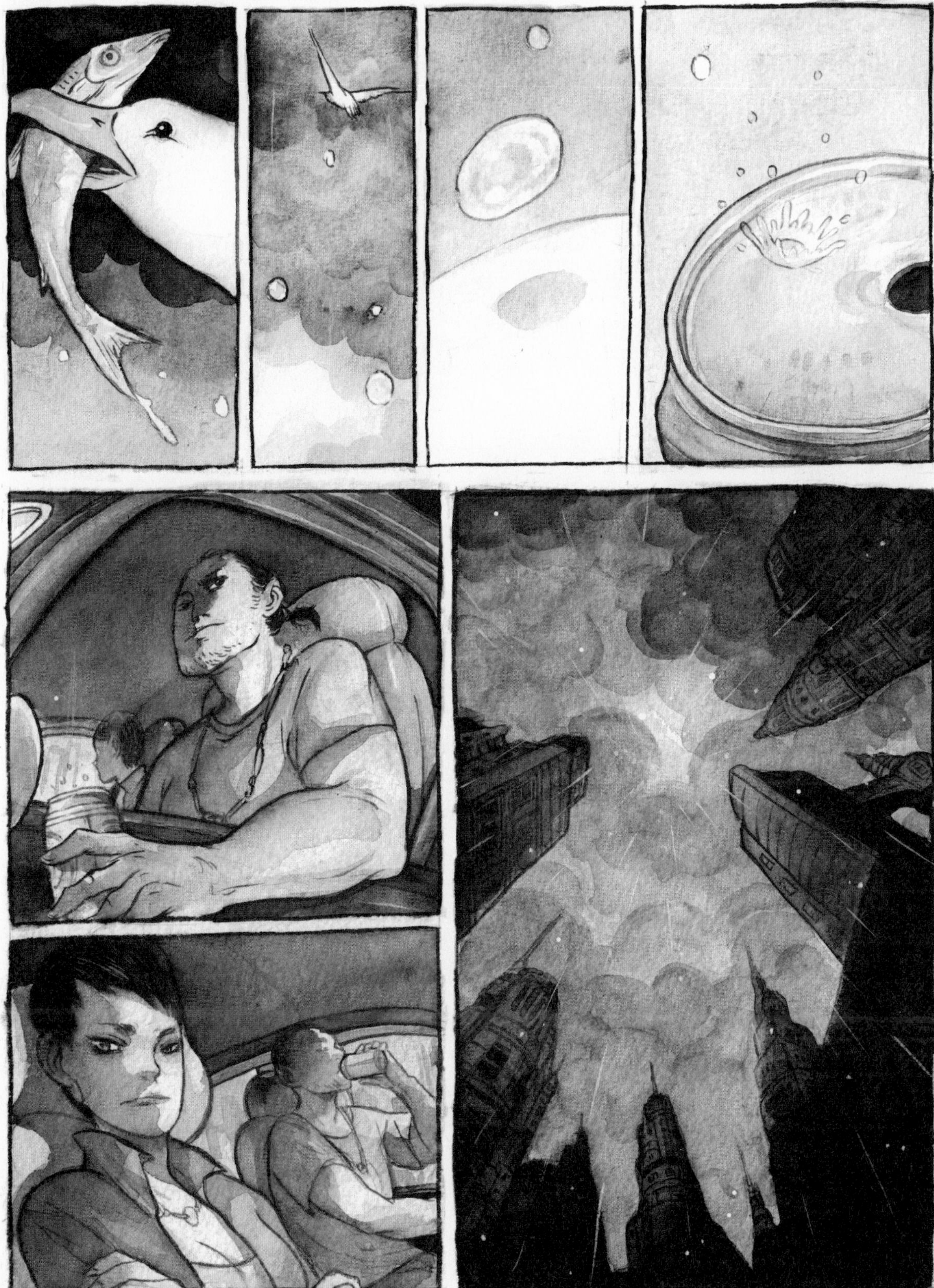

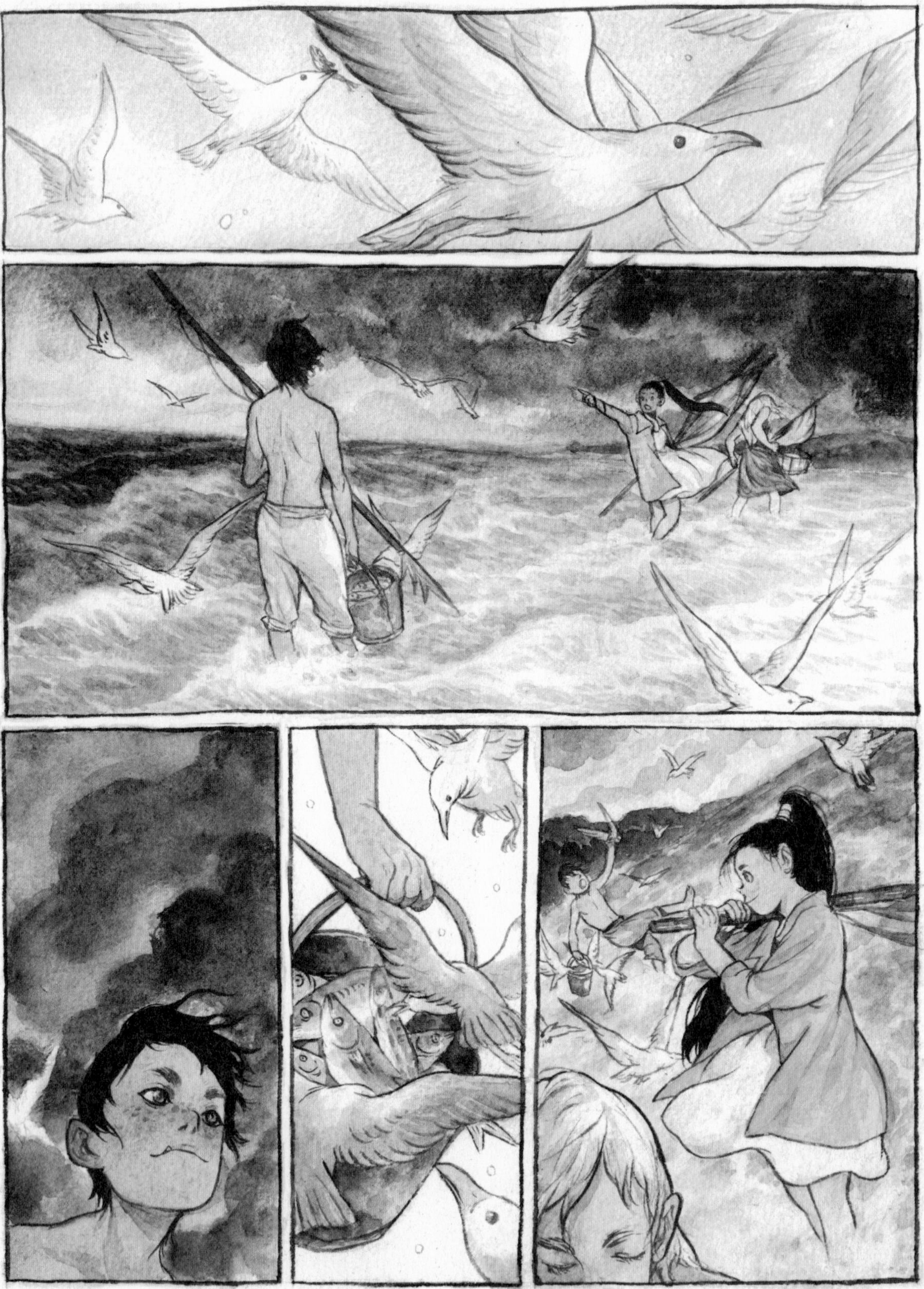

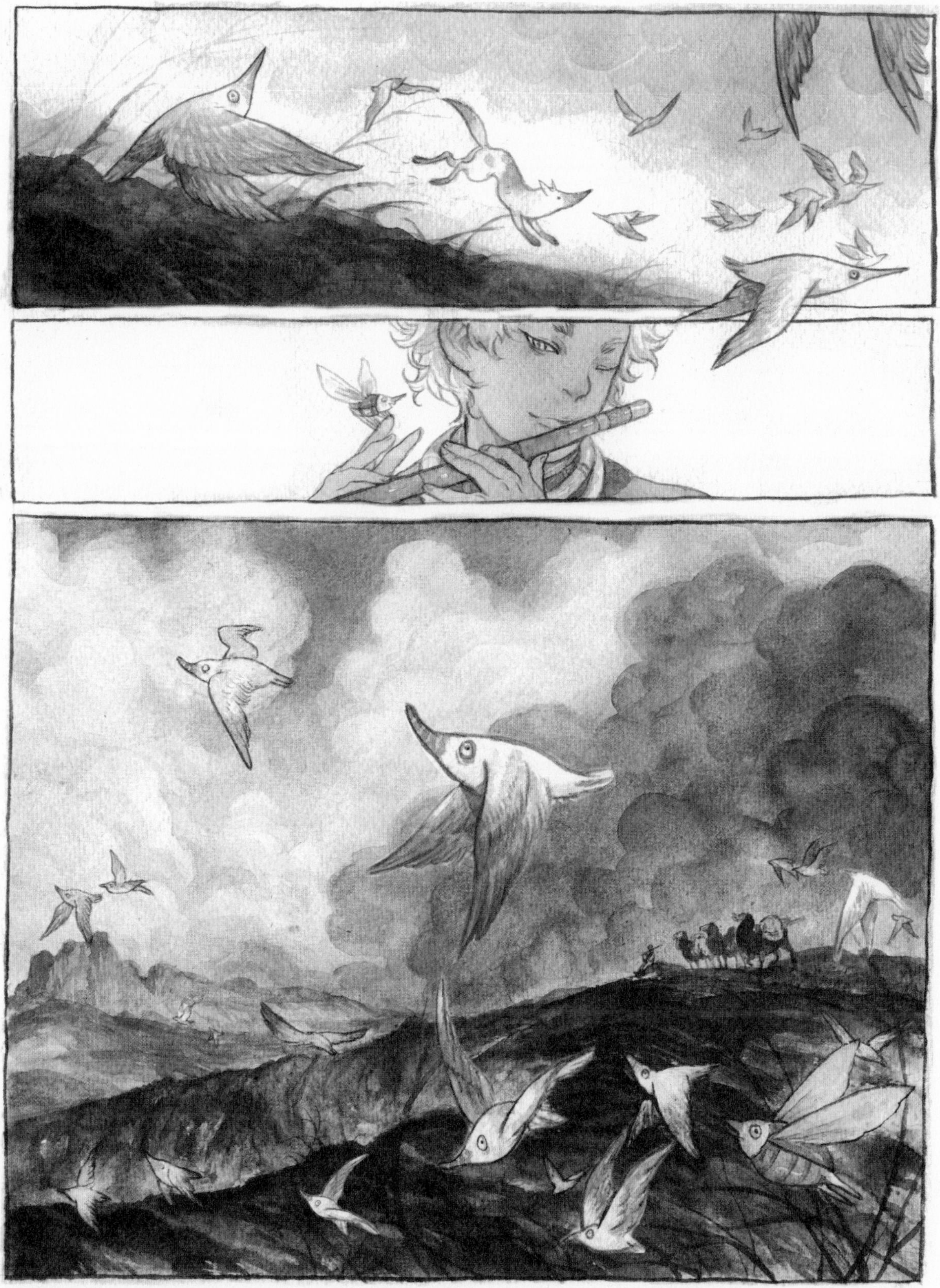

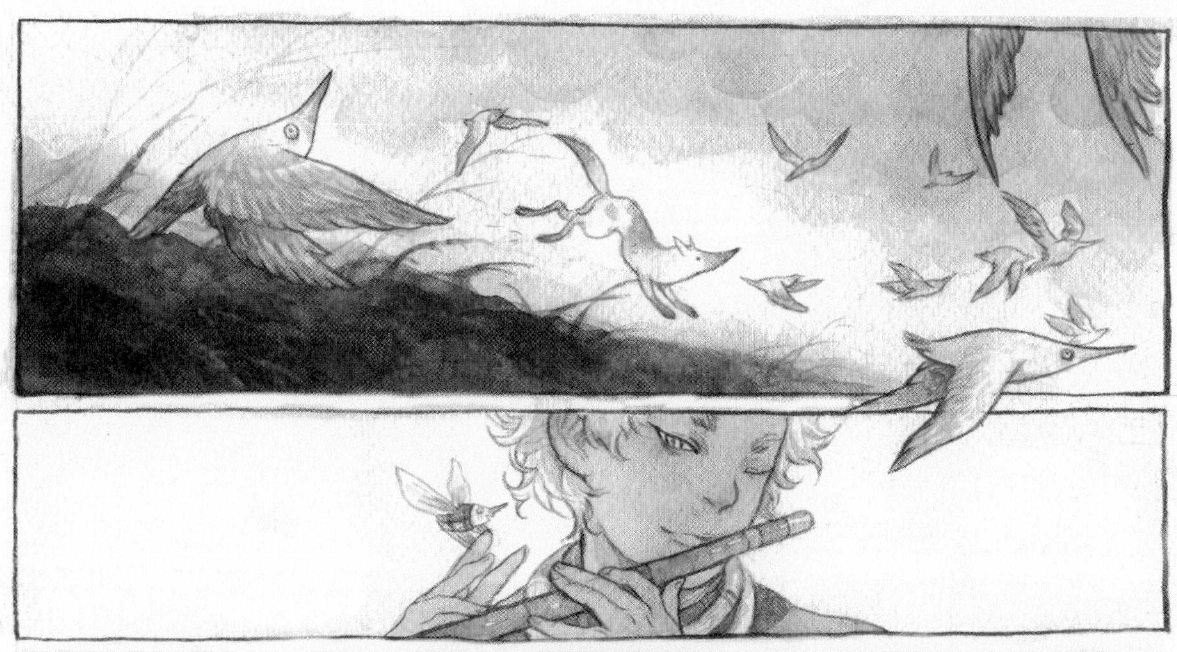

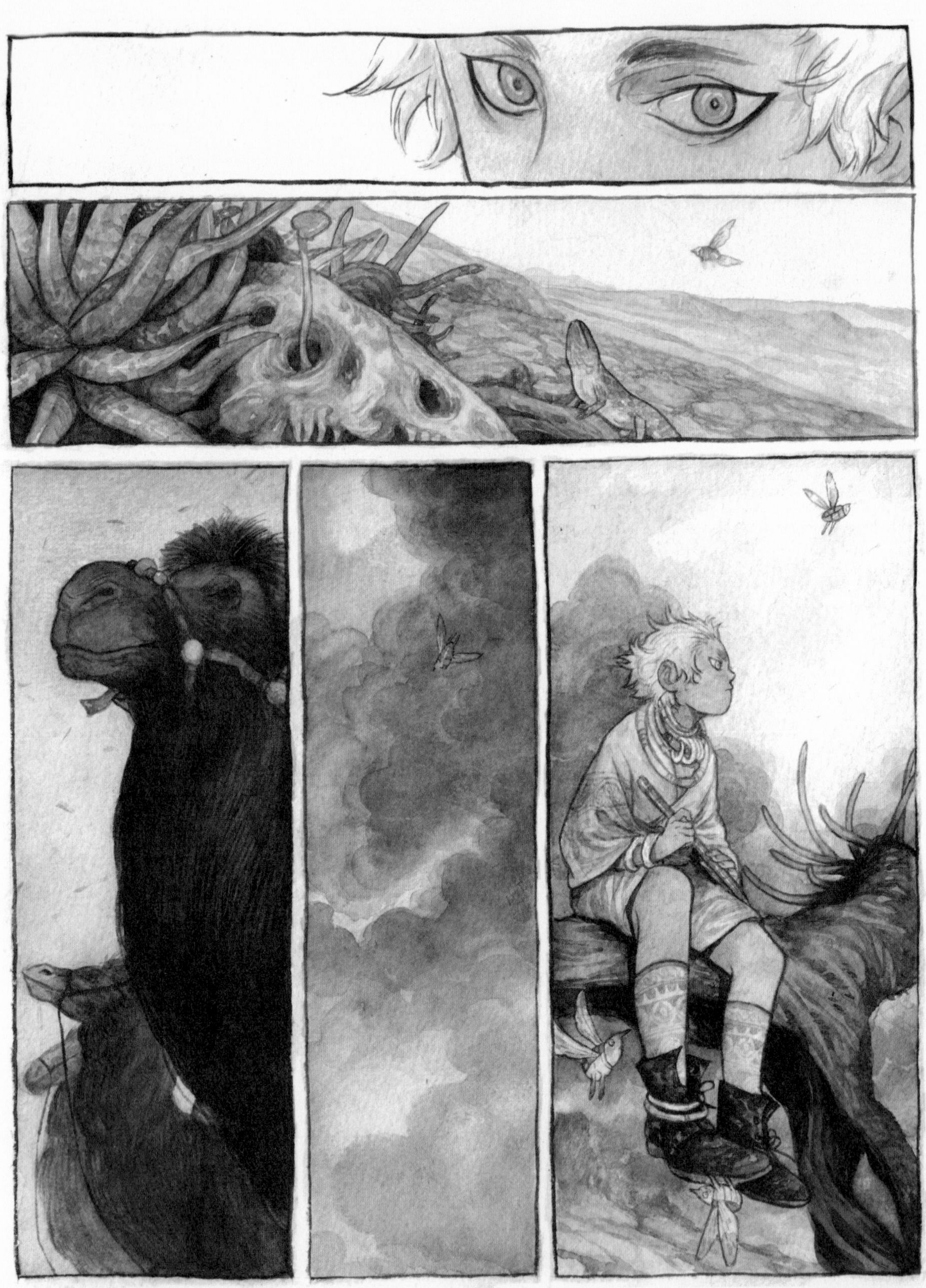

編繪——早稻

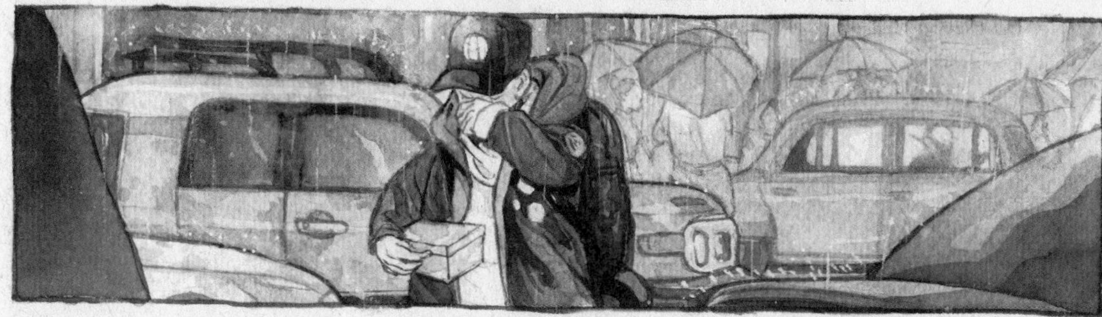

春雨 Spring rain

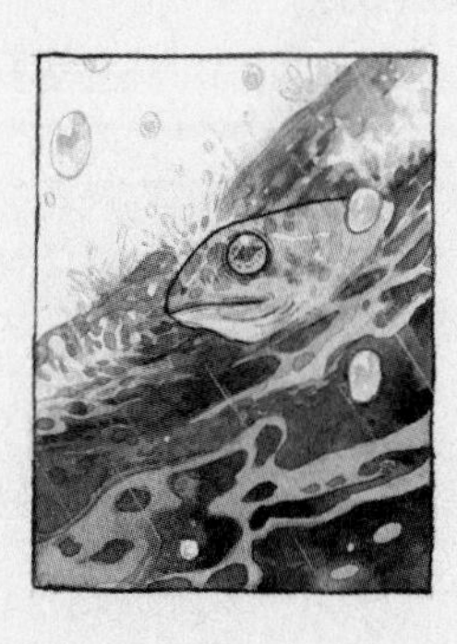

責任編輯——Nazki

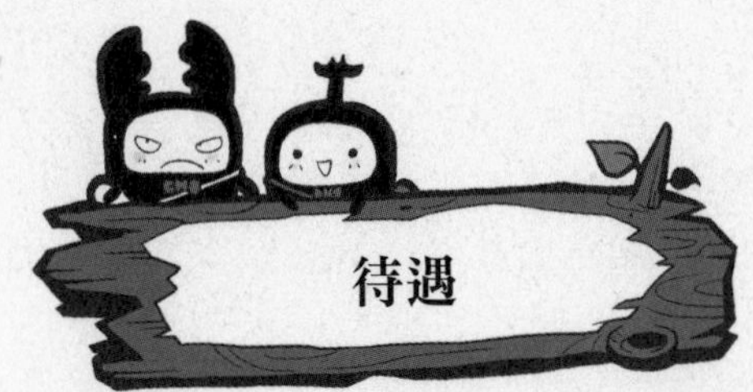

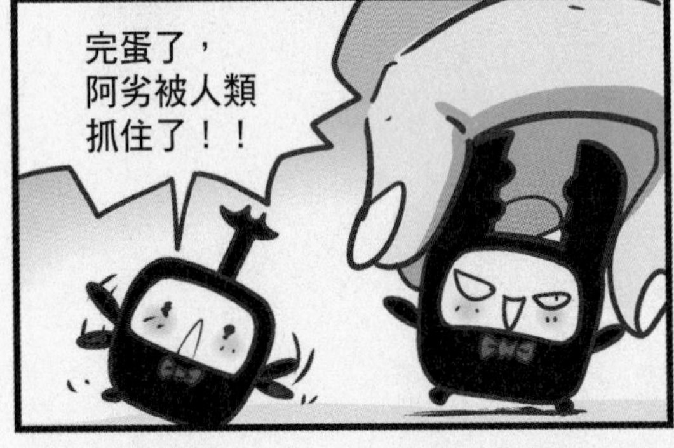

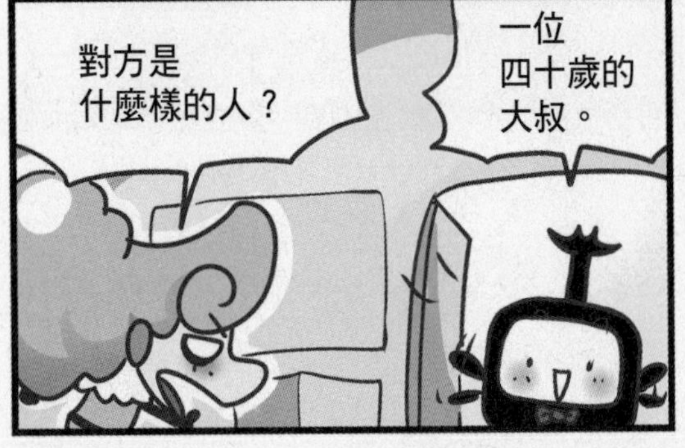

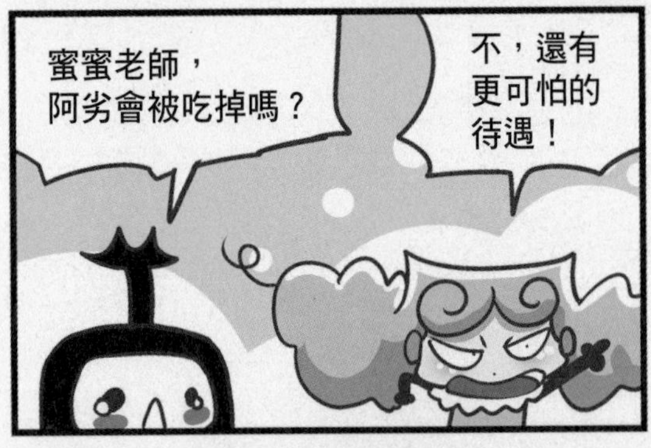

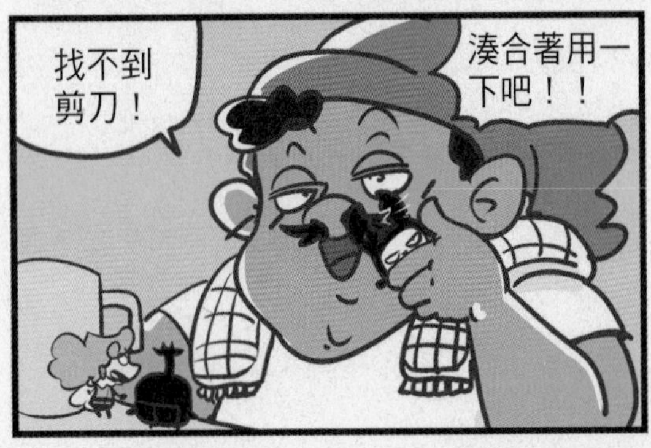

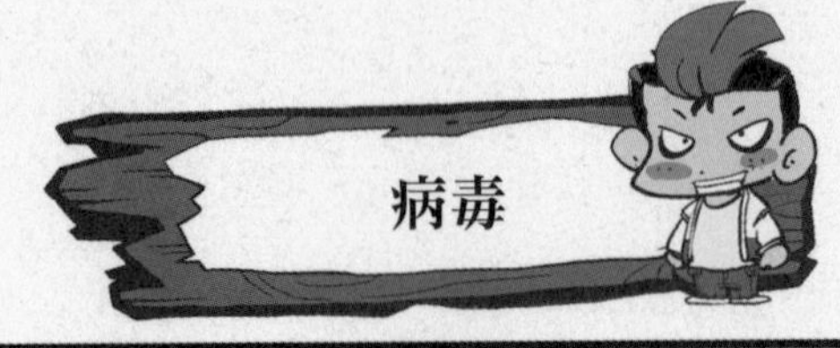

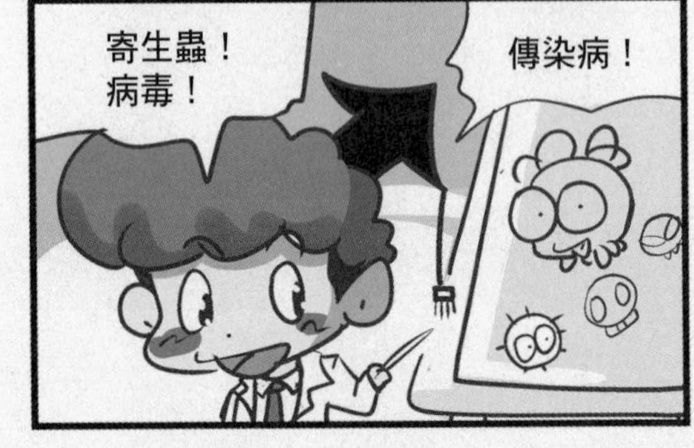

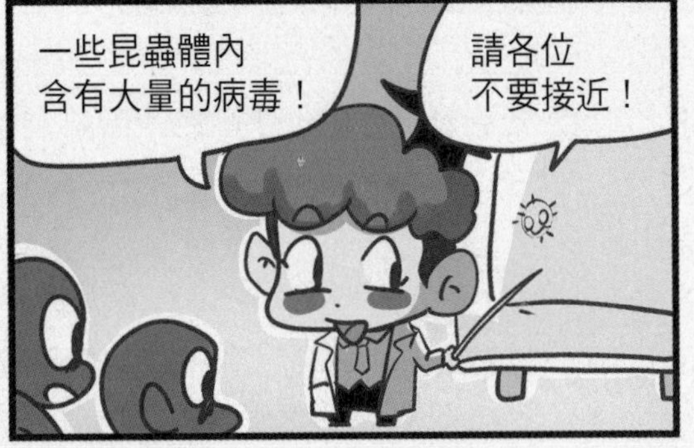

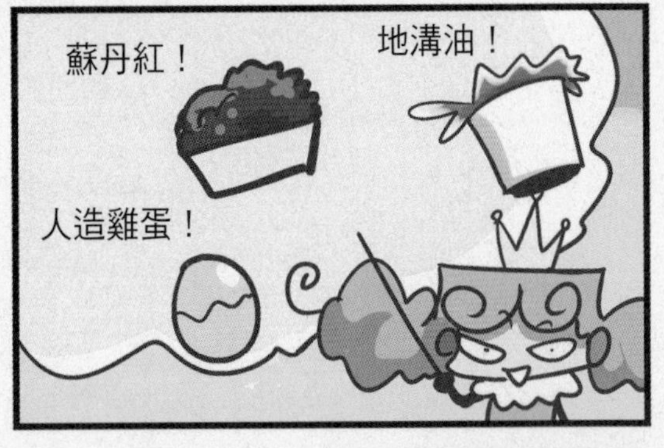

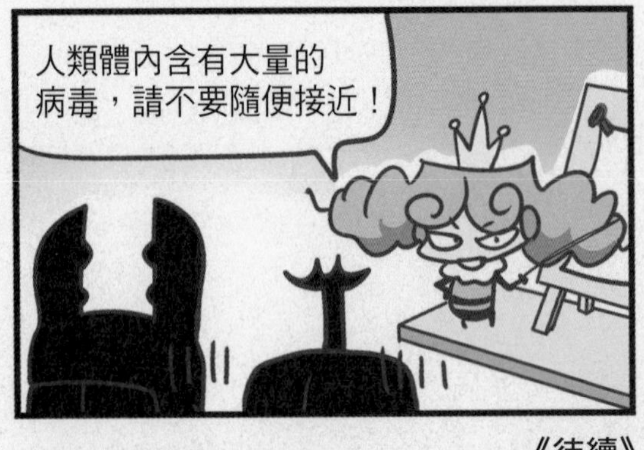

委屈

※愛幻想，膽小而怕事，能把米飯當成雪山，把湯當成海洋，總是沉醉在各種不切實際幻想中，現實中卻是一個膽小鬼。

《待續》

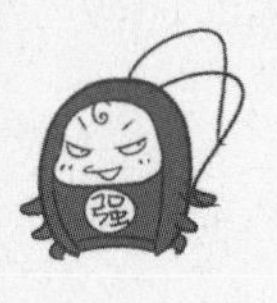

史小強

※好色無人可擋，賤到人見人踩，車見車撞，但生命力卻旺盛到嚇人，永遠打不死、永遠踩不扁。

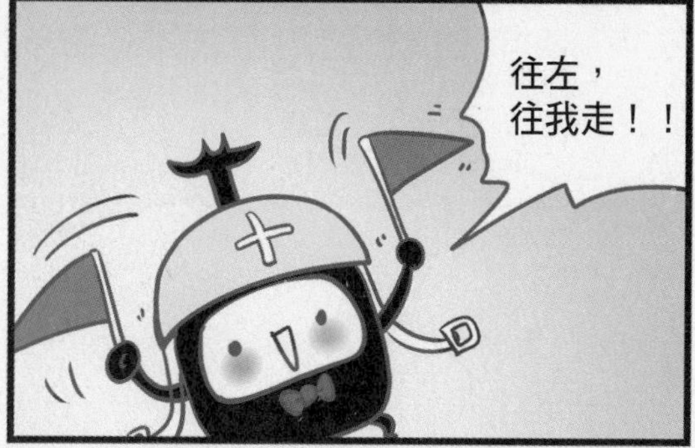

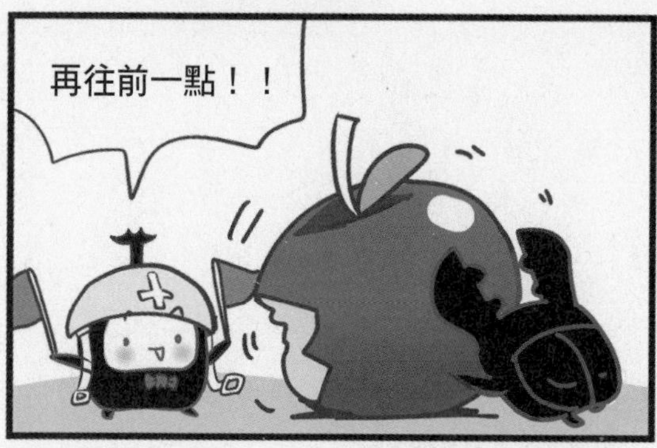

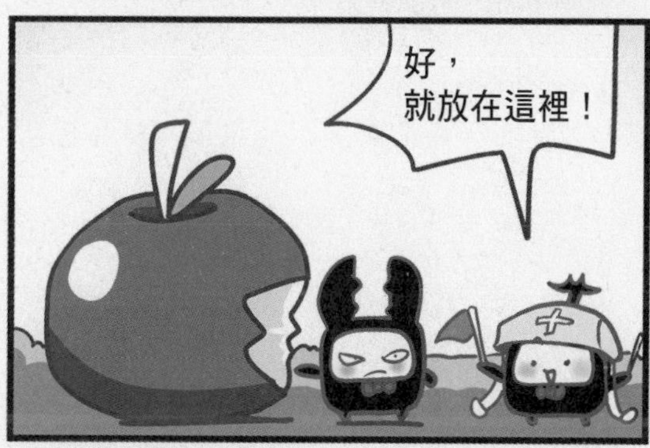

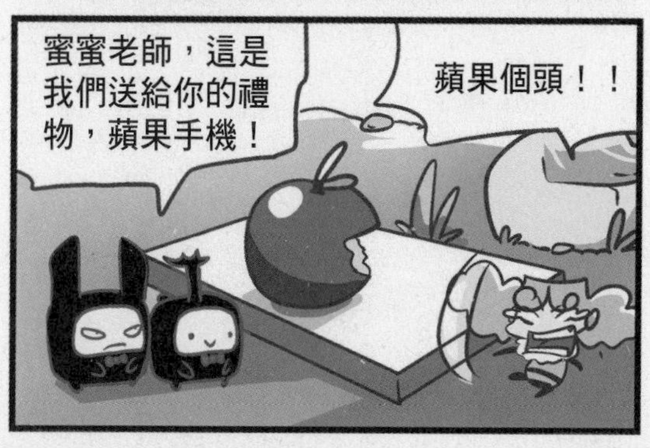

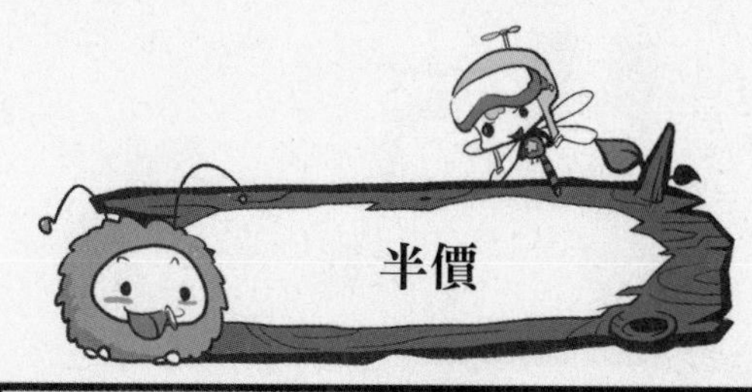

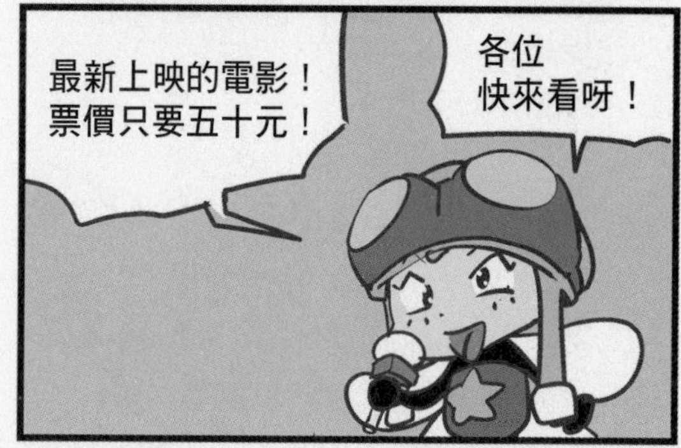

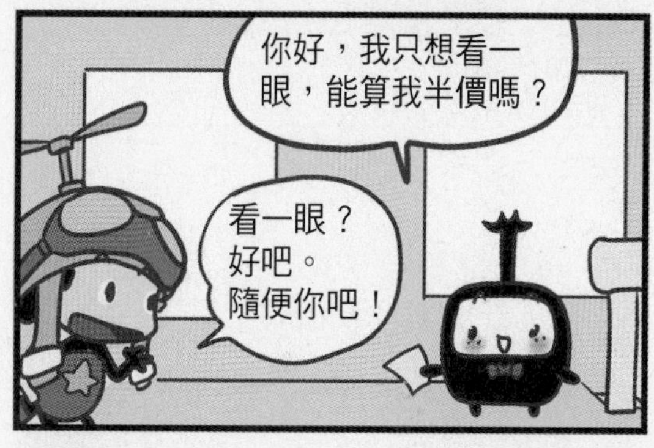

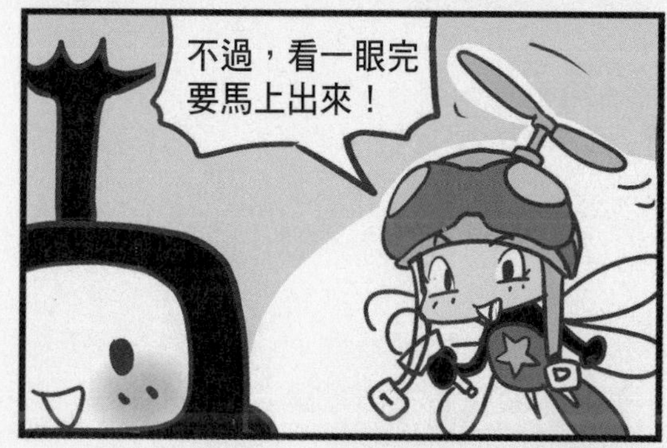

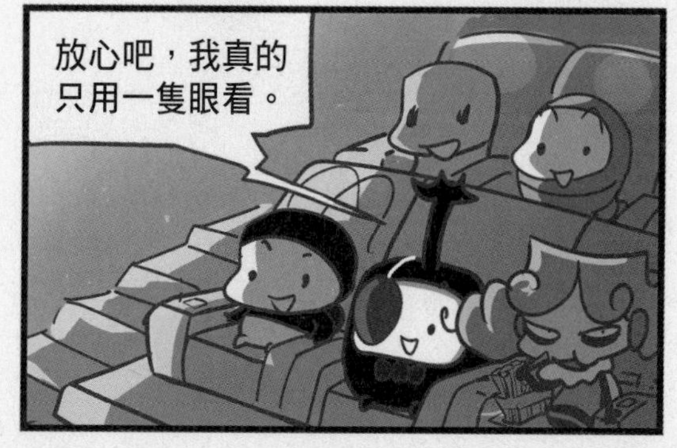

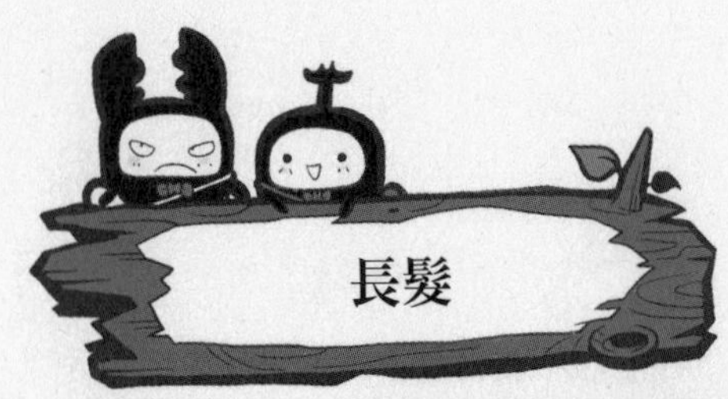

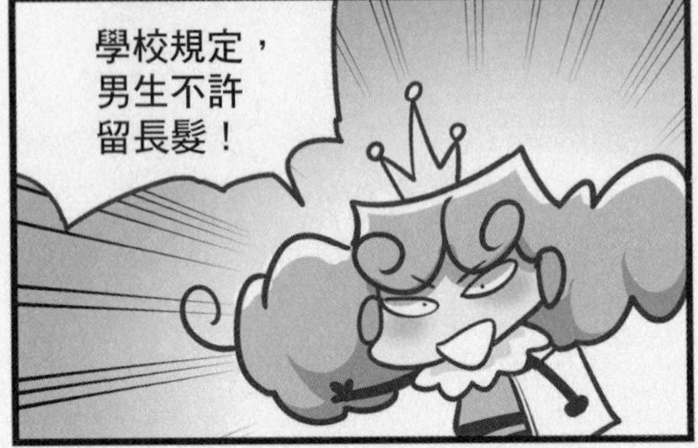

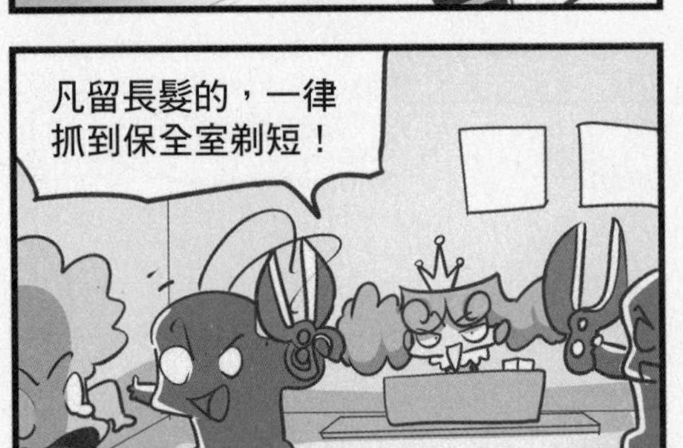

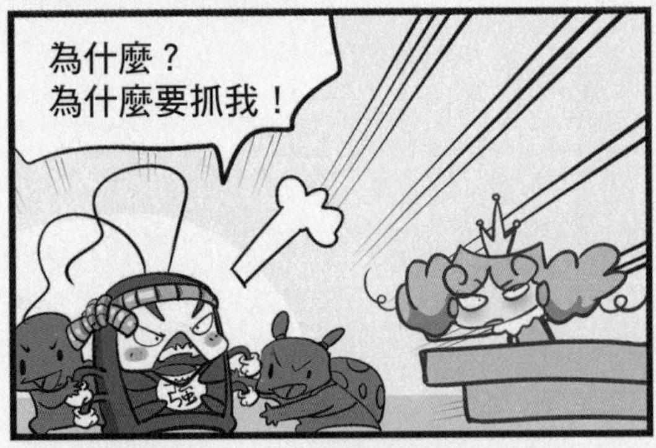

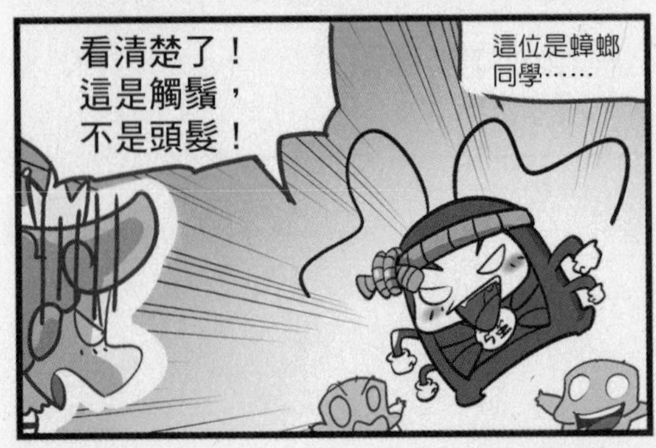

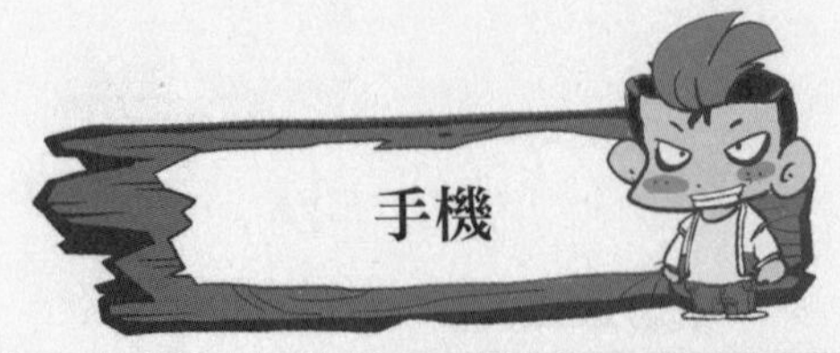

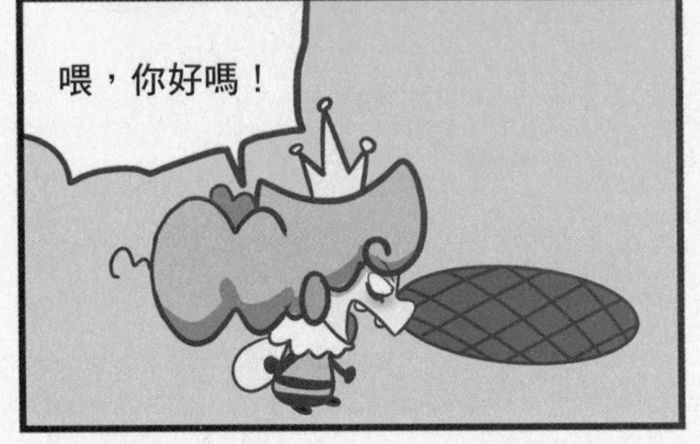

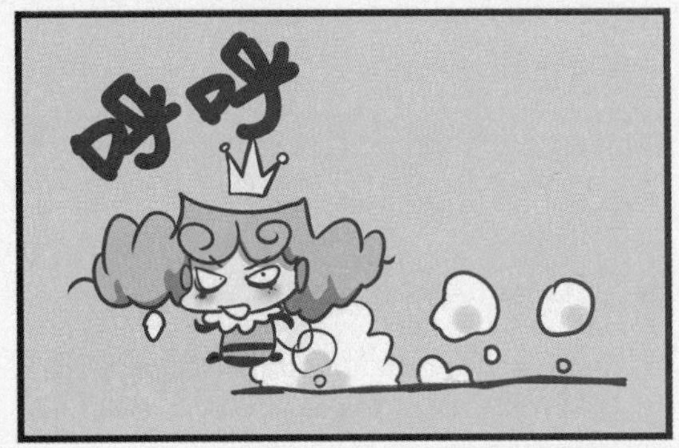

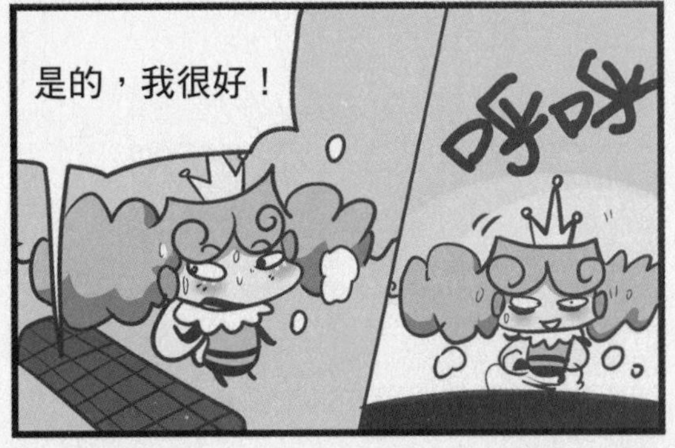

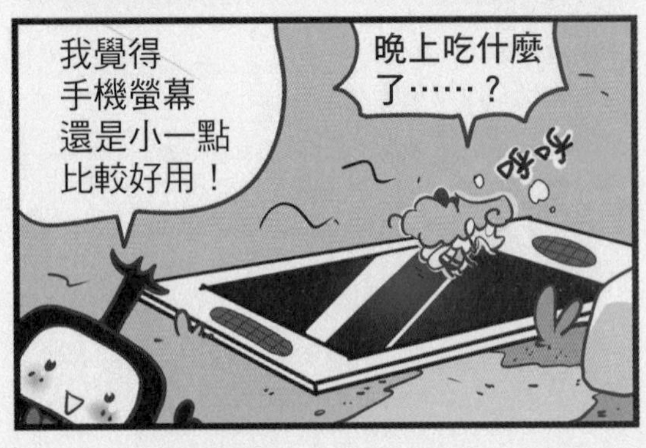

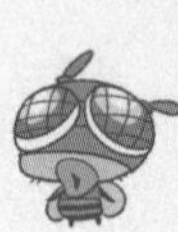

宅宅

※學園食堂廚師，喜歡尋找各種美食，但找的食物卻意外的嚇人。自喻為"男人香"除了小假和阿劣外沒人願意接近。

傑克

※不停打工，到處兼職賺錢、興趣是講恐怖故事。但事實上他是螳氏家族的貴公子，身價上億的高富帥，卻異常低調。

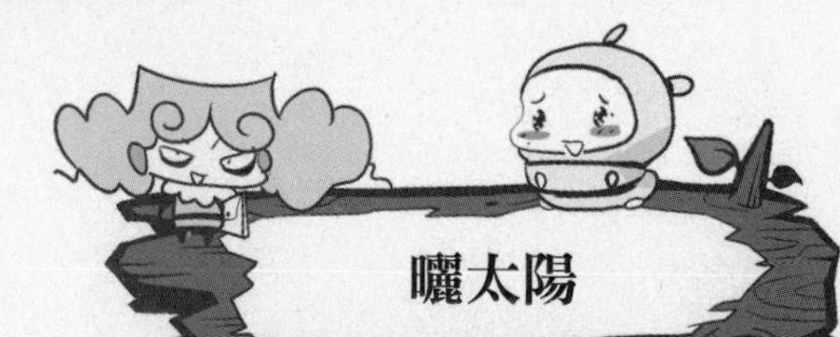
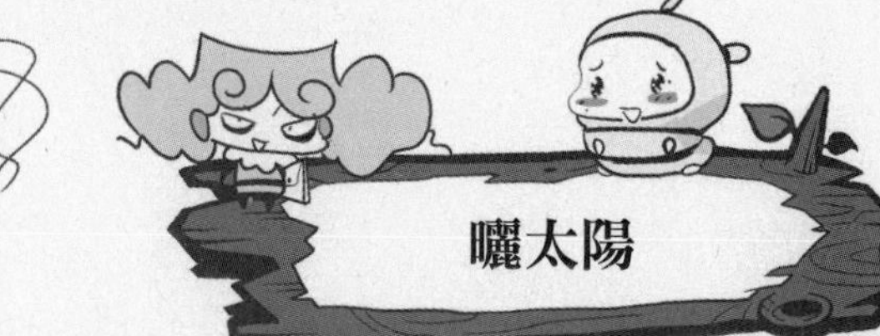

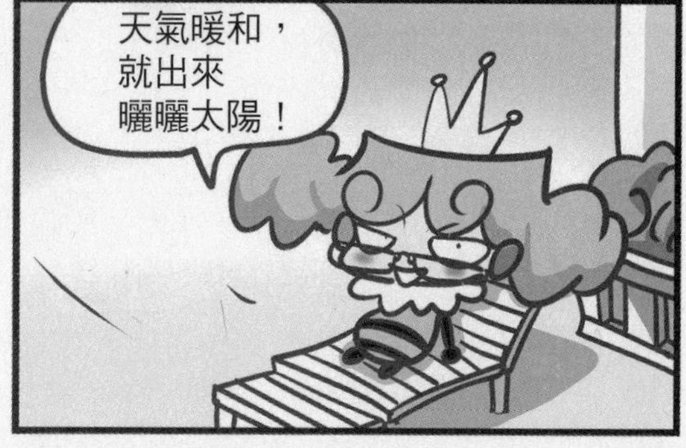

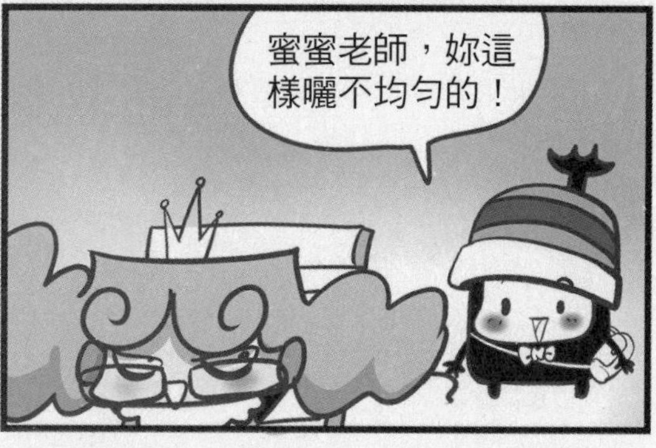

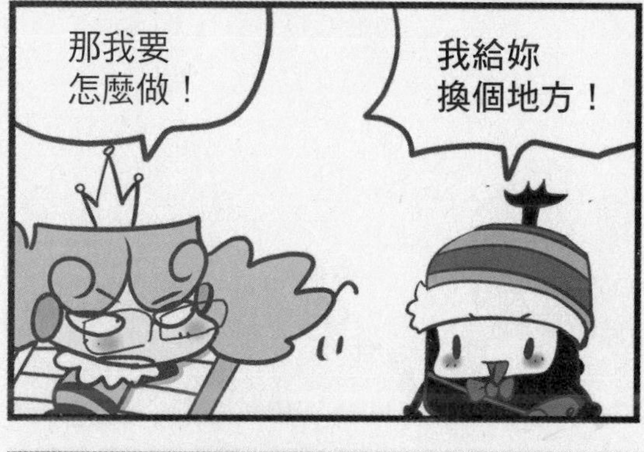

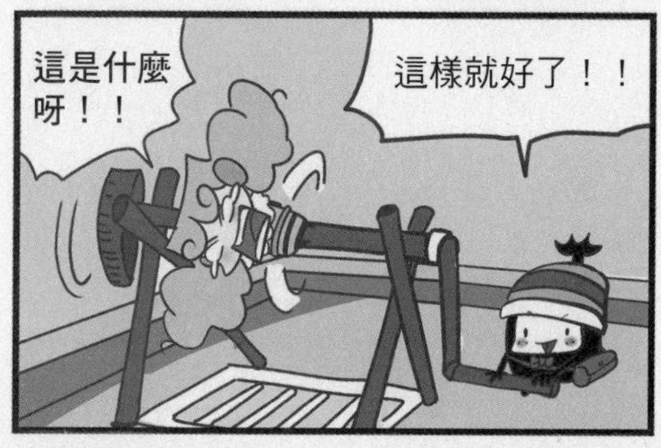

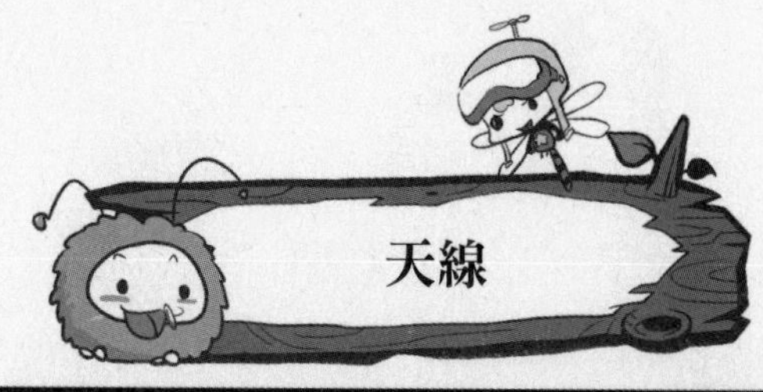

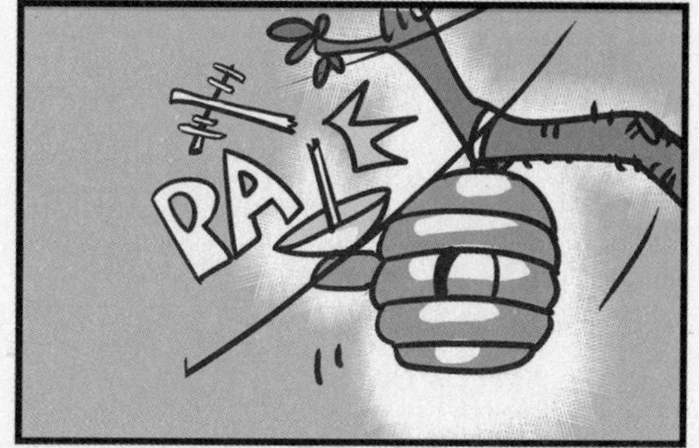

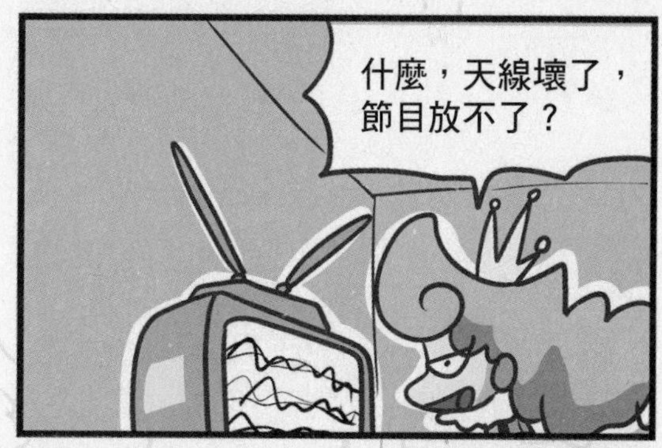

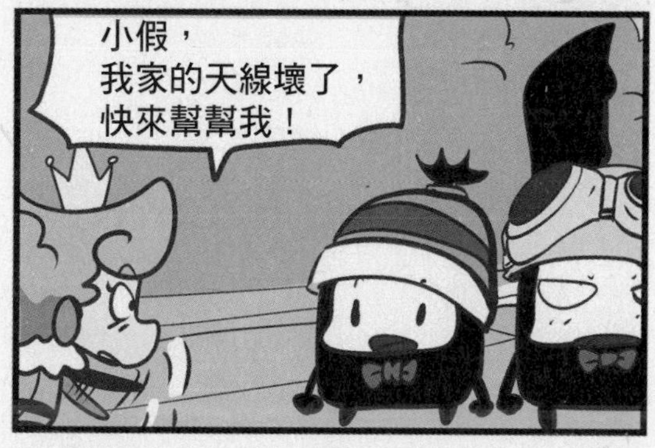

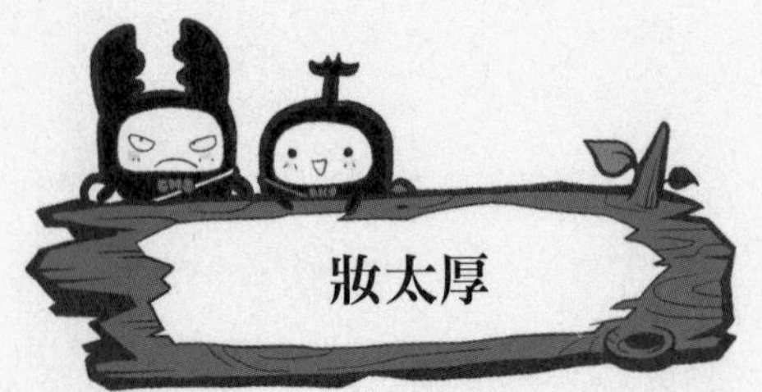
妝太厚

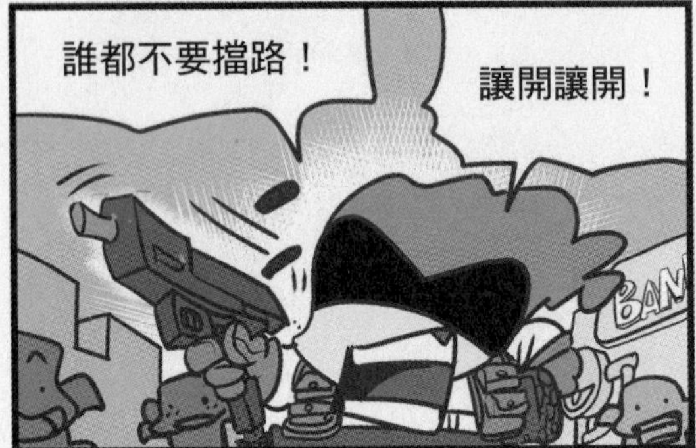
誰都不要擋路！
讓開讓開！

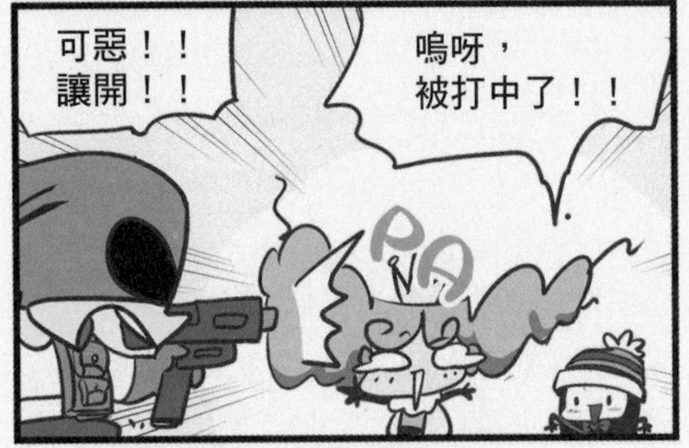
可惡！！
讓開！！
嗚呀，
被打中了！！
PA

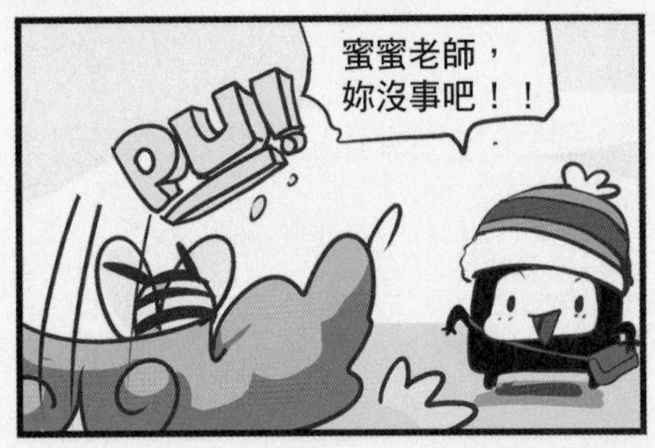
蜜蜜老師，
妳沒事吧！！
PU!

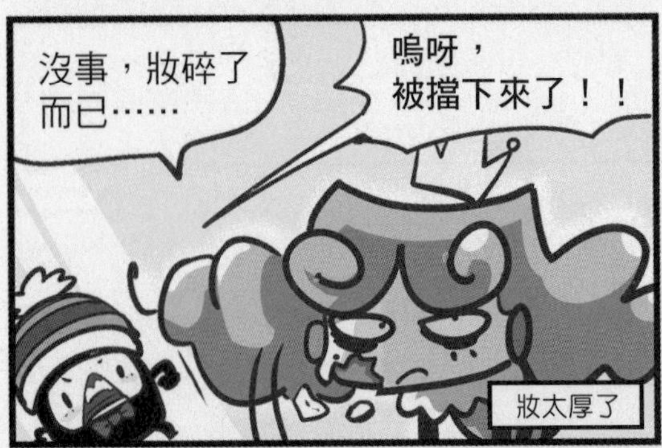
沒事，妝碎了
而已……
嗚呀，
被擋下來了！！
妝太厚了

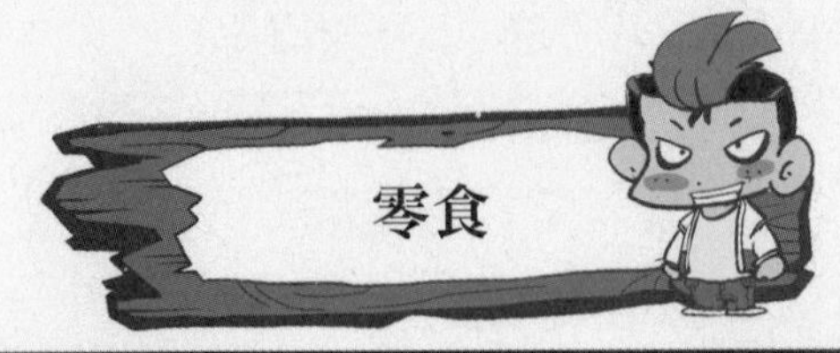
零食

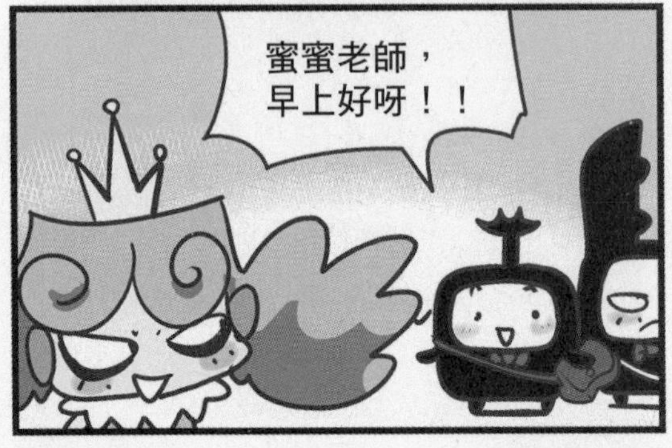
蜜蜜老師，
早上好呀！！

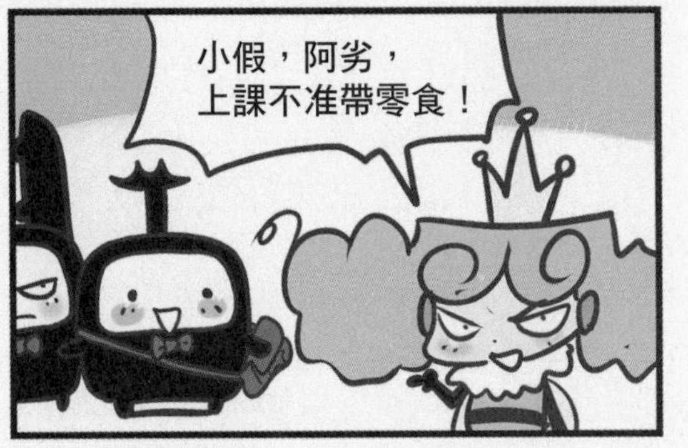
小假，阿劣，
上課不准帶零食！

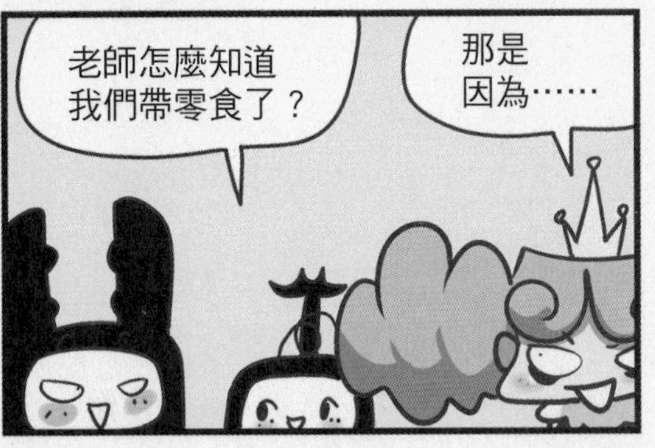
老師怎麼知道
我們帶零食了？
那是
因為……

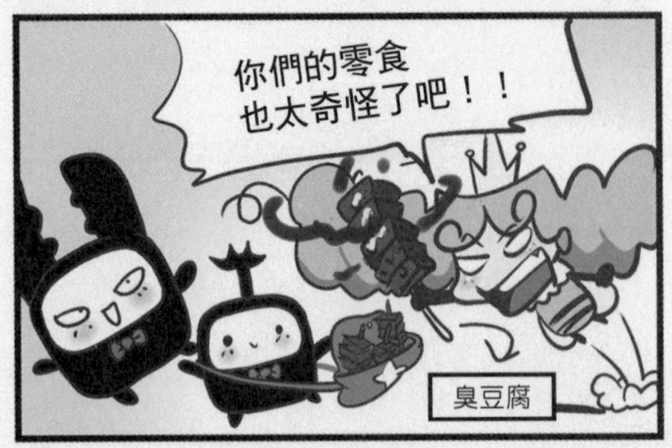
你們的零食
也太奇怪了吧！！
臭豆腐

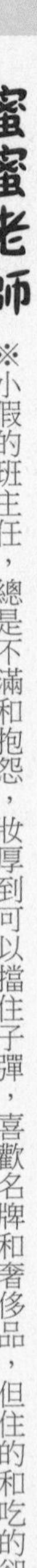
蜜蜜老師
※小假的班主任，總是不滿和抱怨，妝厚到可以擋住子彈，喜歡名牌和奢侈品，但住的和吃的卻很寒酸。

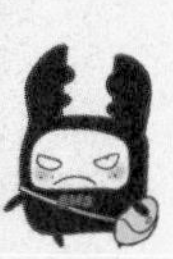

阿劣

※世上再也找不到像阿劣這樣和小假一起犯傻的兄弟了，阿劣貪吃貪睡，力大無窮，對小假言聽計從，但生氣起來無人可擋。

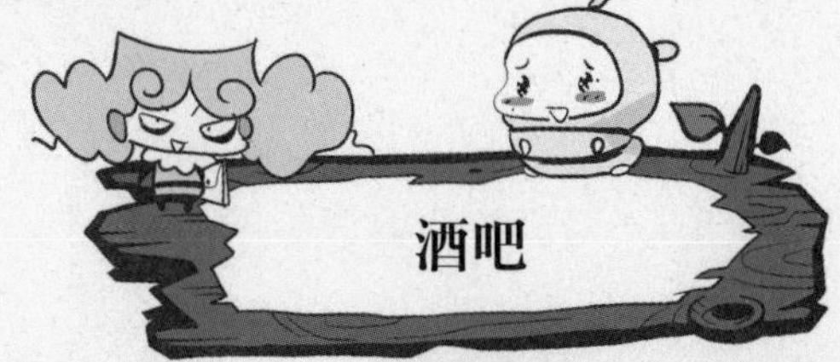

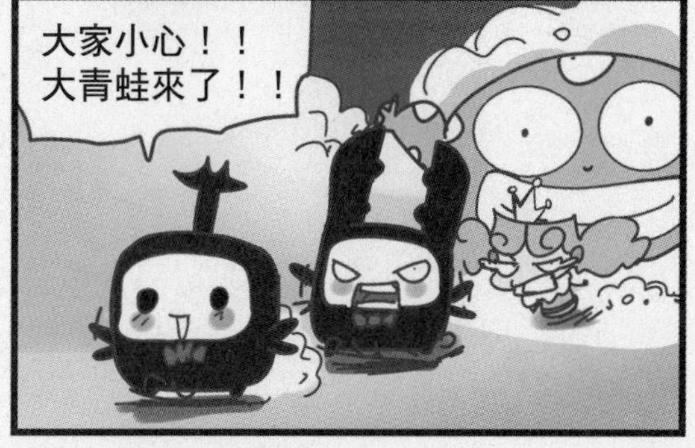

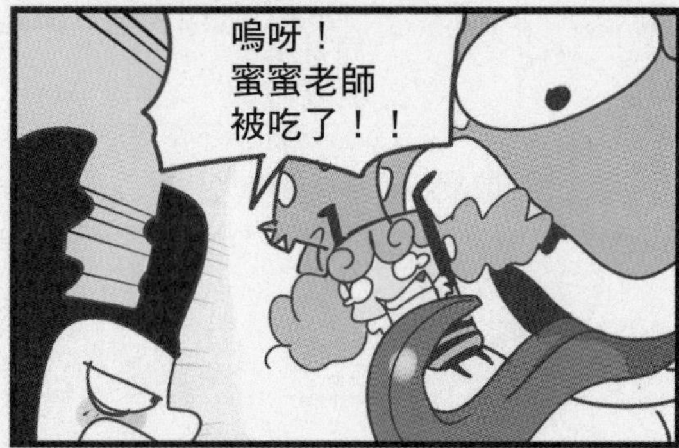

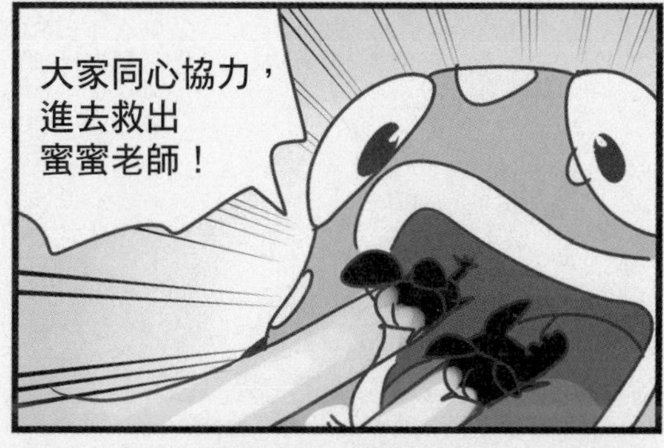

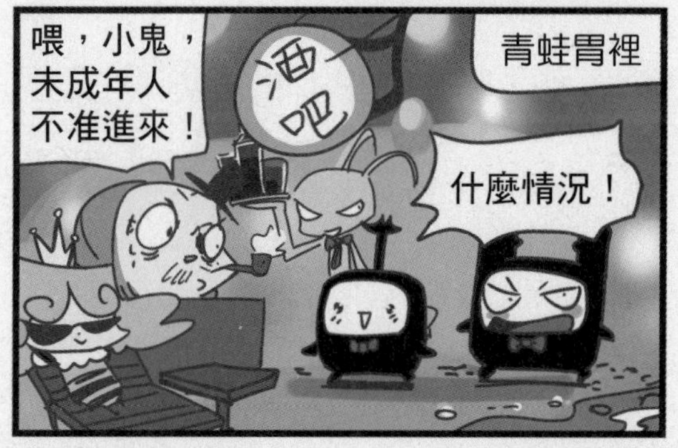

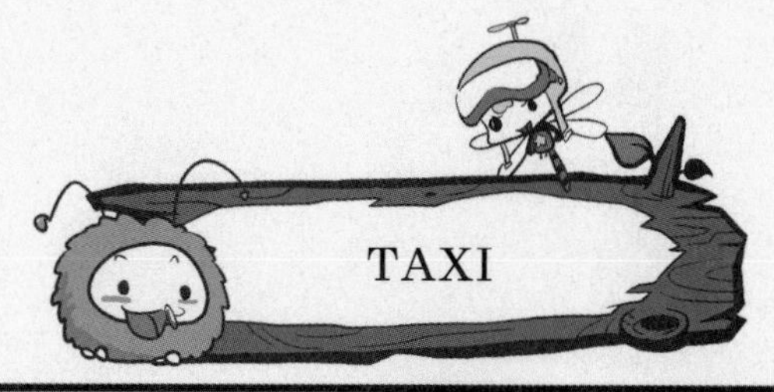

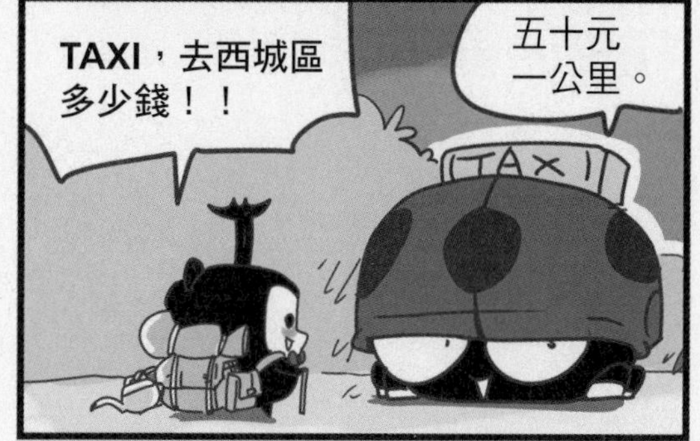

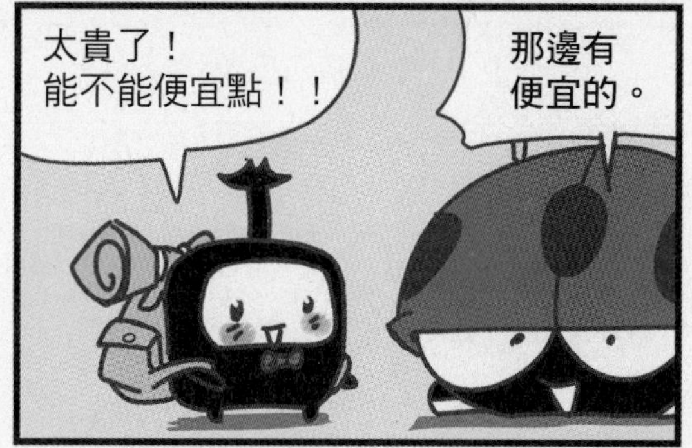

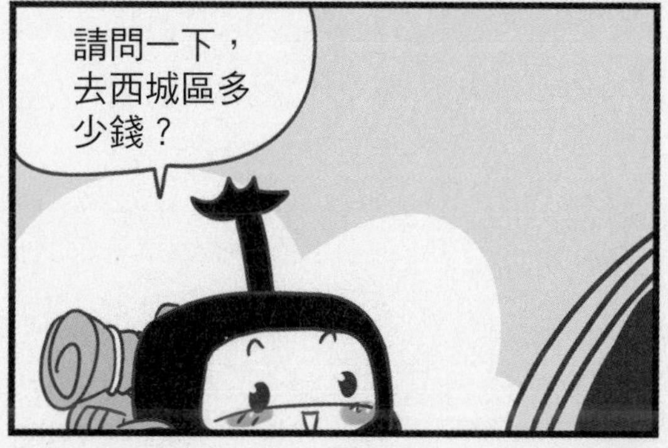

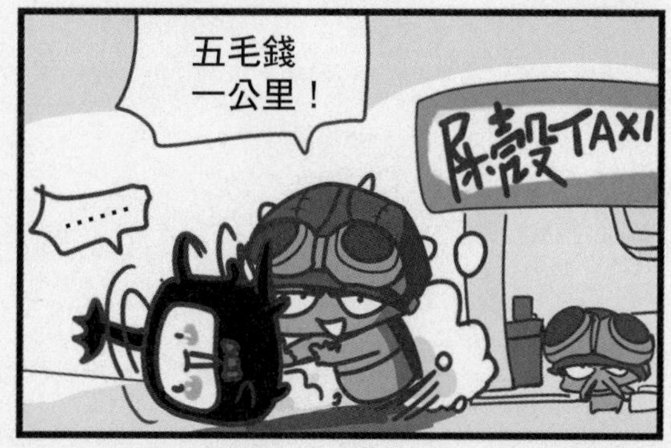

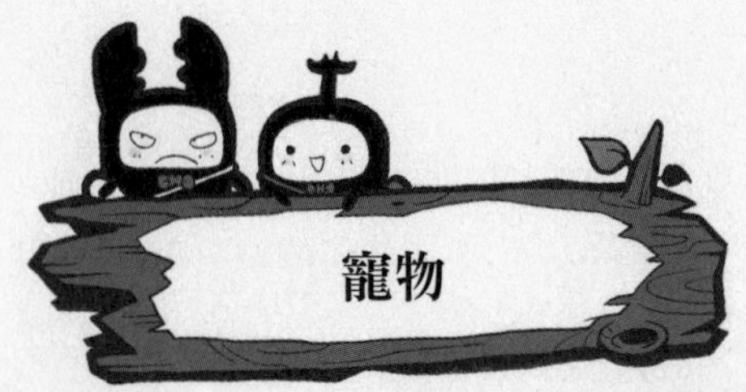

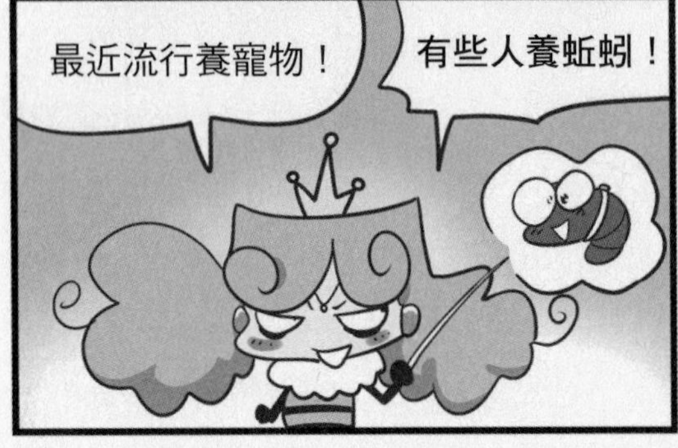

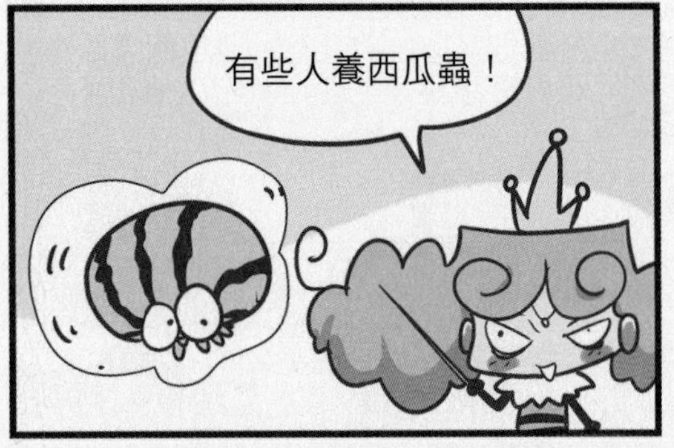

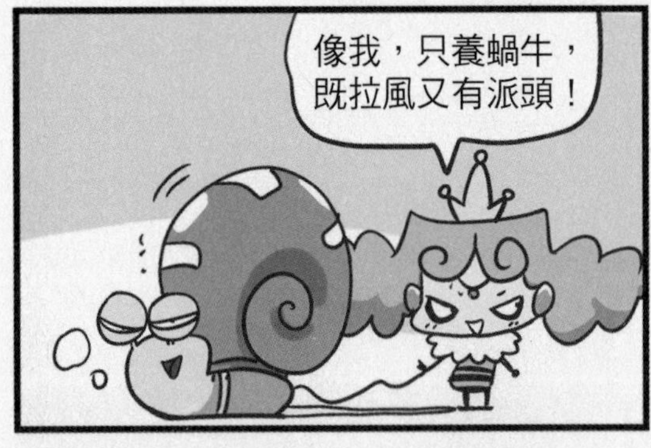

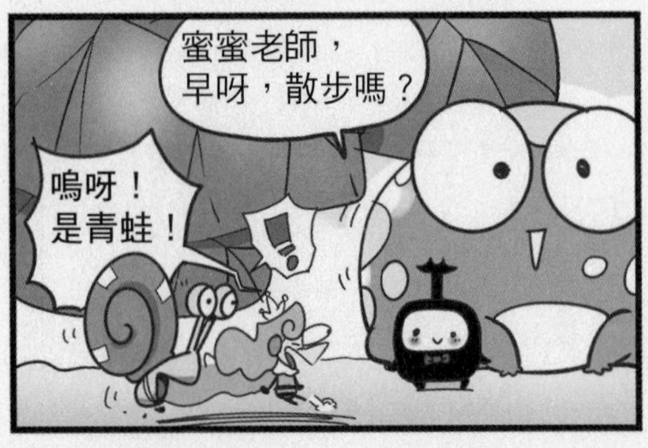

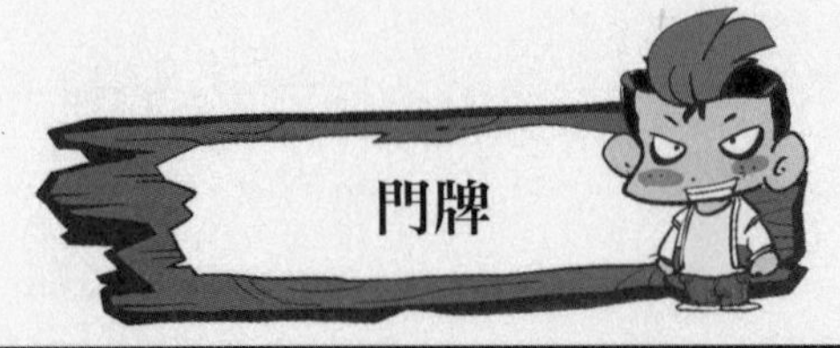

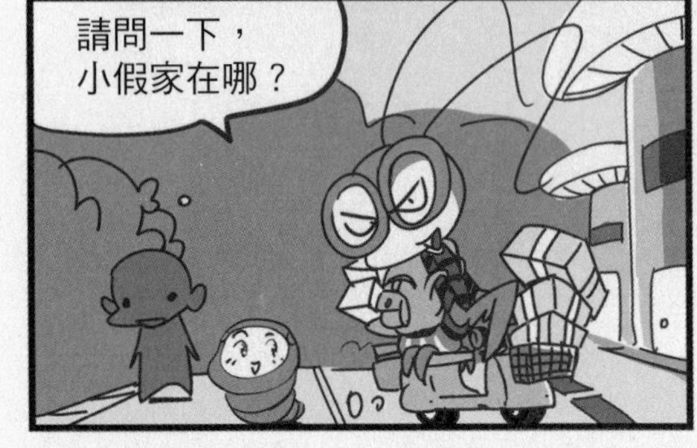

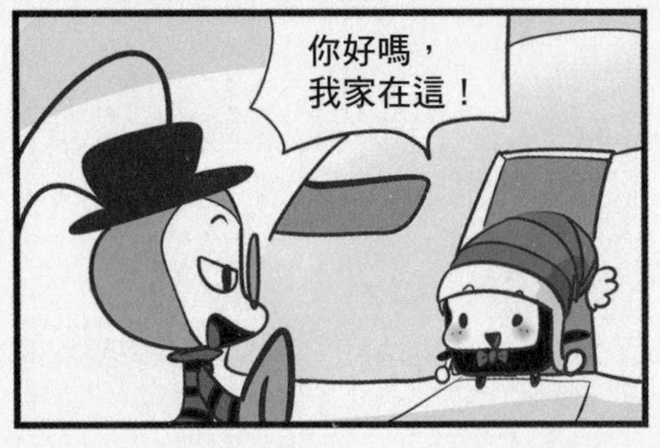

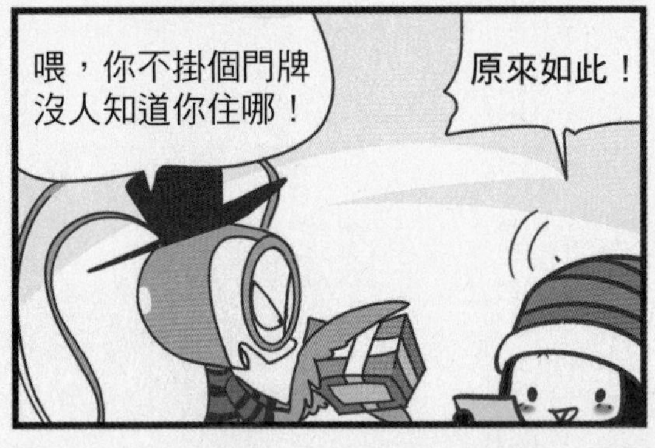

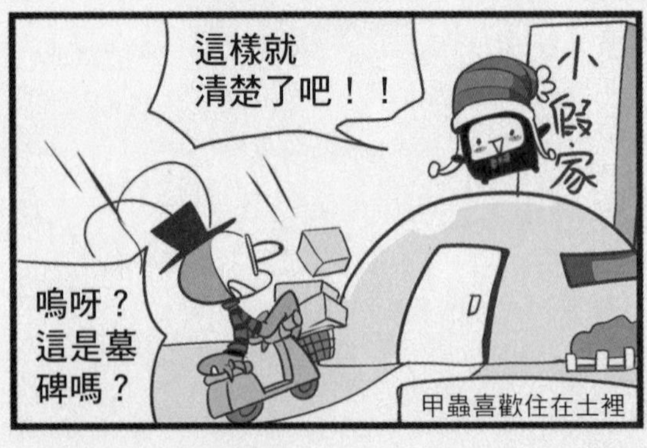

小假

※個性快樂又積極，小假總是誤會別人的意思，然後惹一堆的麻煩。不過沒關係，小假那麼可愛那麼善良，誰都會原諒他的。

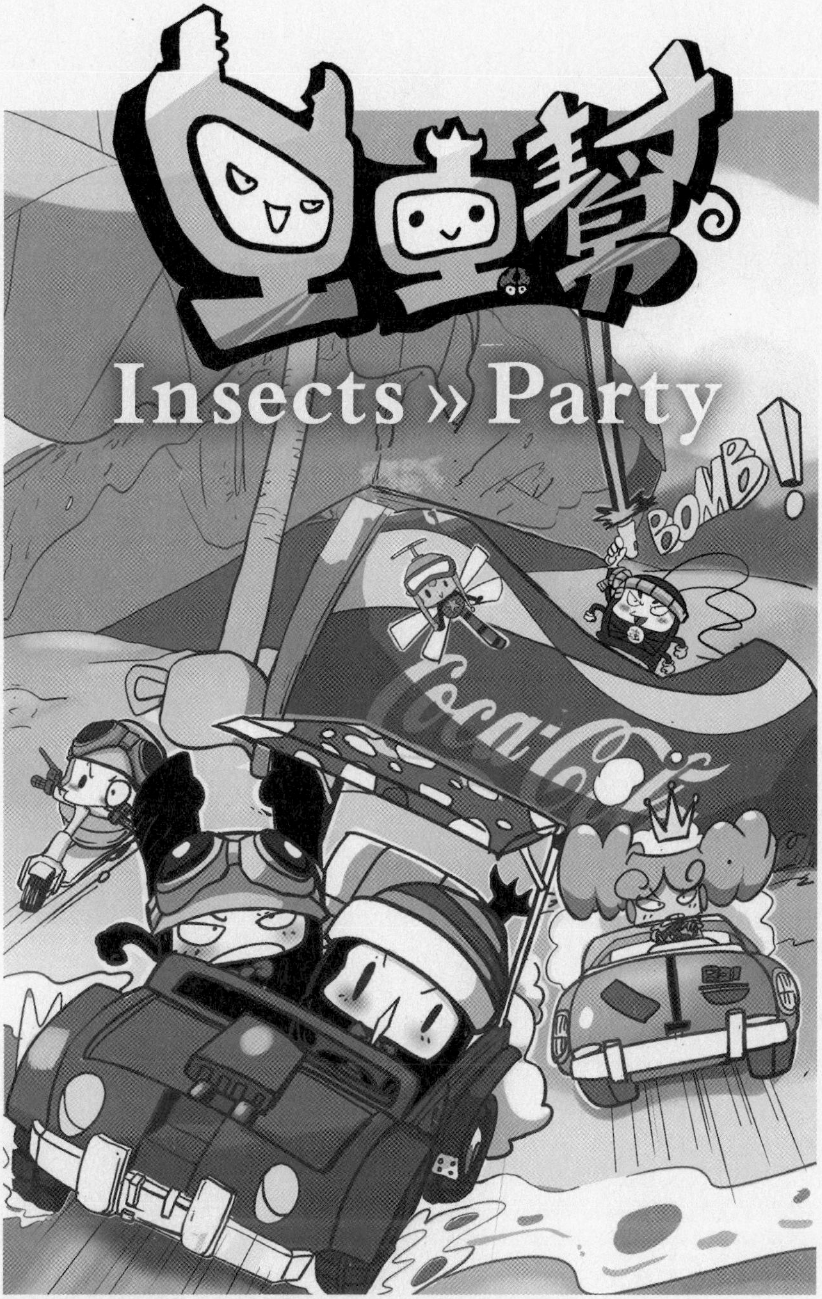

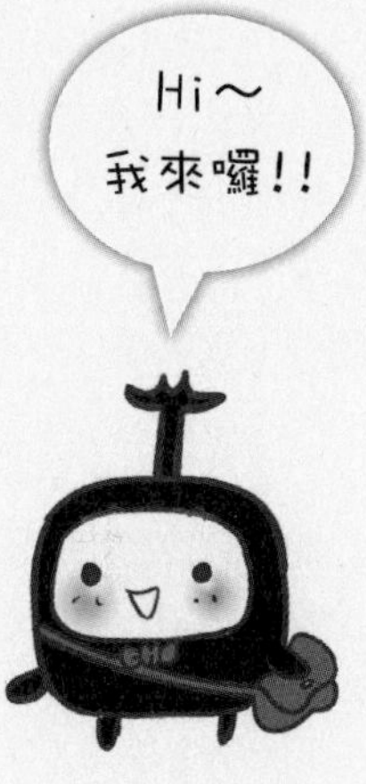

浪漫 STORY 7

昆蟲幫

Insects » Party

Hi～
我來囉!!

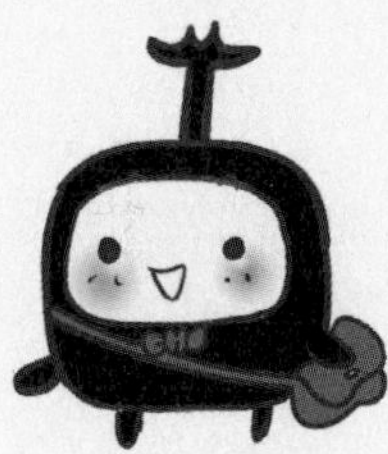

編繪——賴有賢

責任編輯——圍巾小新

在人類生活的小角落裡，有一群可愛的昆蟲。
有傻傻小甲蟲兄弟、愛生氣的蜜蜂老師、總是不停打工的螳螂、
還有品味低下的蒼蠅、超賤的蟑螂……他們安靜和平的生活著。
可是有一天，一個小男孩發現了這群小昆蟲，於是～
人類和蟲子的爭鬥就於此開始了!

很明顯的，這場展覽精彩之處在於，設展者不只是意識到漫畫家與其作品，而是整個漫畫產業與參與其中的每一種族群：漫畫家、漫畫、讀者、收藏家、研究學者、策展、出版者（同時擁有這些身份的人也十分常見）。這樣的作法使得人們對漫畫早期的刻板印象拉高到另一層次，成為一個多面向、可深入討論的媒介。也因為他們看夠高、夠遠、夠深入，即使過去德語漫畫連使用德語的讀者都忽略，現在卻是一個開始，短短七、八年，德語漫畫的產量、品質及流通上，早已不可同日而語。

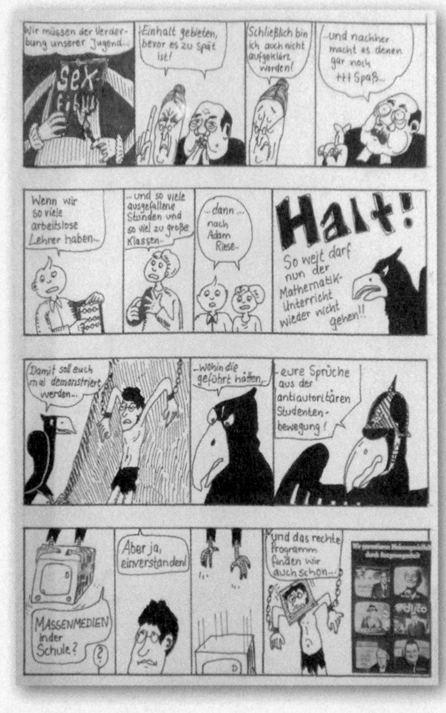

教授也畫漫畫，這是他於1977、78年刊登於雜誌上的社會批評漫畫。

浪漫觀察員 陳蘊柔

畢業於輔仁大學德語語文學系碩士班，主修德語文學，畢業論文主要研究德語語圖像小說Graphic Novel、漫畫的敘事方法。曾於柏林訪問德語自傳圖像小說作家烏俐・露絲特Ulli Lust。也曾擔任《Taiwan Comix 》台灣原創漫畫雜誌的文字專欄作家及公關。

閱讀延伸

漫畫迷參訪德國建議的重要書展和動漫展、博物館

法蘭克福書展	http://www.buchmesse.de/de/
艾爾朗恩漫畫沙龍	http://www.comic-salon.de/
萊比錫書展	http://www.leipziger-buchmesse.de/
瑞士琉森漫畫節	http://www.fumetto.ch/en/
威廉・布施諷刺漫畫博物館	http://www.karikatur-museum.de/

漫畫家網站

烏利・路斯特（Ulli Lust）	http://www.ullilust.de/
弗里克斯（Flix）	http://www.der-flix.de/
畢爾姬・懷爾（Birgit Weyhe）	http://www.birgit-weyhe.de/
伊莎貝爾・克萊茲（Isabel Kreitz）	http://isakreitz.de/

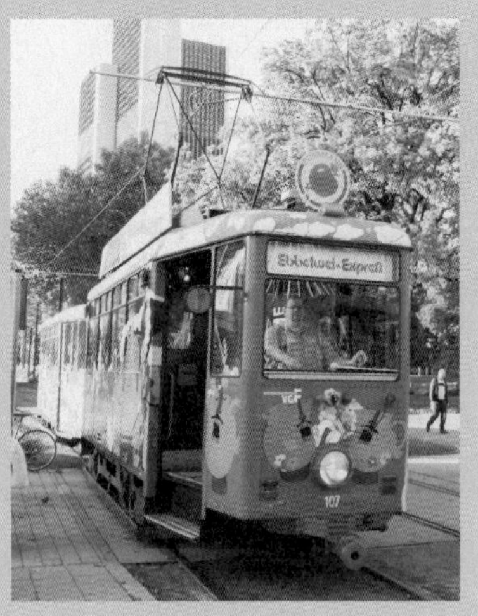

與漫畫有關，連地下漫畫雜誌跟許多自費出版品一樣會有更新詳細的報導，他們更與許多媒體串連，德語各大報及新聞台有關漫畫的消息隨時更新，歐洲漫畫展第一手的資訊，美術館畫廊展出漫畫，漫畫大獎，翻拍電影電視劇，甚至跨媒體漫畫學術研討會等資訊全不漏接。他們也發起圖像小說運動，幫助獨立書店挑書設櫃，做一星期的宣傳。從這個網站可以看出，德語漫畫推廣是如此全方位，更可以看到這幾年德語漫畫出版量的增加，漫畫讀者群擴大形成正向的循環。

德語漫畫大躍進！

這樣的全面性發展漫畫產業，也可以從他們所辦的展覽上看出來，我曾於柏林參觀歐洲美術館所舉辦的「漫畫生活展」（Comic Leben , Comic Life），展覽主要以七個人物為中心向外延伸，這七個人物都對漫畫作為一種美學體驗有著舉足輕重的貢獻，裡面有現居美國，與Marvel合作的德國漫畫家馬可．杜傑維克（Marko Djurdjevic）經手的漫畫包括蜘蛛人、美國隊長、X戰警、雷神索爾等；安古蘭大獎得主、第一位德語自傳女漫畫家烏利．路斯特（Ulli Lust）；漫畫出版商（Reprodukt）的德克．雷姆（Dirk Rehm）；藝廊工作者卡斯滕．拉古娃（Carsten Laqua）；漫畫收藏家雷．科勒（Rene Köhler）；日漫迷兼角色扮演者（Nicole S.）以及漫畫研究家迪特里西．鈞特瓦德（Dietrich Grünewald）教授。

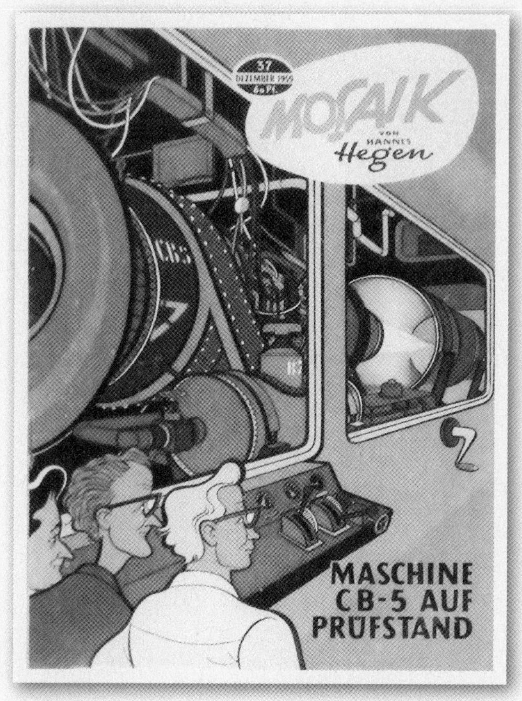

德語最長壽漫畫刊物《Mosaik》，此為漫畫收藏家雷．科勒的收藏品，他能鑑定出哪版為初版。

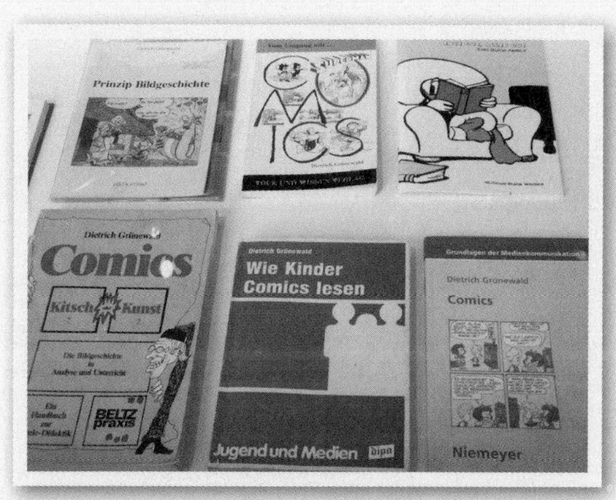

鈞特瓦德教授早期漫畫研究專書，左下為《漫畫：庸俗小品或藝術？圖像故事的分析與課程》，中為《小孩如何讀漫畫？青少年與媒體》，右為《漫畫敘事研究》。

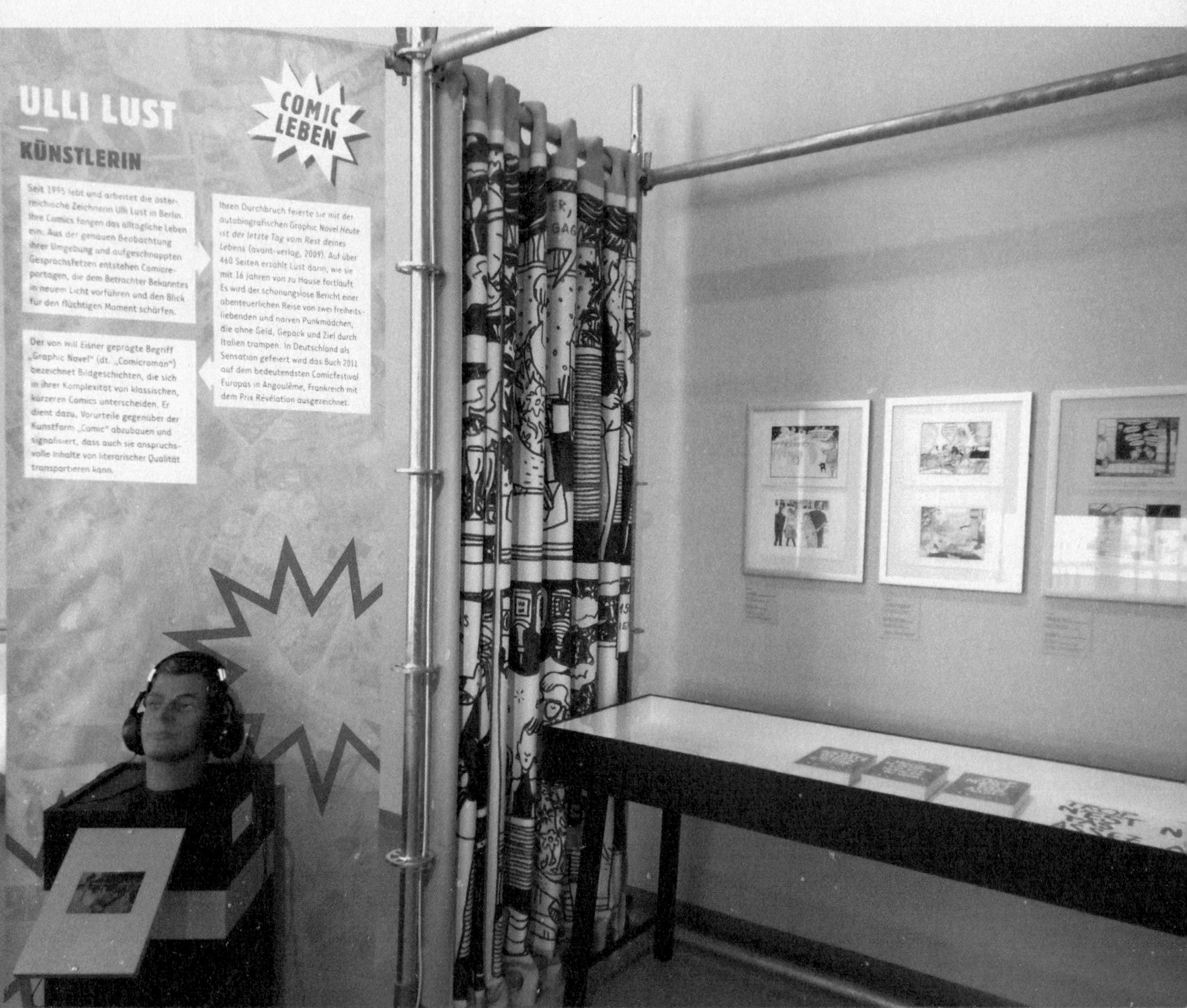

展場每個區塊都附有一台導覽，照片為烏利．路斯特的作品手稿區，旁邊的假人即導覽。分別描述了每個與漫畫在不同領域上有關係的人的背景與他們的漫畫空間。

品《邊界區》（Grenzgebiete）述東西德統一前的故事；馬克斯與莫里茲獎得主伊莎貝爾．克萊茲（Isabel Kreitz）的德國間諜傳記漫畫《索格事件》（Die Sache mit Sorge）；還有寶拉．布林（Paula Bulling）關心德國社會難民等議題的紀錄報導式漫畫《早起之人的國度》（Im Land der Frühaufsteher）等。以文學作品出名的大型出版社索坎普（Suhrkamp）也與漫畫家合作，推出經典文學改編漫畫計畫。

這個網站可以直接連到各家出版社線上購書，不屬於這五間出版社的出版品，只要

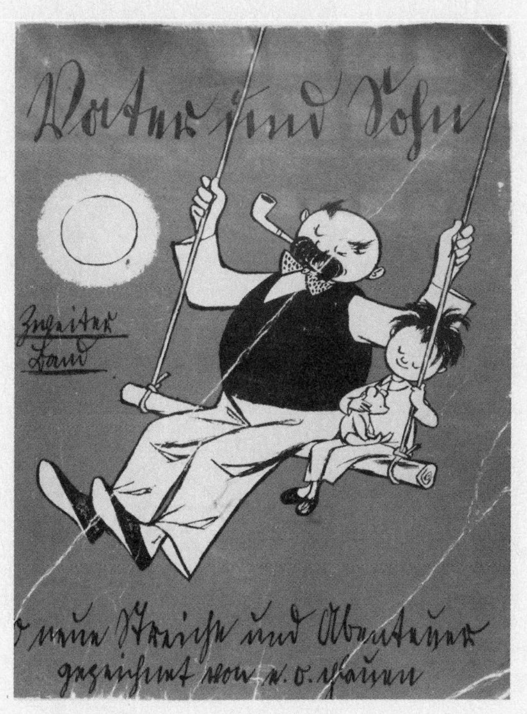

艾．奧．普勞恩（E. O. Plauen）的《父與子》（Vater und Sohn）。

們製作小手冊，以漫畫方式呈現何謂圖像小說，由此改變德國人的觀念，發現漫畫不只有諷刺幽默的小品，也能有文學小說或是藝術品的水準。

他們的網站分成幾個方向，第一步，成為圖像小說讀者，他們介紹包括威爾．艾希納（Will Eisner）的《與上帝簽約》（A Contract with God）、阿特．史匹格曼（Art Spiegelman）的《鼠族》Maus、《我在伊朗長大》（Persepolis）、《吉米．柯瑞根》（Jimmy Corrigan）等重要外語翻譯作品。

推廣圖像小說運動！

這些出版社將許多英語、法語及其他歐洲國家漫畫作品譯成德語出版，更開始重視德語漫畫家的作品，探討主題包括德國歷史：克萊爾．蘭庫娃（Claire Lenkova）的作

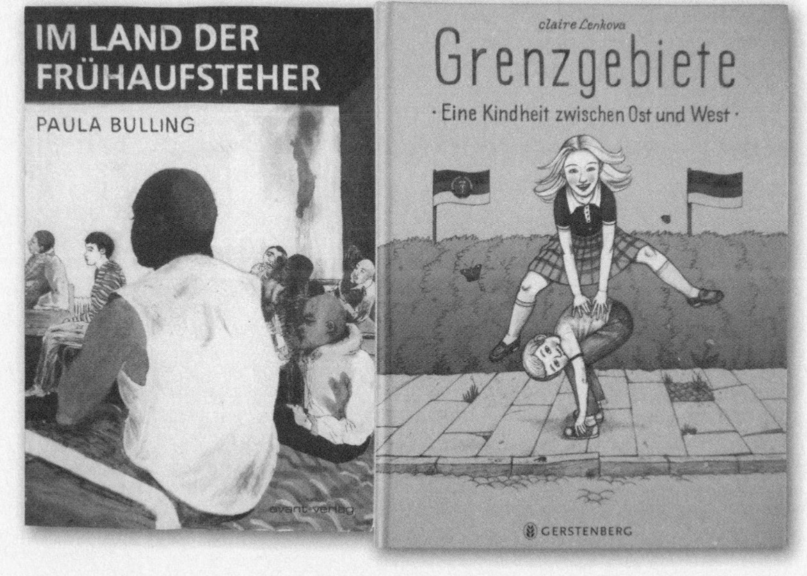

（左圖）寶拉．布林（Paula Bulling）關心德國社會難民等議題的紀錄報導式漫畫《早起之人的國度》（Im Land der Frühaufsteher）。

（右圖）萊爾．蘭庫娃（Claire Lenkova）的作品《邊界區》（Grenzgebiete）描述東西德統一前的故事。

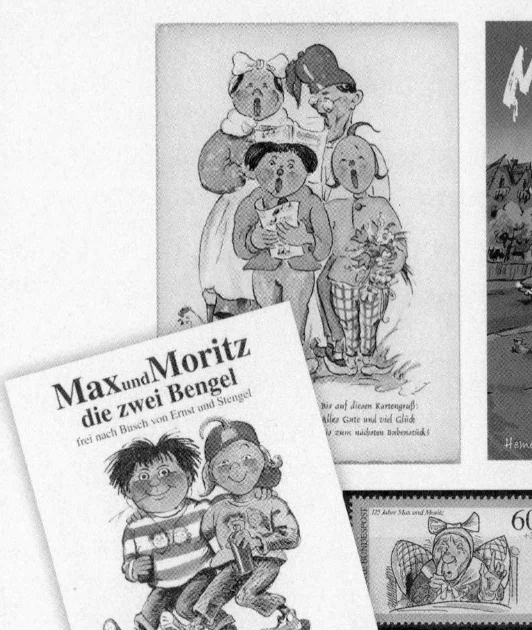

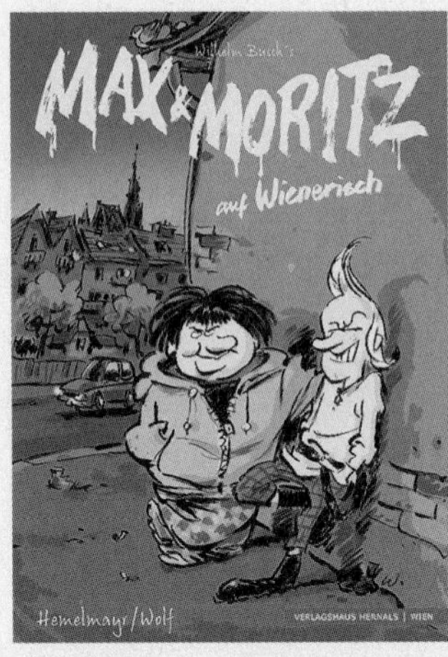

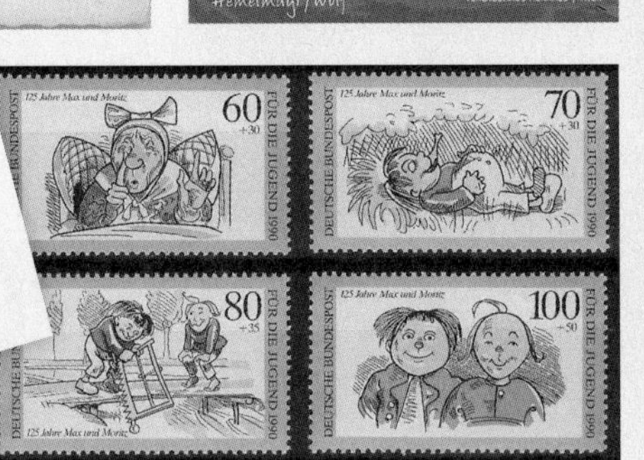

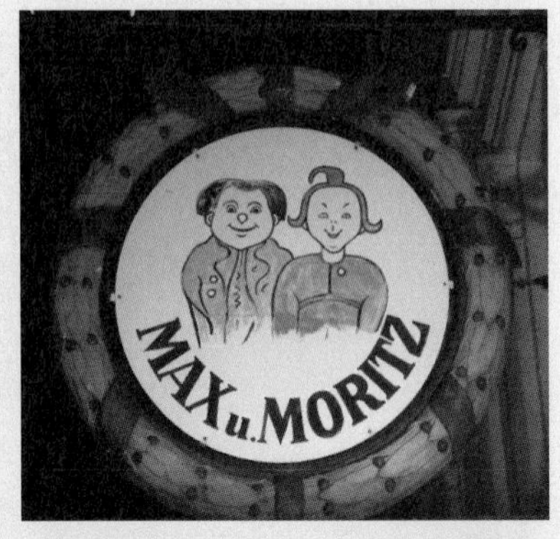

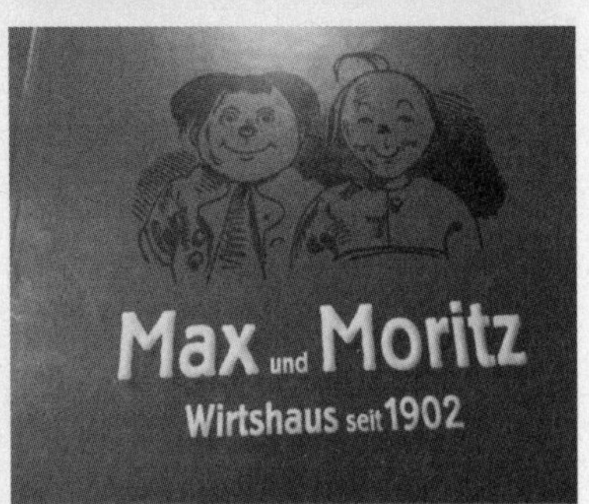

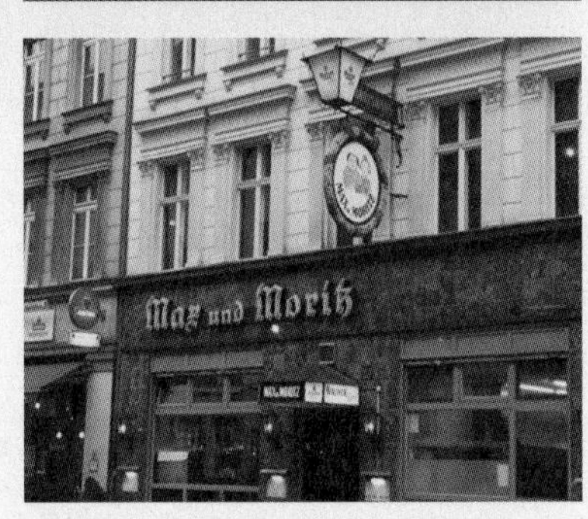

▲德國漫畫經典代表首推1982年出生的漫畫國寶～威廉・布施的《頑童歷險記》（Max und Moritz）橫跨了世紀、這兩個古靈精怪的淘氣男孩伴隨了無數德國漫迷成長，甚至有專門的主題餐廳，想去德國玩、享用美味的德國豬腳和蘋果酒的漫迷們可以上網搜尋一下吧！

如繪本到漫畫的過渡，它在德語漫畫界的經典地位，也可從德國漫畫大獎——馬克斯與莫里茲獎（Max-und-Moritz-Preis）中看出，此獎自1984年起，每年都會頒發給當年度出色的德語漫畫作品。

以圖像漫畫提升創作深度！

另一較經典的德語漫畫是艾・奧・普勞恩（E. O. Plauen）的《父與子》（Vater und Sohn），這本漫畫已經屬於傳統的黑白漫畫，描述一對父子日常所發生的趣事，沒有文字。1935年由老牌出版社烏爾史泰因（Ullstein）出版，首刷一萬冊，之後更因為暢銷賣出九萬冊，二次大戰之前，第二集出版，也賣出可觀的七萬冊。

將時間拉到近代德語漫畫作品，這邊要特別提出2008這個年份，為什麼是2008年？這是來自於一個網站的設立，網站（http://www.graphic-novel.info/）是德國五家漫畫出版社共同創立，為得是要推廣圖像小說，他

漫談德意志

浪漫觀察員 ——— 陳蘊柔

談起漫畫，大家多半先聯想到日本及美國的漫畫，可能也會注意到歐洲較蓬勃發展的法語漫畫，但這邊要談談不為人所熟悉的德語漫畫。因為語言的隔閡，多半的德語漫畫對國人來說較冷門且難接觸，但大家是否能想像，其實幾年前，若詢問德國人看過哪些漫畫，你可能會聽到一些美國或法語的漫畫作品，像唐老鴨、《丁丁歷險記》（Tim und Struppi）、《高盧人戰記》（Asterix）。那德語漫畫呢（德語漫畫包括奧地利、瑞士等使用德語的國家）？其實德語漫畫要追溯，甚至可以談到中古世紀教堂牆壁上的敘事畫，但若要談近代在德語漫畫歷史上重要的作品，那就非威廉．布施（Wilhelm Busch）的《頑童歷險記》（Max und Moritz）莫屬。

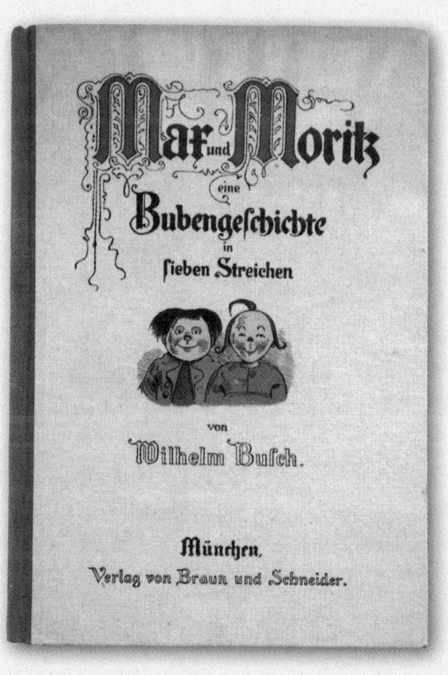

《頑童歷險記》（Max und Moritz）封面。

德漫先驅——威廉．布施生

威廉．布施生於1832年，本打算當位畫家，之後卻因為畫了《頑童歷險記》聲名大噪。他的漫畫作品，嚴格說起來不像現在所認識的漫畫，沒有漫畫框和對話框，以連貫圖像搭配押韻的文字，大家讀了朗朗上口，圖像生動有趣，帶著歐洲傳統諷刺漫畫的調調。《頑童歷險記》原文直翻是「馬克斯與莫里茲」，兩個男孩的名字，故事內容是他們如何調皮搗蛋，偷烤雞、讓老師的煙斗爆炸。值得玩味的是，此漫畫有童話中特殊的荒謬成分，卻又加上辛辣諷刺的元素，例如故事中大人處置這兩個頑童的方式，居然將兩人丟進磨麥機裡，變成粉末然後被鴨吃乾淨，漫畫最後停在兩隻鴨屁股上。

《頑童歷險記》已有現代漫畫的雛形，形式宛

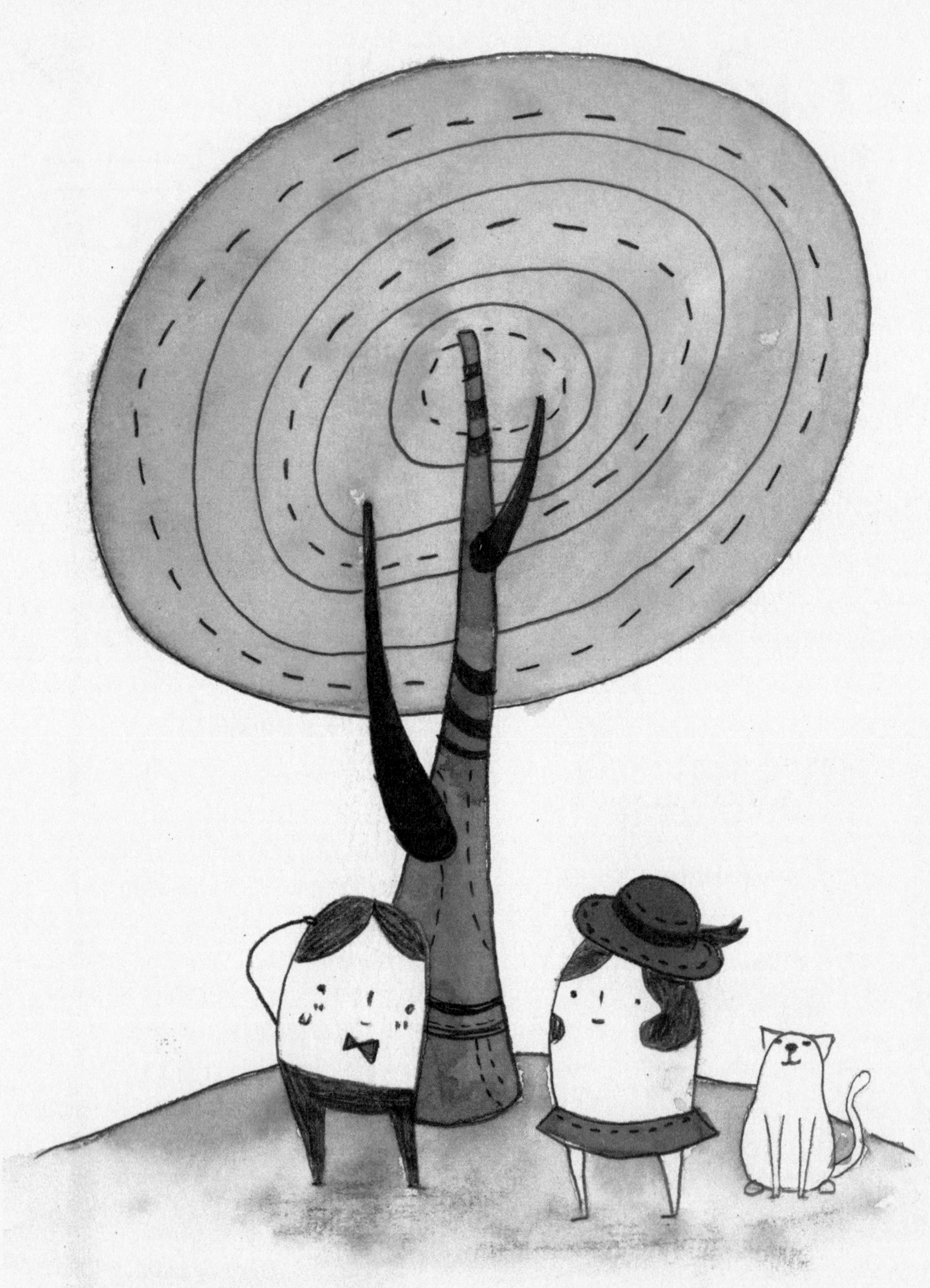

《完》

時光之驛

小・純愛①

編繪——林廉恩

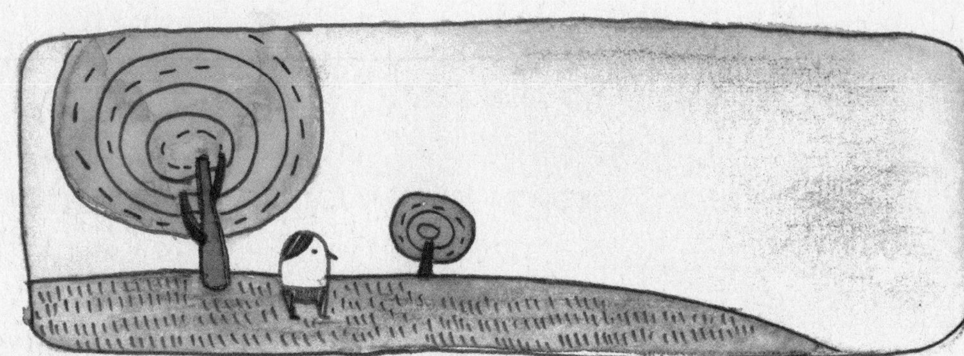

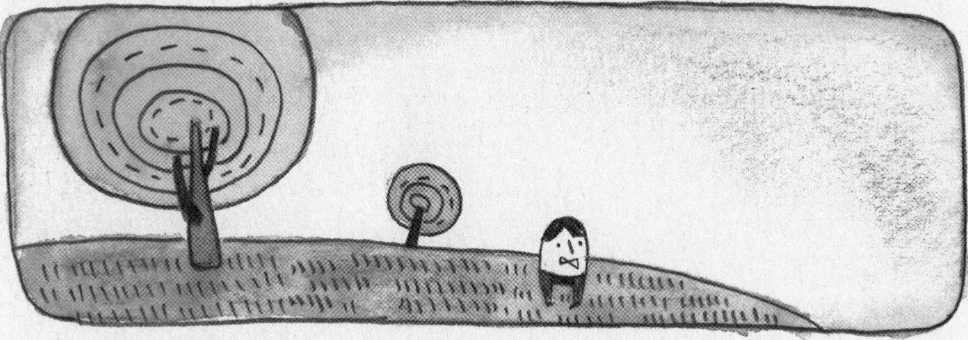

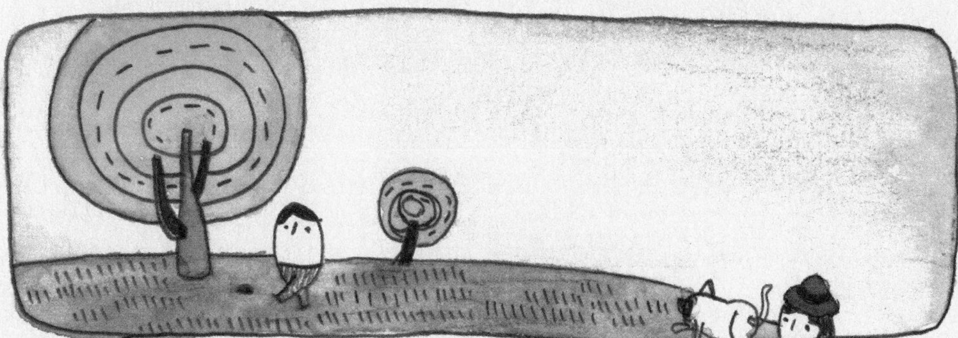

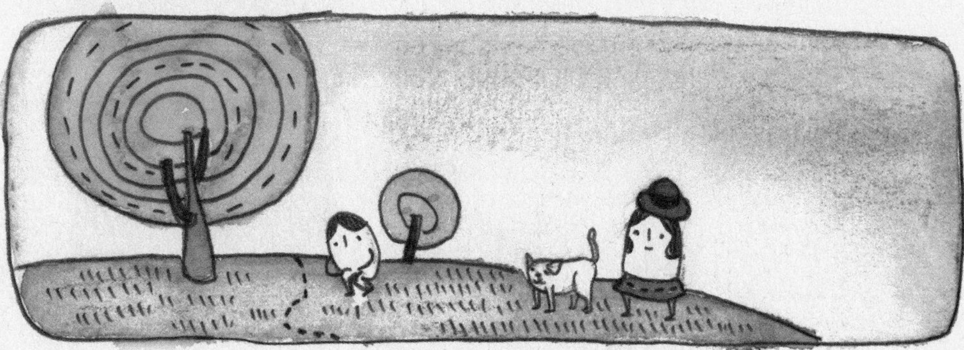

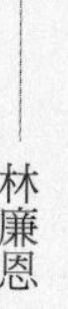

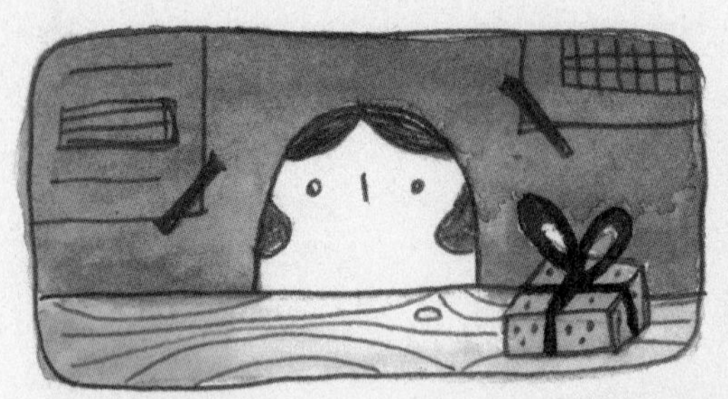

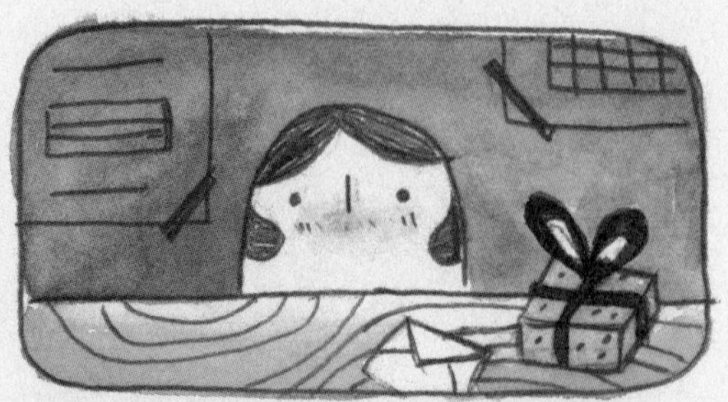

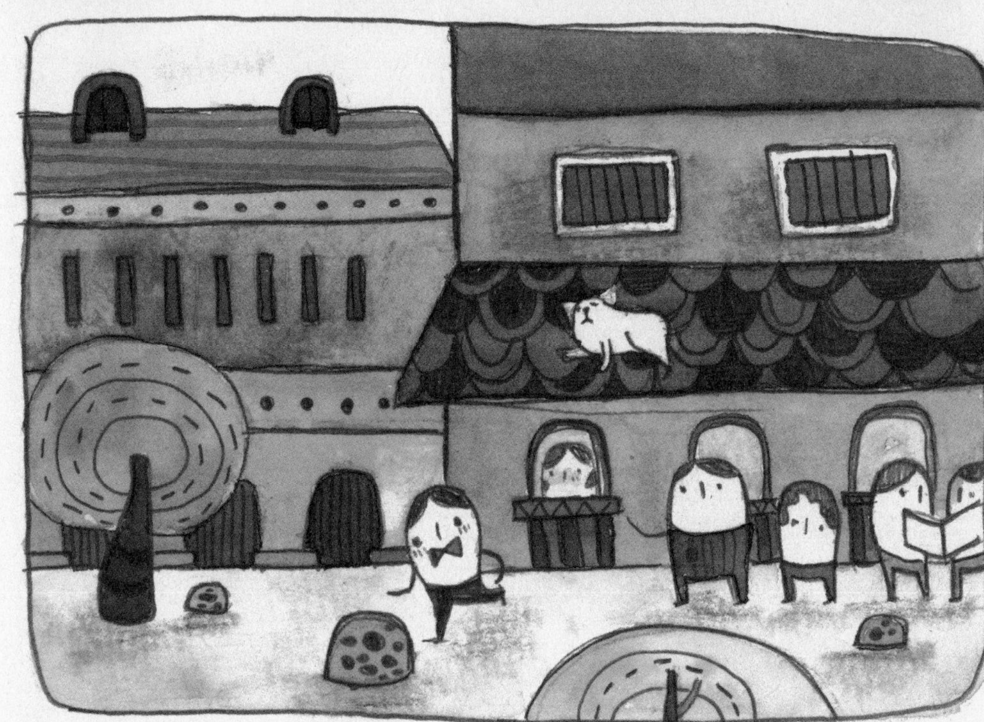

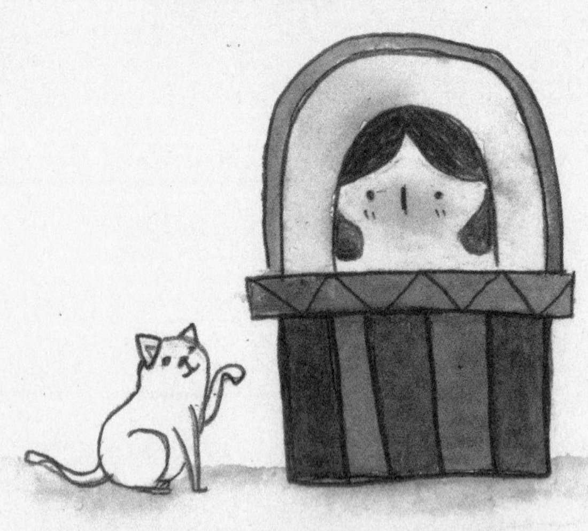

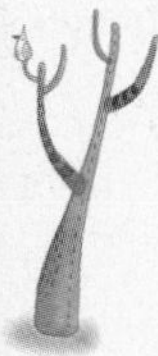

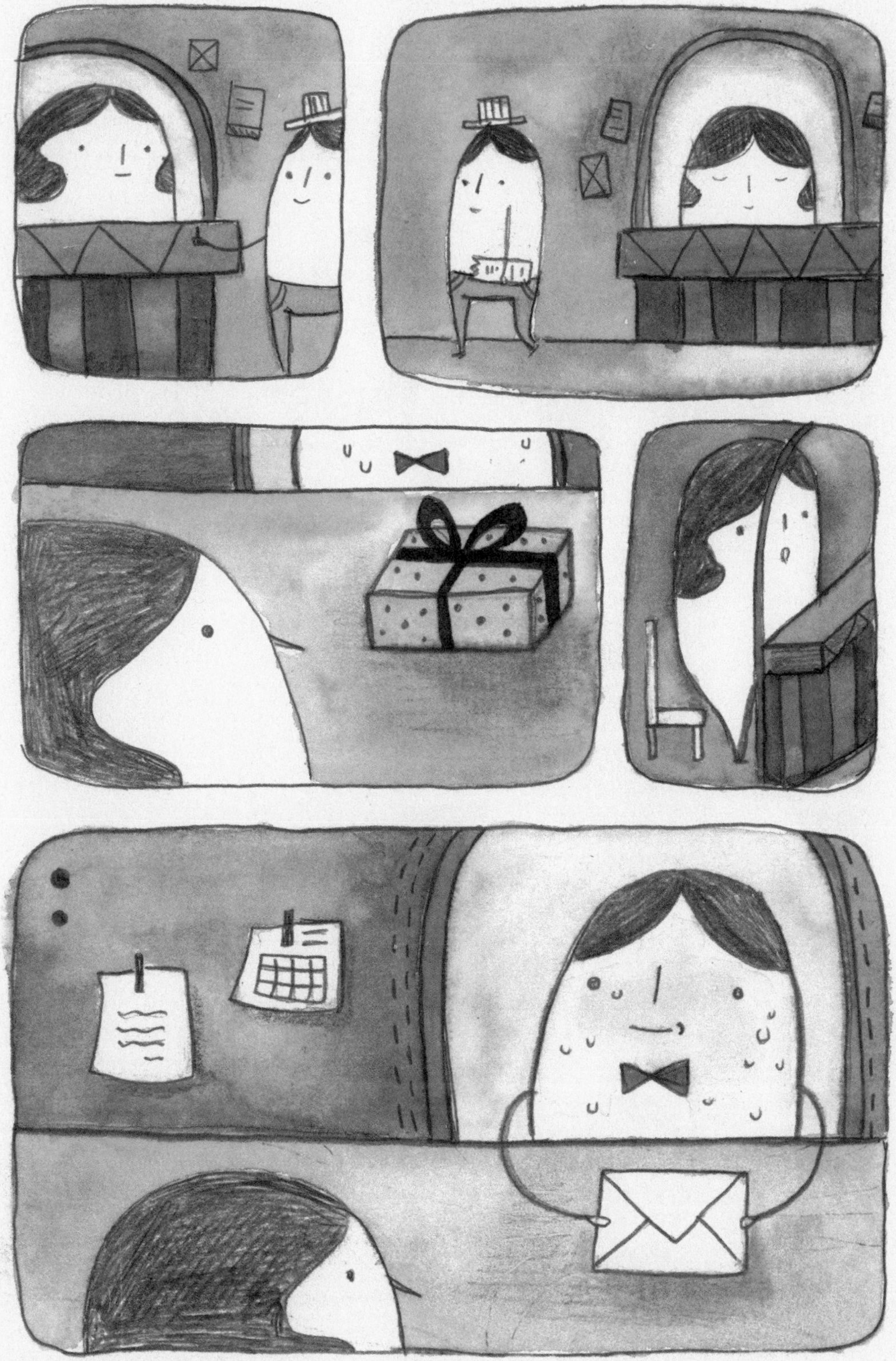

編繪——林廉恩

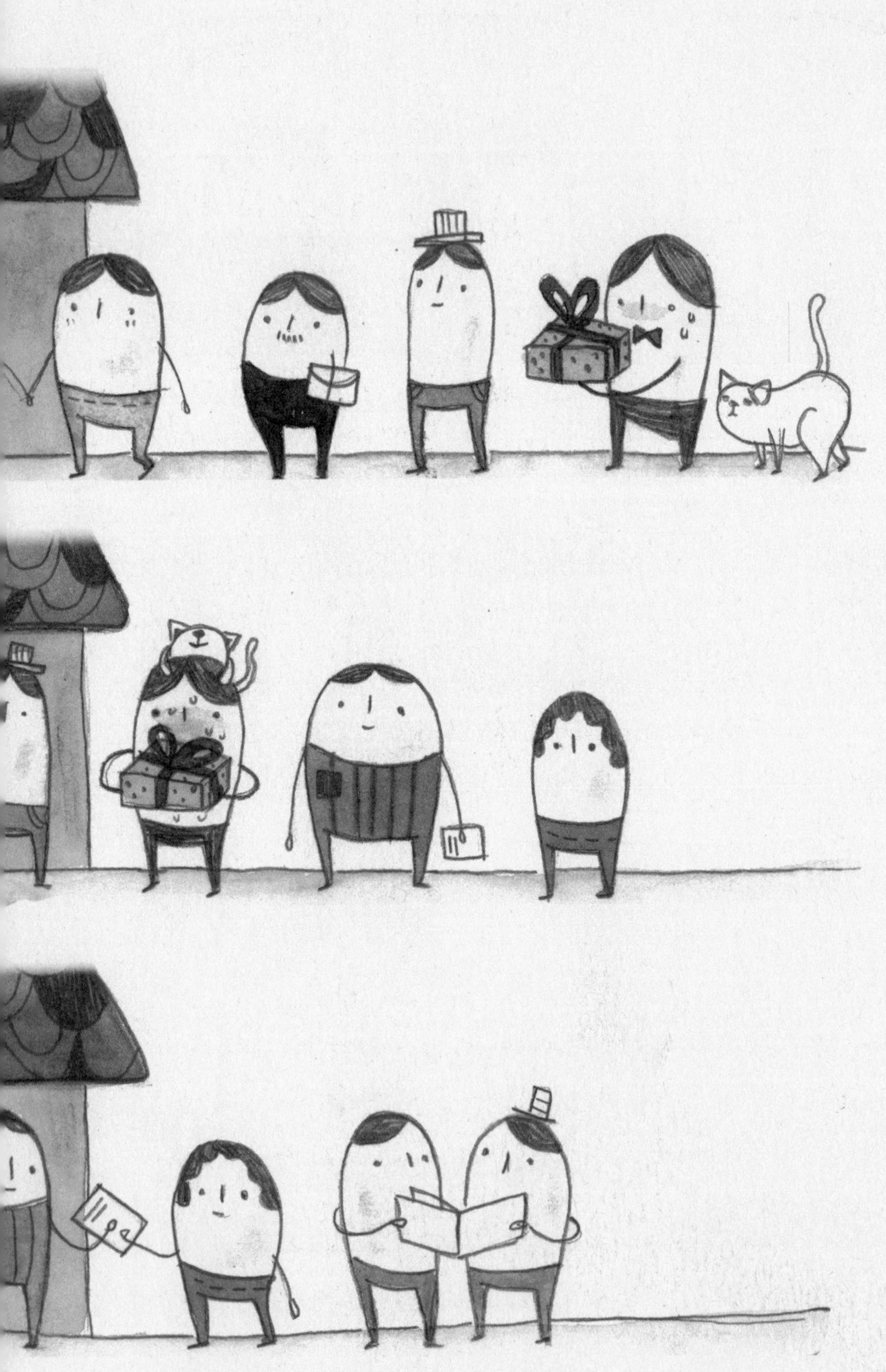

時光之驛

小·純愛①

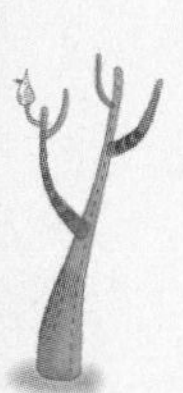

編繪

林廉恩

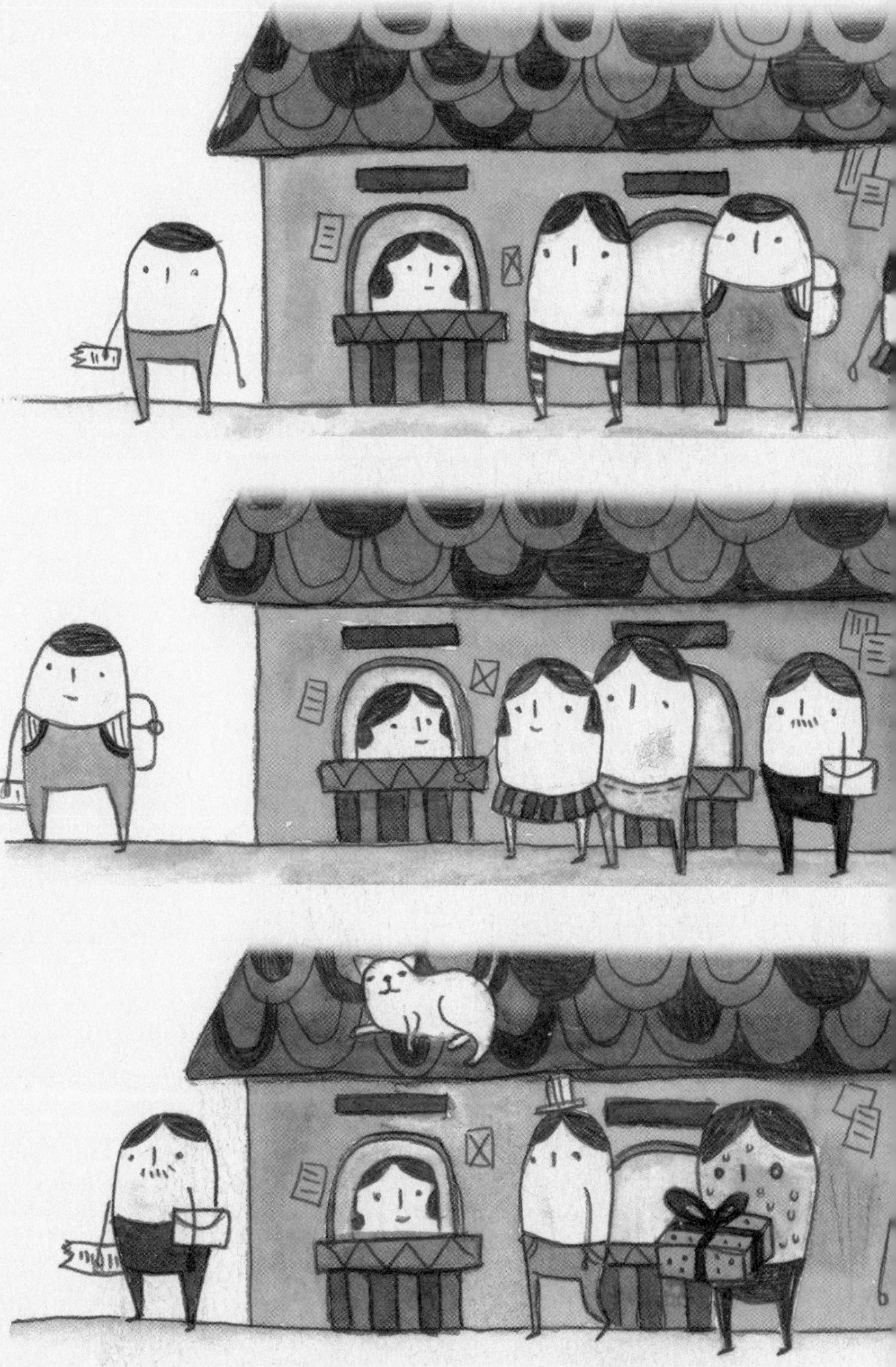

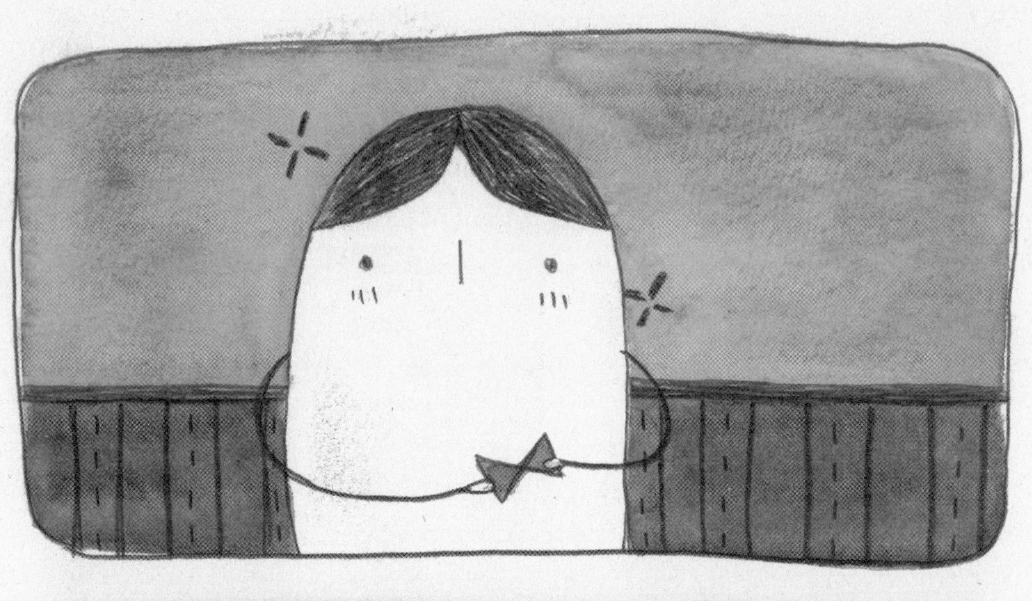

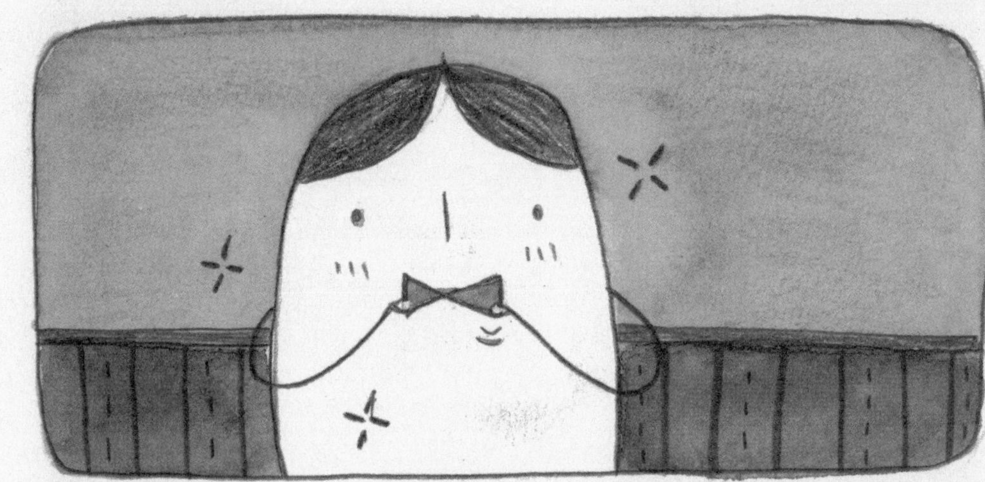

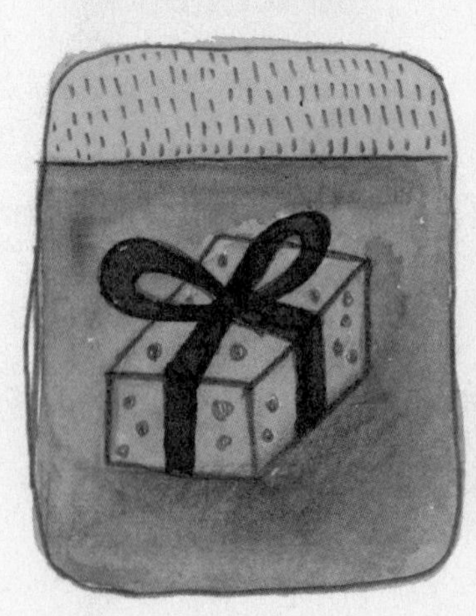

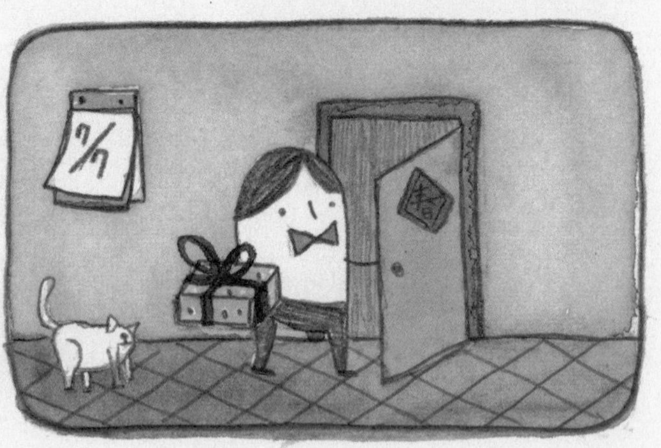
7/7

小・純愛①

編繪——林廉恩

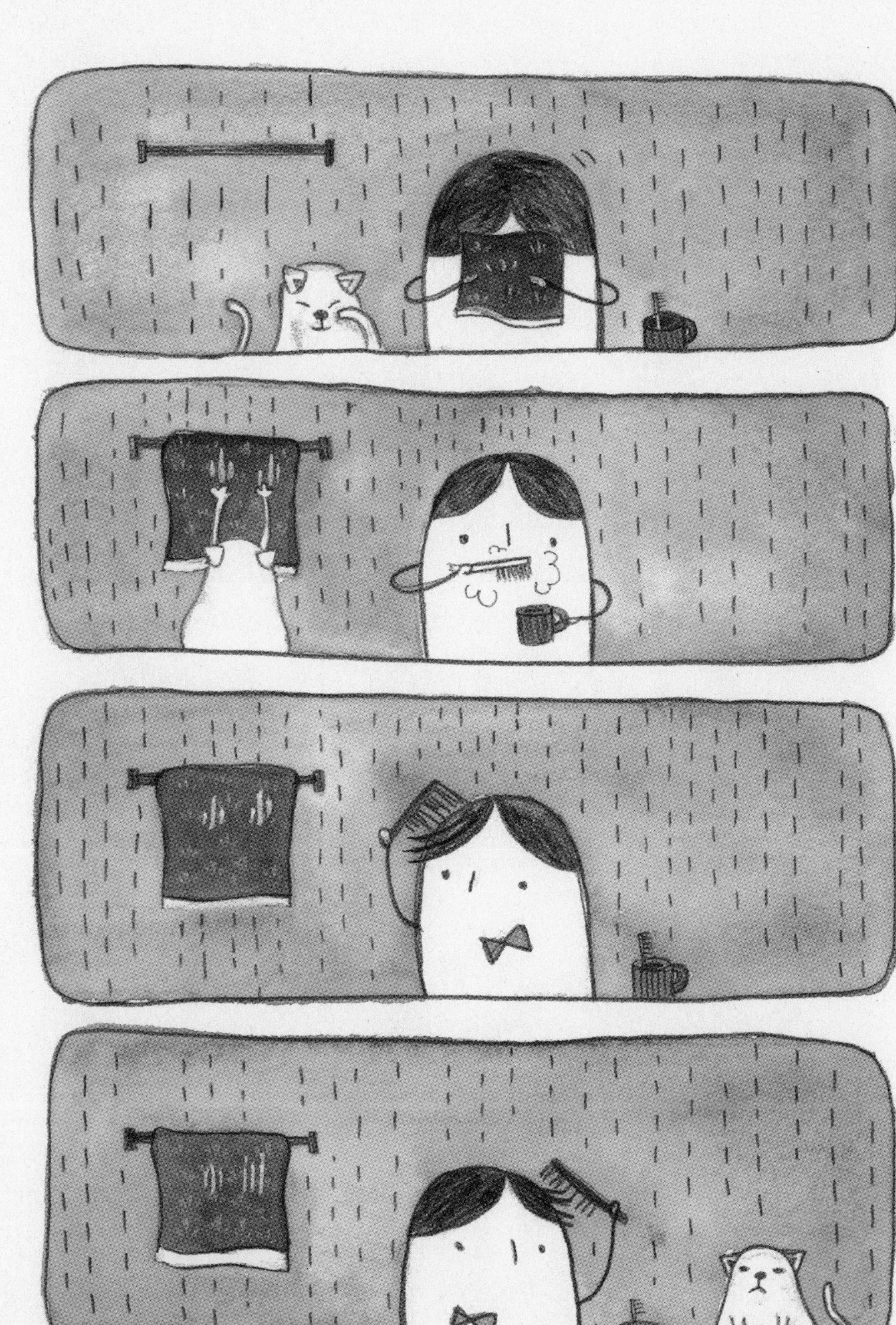

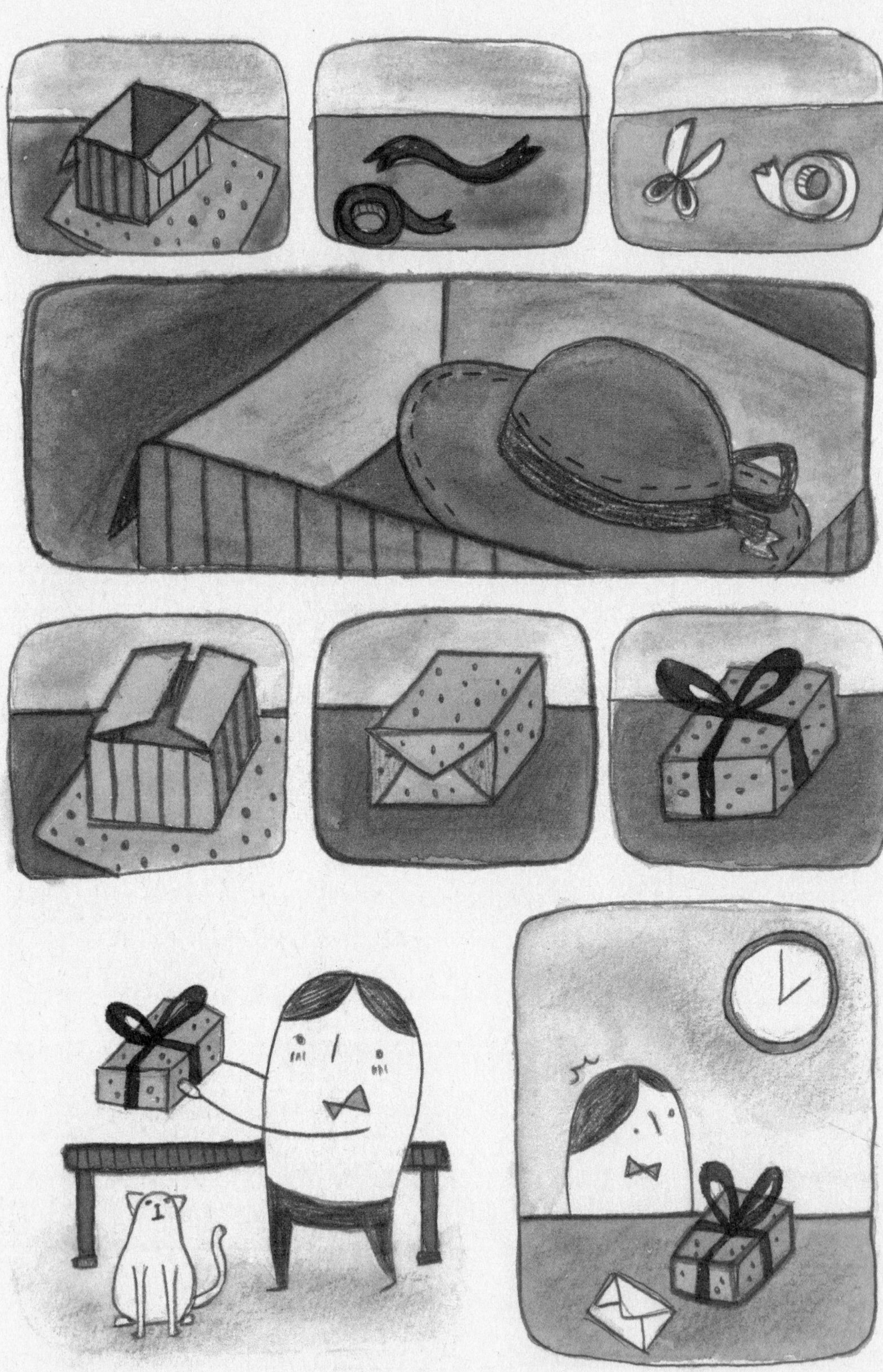

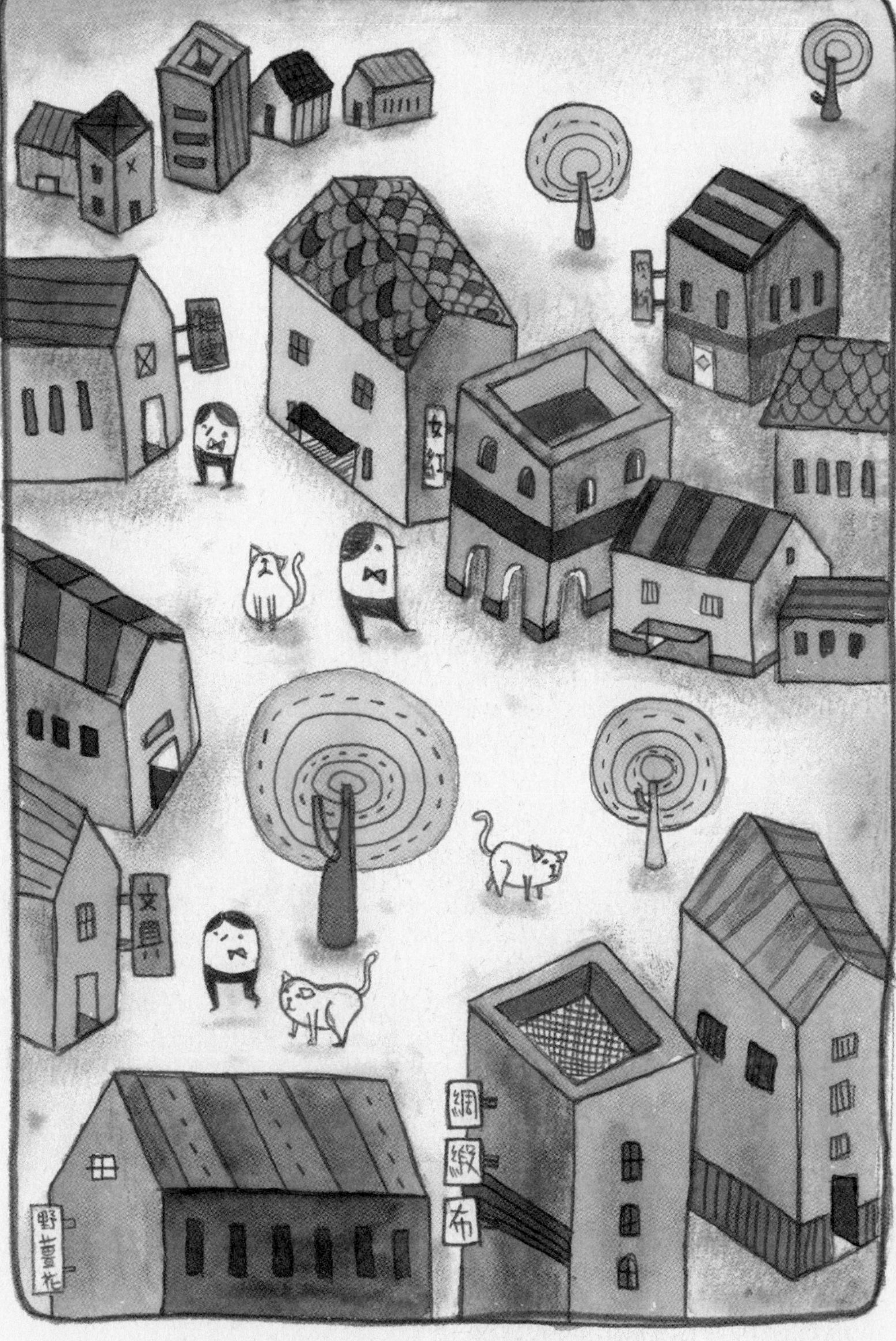
女紅
文具
綢緞布
野薑花

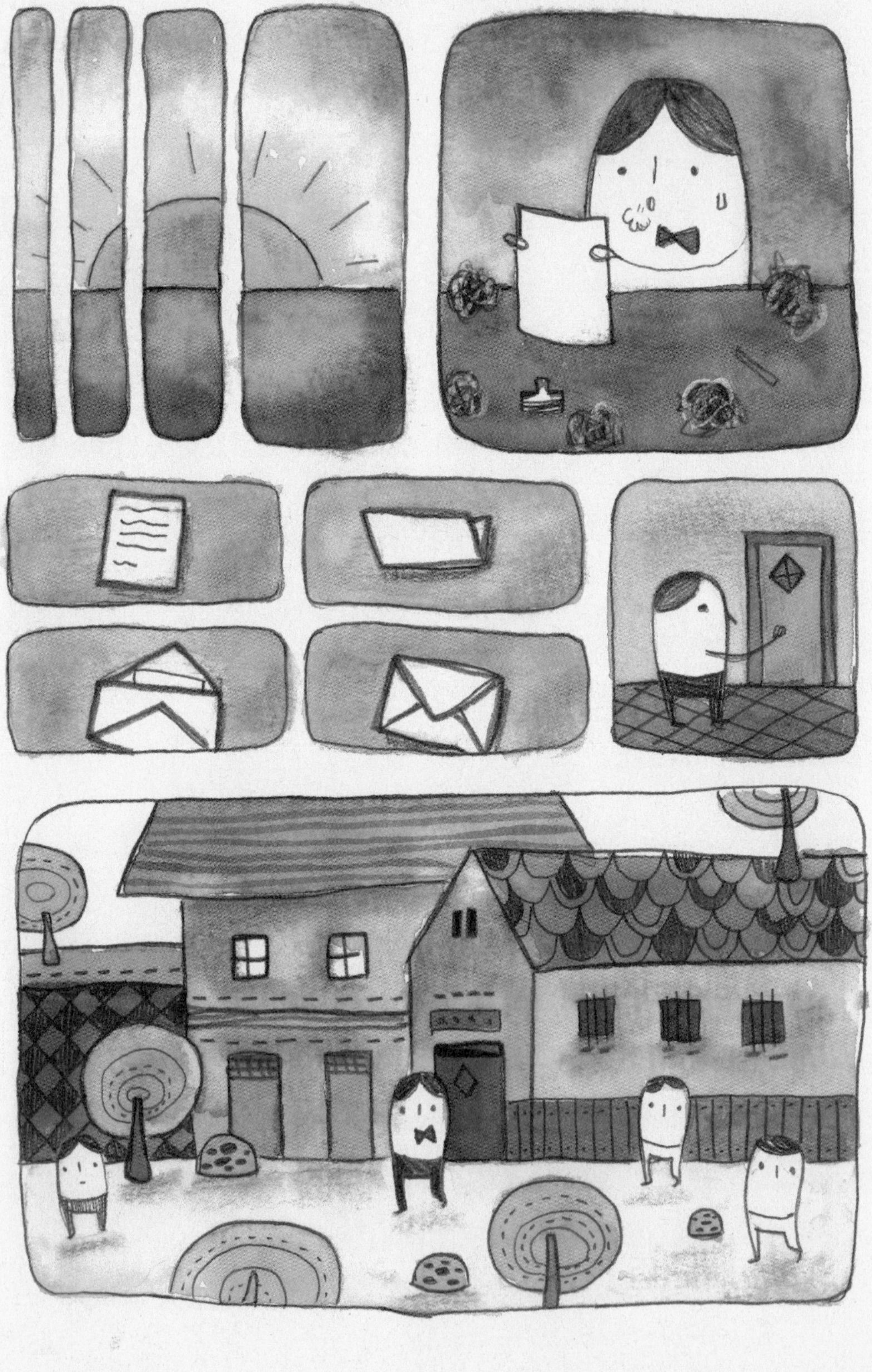

浪漫
STORY

ASIA CREATIVE COMIC COLLECTION

時光之驛

小・純愛①

編繪——林廉恩

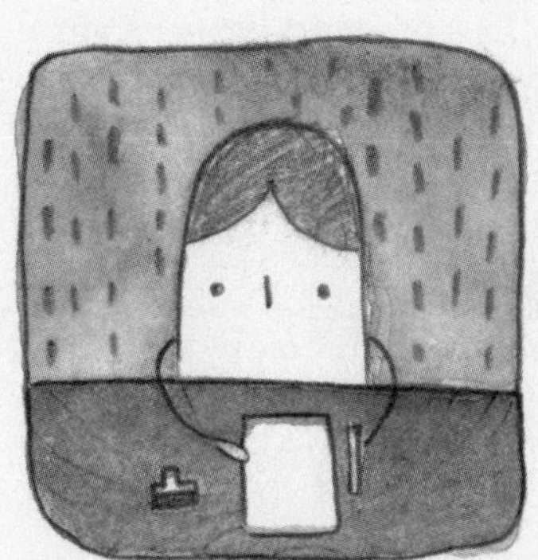

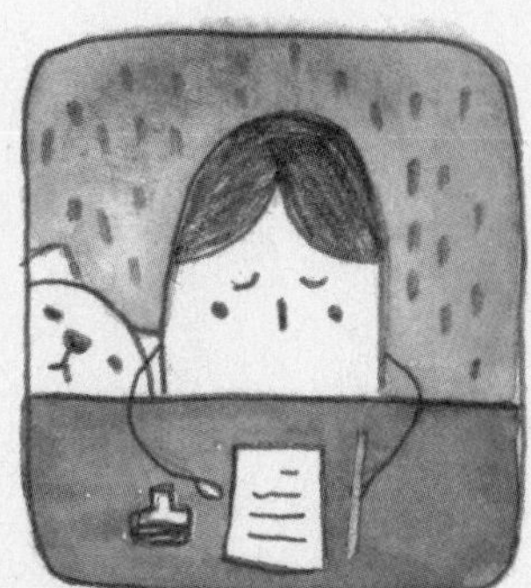
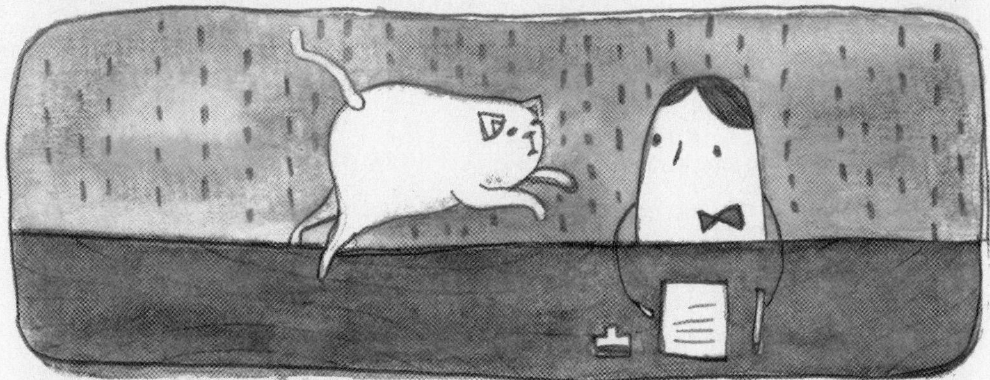
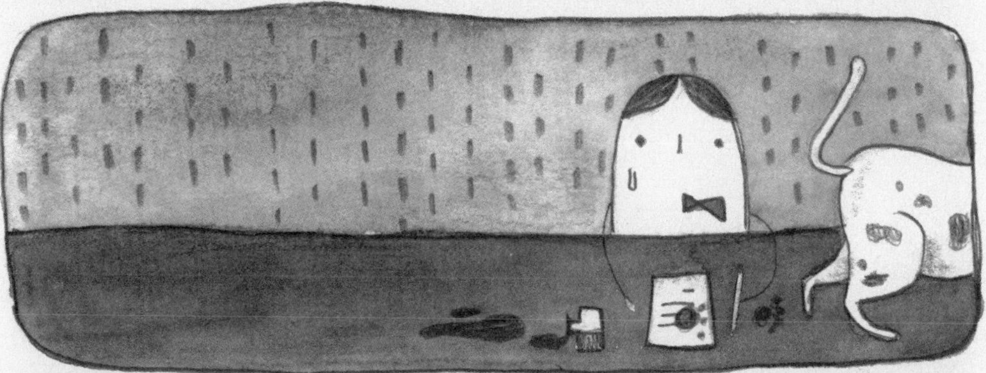
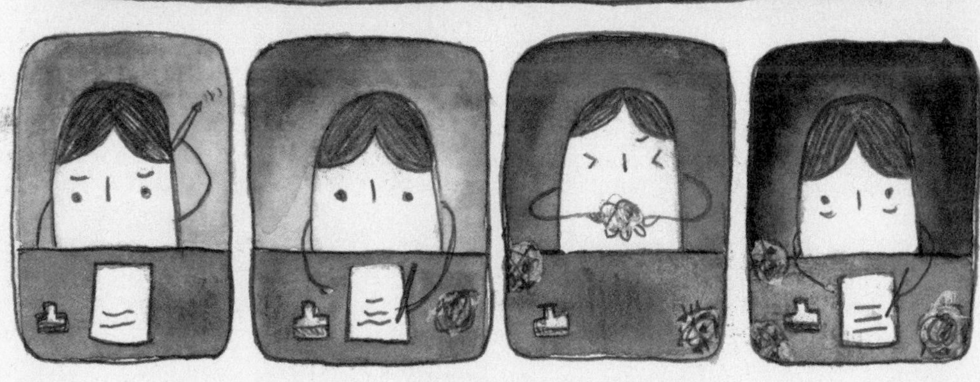

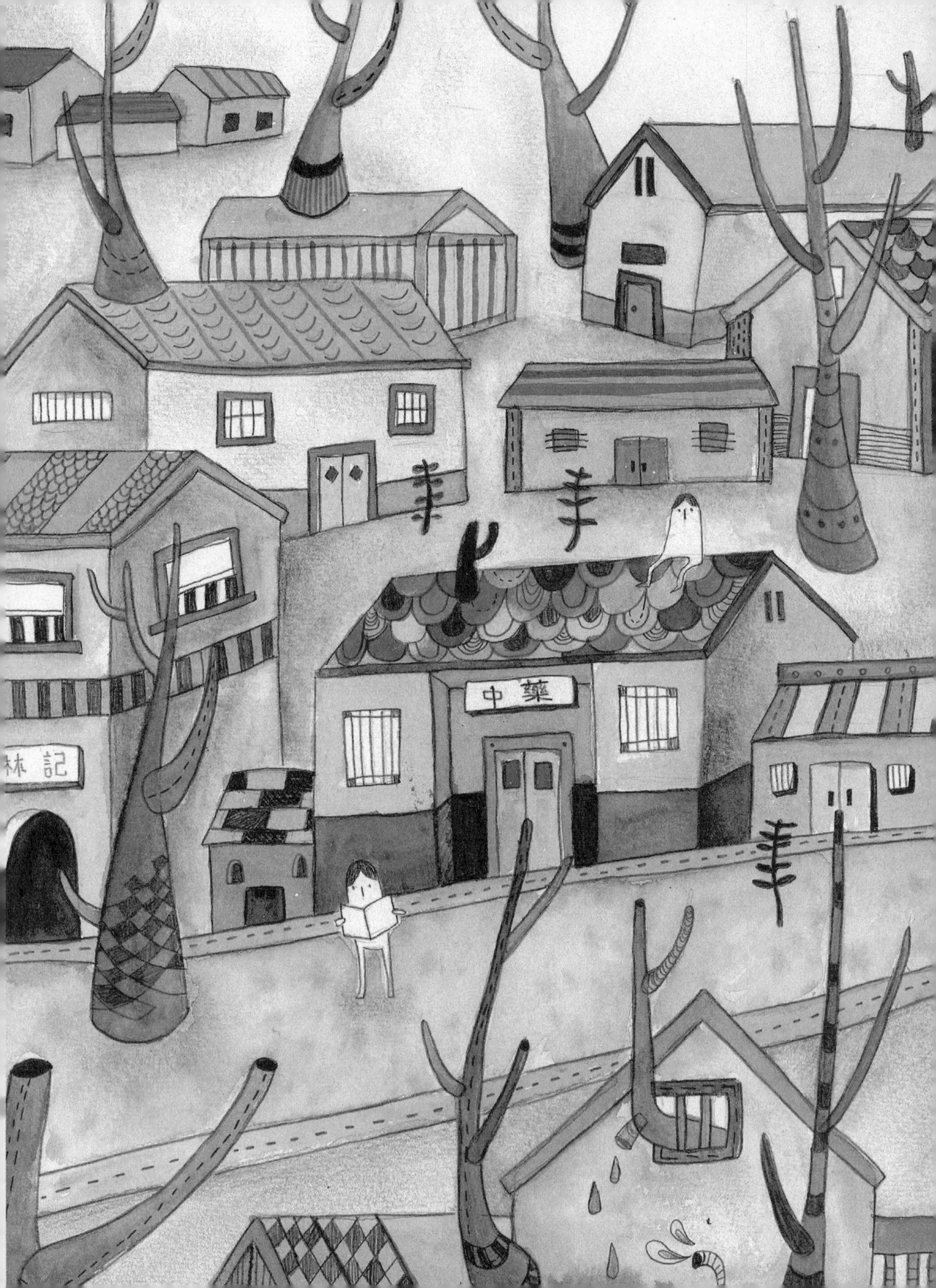
中藥
林記

亞 細 亞 原 創 誌

浪漫 STORY 8

時光之驛

Space in Time

小・純愛 ①

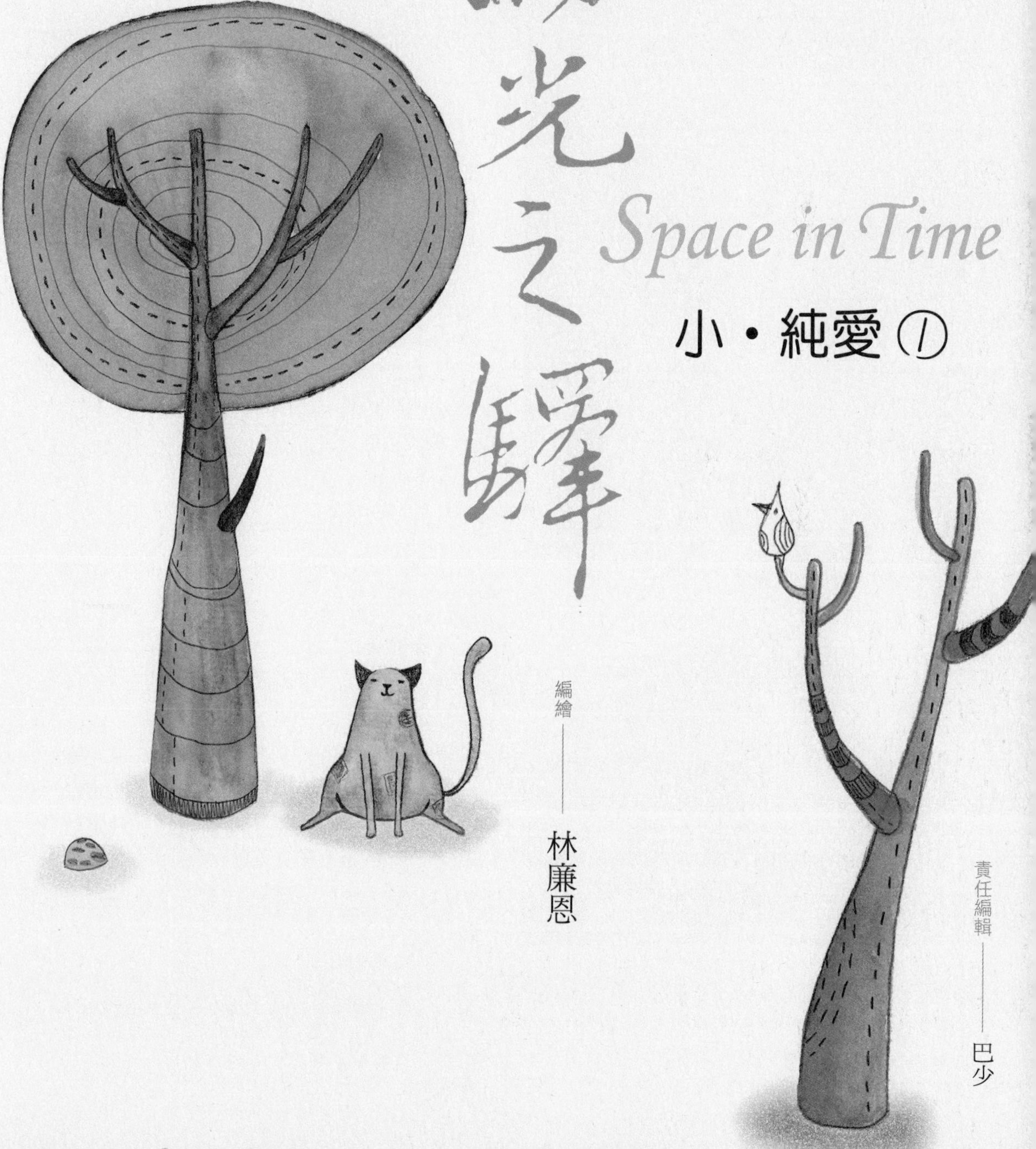

編繪——林廉恩

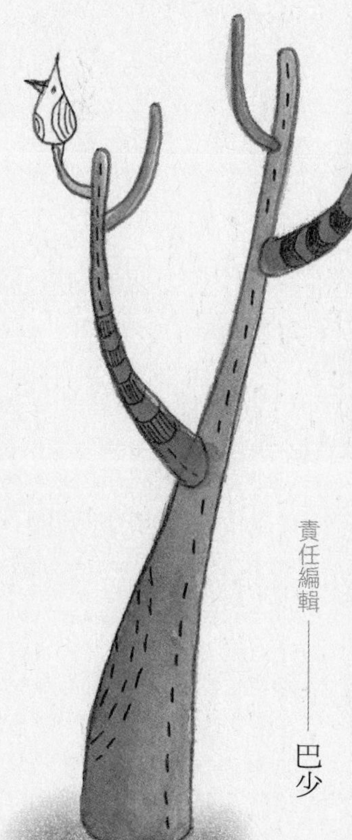

責任編輯——巴少

100% Happiness...... 百 分 百 幸 福 原 創 起 飛

▼電視劇「魔劍生死棋」場景及美術設計。

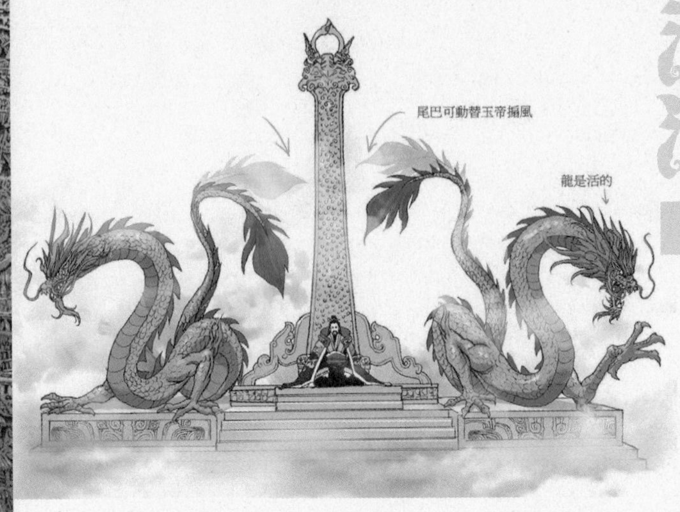

特別會講和會吹牛的人也看過不少，哈～這樣說會不會太白了？其實這跟打仗一樣，打過多少實戰才是真的，空談兵法無用。

Q9 最後我想請您自己形容一下自己。

鍾：我現在已經不是創作者，也不打算創作了，真的很抱歉！現在我的心情是：之前在台灣吸收的養份，如何一點一滴回饋給台灣未來的創作者，就是希望對台灣漫畫產業貢獻一己的力量。

浪漫會客室總結

曾經有媒體記者問鍾老師自己是屬於哪種畫風的漫畫家，他當時曾無奈的表示：自己的畫風其實很混亂，因為現在的市場，能接到什麼樣的案子就要畫什麼樣的作品，不能像日本漫畫家一樣有固定的畫風。而且對於現在台灣漫畫的狀況他表是：「很多本土漫畫家時常呼籲讀者應該要支持本土漫畫，但是我認為，不應該去要求讀者，而是要反過來要求漫畫家本身，如果本土漫畫的作品夠好，讀者當然就會被吸引。」實在是最言簡意賅的話啊！

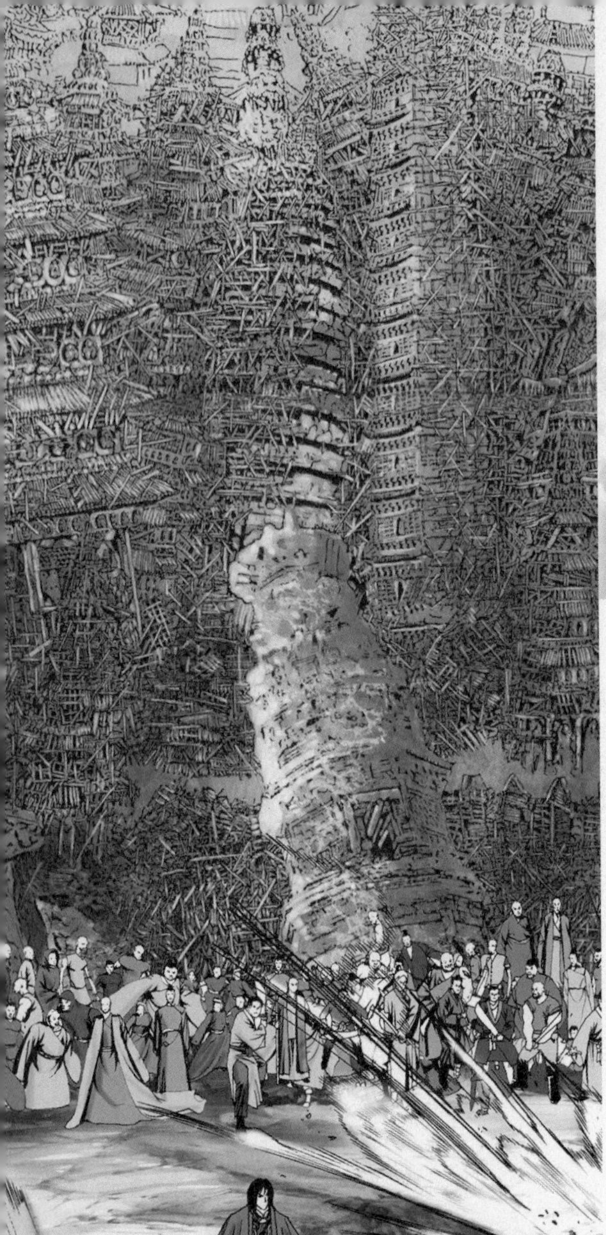

（浪漫主編：親愛的鍾老師，看完您這篇專訪後我們真不禁想要大叫：〔這就是真愛啊！請繼續留在真愛身邊，持續無悔的、浪漫的畫下去吧！加油加油！）

▲震撼於日本漫畫產業分工之精密、以及對漫畫專業知識的重視。鍾孟舜熱情大方分享自己的秘訣～平常做好資料的分類處理，當需要畫什麼主題時自然就會找出創作的方向。

▼▶不顧父親反對堅持漫畫創作之路，鍾孟舜曾屢獲大獎鼓勵，包括《聖石傳說》和《移山倒海樊梨花》漫畫版都得過國立編譯館各類漫畫的第一名。之後和天王劉德華合作「美人痛」MV，與偶像天王合作他驚訝天王的豐富創造力。

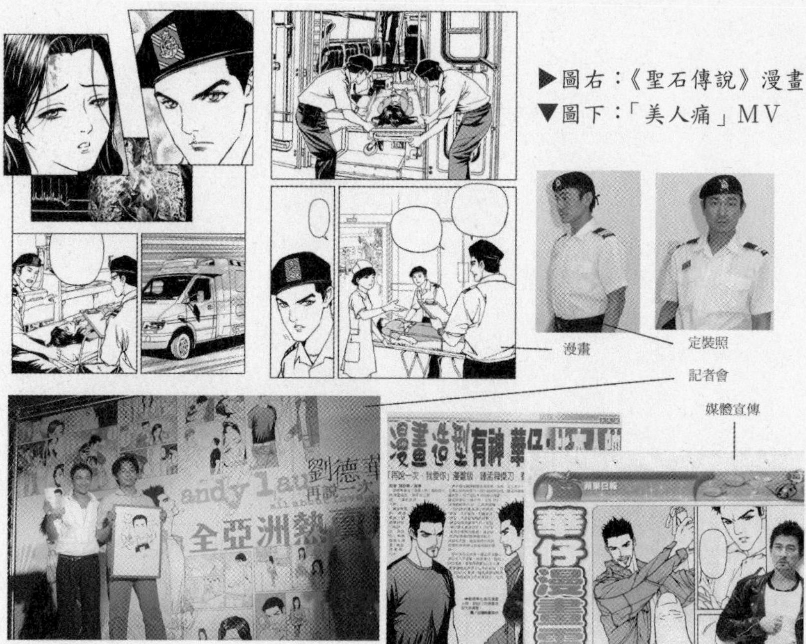

▶圖右：《聖石傳說》漫畫
▼圖下：「美人痛」MV

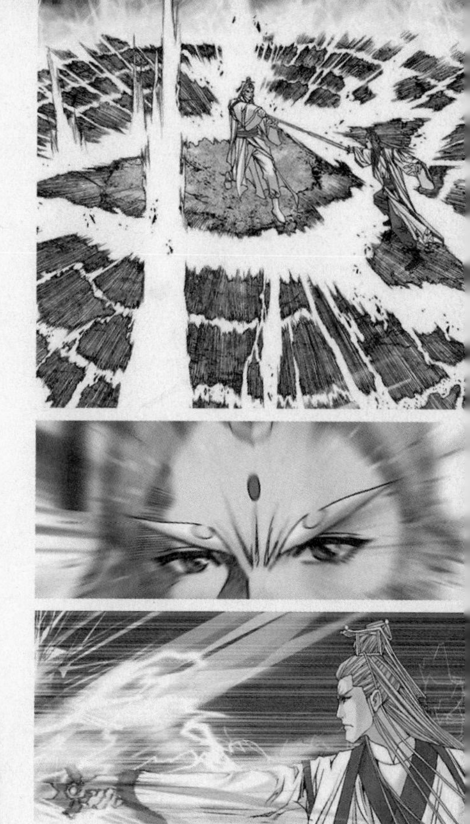

資料提供——鍾孟舜

Q6 您出道的第一部、或是完整發表的漫畫作品是完成於何時？

鍾：最早在歡樂雜誌登過一個短篇，忘了什麼時候，畫的很爛也就不用提了，第一本個人畫集，是民國八十年出版的《中華職棒明星漫畫專輯》。

Q7 現在您已經是位成功的漫畫家了，未來目標是什麼？

鍾：我真稱不上是成功漫畫家，完全不是。我們這一代漫畫家機運不錯，趕上版權時代，那時候稿費很高，漫畫家幾乎是漫畫出版社要搶的，二十幾年前在台灣畫周刊的漫畫家都月入十幾萬，並且累積了不少作品有一定根基，之後再出道的漫畫家真的要辛苦多了。我覺得我又比其他人在當時有更多機會與能力，但覺得自己對這些做的不夠好，而自從我接了漫畫工會的工作以來，我也近十年沒有再畫漫畫，也跟身邊的朋友說我不再再畫了，重心放在兩個部分，一是漫畫教育，由漫畫工會與電腦補習班合作，這些年承攬了台灣大部分的電腦漫畫教育市場，也取得不錯的成果，傳承真的是我認為目前台灣漫畫很嚴重的問題。

第二個部分是台灣漫畫與國際漫畫的接軌。因我經常至各國漫畫活動參訪與合作，深知台灣與各國正以恐怖的速度拉大距離（關心的朋友可搜尋〔台灣漫畫家大會）官網。至於我對自己的未來則是完全沒有目標，因我本就不打算再畫漫畫，也近十年沒畫了，這次會再創作漫畫有個最大的原因，就是針對台灣漫畫的問題，我有很多的理論跟想法，我想把它變成作品表達出來。

Q8 你最喜歡的漫畫作者是那位？理由是？

鍾：現在誰最賺錢我就最欣賞誰。漫畫是個商品，必需透過市場機制來體現，不然只是空泛的理論。都做幾十年了，聽過太多理論，

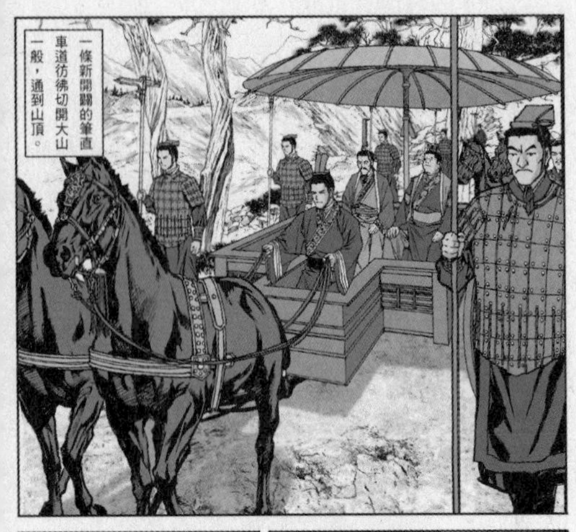

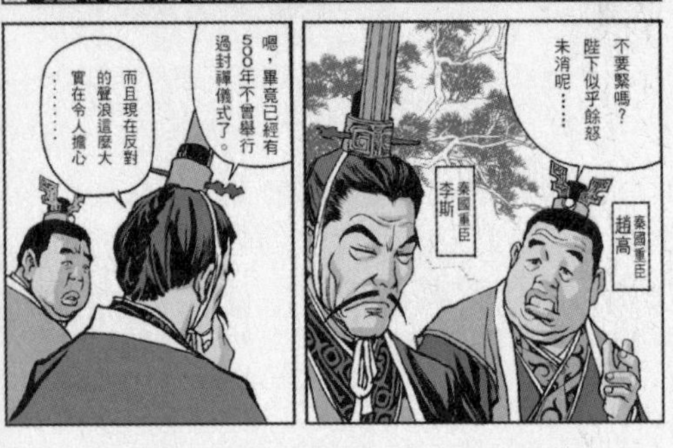

◀這是當時發表的作品《始皇》。

▼鍾孟舜曾獲日本漫畫出版社邀請，在日本少年期刊發表作品，現已過世的青木先生（照片最左邊那位）是他的責任編輯，對他非常維護並期待甚深。這份情誼直到今日鍾孟舜都未曾忘記。

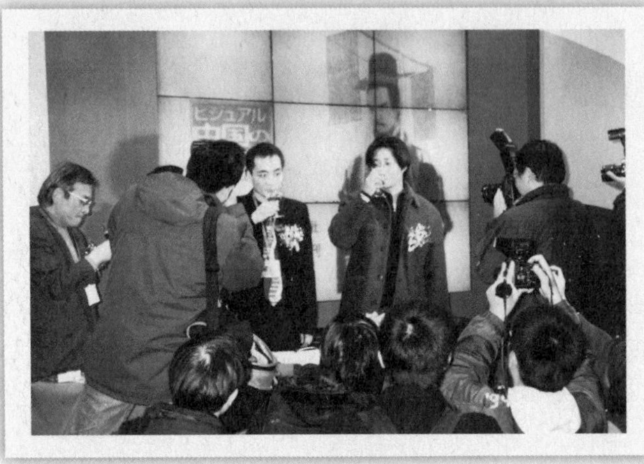

Q2 您因為漫畫創作得過很多獎項，印象最深或對您意義最大的是？

鍾：對我來說，得獎最重要是獎金多不多？哈！讓我印象最深的是三十年前的國軍文藝金像獎第一名獎金～在三十年前的六萬元可是筆很大的錢，還能調到好單位，這在戒嚴時期可是是生死之別哩！哈哈！

Q3 您是道地的美術科班畢業，學校美術訓練對您的漫畫創作的幫助是？

鍾：我很難說是科班出身，先是普通高中畢業，然後讀台藝大的國畫組，其實沒有受過西畫和素描的訓練。但早期的漫畫家應該對我的插畫和素描基本功有一點印象，有人說超越一般科班的人。我的素描和插畫是鄭問老師教我的，讓我了解了實戰學習的重要性，所以我特別信奉王陽明〔知行合一〕的理念。

Q4 您曾經畫過《聖石傳說》、《再說一次我愛你》等等異業合作案，這類工作您是否有甚麼特殊的體會？

鍾：我確實畫很多異業合作案，像是霹靂的電影〔聖石傳說〕、明華園的〔樊梨花〕、劉德華的電影及MV等等。說實在的就是互相利用，而且重點不是你利用別人，是你的能力足不足以被人利用。在我看來，商業出版市場如果在同種風格中排名到三四名之後，就會不好生存或較難賺很多錢。若在景氣不好時能在大片茫茫書海中，透過知名的異業合作出頭，確實有快速聚焦的效果。

Q5 您從小就迷上漫畫，記得第一本看的漫畫哪一本嗎?

鍾：第一本看的漫畫太久了，大家可能不太知道，那時台灣還沒有什麼日本漫畫，是許貿淞老師及東立范萬楠先生畫的武俠漫畫。

才華洋溢、創作不要花槍、全憑真材實料熱情展現……相信這是看過鍾孟舜老師漫畫的人最深的感受。
這次他投入亞細亞原創誌的浪漫行動，推出睽違多年的全新奇幻武俠故事，實在讓漫迷們大大興奮啊！

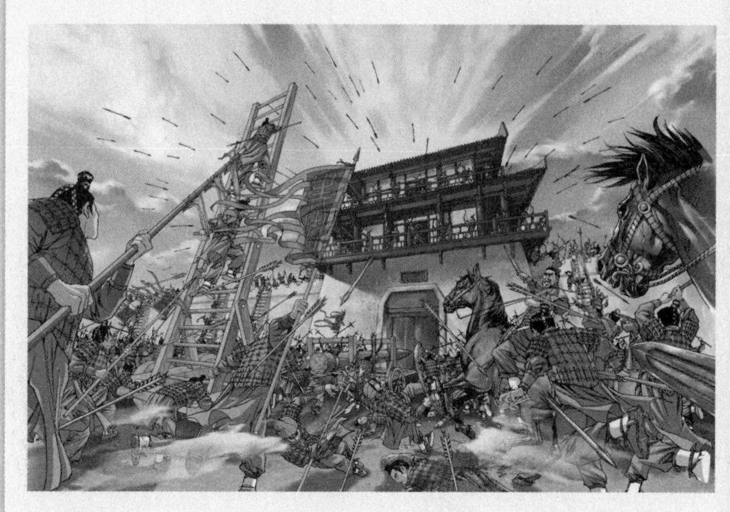

逍遙翱翔・浪漫之風

鍾愛再臨漫畫江湖

製作——浪漫編輯室

對一個擁有如此好功夫的漫畫家，在創作的人生歷程上面有些甚麼寶貴經驗或感觸？面對台灣的動漫產業或純粹從漫畫家的角度，又會是甚麼樣的領悟和建議呢？希望透過這次的專訪，讓讀者們從一個新的角度認識這位傑出的、資深的、用心的漫畫家。

Q1老師的漫畫才華很早就受到日本矚目並邀請連載，這一直是亞洲所有少年漫畫家的人生夢想，是否能跟我們分享那次的經驗？

鍾：十幾年前有機會到日本以周刊形式連載、那時很多媒體有報導，記得蘋果日報還登在頭版，但其實那次合作是以失敗做結束。那時每周是刊登48頁，這個稿量對日本漫畫家還好，但對台灣漫畫家是個不可思議的數字。那段時間我經常三天才上床睡一次，其他就是趴在桌上瞇一下，雖然我極力用意志力支撐，但到後面品質確實下降、也當然影響到銷量，所已畫了半年就被編輯們討論要換掉。

我當時的編輯青木先生一直向總編表示我們一定調整的起來，他是一位東大畢業，六十多歲，從在講談社當過編輯長的人，所以出版社很尊重他的意見。後來青木先生發現罹患癌症，他並沒有放棄我，會在化療期間還看我的分鏡，等他一過世我才被換掉。後來接替我的日本畫家，我看了他出刊的漫畫稿～真的畫得太好，超精細。為什麼日本可以、我不可以？我當時覺得自己超沒用的，尤其是青木先生過世前我仍沒有調整好，對一個這麼相信你的人，自己卻做的不好，實在是慚愧，直到今日我心中仍有很大遺憾。

愛 漫 畫 ， 是 件 浪 漫 的 事 ……

Inspiration

靈感碎碎念

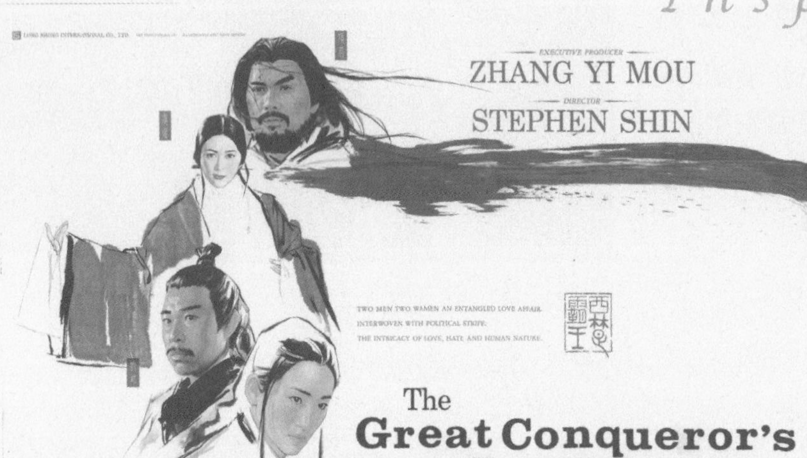

畫漫畫，是一件要命浪漫的事！

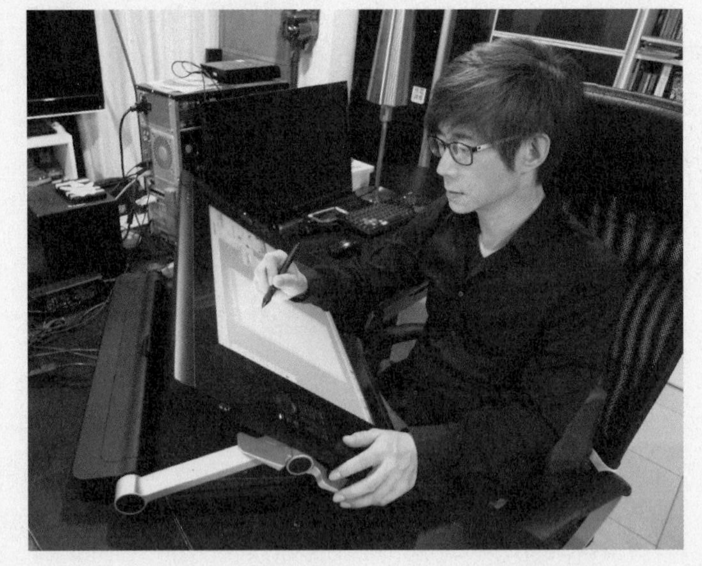

小編：「請問您畫漫畫所使用的電腦與傳統工具的比例各佔多少？」
帥帥鍾老師：「百分之百全部電腦繪製，我沒力氣再去沾墨洗筆了。」
小編：「您是有名的快手，秘訣為何？」
帥帥鍾老師：「基礎功！基礎功！基礎功！」
小編：「除了畫漫畫您還有什麼嗜好？」
帥帥鍾老師：「看韓劇，會不會太歐巴桑了？」
小編：「耶～耶～完全不會，我也是呀！耶～」
（浪漫老編：你們兩個…差不多就好………）

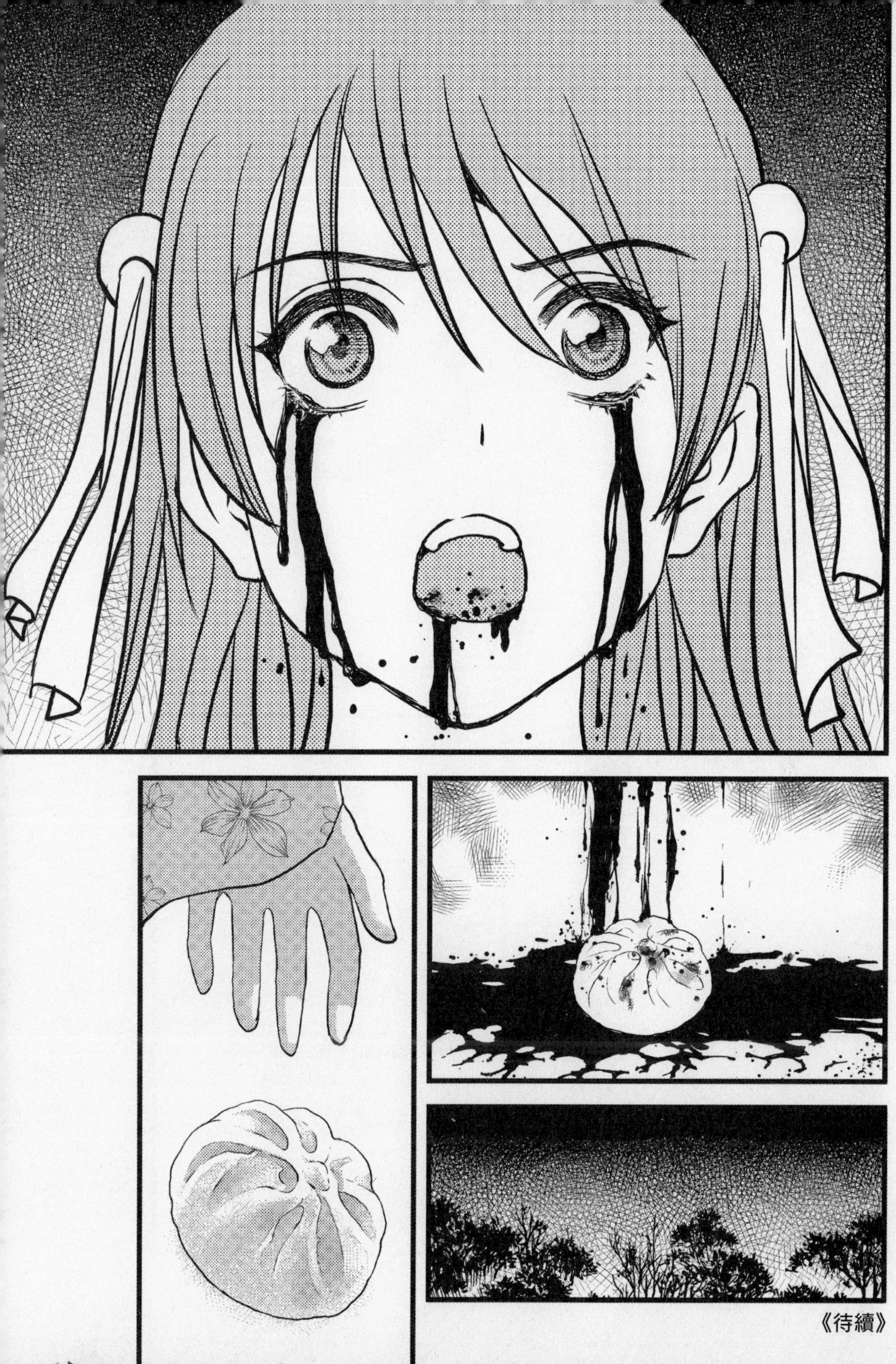

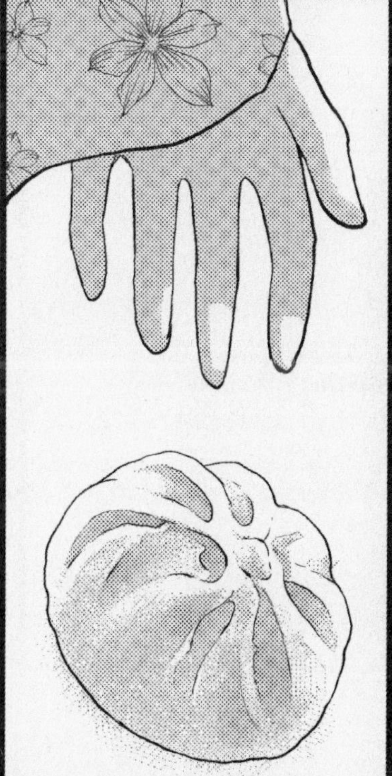

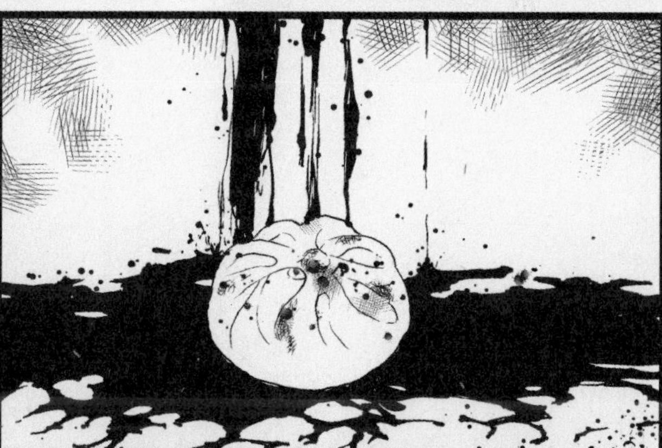

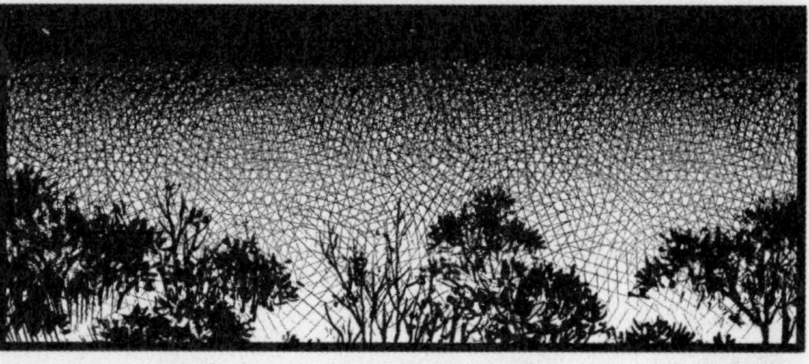

《待續》

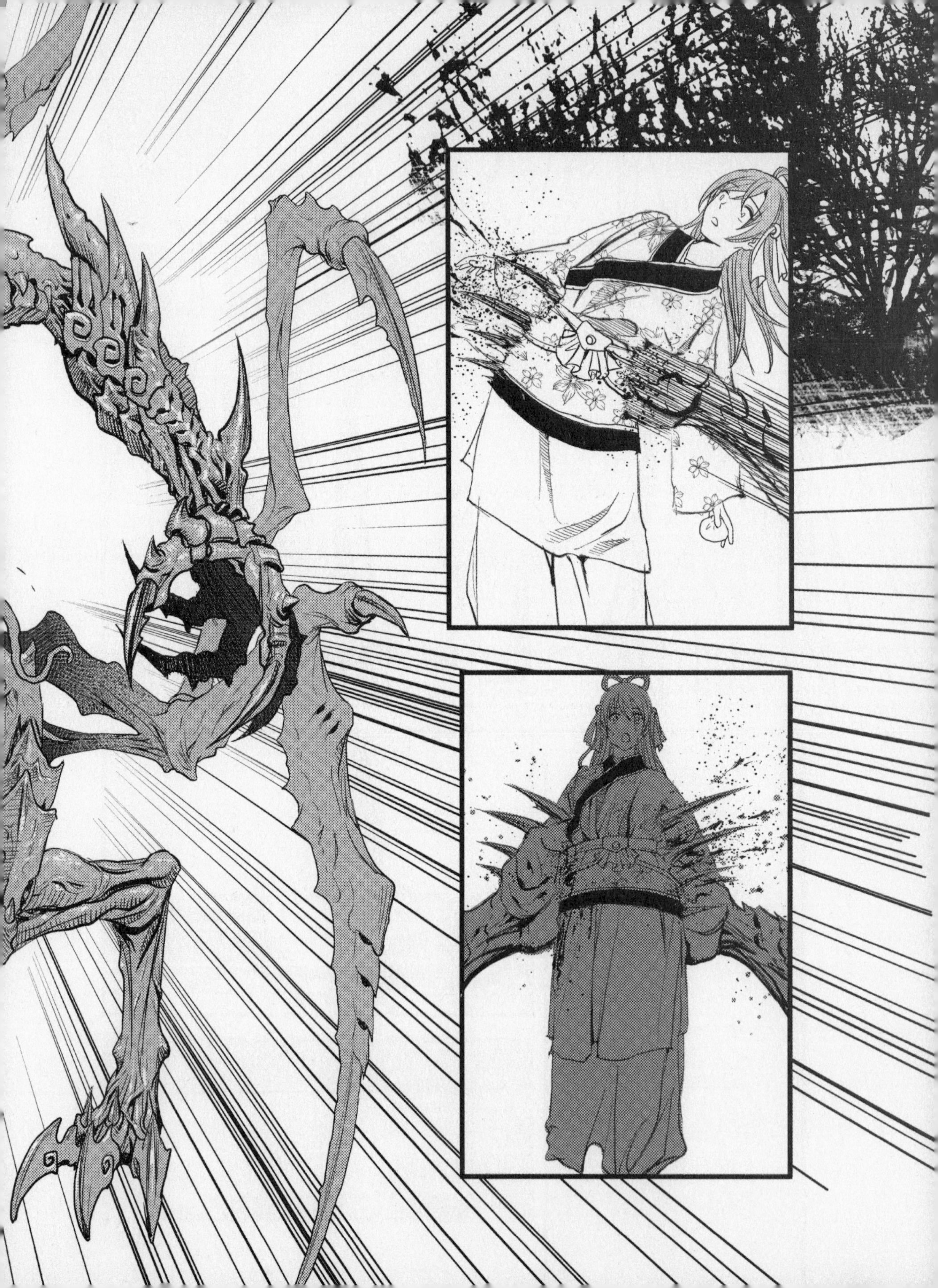

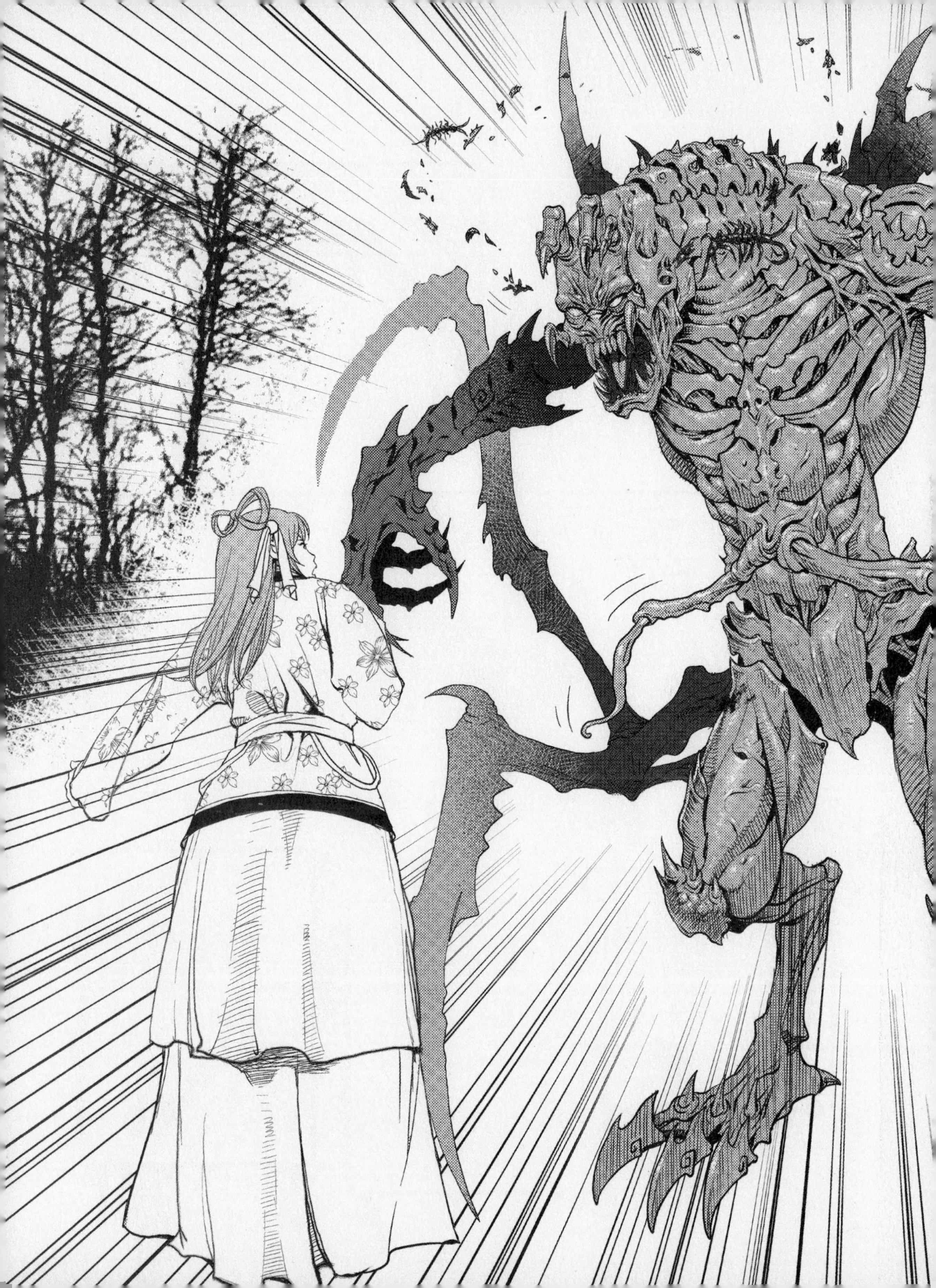

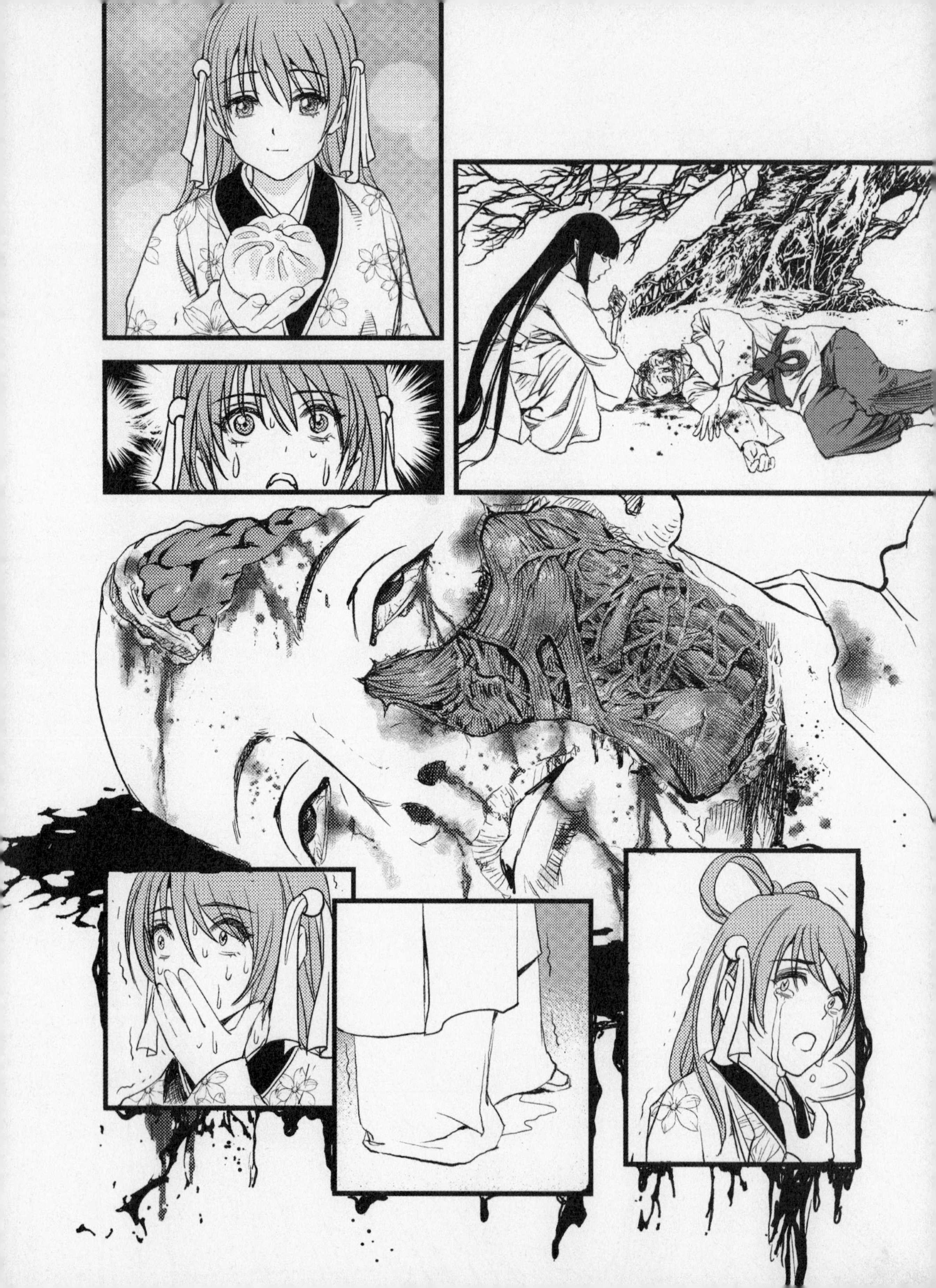

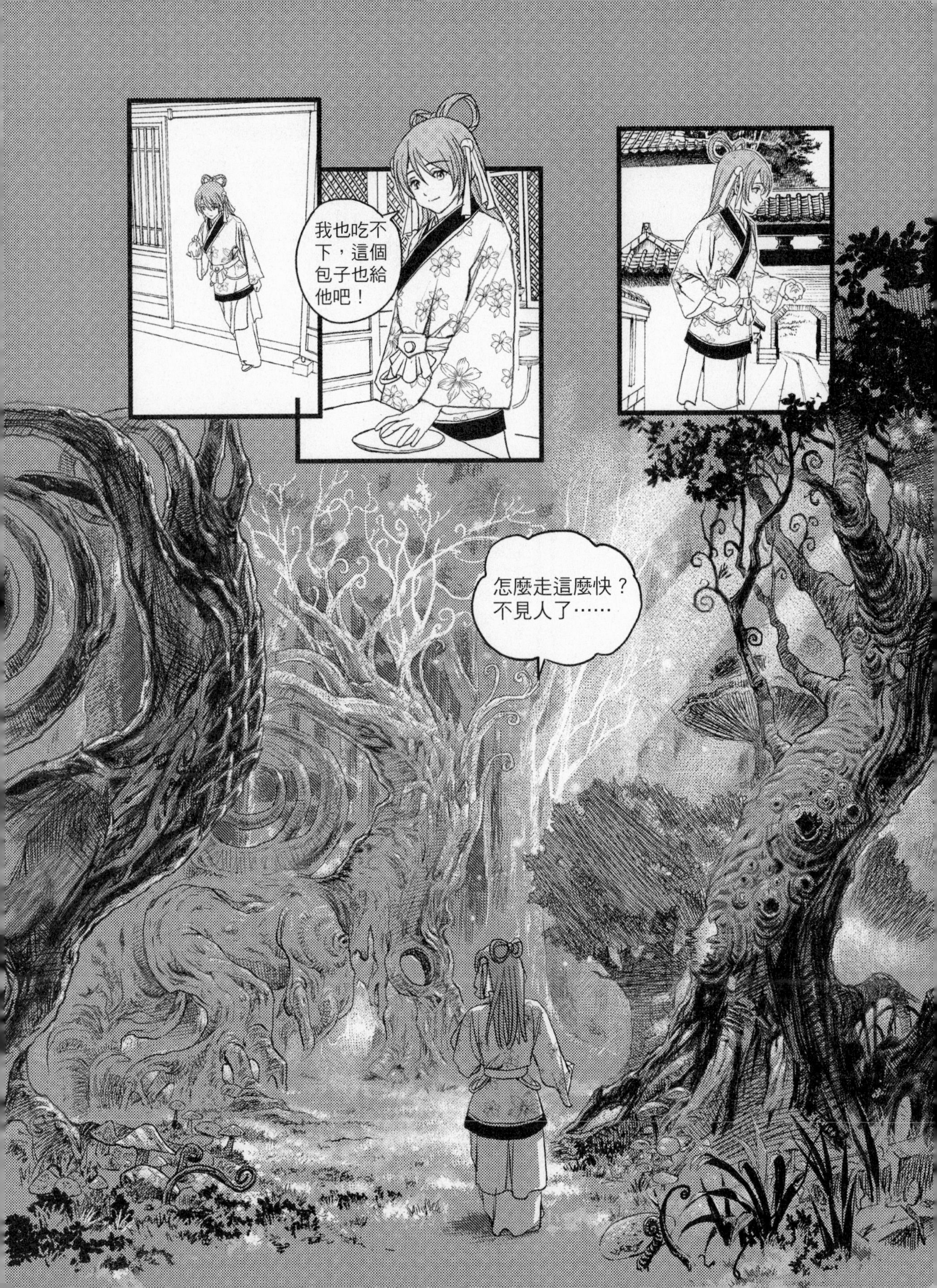
我也吃不下，這個包子也給他吧！
怎麼走這麼快？不見人了……

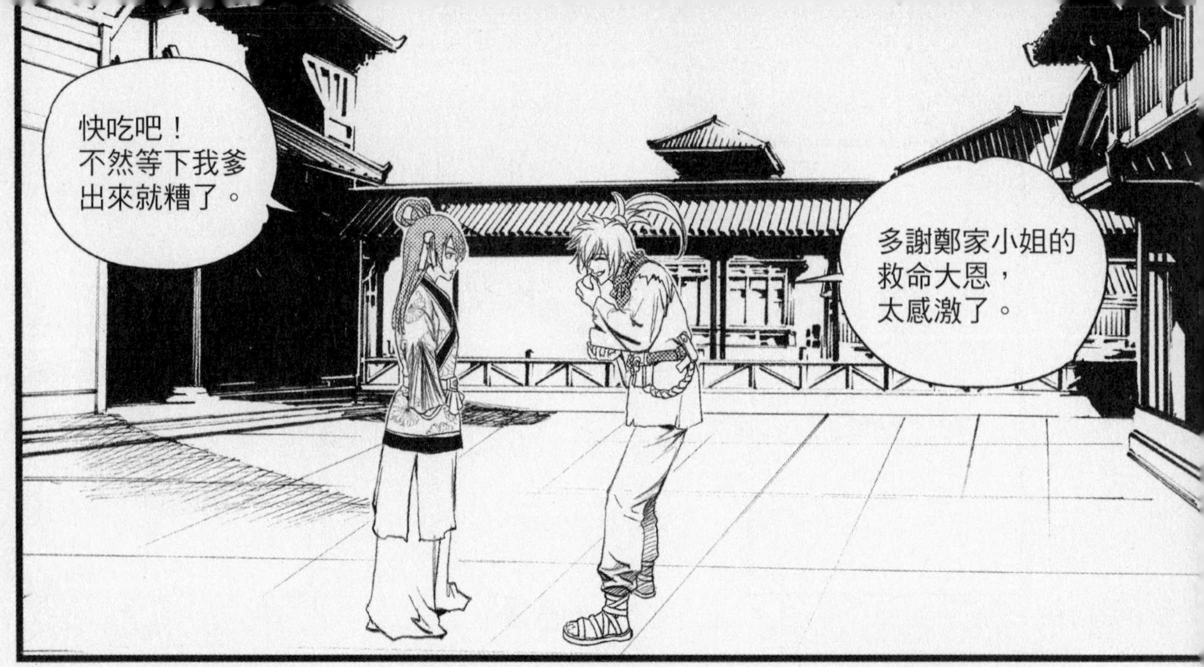
快吃吧！
不然等下我爹
出來就糟了。
多謝鄭家小姐的
救命大恩，
太感激了。

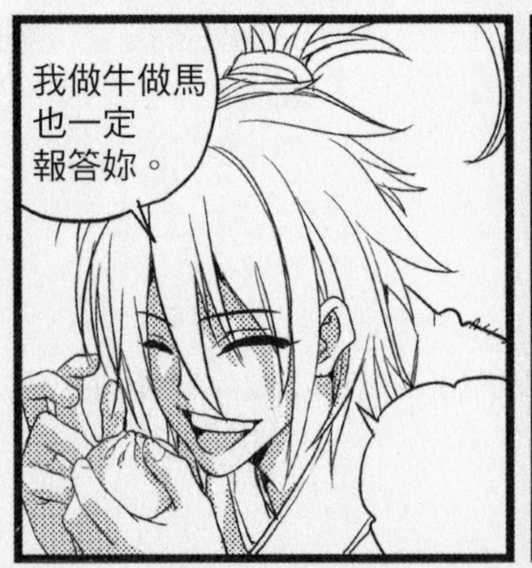
我做牛做馬
也一定
報答妳。

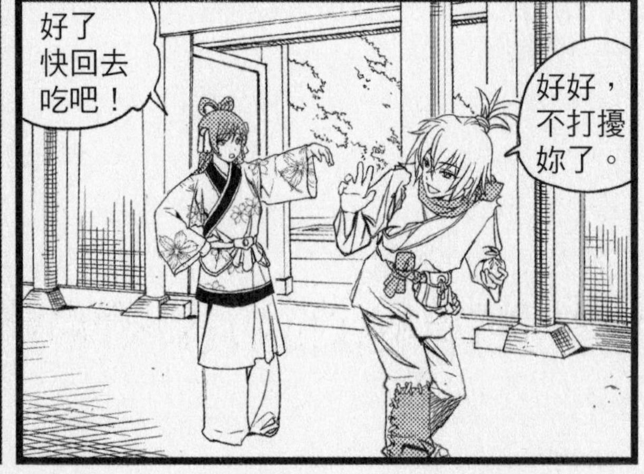
好了
快回去
吃吧！
好好，
不打擾
妳了。

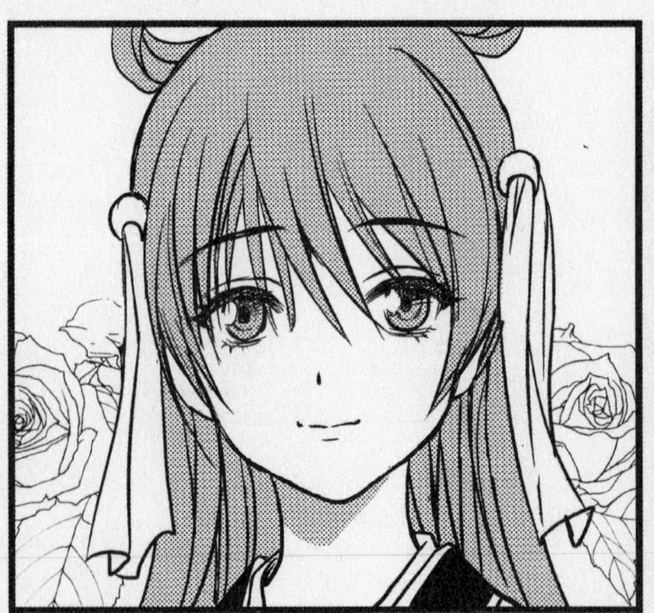

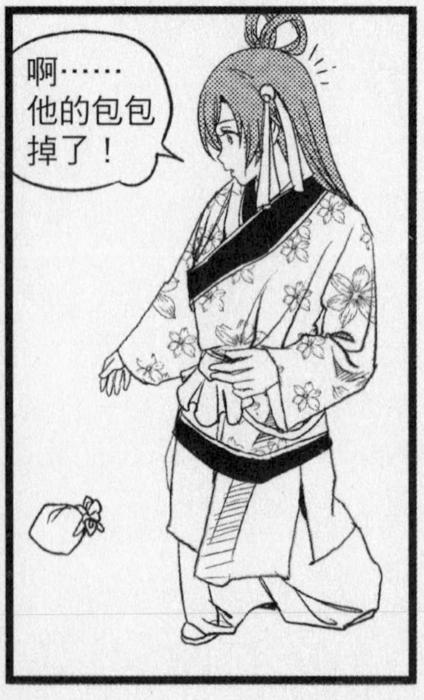
啊……
他的包包
掉了！

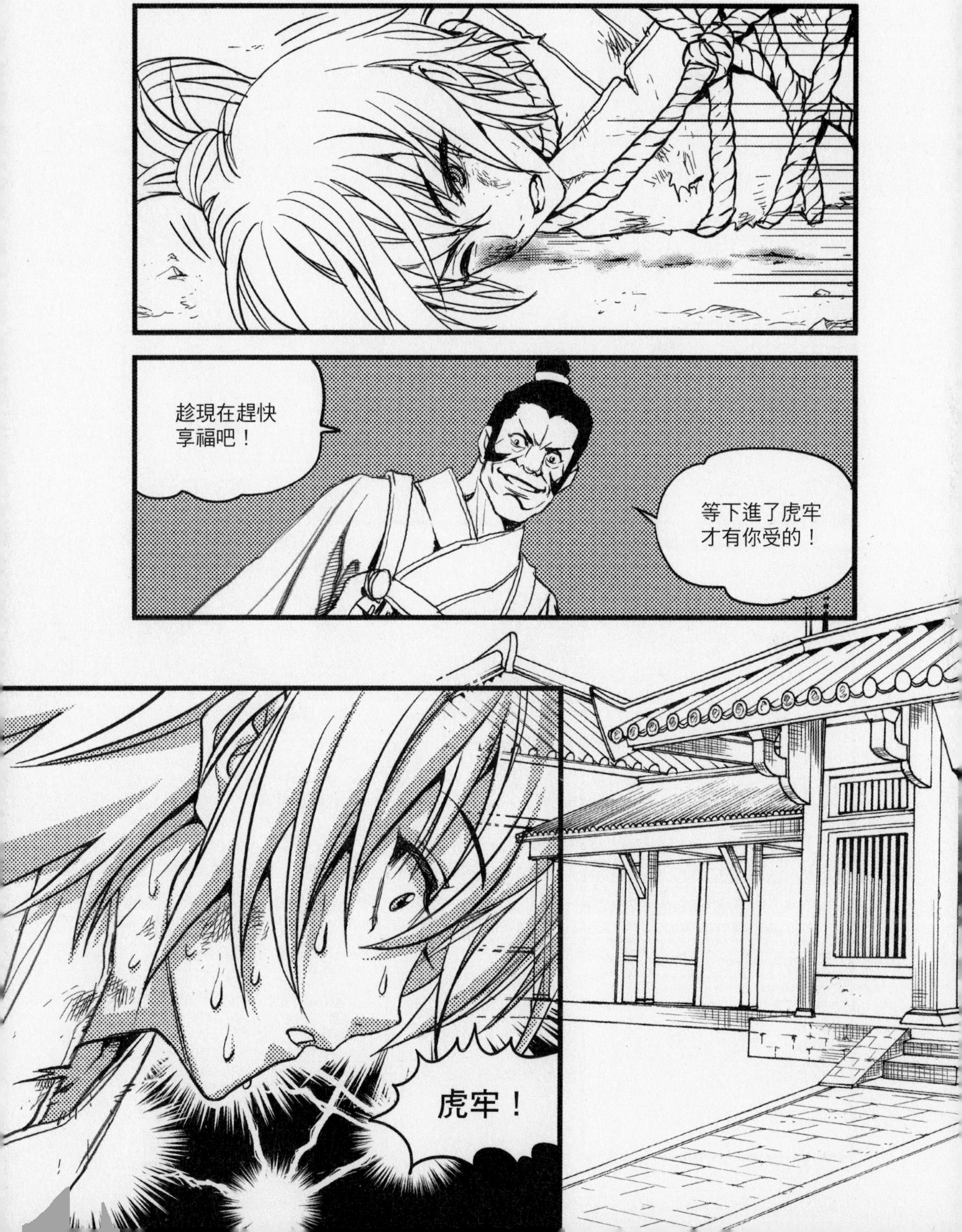

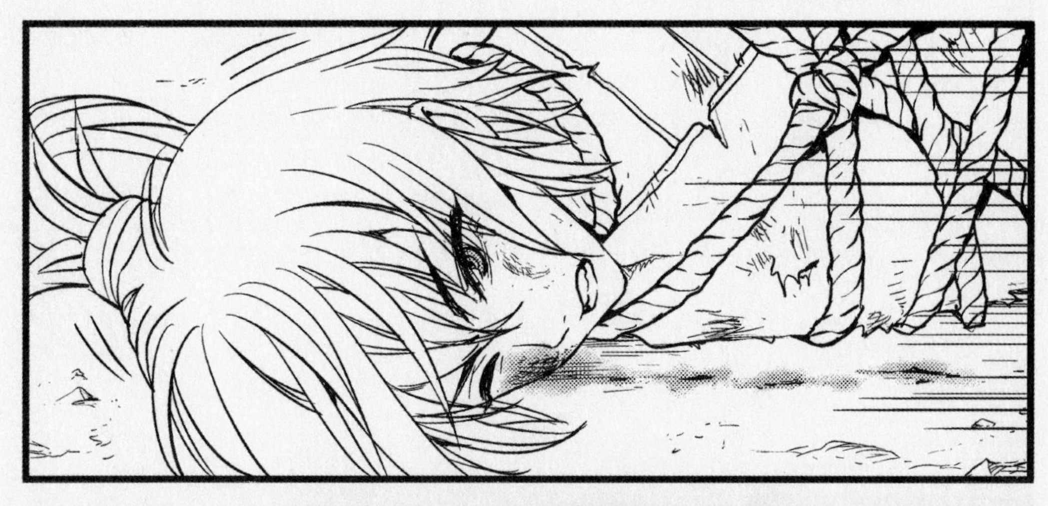

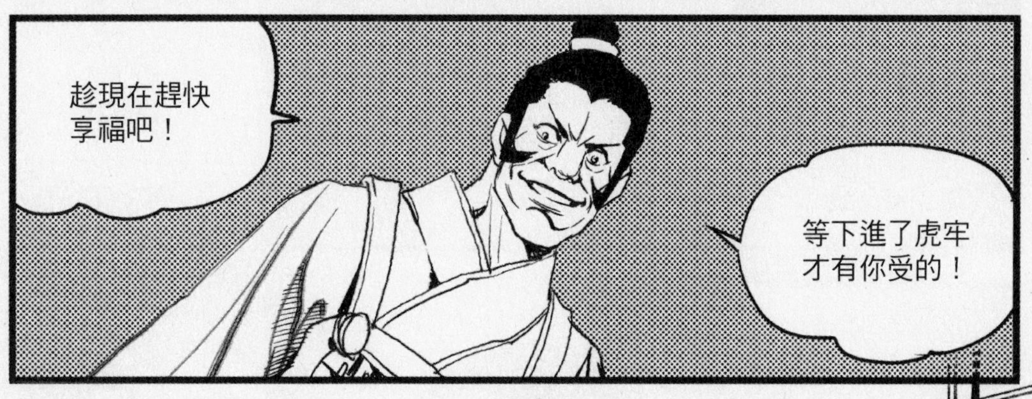
趁現在趕快
享福吧！
等下進了虎牢
才有你受的！

虎牢！

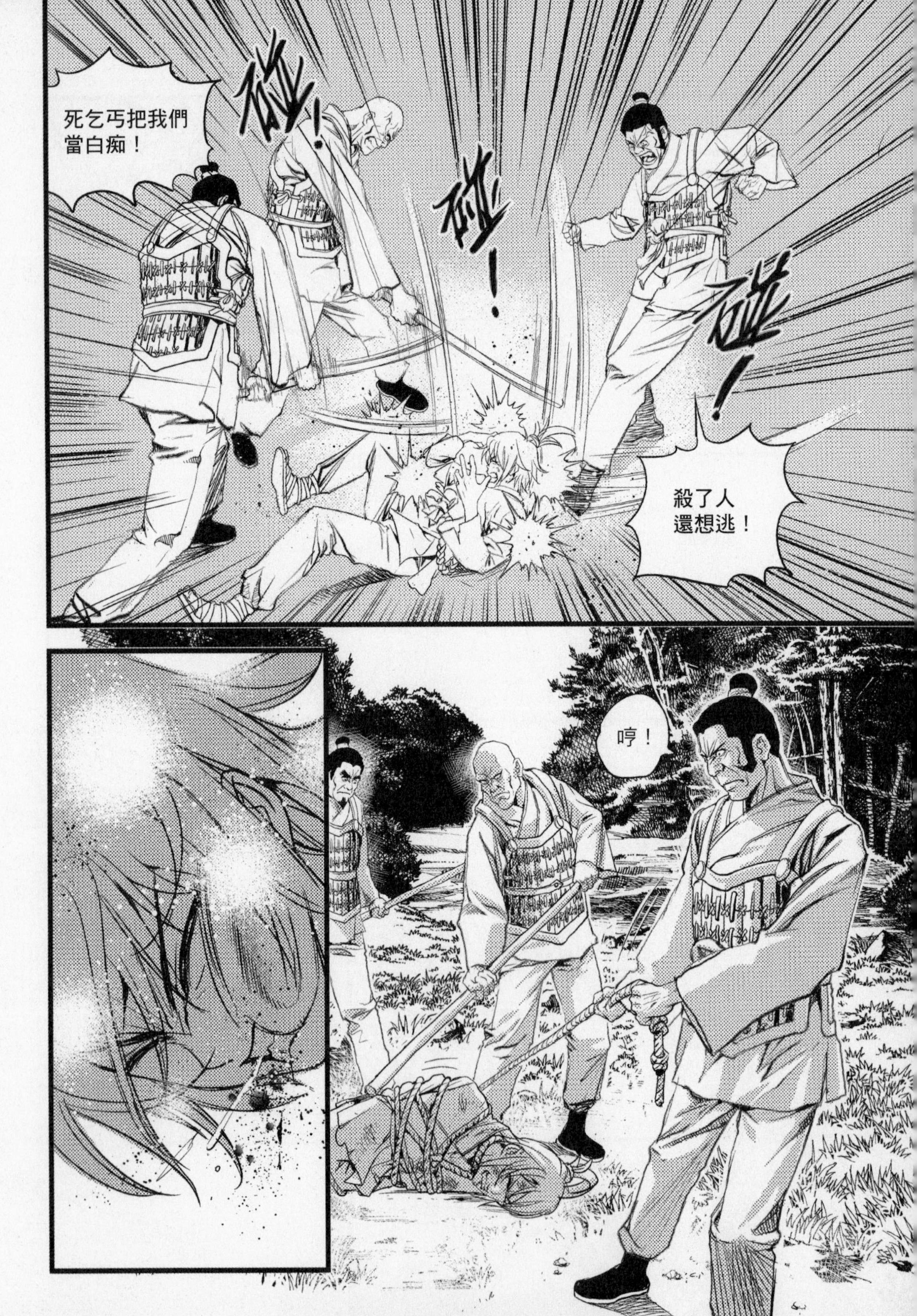
碰！
殺了人還想逃！
碰！
碰！
死乞丐把我們當白痴！
哼！

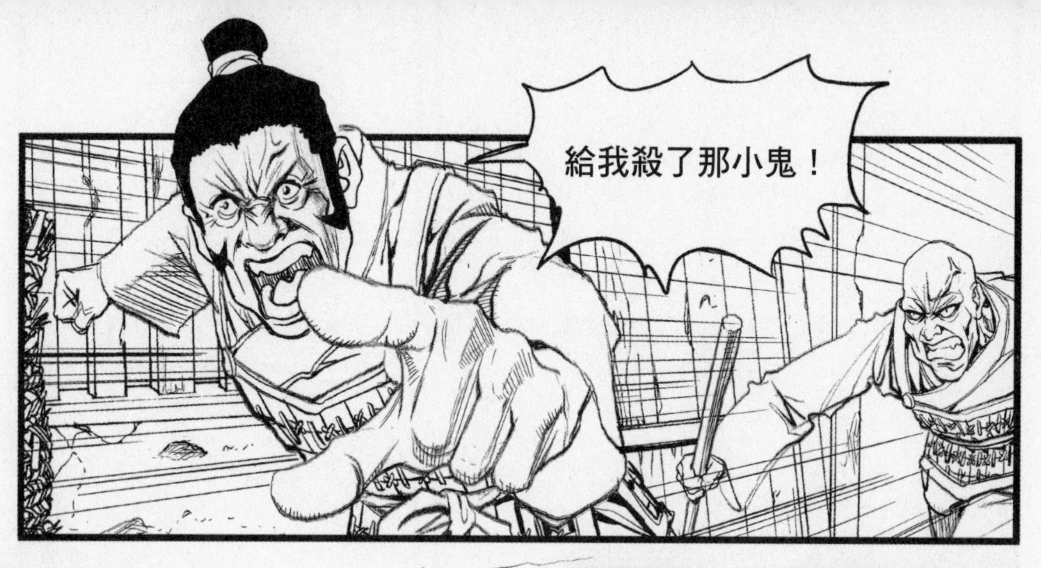
給我殺了那小鬼！

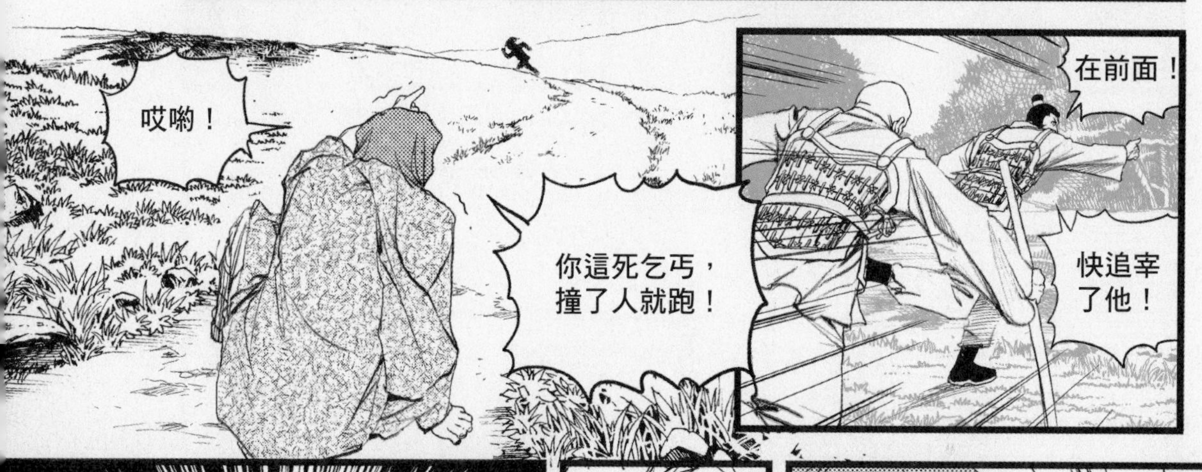
哎喲！
你這死乞丐，
撞了人就跑！
在前面！
快追宰
了他！

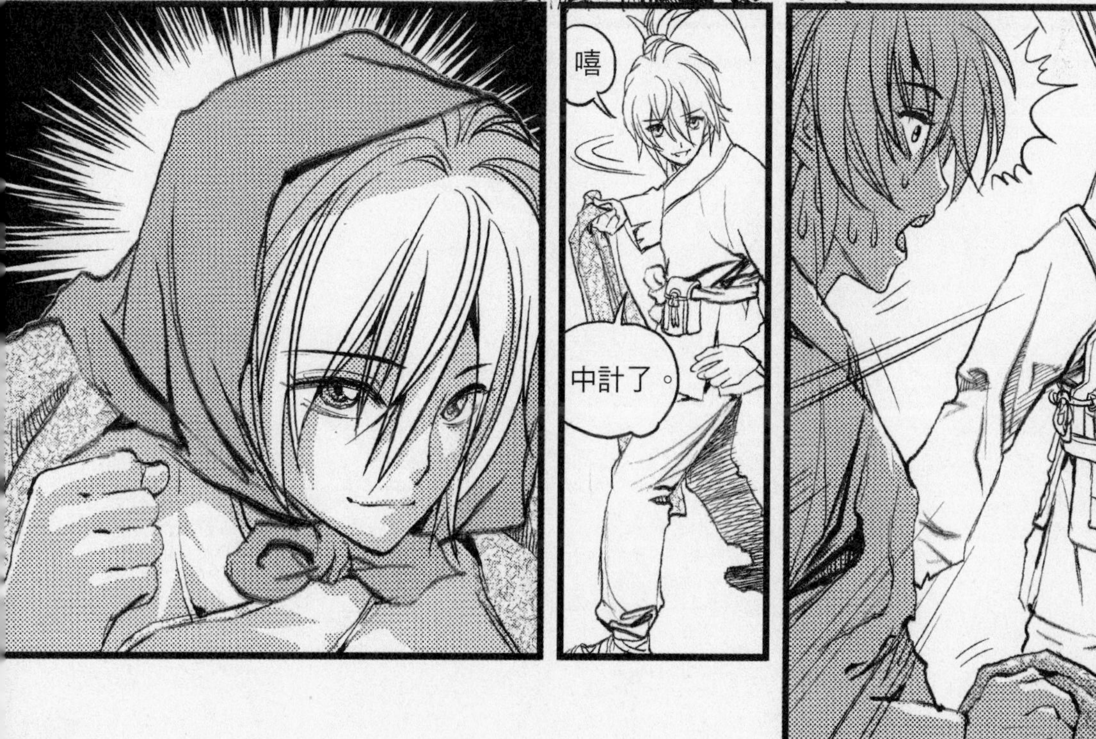
嘻
中計了。

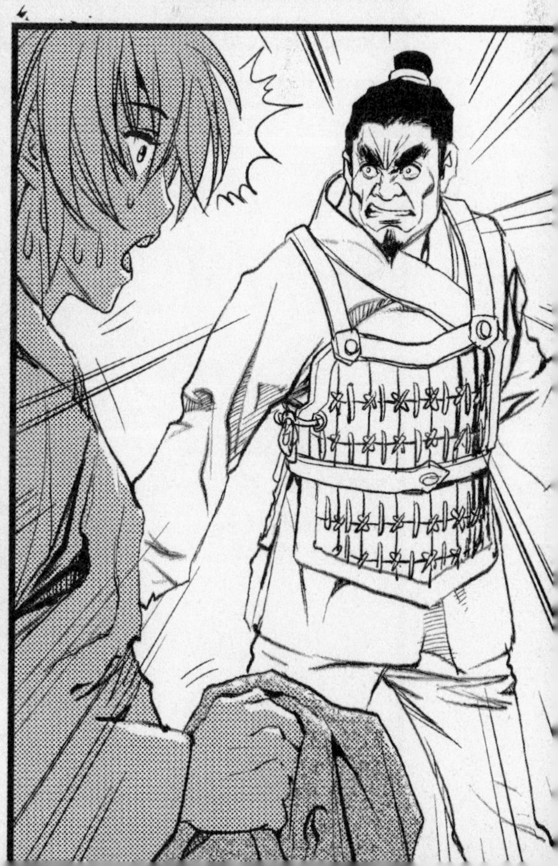

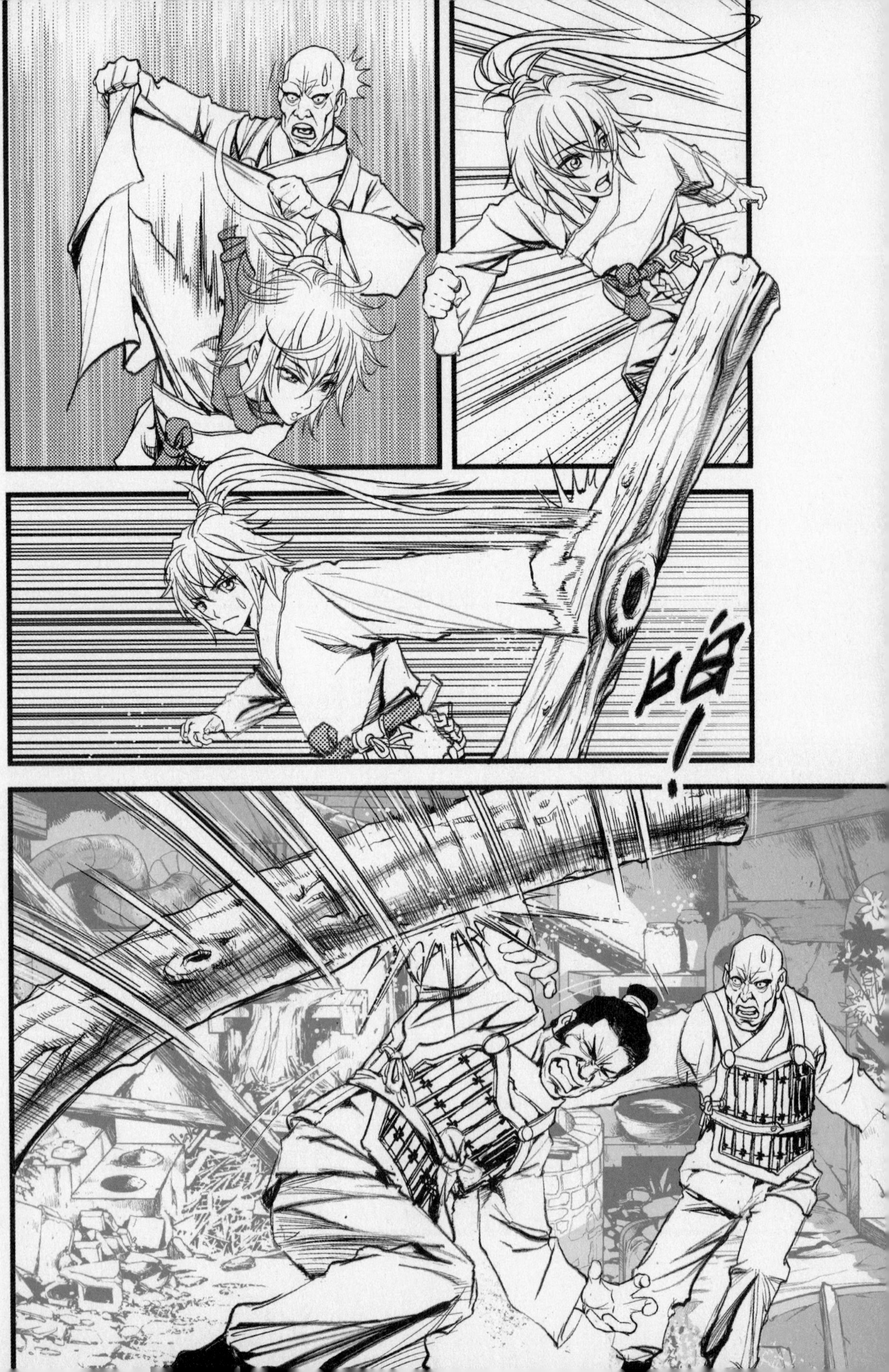

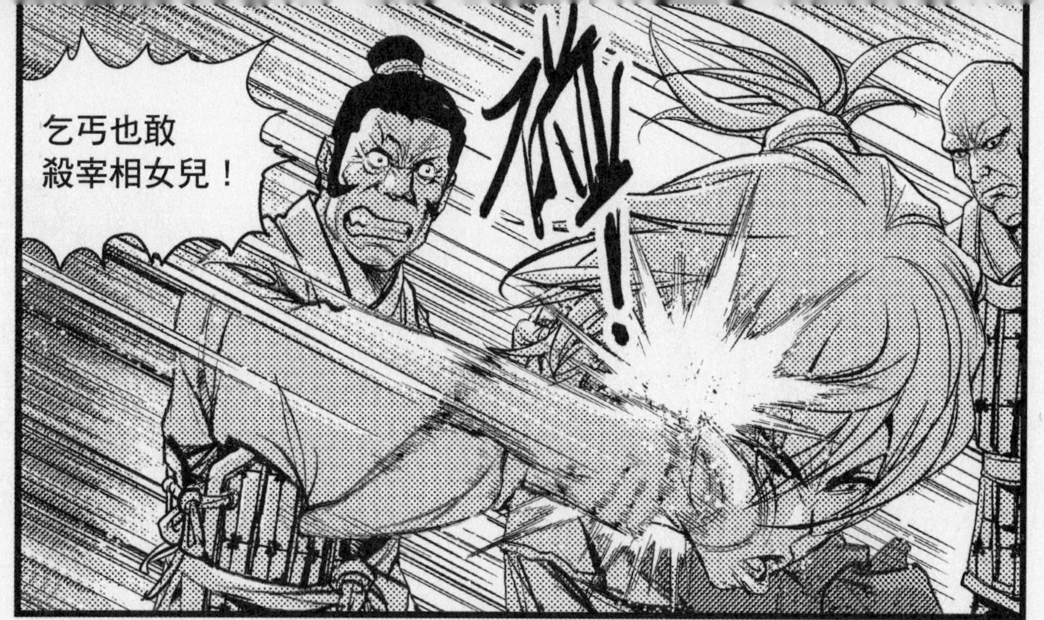
乞丐也敢
殺宰相女兒！

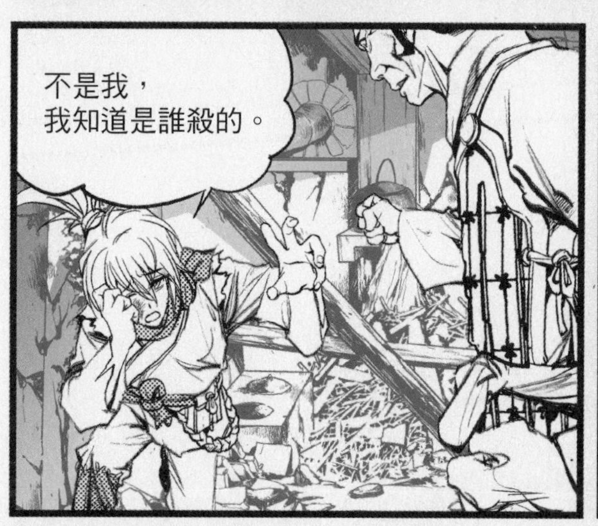
不是我，
我知道是誰殺的。

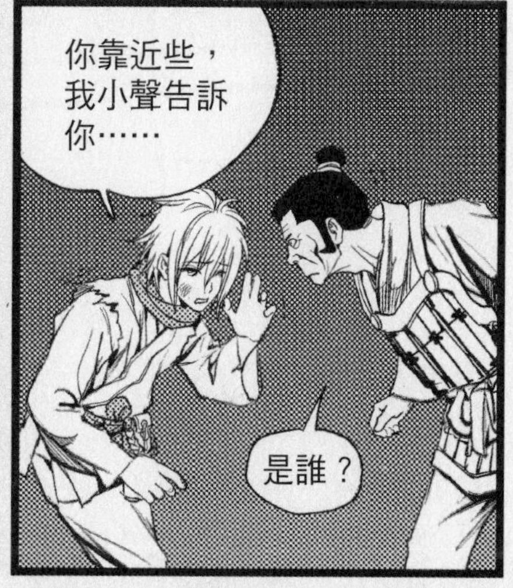
你靠近些，
我小聲告訴
你……
是誰？

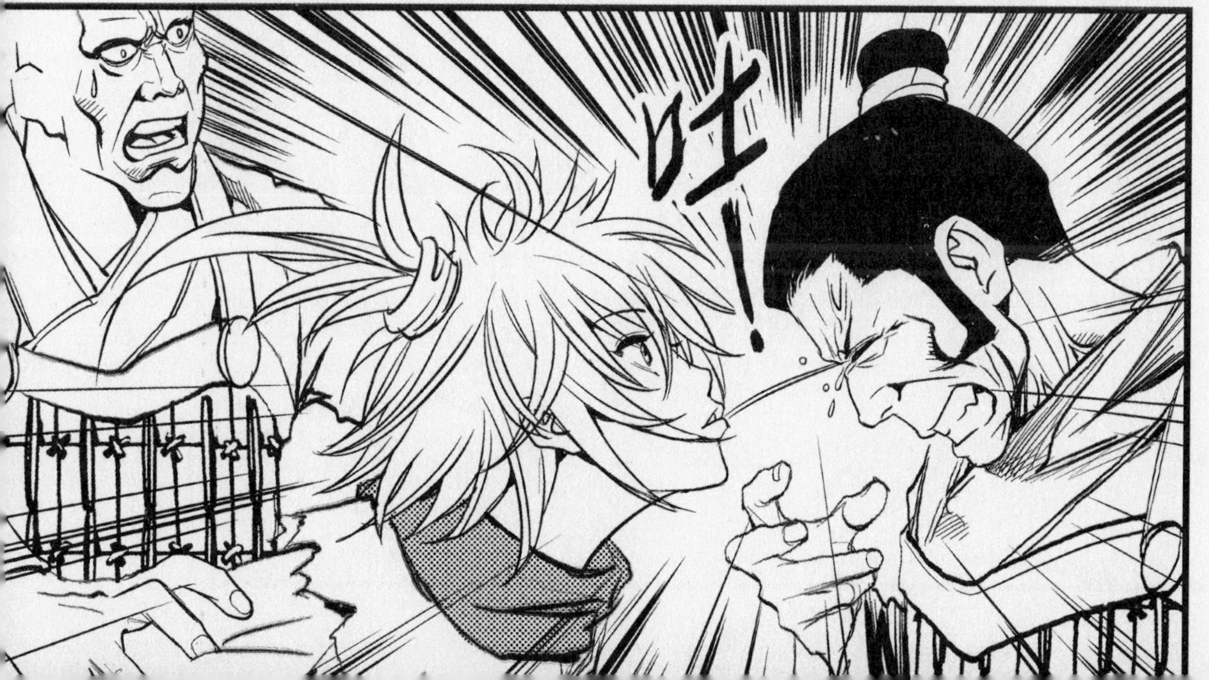
吐！

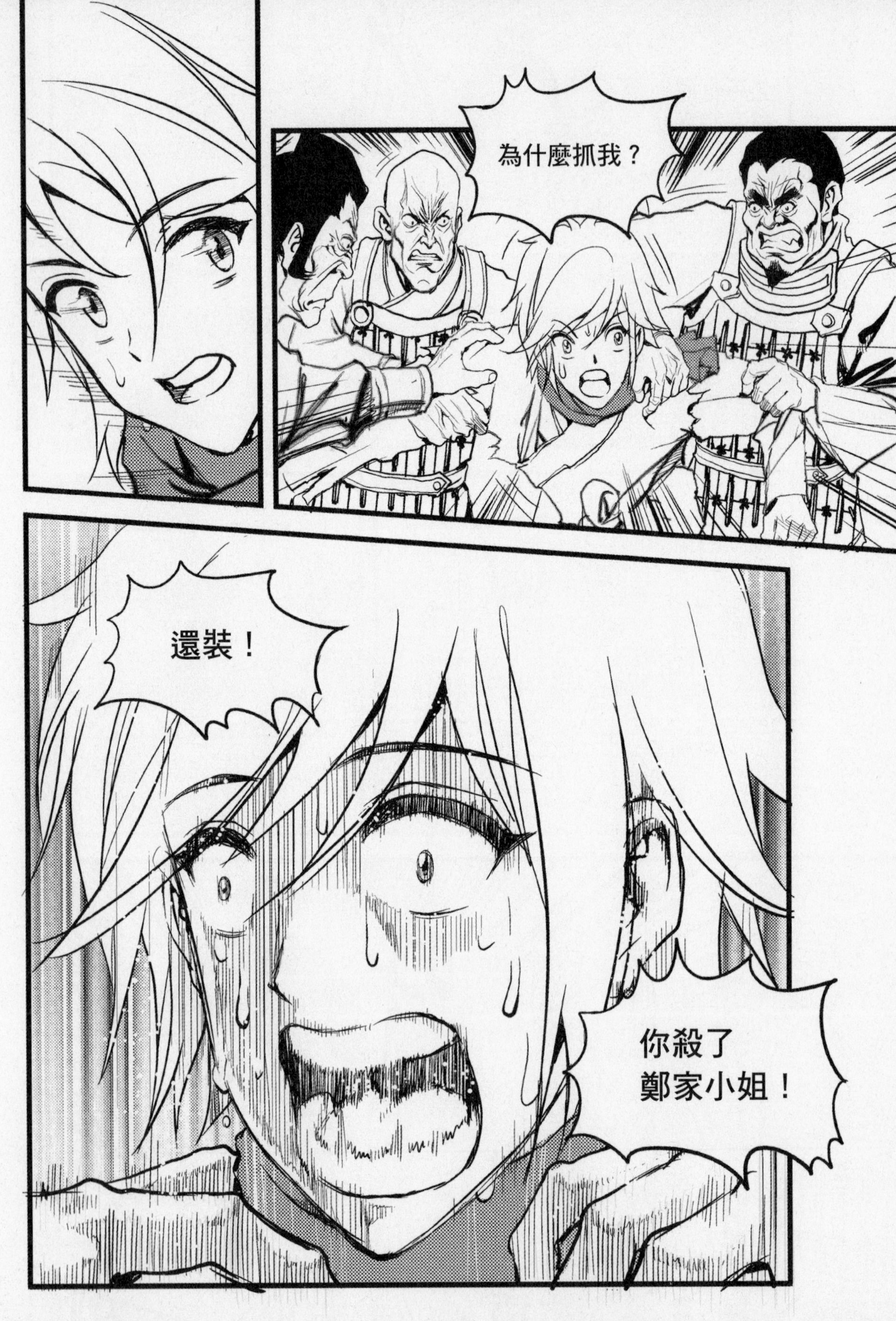
為什麼抓我？
還裝！
你殺了
鄭家小姐！

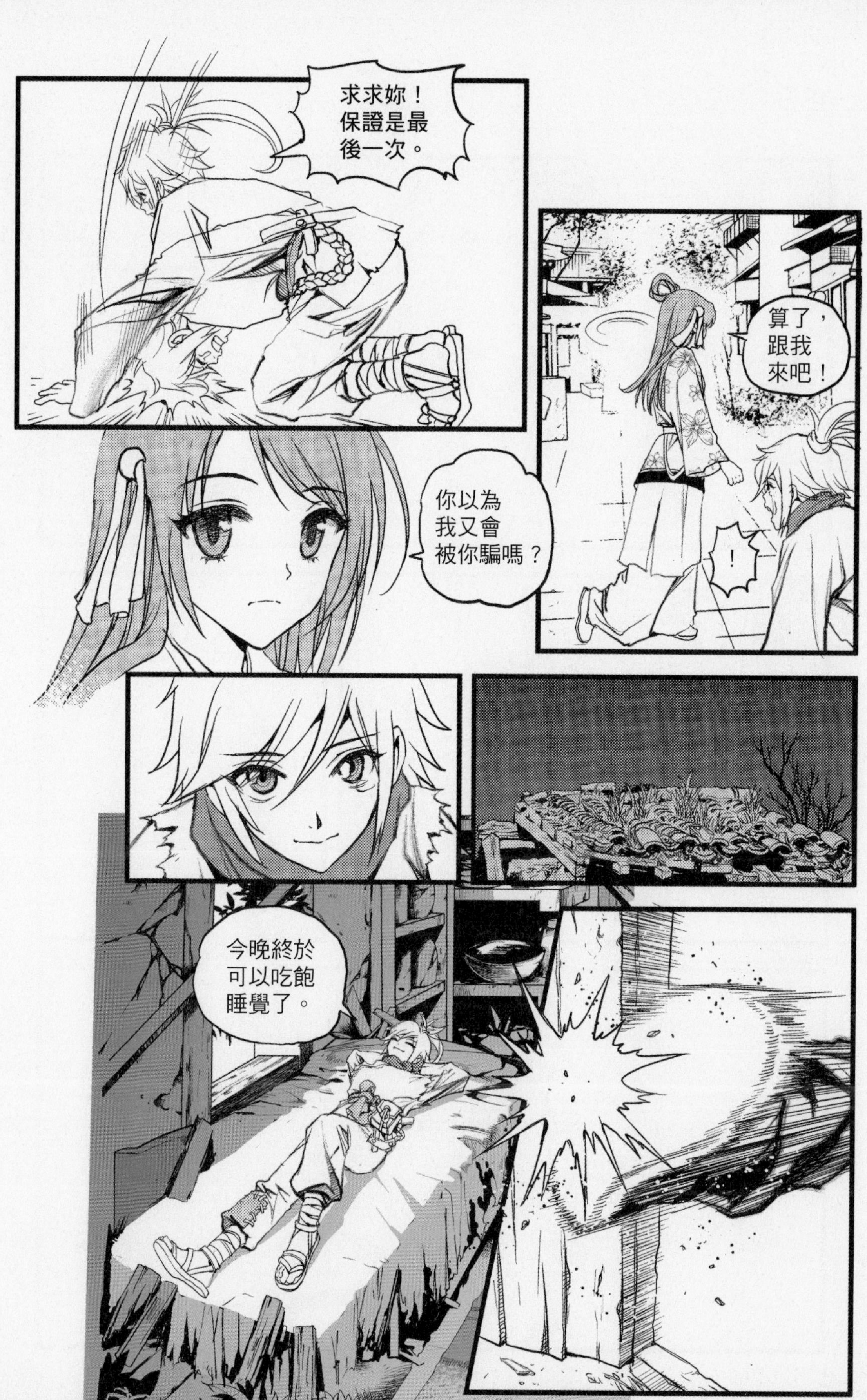
求求妳！
保證是最
後一次。
你以為
我又會
被你騙嗎？
算了，
跟我
來吧！
！
今晚終於
可以吃飽
睡覺了。

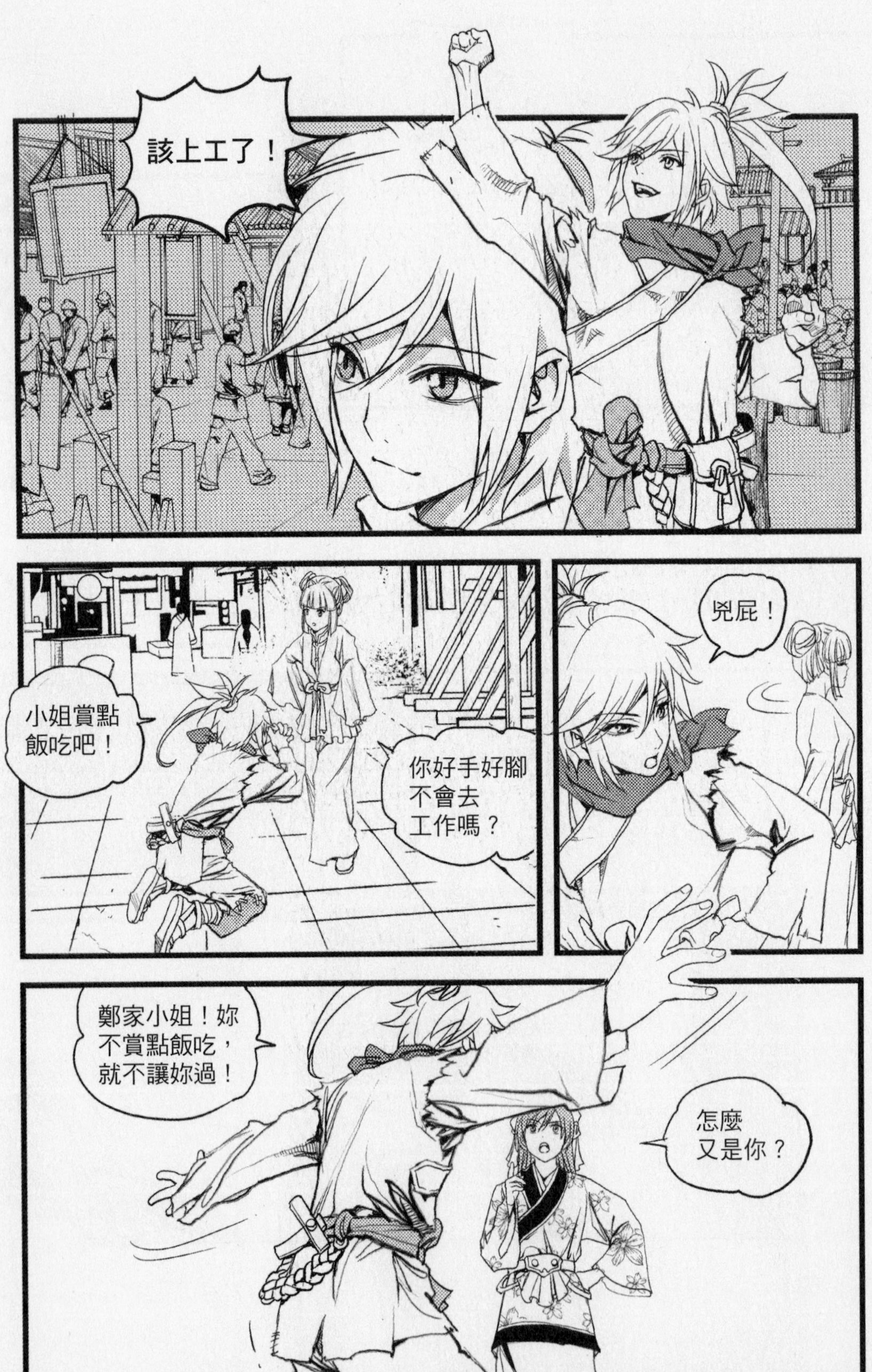
該上工了！
小姐賞點
飯吃吧！
你好手好腳
不會去
工作嗎？
兇屁！
鄭家小姐！妳
不賞點飯吃，
就不讓妳過！
怎麼
又是你？

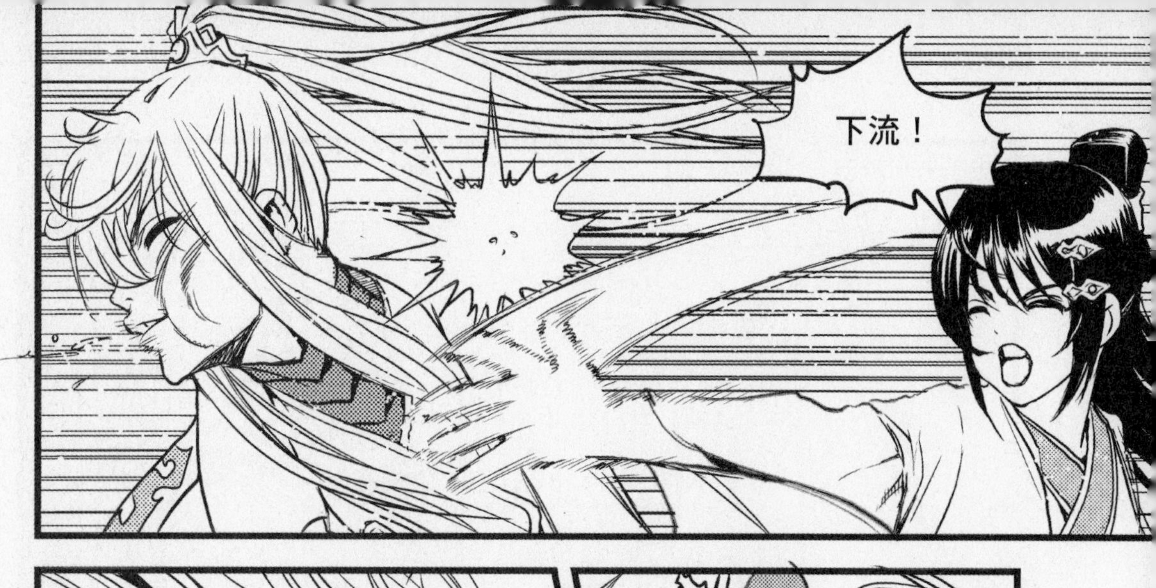

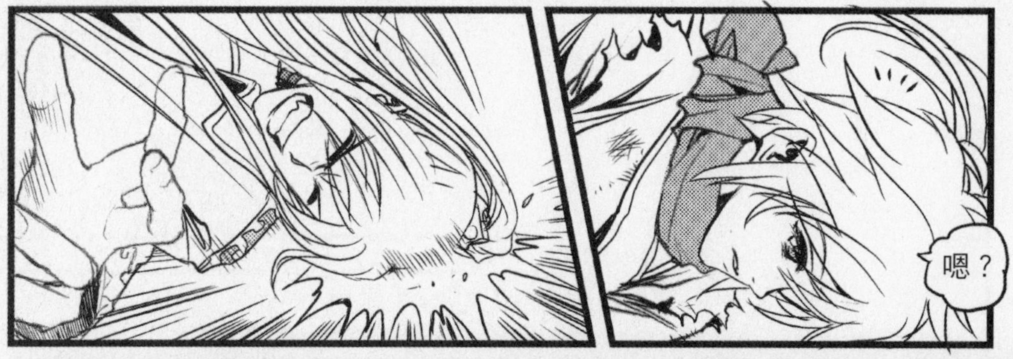

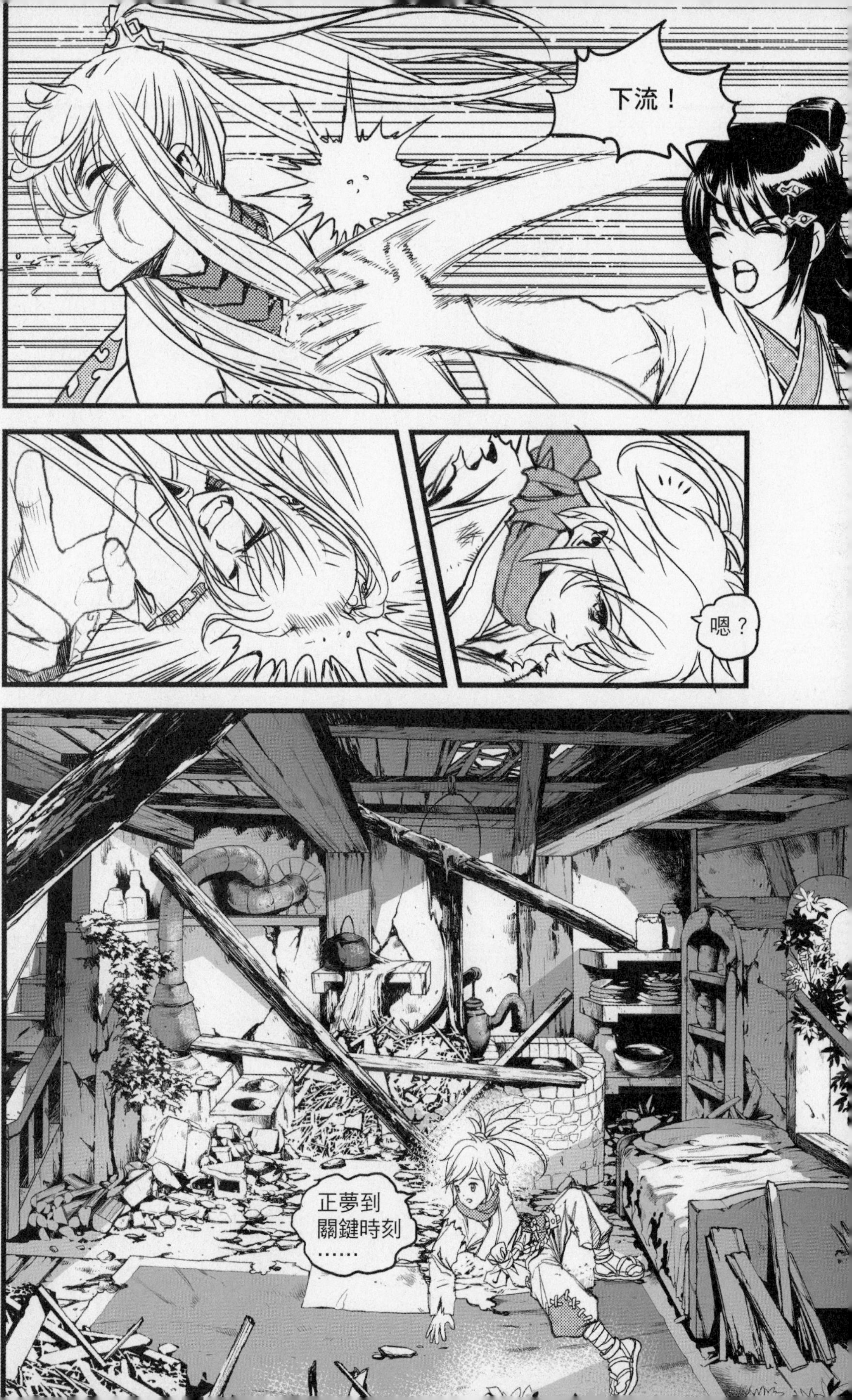

正夢到
關鍵時刻
……

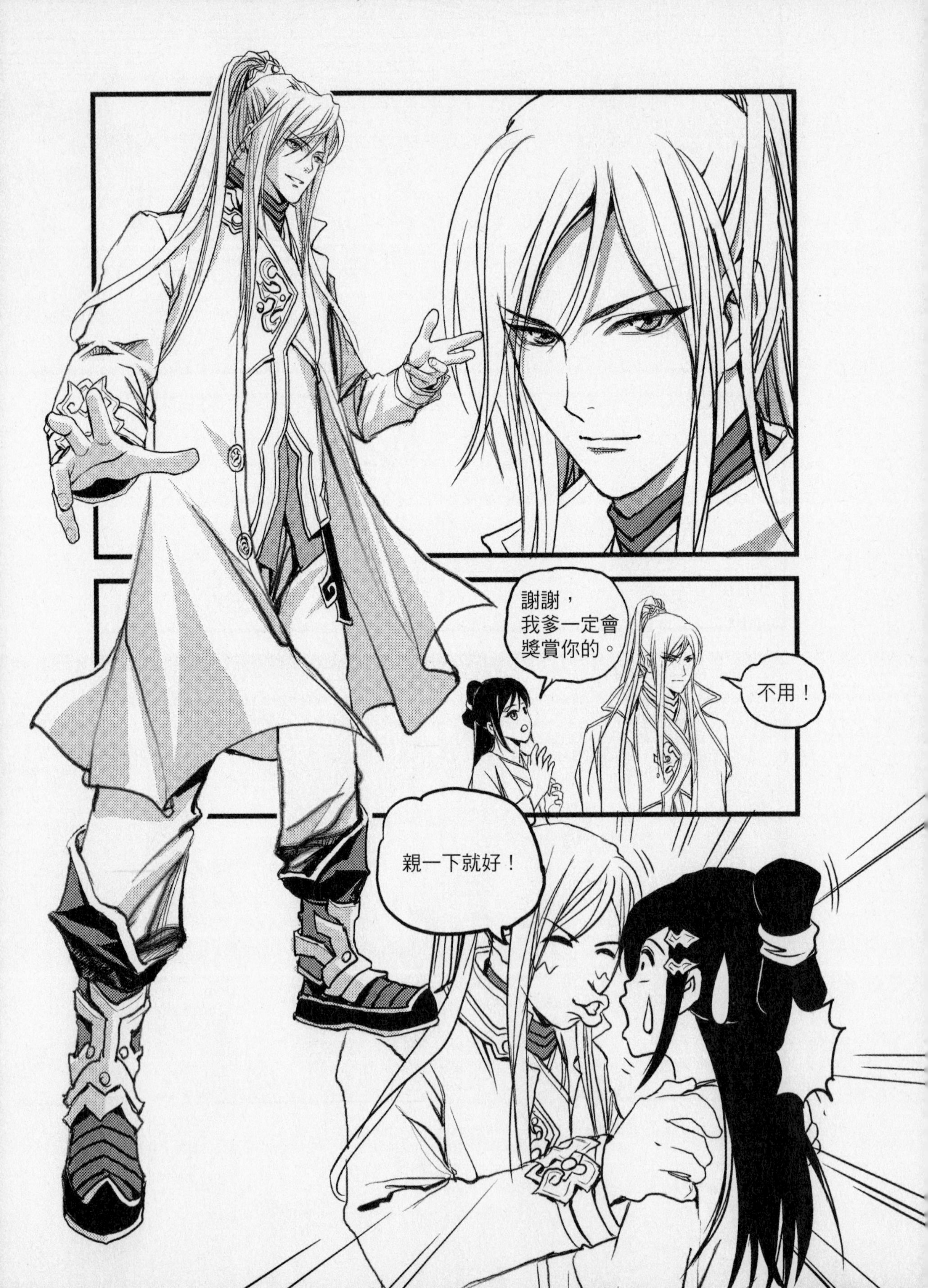
謝謝，
我爹一定會
獎賞你的。
不用！
親一下就好！

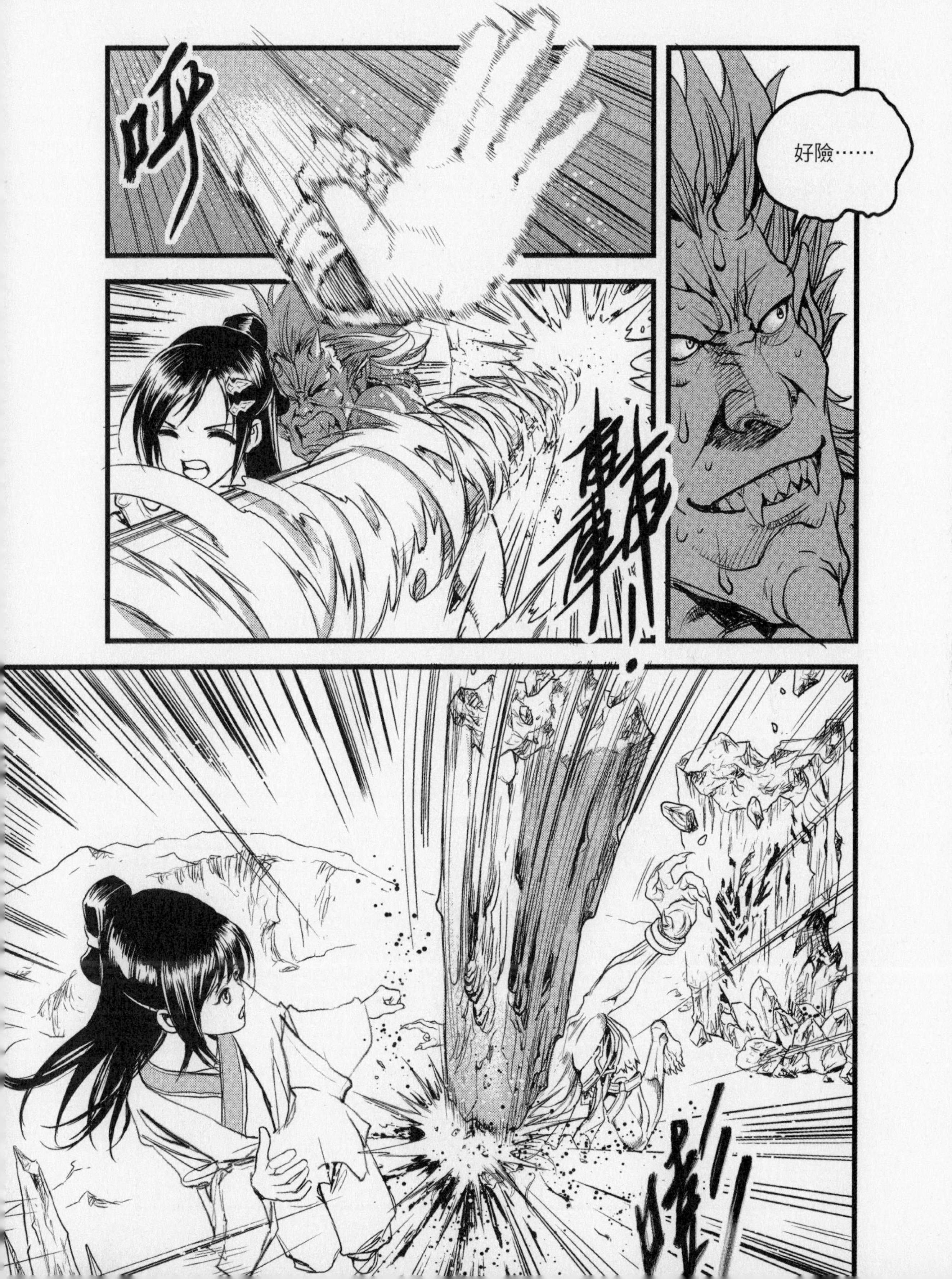

呼

好險……

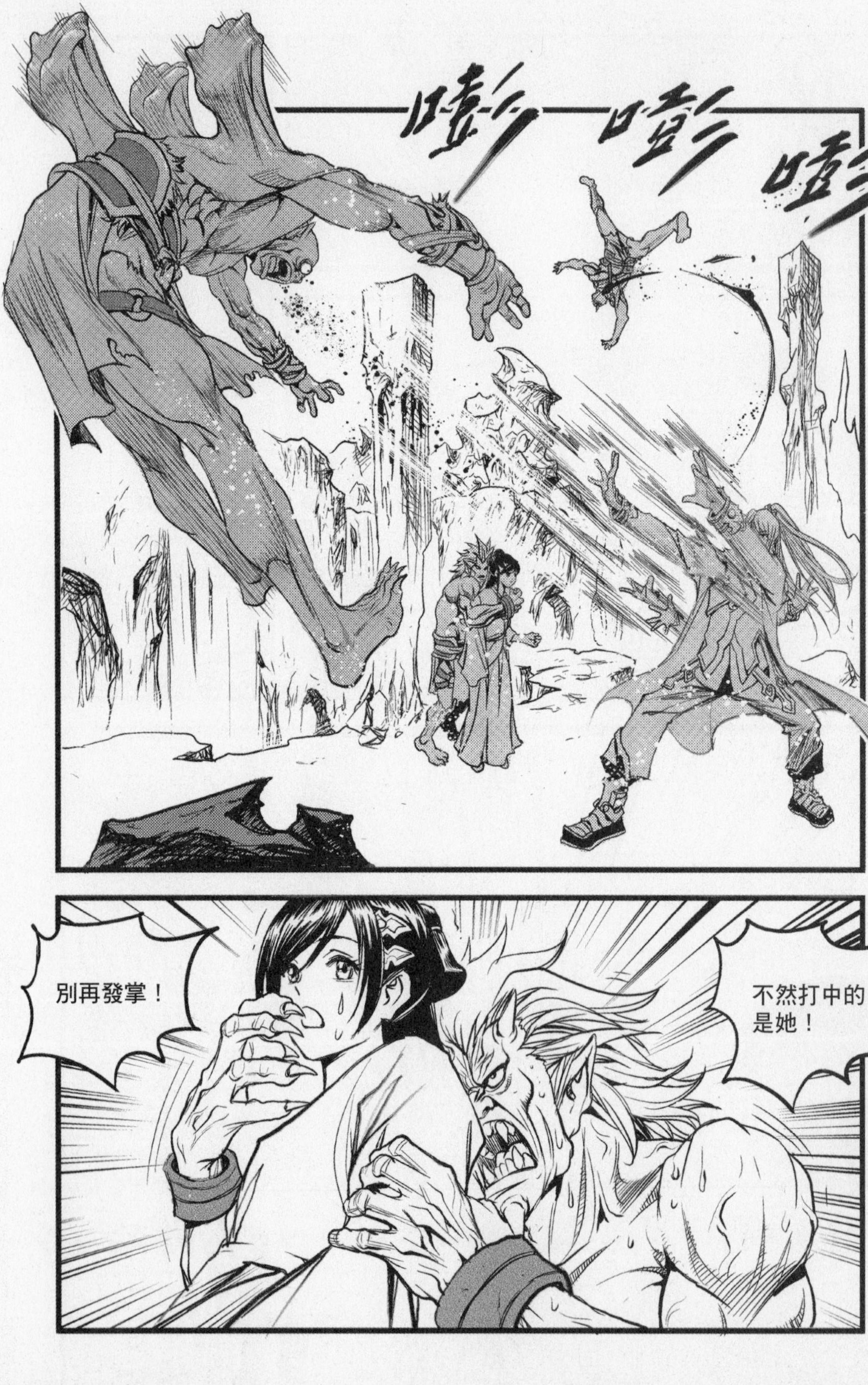

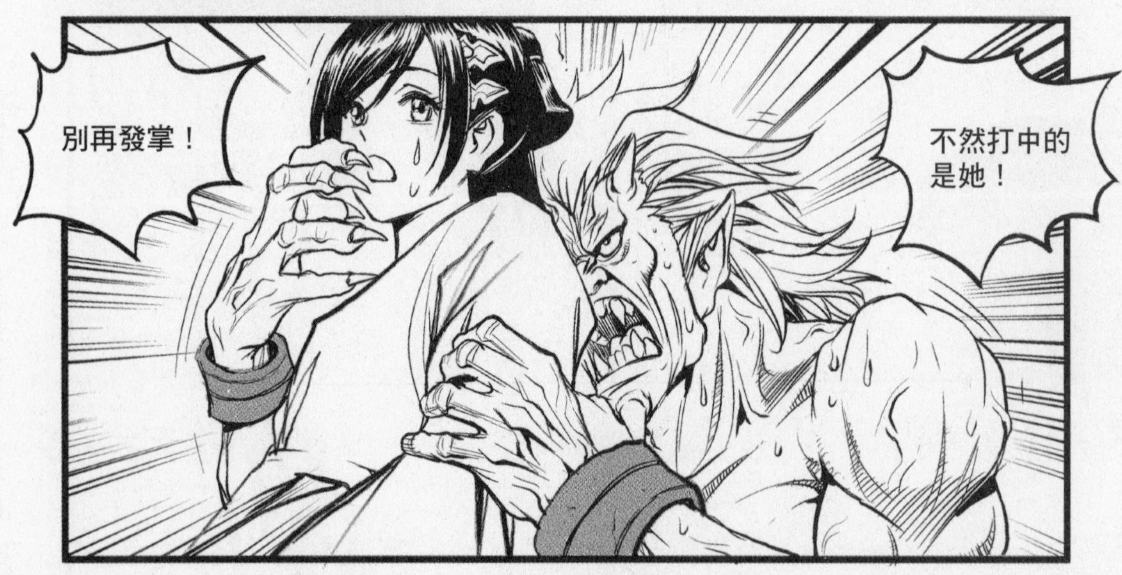
別再發掌！
不然打中的是她！

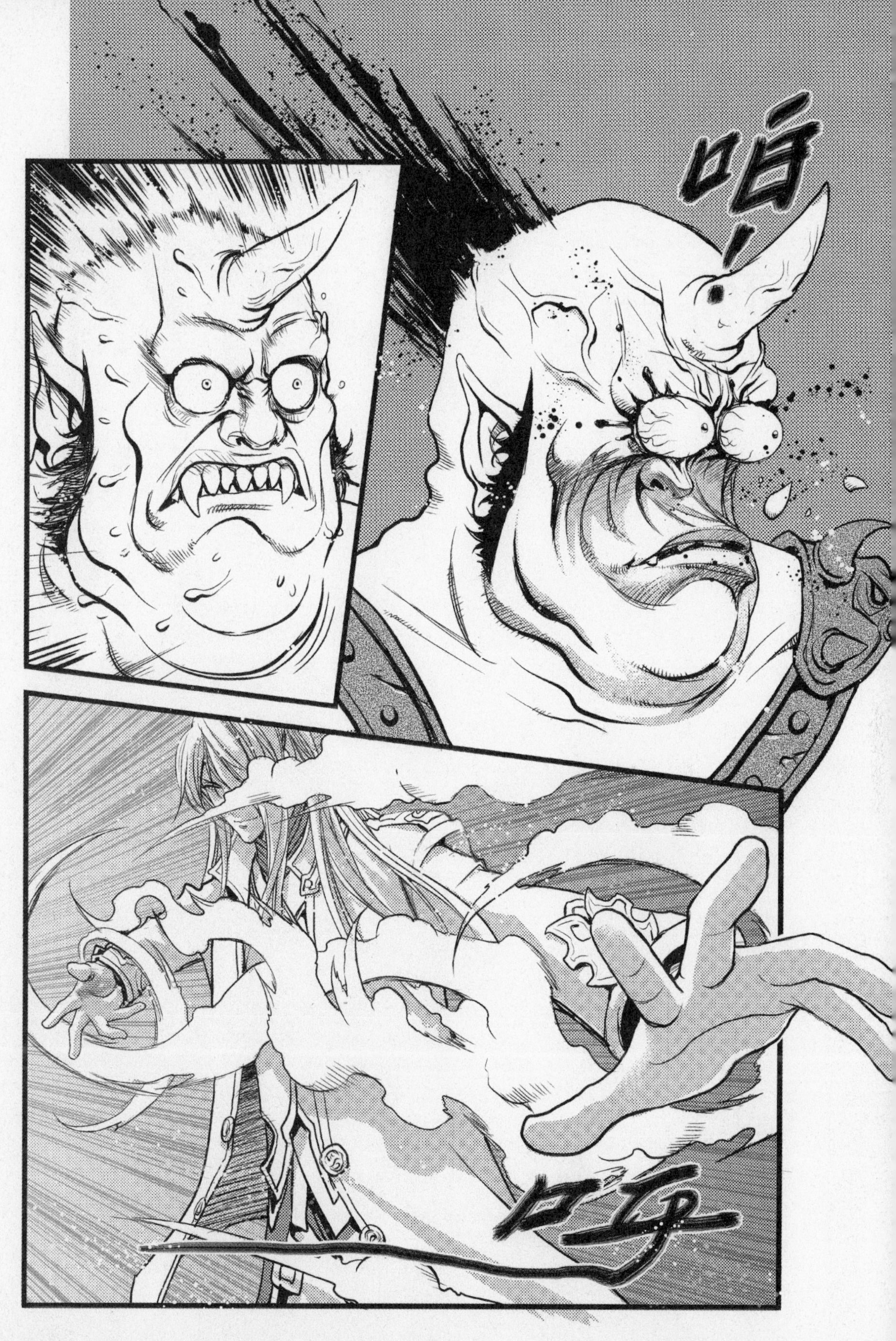

呼——

魔詭江湖

編繪——鍾孟舜

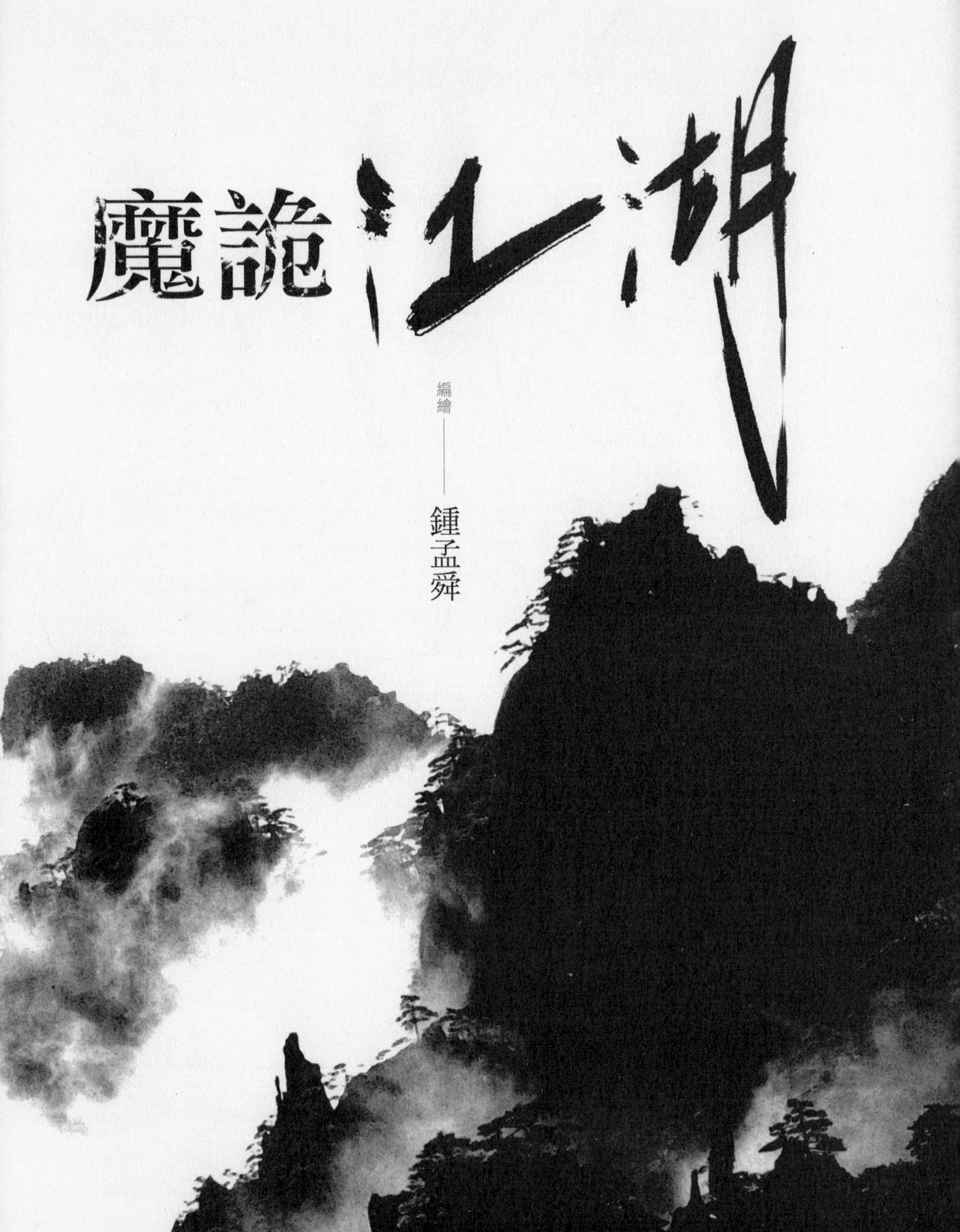

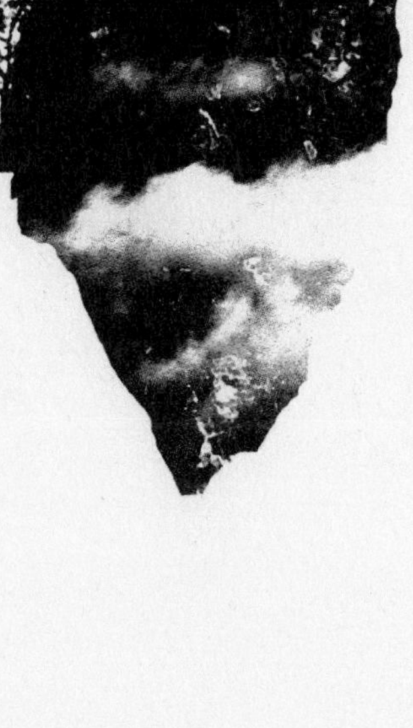

初次踏上魔詭江湖嗎？
那麼、有關這江湖的一些事你必須知道……

一個小乞丐被捉了，他被官差們押往陰森恐怖的虎牢，但是沒想到典獄長～居然是個超級可愛的小女生？她講話非常的溫柔、但是個性卻非常殘忍、聽說她已經整死不少的囚犯……原來她是妖魔所變。小乞丐因為發現了祕密……。

是的。這是一個描述小乞丐如何成為絕世高手、英勇對抗各界妖魔與各大門派的奇幻武俠故事。漫畫人物與場景設計都是奇幻遊戲風格，作者的人物造型設定當然仍是作者一貫極美又亮眼的功力展現……好的，現在就請跟隨我們一起進入這奇幻世界吧！（老編：小心啊～江湖水深……）

責任編輯——龍歌

愛漫畫，是件浪漫的事……

靈感碎碎念

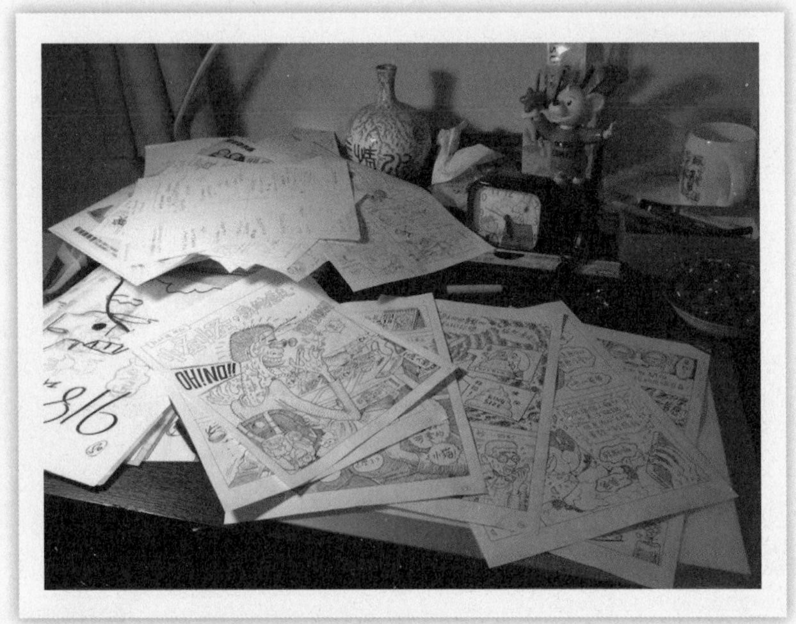

深夜　畫稿完成的浪漫時刻……

過年吃吃喝喝之後，第一次徹夜趕稿，內心無比的滿足充實。

漫畫家努力創作、總統專心治國、尼姑守戒侍佛。

各盡本份，台灣幸福～

下一秒……

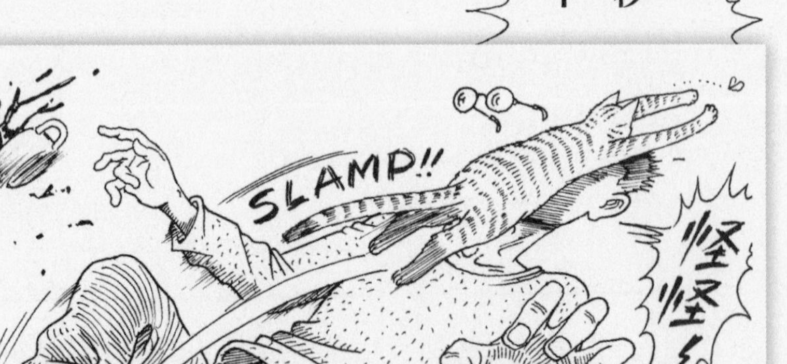

（以上情節純屬小編臆測、如有雷同純粹因為～我們老編是狗派！嘿嘿……）

畫漫畫，是一件要命浪漫的事！

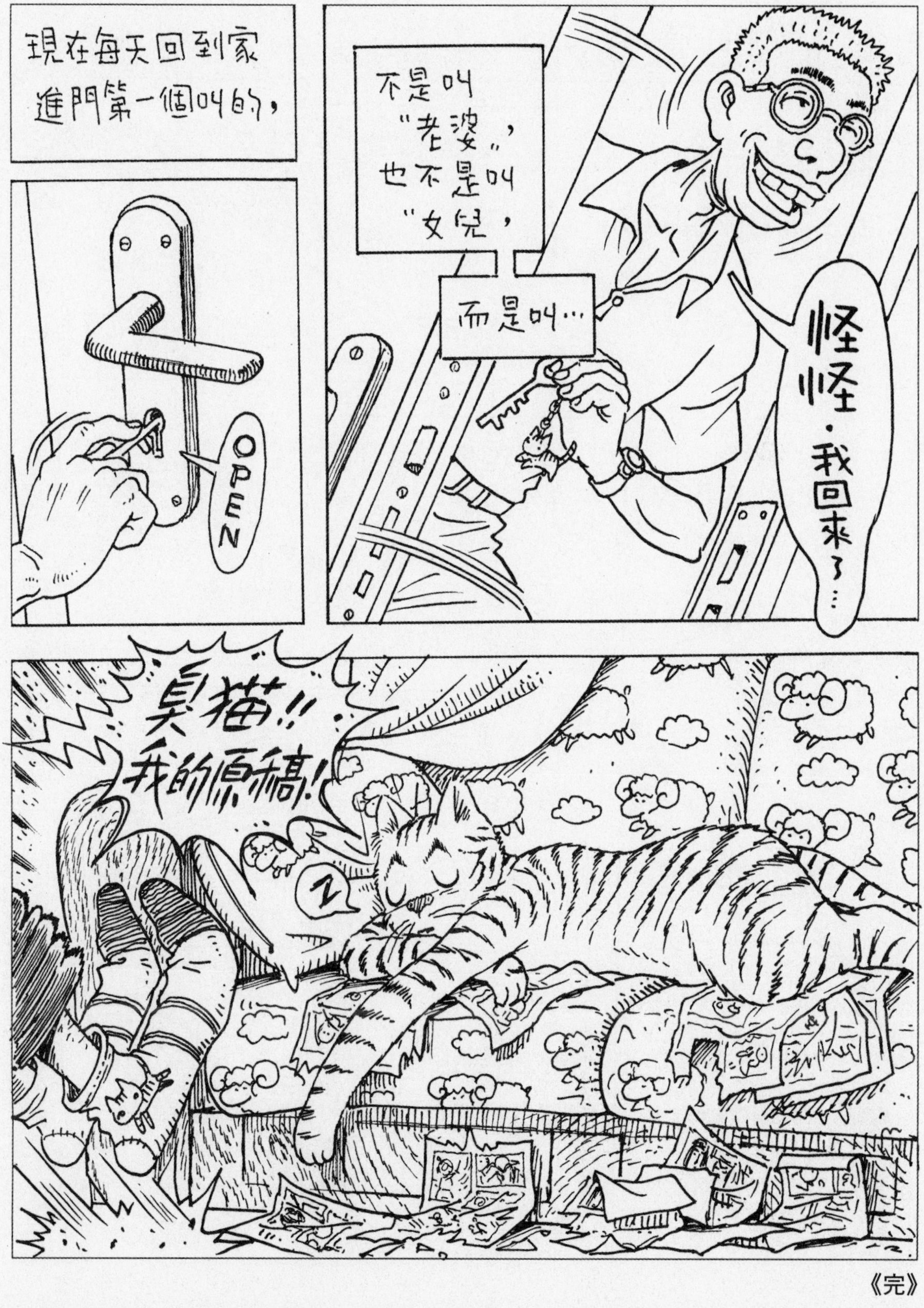

現在每天回到家
進門第一個叫的，

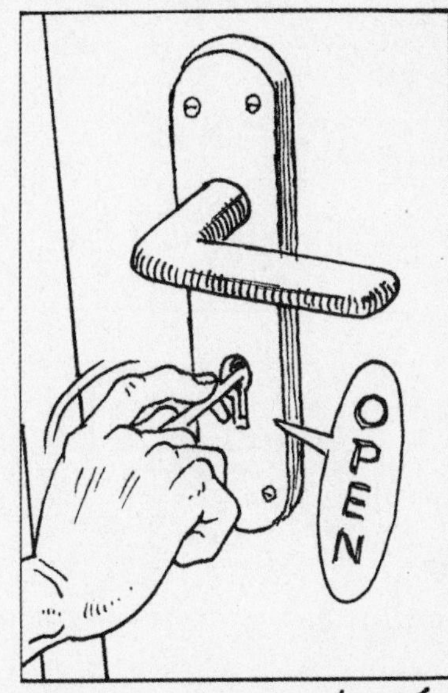

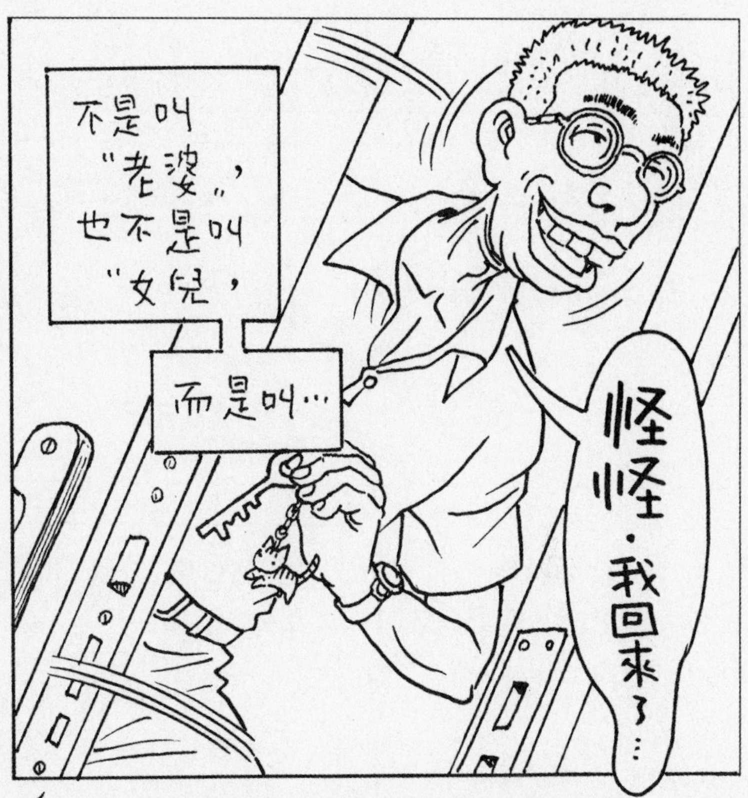

臭猫!!
我的原稿!

Z

《完》

日子過的真快，一晃眼就是2015年……

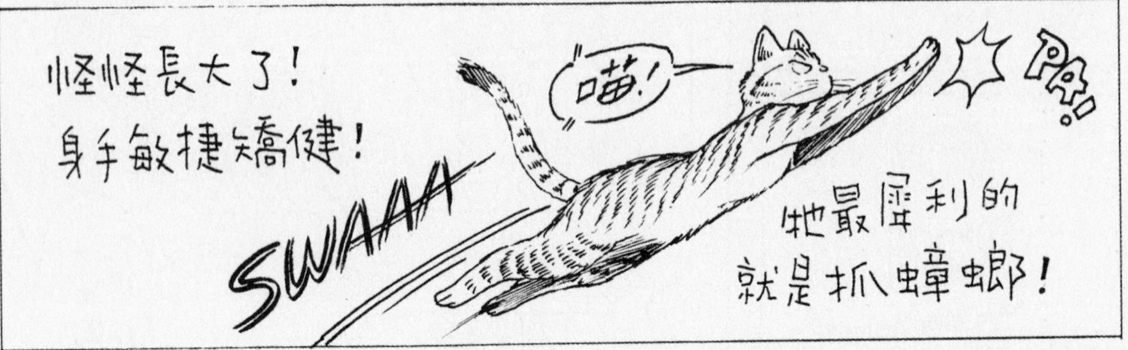

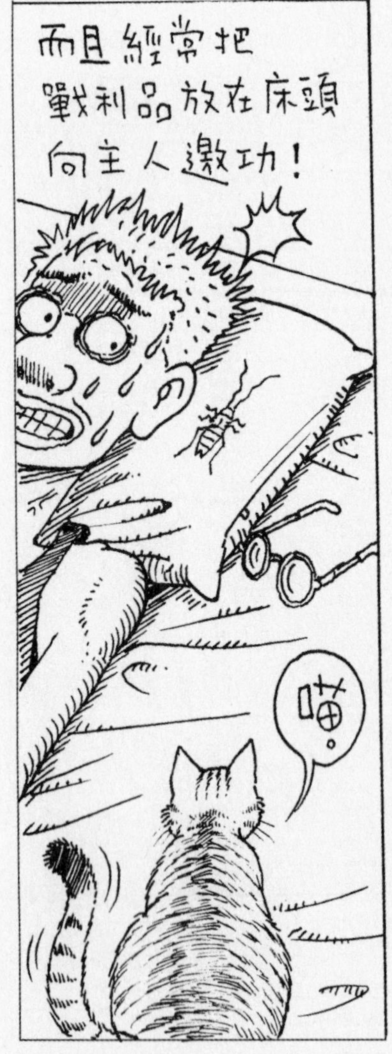

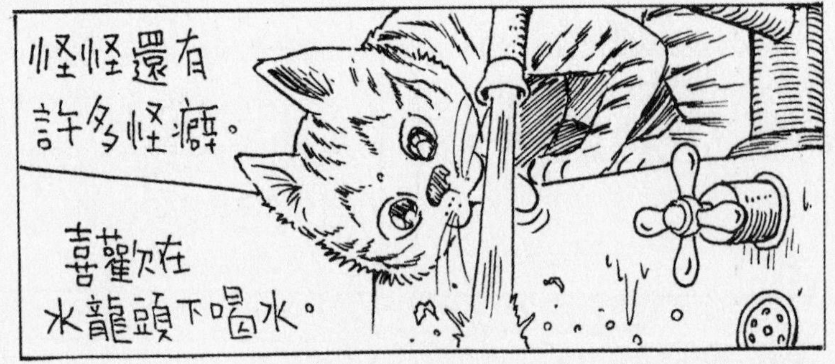

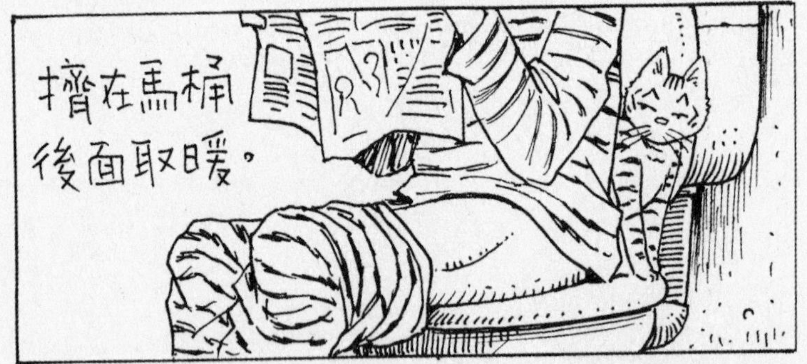

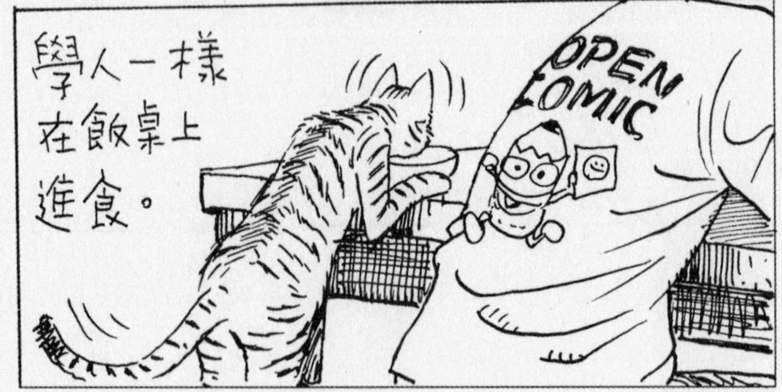

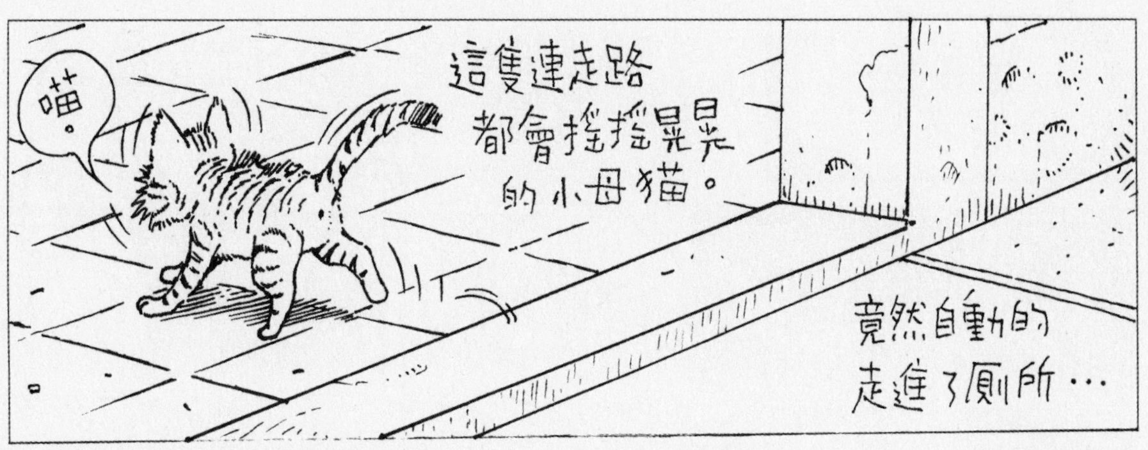

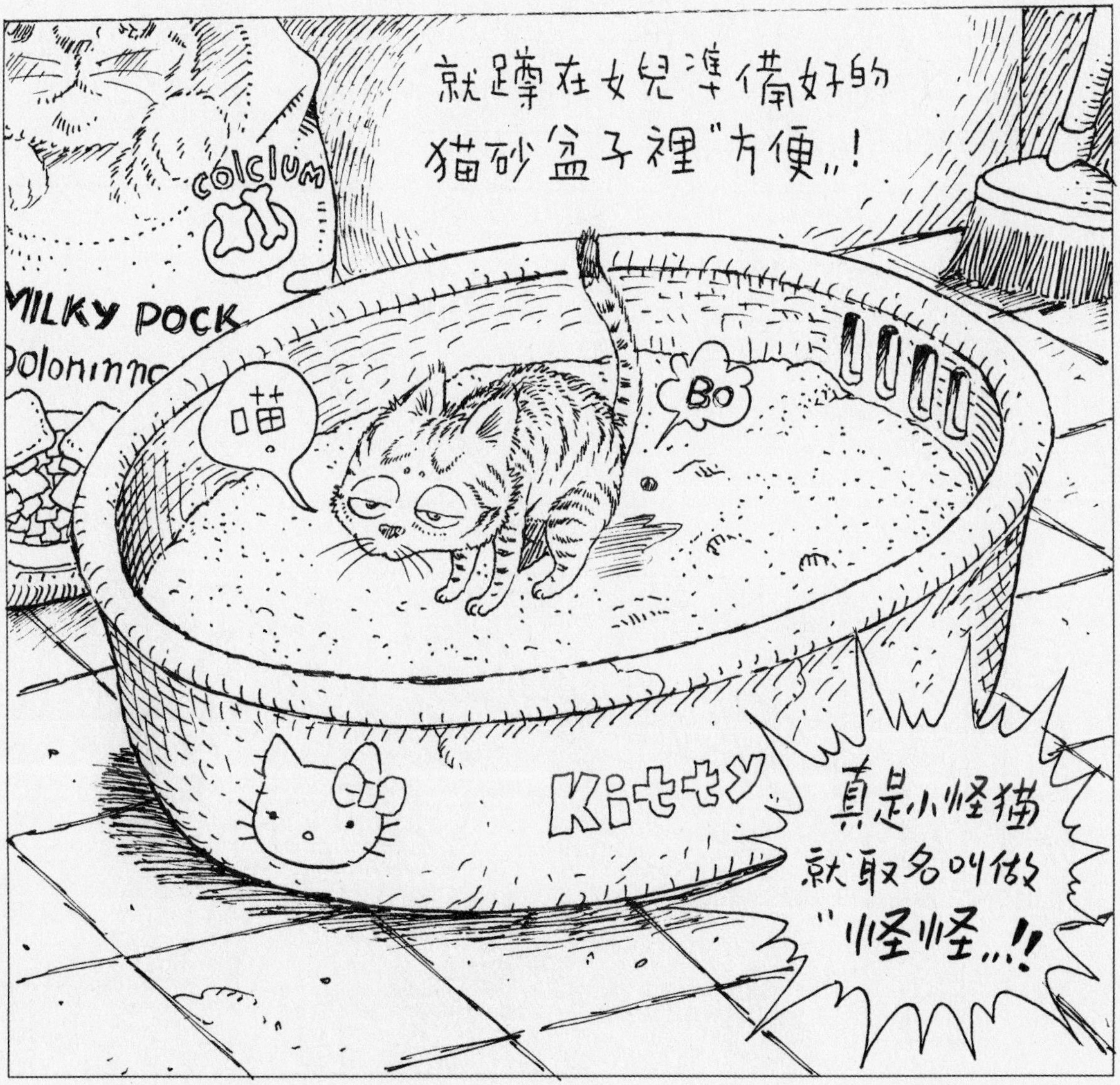

就蹲在女兒準備好的
猫砂盆子裡"方便"!

MILKY POCK

喵。

BO

Kitty

真是小怪猫
就取名叫做
"怪怪"!!

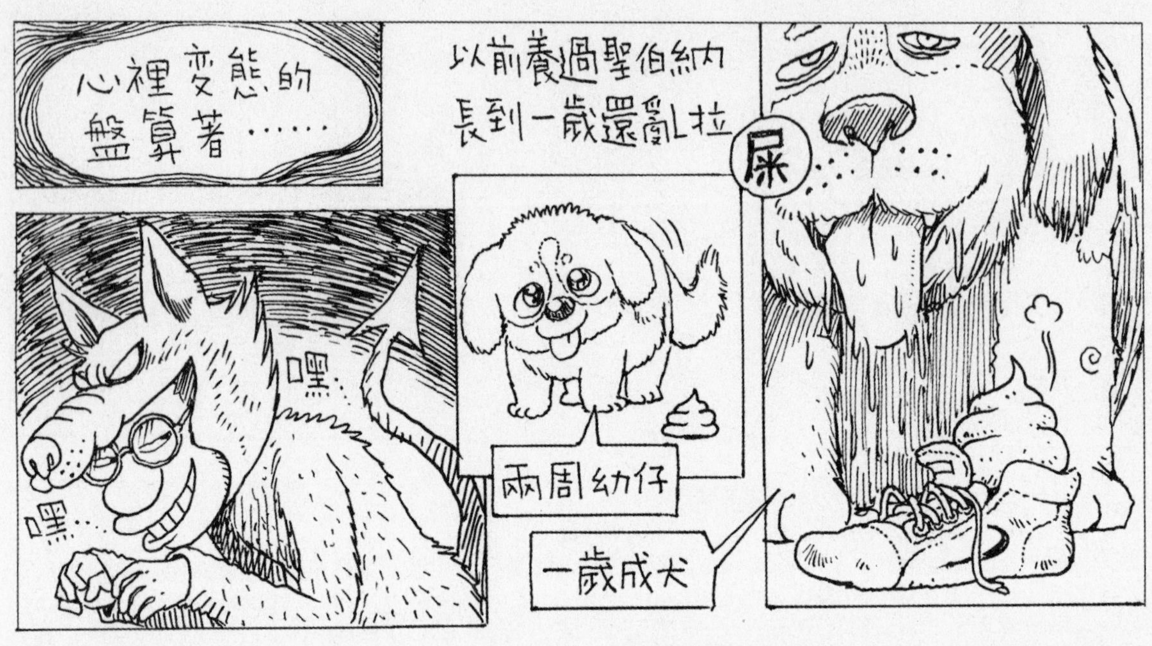
心裡変態的
盤算著……
以前養過聖伯納
長到一歲還亂拉
屎
嘿…
嘿…
兩周幼仔
一歲成犬

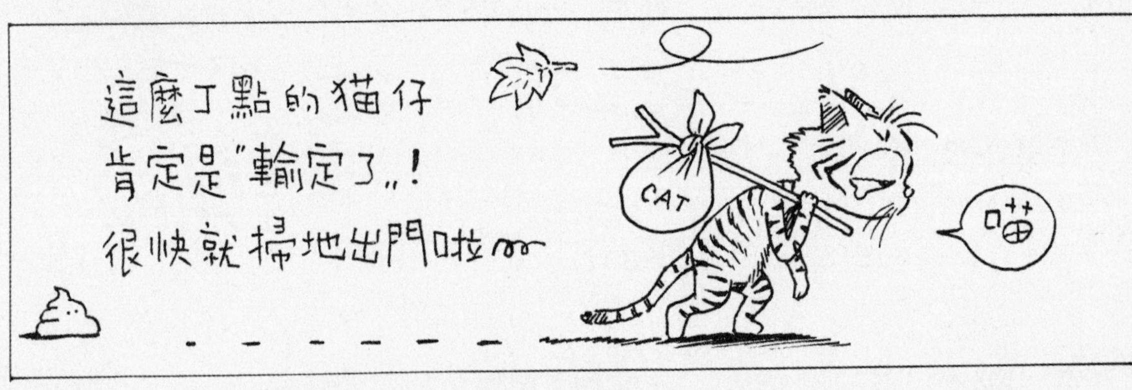
這麼丁點的猫仔
肯定是"輸定了"!
很快就掃地出門啦
CAT
喵

但是!!

奇蹟發生了!

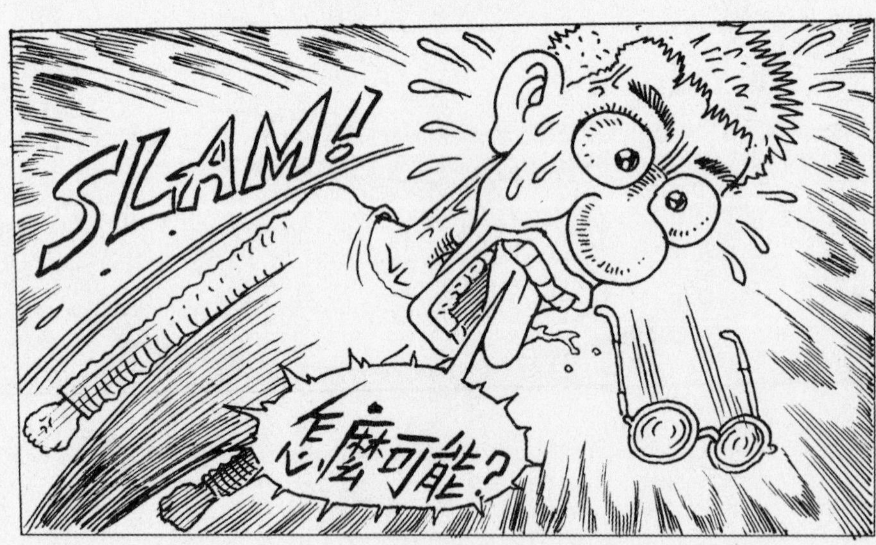
SLAM!
怎麼可能?

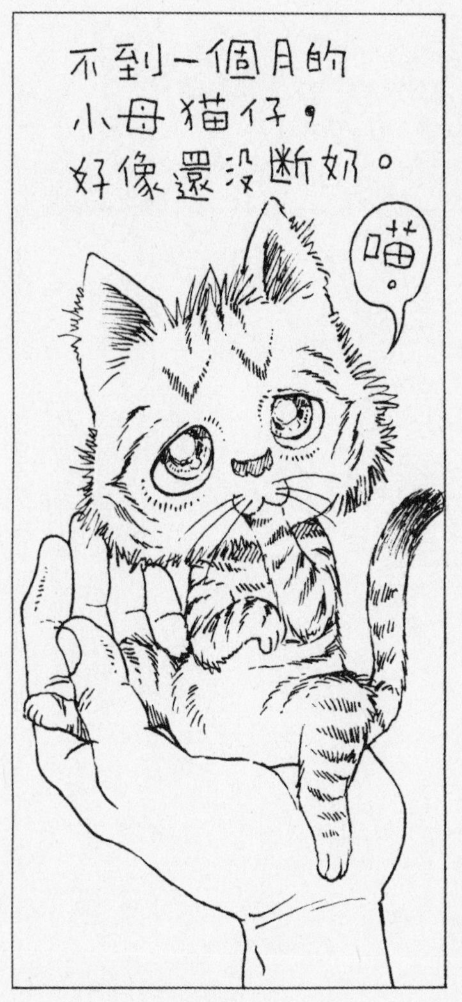
不到一個月的
小母猫仔，
好像還沒斷奶。
喵。

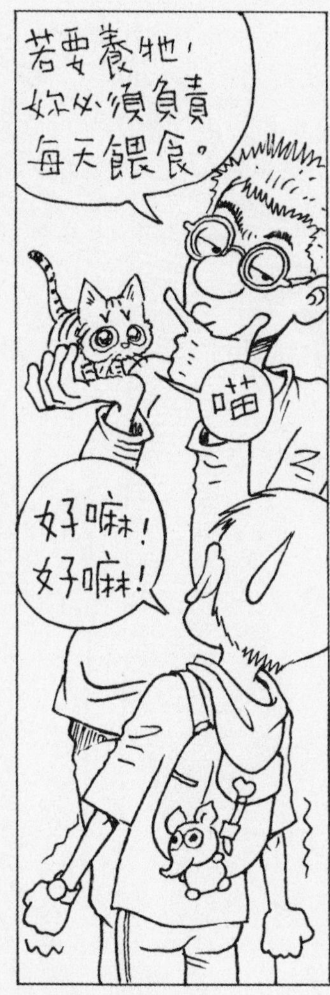
若要養牠，妳必須負責每天餵食。
喵
好嘛！好嘛！

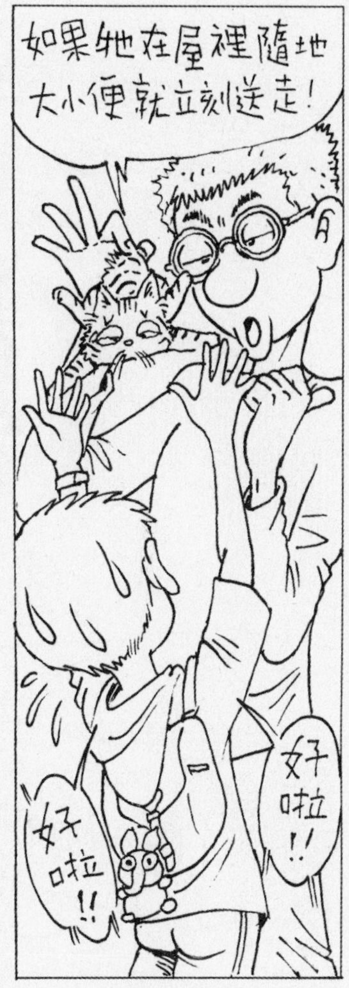
如果牠在屋裡隨地大小便就立刻送走！
好啦!!
好啦!!

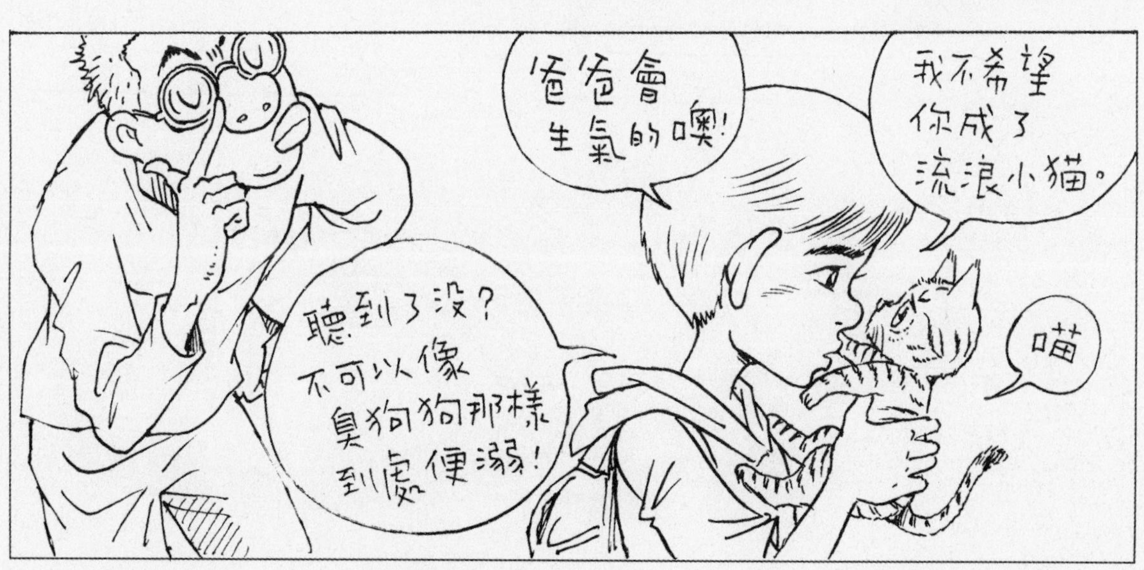
爸爸會生氣的噢！
我不希望你成了流浪小猫。
聽到了沒？不可以像臭狗狗那樣到處便溺！
喵

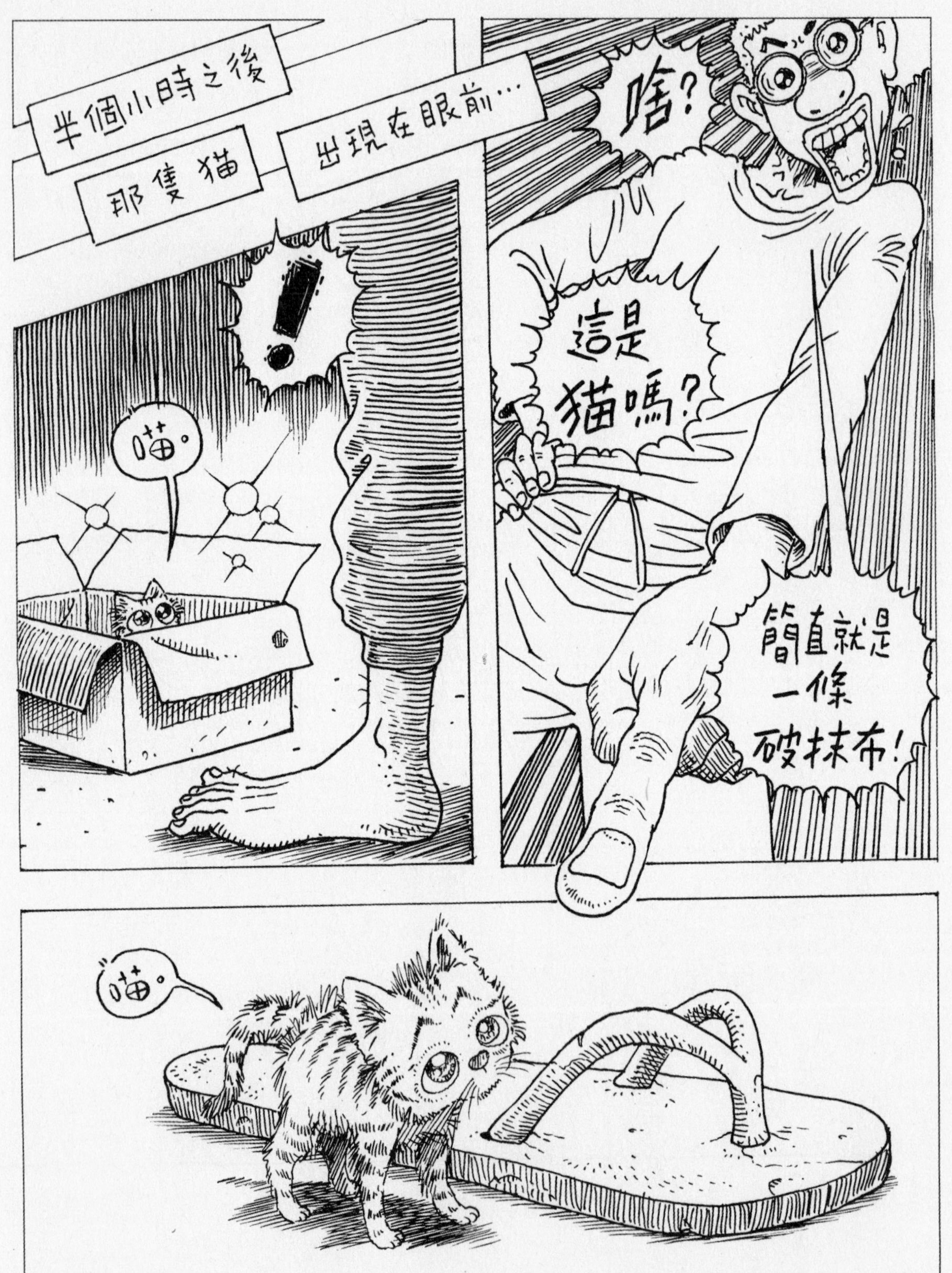
半個小時之後
那隻猫
出現在眼前…
！
喵。
啥？
這是猫嗎？
簡直就是一條破抹布！
喵。

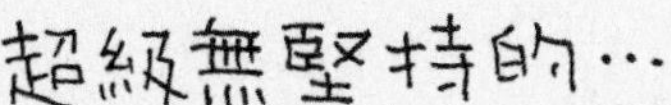

沒有經過大腦的…

脫口而出…

兩個字⇩

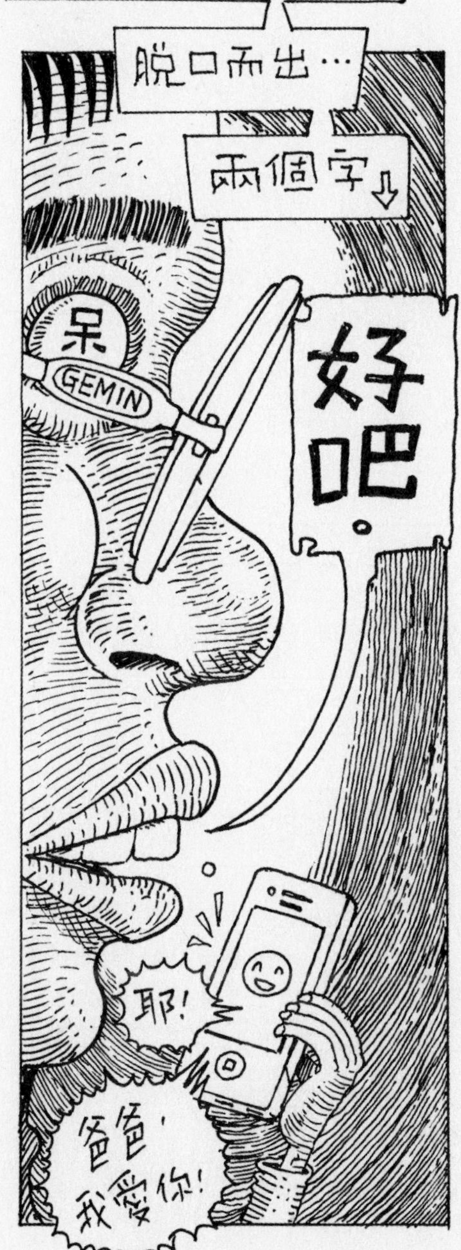

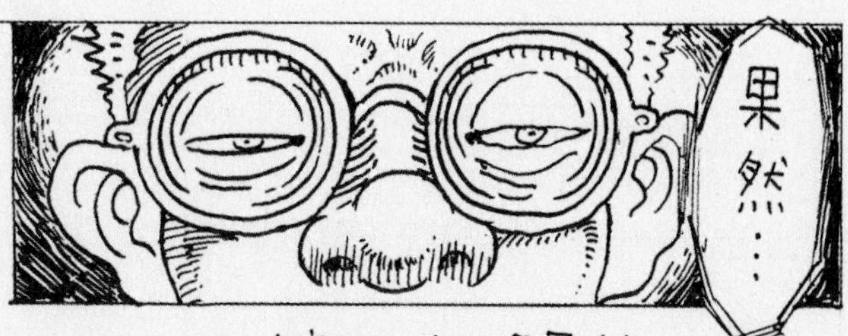

下一秒鐘我就開始
陷入不可自拔的反悔自責!

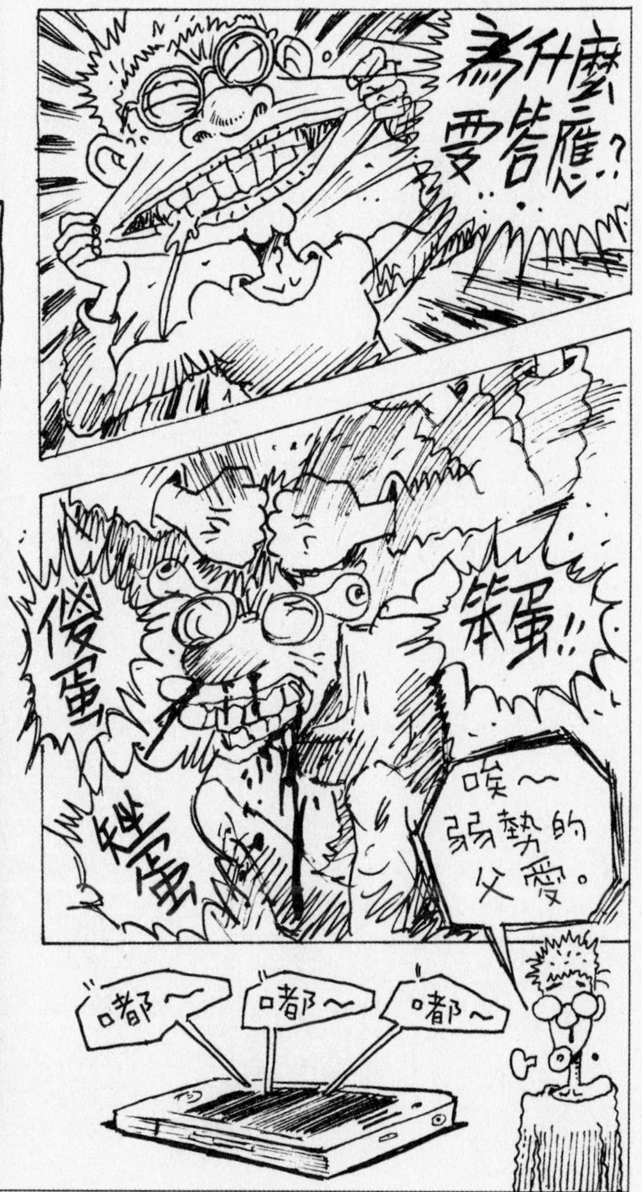

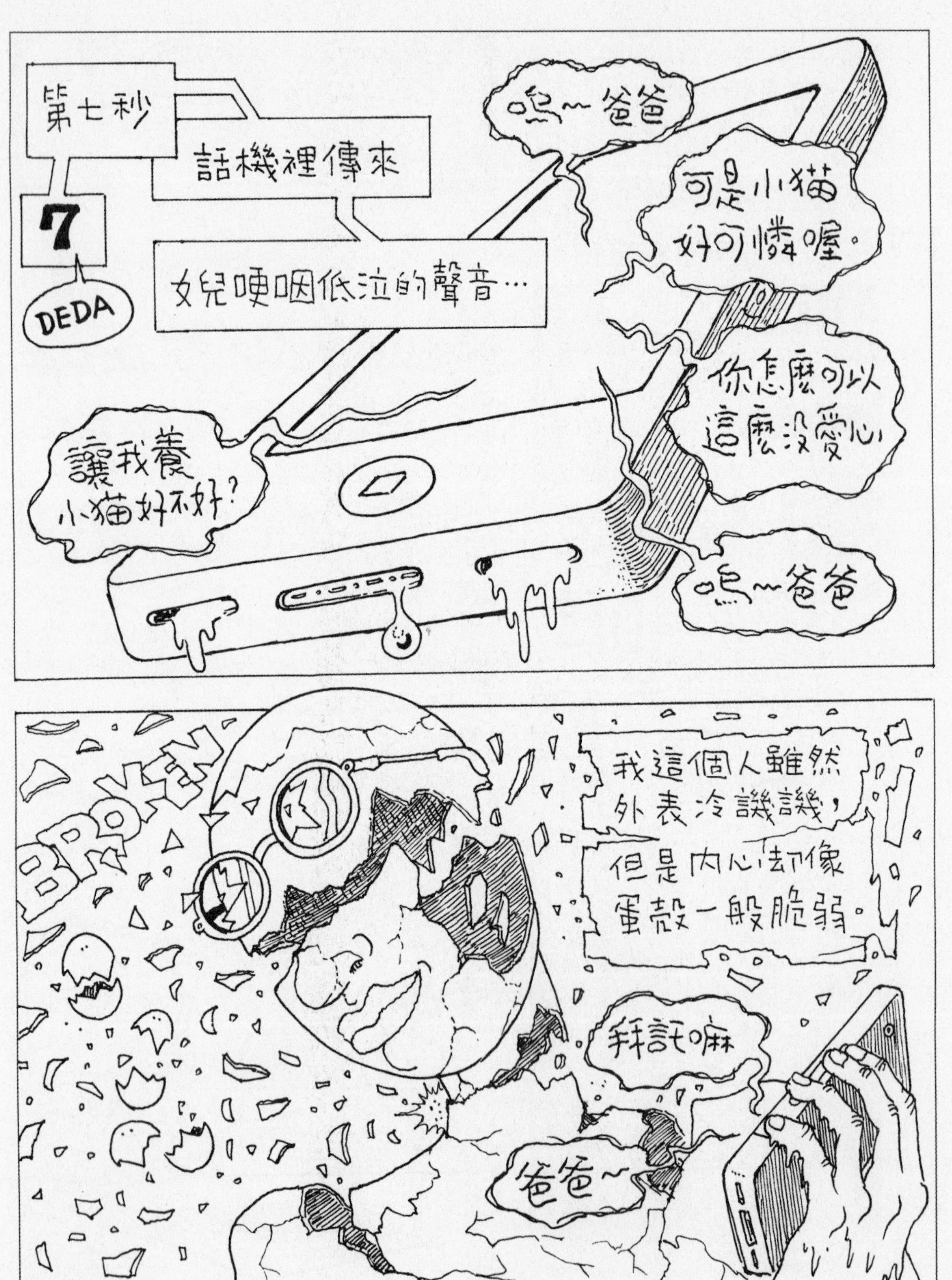
第七秒
話機裡傳來
7
DEDA
娘哽咽低泣的聲音…
嗚~爸爸
可是小貓
好可憐喔。
你怎麼可以
這麼沒愛心
嗚~爸爸
讓我養
小貓好不好?
BROKEN
我這個人雖然
外表冷譏譏，
但是內心卻像
蛋殼一般脆弱。
拜託嘛
爸爸~

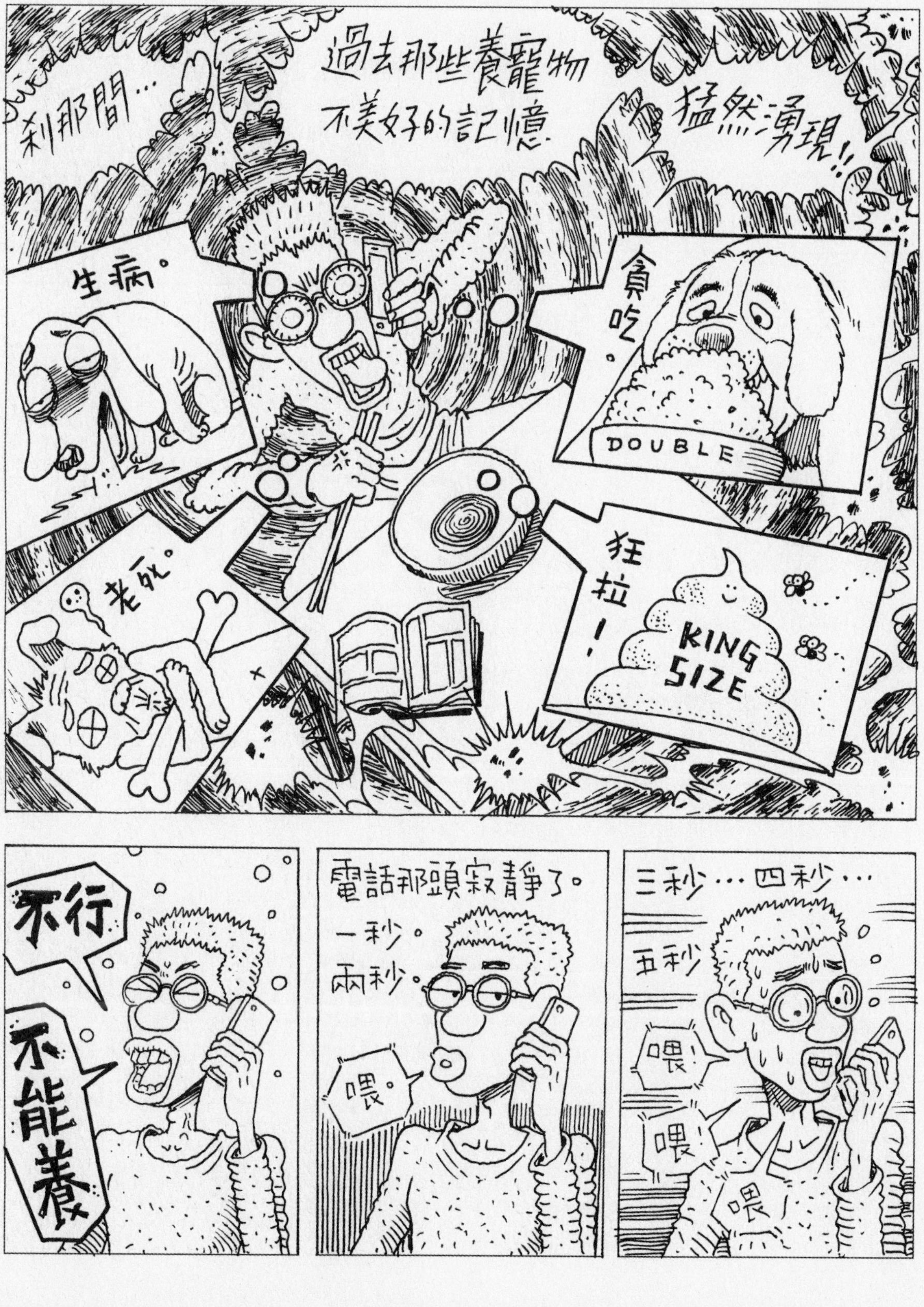

剎那間…
過去那些養寵物
不美好的記憶
猛然湧現!!
生病。
貪吃。
DOUBLE
老死。
狂拉!
KING SIZE

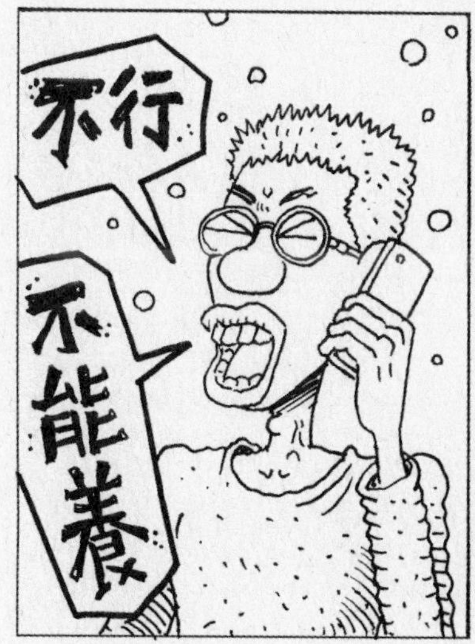

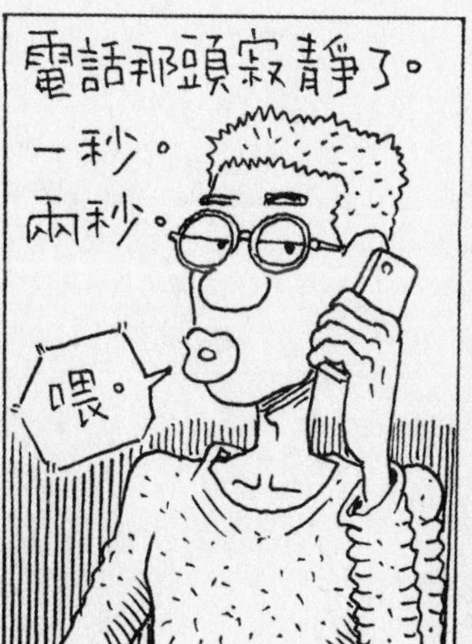

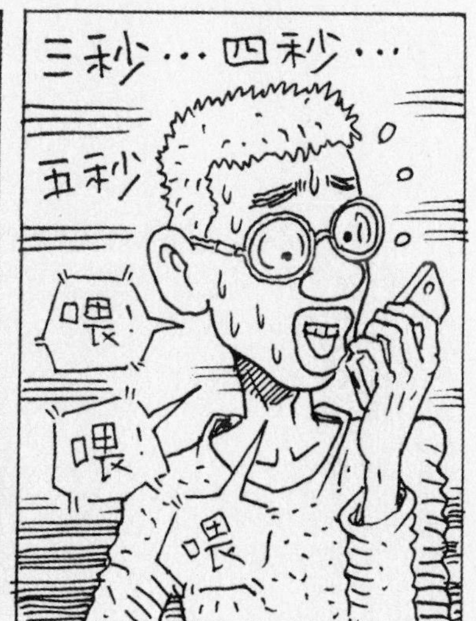

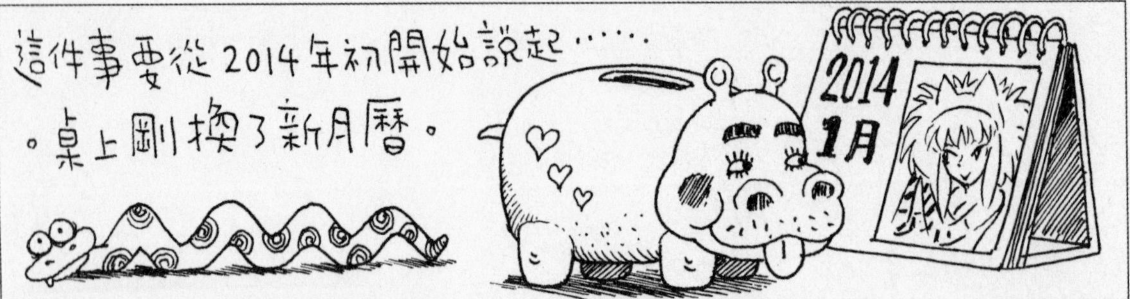
這件事要從2014年初開始說起……
。桌上剛換了新月曆。
2014
1月

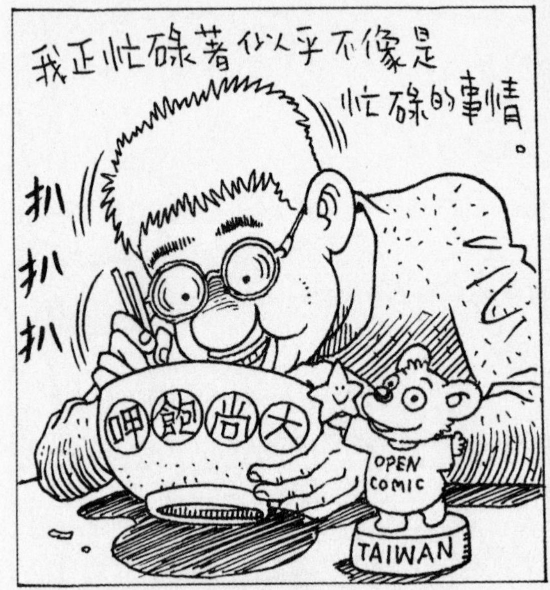
我正忙碌著似乎不像是忙碌的事情。
扒
扒
扒
呷飽尚大
OPEN COMIC
TAIWAN

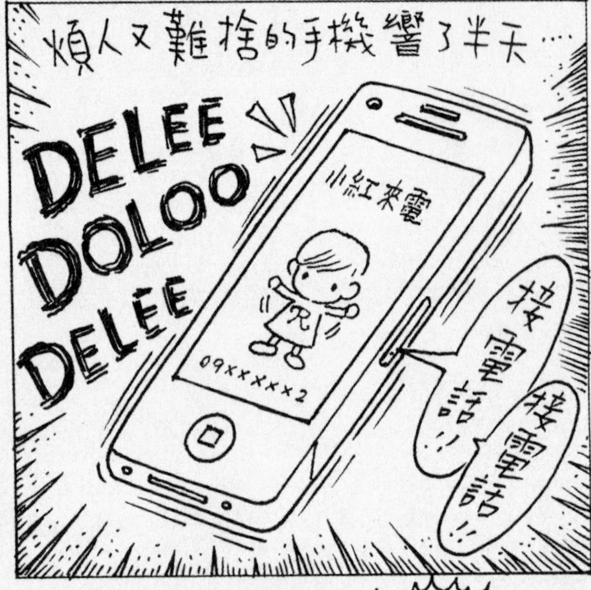
煩人又難捨的手機響了半天…
DELEE
DOLOO
DELEE
小紅來電
09XXXXX2
接電話!!
接電話!!

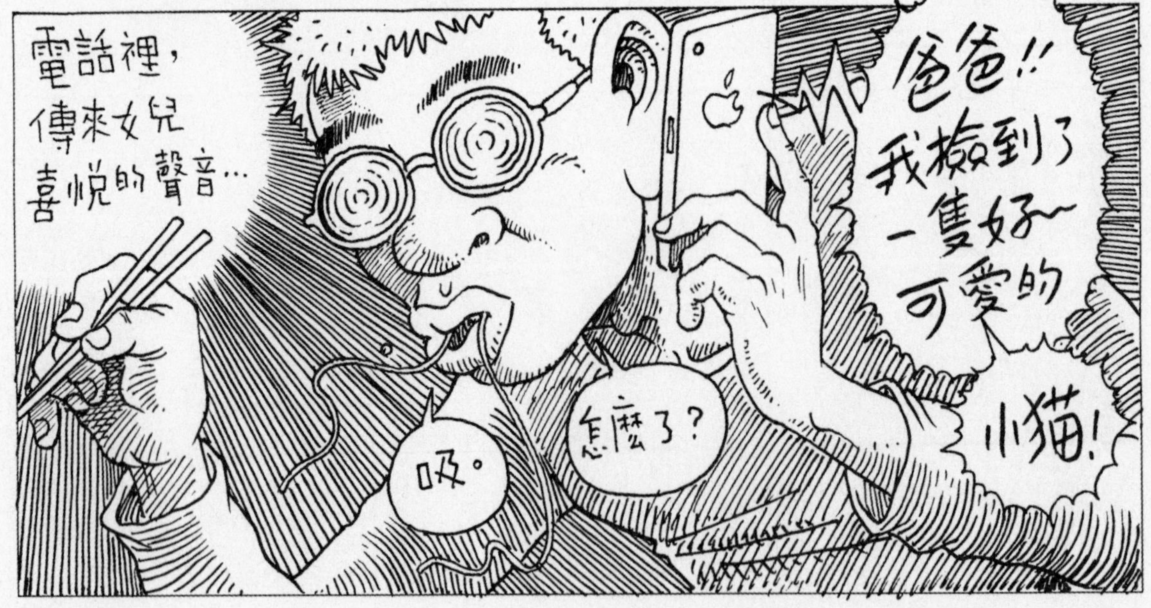
電話裡，
傳來女兒
喜悅的聲音…
爸爸!!
我撿到了
一隻好~
可愛的
小貓!
怎麼了?
吸。

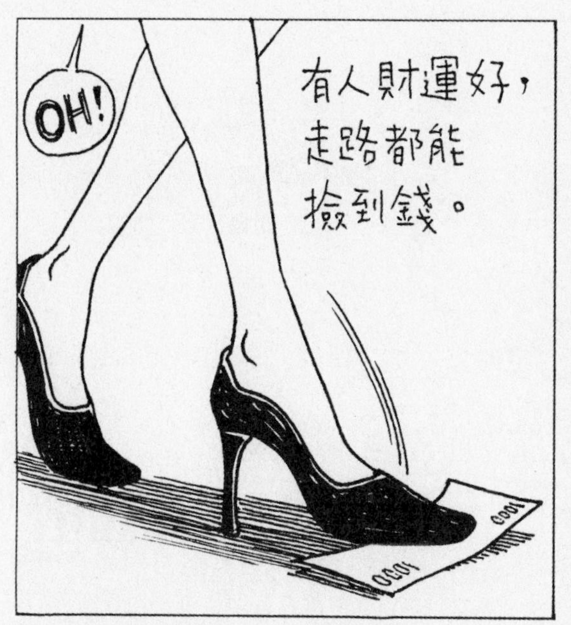

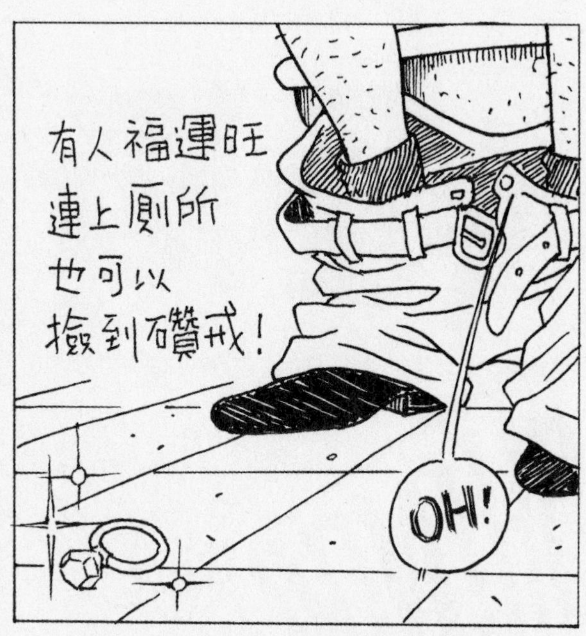

而我呢？
一個財運和福運
都不怎麼走運的
漫畫家，
又能撿到什麼好康的？

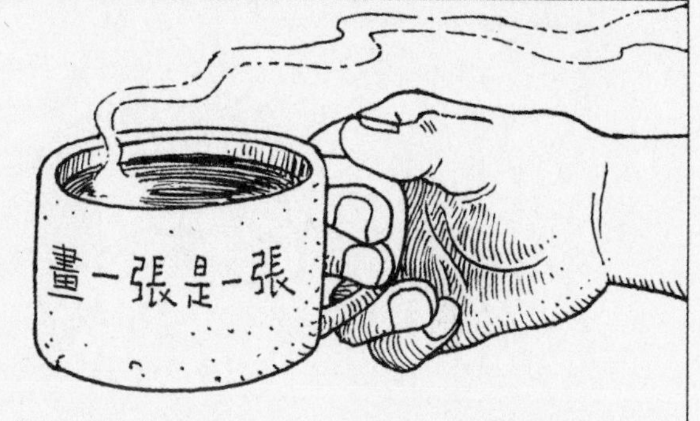

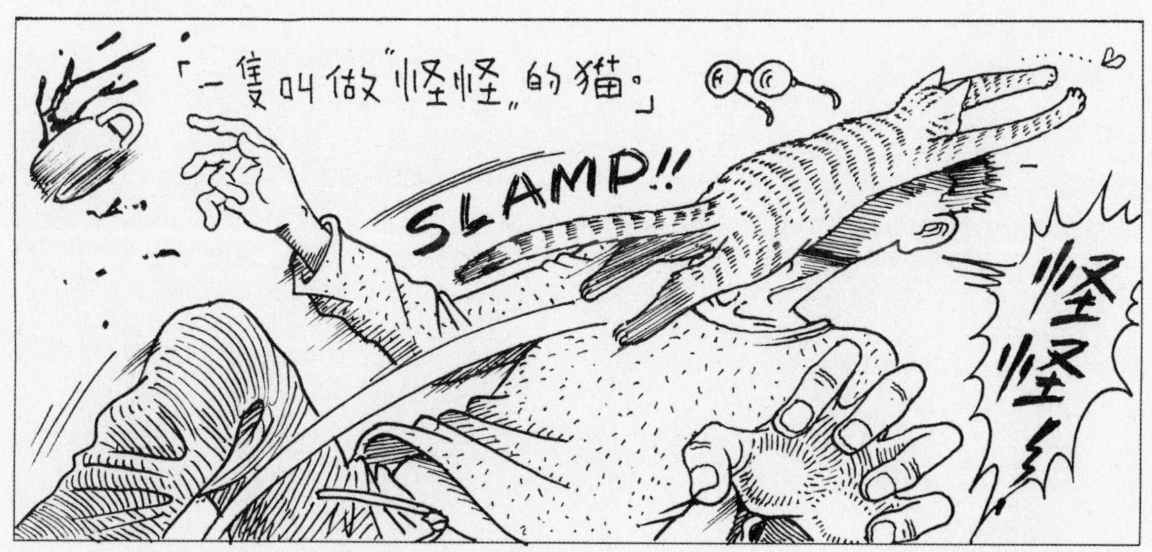

敖幼祥 作品

怪怪，我的貓兒．

OH! NO!!

SHUTDOWN!

當機！

CA!

CA!

CA!

一滴入魂

浪漫STORY 10

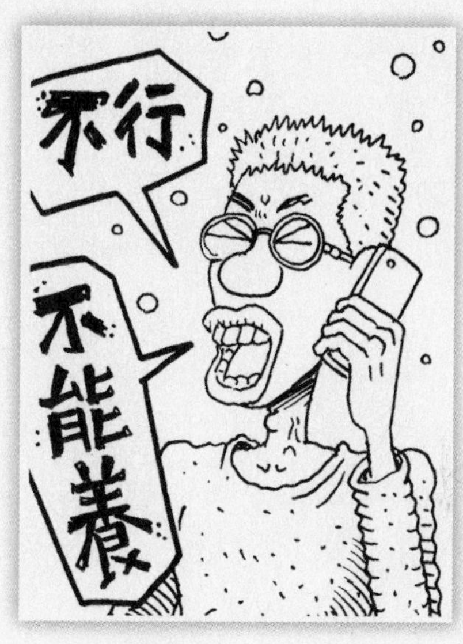

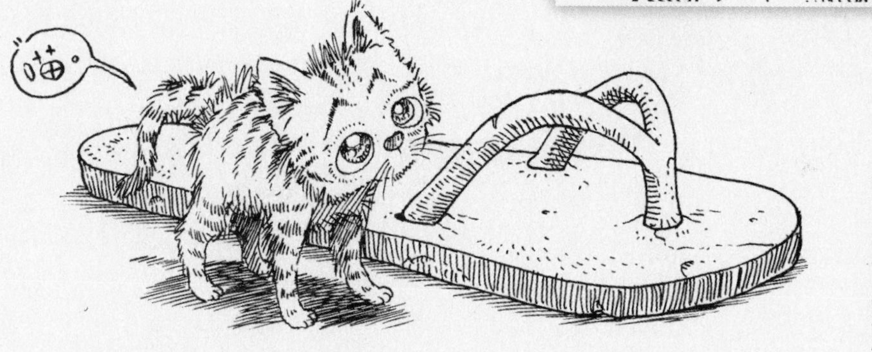

編繪——敖幼祥

仔細想想　人生也就是這樣吧……
我們所堅持的或許一定對、但卻無法耐久！
就是這樣　怪怪來了～

穿越物種、人類與貓咪的情感互動世界。

台灣資深漫畫大師敖幼祥2015年的最新漫畫純情告白！

欣賞經典漫畫大師透過畫筆、一點一滴的傳遞給讀者們、

屬於漫畫創作者心中永不熄滅的熱情、和不朽的浪漫行動。

漫畫迷、愛貓族千萬不可錯過!!

責任編輯——龍歌

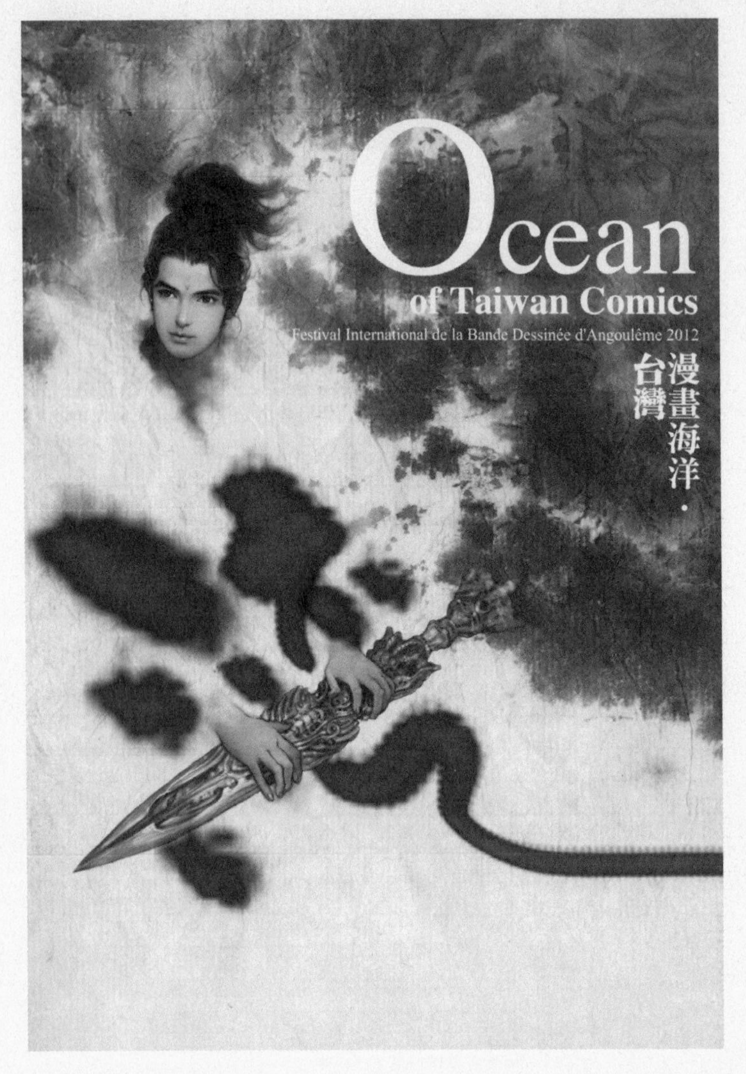

（左圖）漫畫海洋・台灣！2012年，台灣參加法國安古蘭國際漫畫節，並設立台灣館專區，當時邀約了本地漫畫大師—鄭問繪製專刊的封面彩圖。

亞洲區的比賽有人參加，歐美地區一樣有各種大大小小的漫畫競賽在呼喚著，這一陣子既演戲又出書的安哲，便是透過歐陸的比賽出道。他先是在2013年以《清道夫》一作，入圍法國安古蘭國際漫畫節新秀獎，同年再一發，投《禮物》於歐漫前衛漫畫節瑞士琉森Fumetto新秀獎，獲得首獎，由此名號大響，更讓出版社找上門與他洽談合作。

跨國行動軟體平台登台、台灣漫畫創作百花齊放！

去年開始，日、韓兩國的手機應用軟體業者紛紛來台成立手機漫畫平台，大量用稿費和光明的未來發展以吸收台灣漫畫作者投靠，並舉辦原創漫畫大賽，將市場氣氛炒到最高點。不論這一波行動閱讀的後續會如何發展，只要這些平台業者以合情、合理、合宜的方式簽訂雙方的著作權，那麼多一些平台發表對有志創作的漫畫人來說，絕對是利多的事情。相信我們一定可以拭目以待，台灣漫畫原創百花齊放的幸福境界很快就會出現在我們眼前啦!!

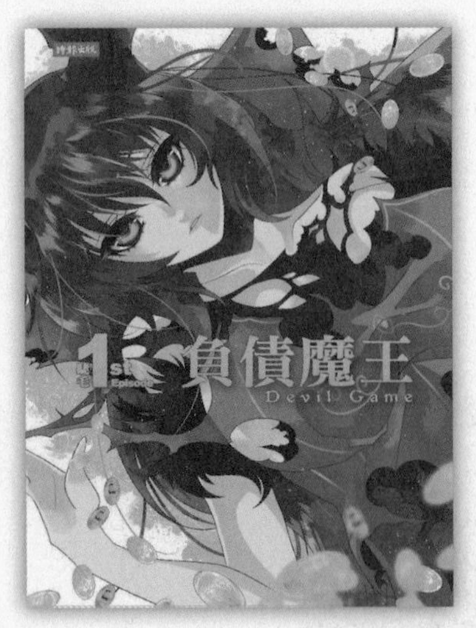

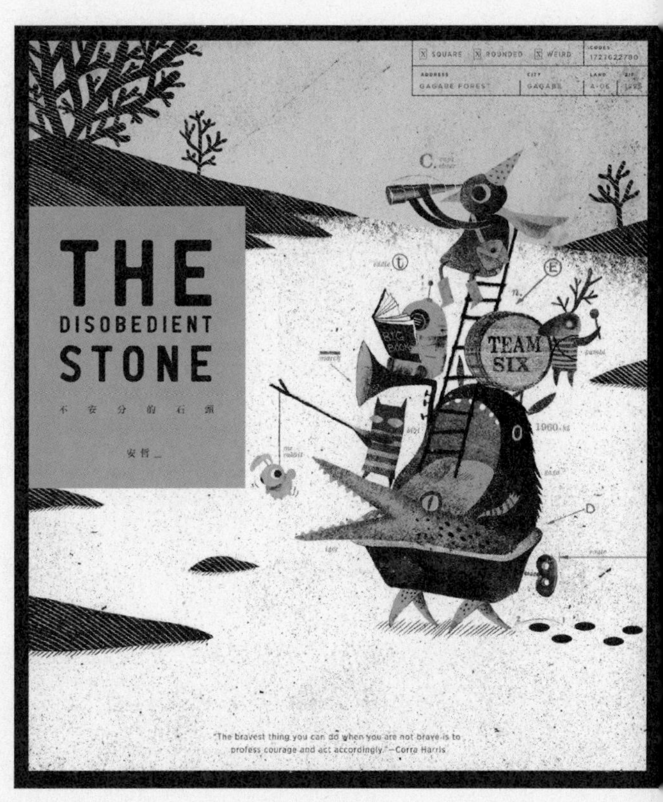

積極轉型、打造原創競演新天地!

2011年，一場本地「原創專屬」的同人作品交流展誕生了，這個打正旗號只邀原創作品作者的活動，吸引了眾多想為自我發聲的創作人參與，讀者的支持度也熱力十足，使得首屆活動的規模，宛如中型綜合向同人場一般的聲勢，真是另人喝采的雙贏局面。這般鼓勵原創的同人活動帶來的正面意義是絕對的，一方面在於想創作個人心儀著作的作品，有一個發表接觸讀者的機會，一方面也讓讀者了解到，本地創作的豐富面貌，且原創製作的火燄是一直燃燒著，而在那火光的映照下，創作人與讀者交流的原始真心，讓本地原創能擁有更大空間。

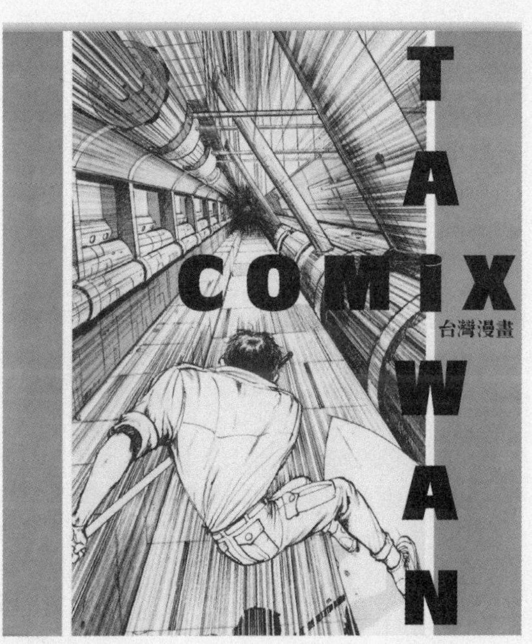

國際比賽、新人海外鍍金急竄出!

還有一群創作人，則以參加各種不同漫畫比賽，以爭取完美的投入創作界。國內部份，由官方主辦的金漫獎，因為獎金最高、知名度最大，成了兵家必爭之地。鄰近日本的講談社有開辦一個名為Morning國際新人漫畫賞Morning International Manga Competition M.I.M.C.，自然的，由於是漫畫超級強國，又是大出版社的比賽，讓很多本地漫畫創作者躍躍欲試，而事實上台灣作者在這個比賽中頗有收獲，陸續拿下第二屆、第三屆冠亞軍，與第五屆冠軍。

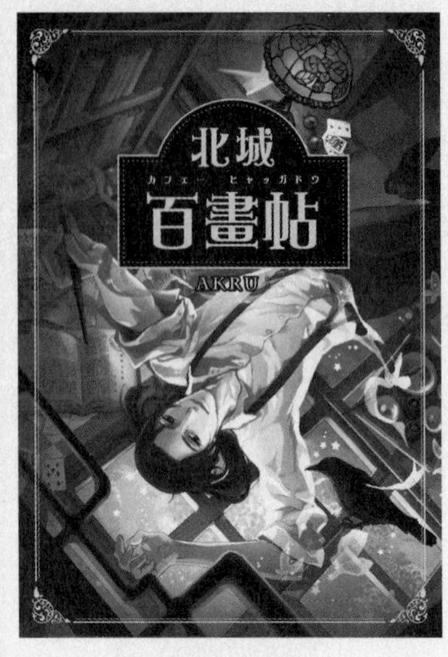

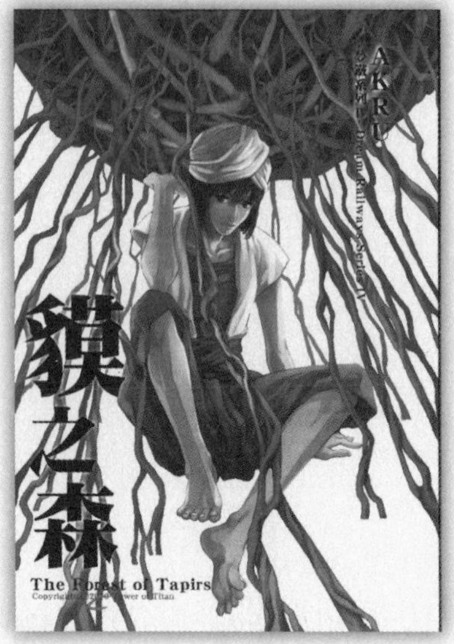

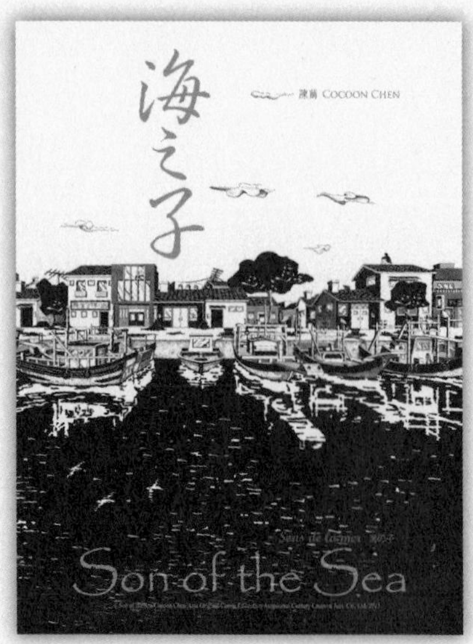

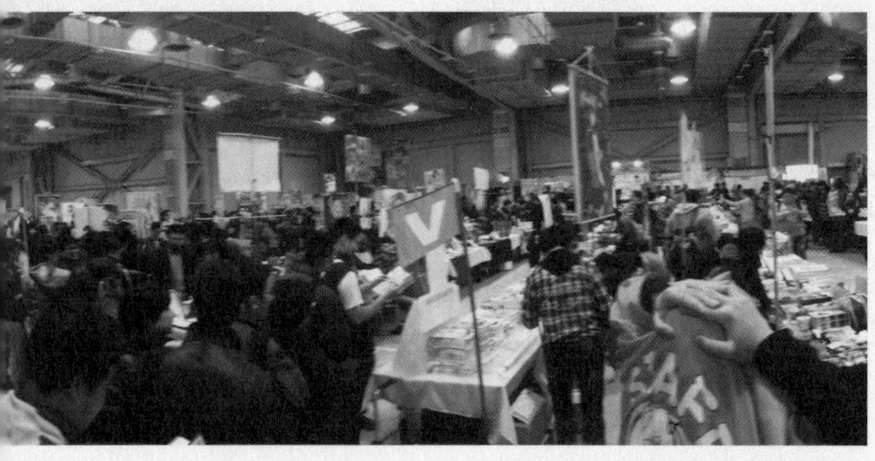

(上左)台灣知名女漫畫家ARKU，透過在同人場推出她的原創個人誌，同時也積極參加各個漫畫比賽，經此累積出豐厚的人氣與支持度。

(上圖)海之子漫畫獲得日本鳥取縣漫畫大賽首獎，目前作者已在日本研習創作當中。

(左圖)大型同人展活動愈辦愈多、愈辦愈大，參與的人數踴躍到場地得一換再換，才能容納爆量的人潮，昔日以台大體育館為主場，如今已推進到花博展覽館。

突破同人框架、漫畫新銳紛紛轉型勇闖商業主流!

時間大約是兩千年初，大形同人展活動愈辦愈多、愈辦愈大，在這類多以二次創作號召，魅惑重度漫畫迷的活動中，許多一開始僅是繪製二次創作的業餘漫畫作者，在經過一本又一本的練習，表現日益精彩，也贏得漫畫迷的肯定與支持。因為創作的意念和畫技的更加成熟，他們也不再只滿足二次創作，繼而轉變繪製個人原創的作者不斷增加，一些已被書迷認可的原創同人作者，作品熱銷的收入甚至高於職業漫畫家，因此招來了媒體的關注報導，手腳快的出版社也不忘趁勢吸收他們，納入商業出版體制。爆量的人潮，昔日以台大體育館為主場，如今已推進到花博展覽館。

走出低潮　躍升璀璨

台灣漫畫新氣象！

製作——浪漫編輯室

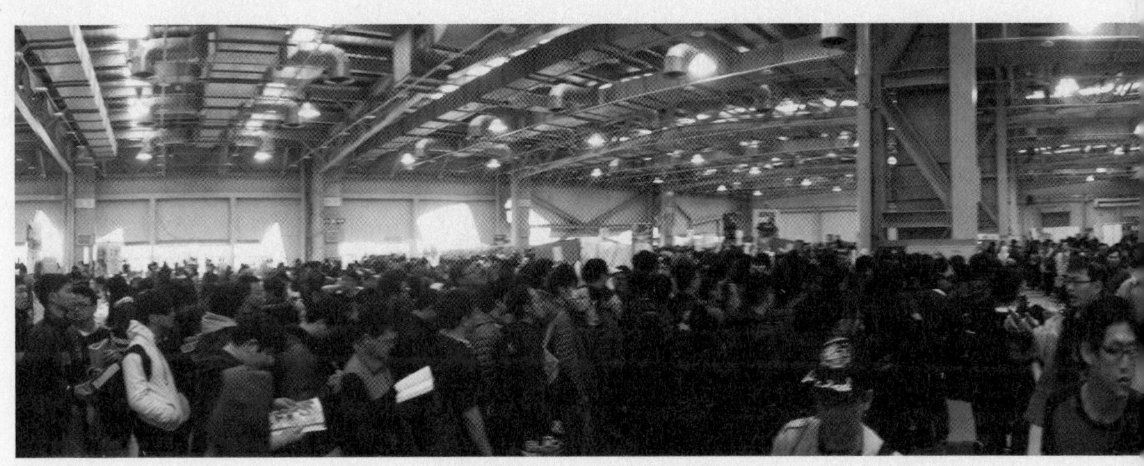

漫畫創作在台灣一直以來都是個難題，早年由於諸多因素交叉夾擊，使得本地原創沒有太多機會茁壯發展，到了八零末、九零年代初，因為智慧財產權的法令確立，以及一股追求原創的風氣興起，本地原創漫畫似乎開始有了不一樣的景象。但好景不常，隨著市場與整體環境的變化，不消幾年的時間，本地原創漫畫又黯淡了起來。

在紙本漫畫刊物大量萎縮，許多創作人缺乏表現空間的時期，剛好電腦網路普及，網路平台隨之興起，讓有志創作的諸君多了個展演空間，於是出現了一批網路漫畫家，他們藉由免費觀看的部落格，或是個人網站平台發佈其作品，在天時地利人和巧妙的搭配下，好些個創作者都成功的名利雙收，當中最具代表性的便是彎彎，只是這部份受青睞的作品，泰半是四格或單幅漫畫為主，鮮少聽說有連環作品在此大獲益，因此連環漫畫作者一時間似乎降到最低。

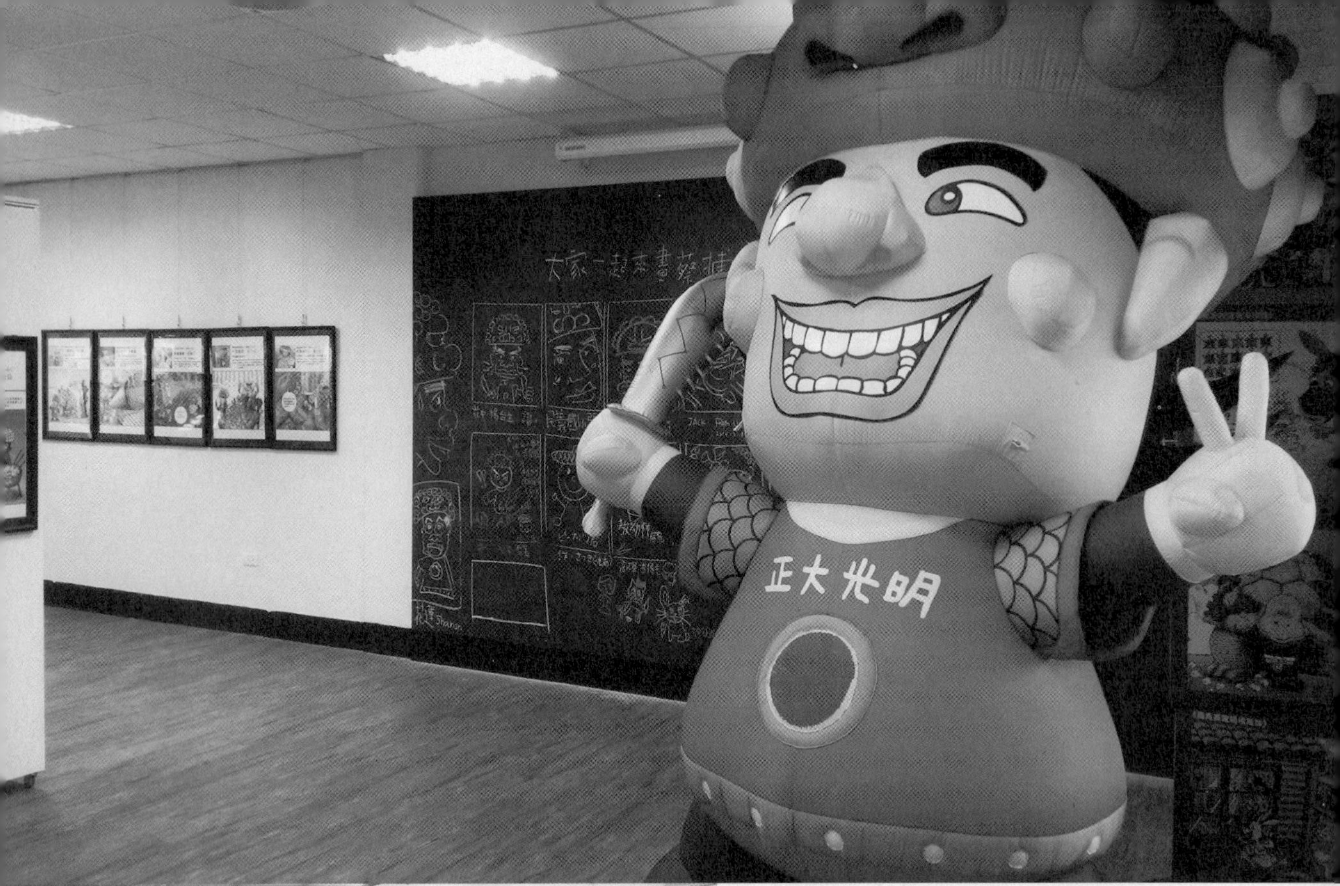

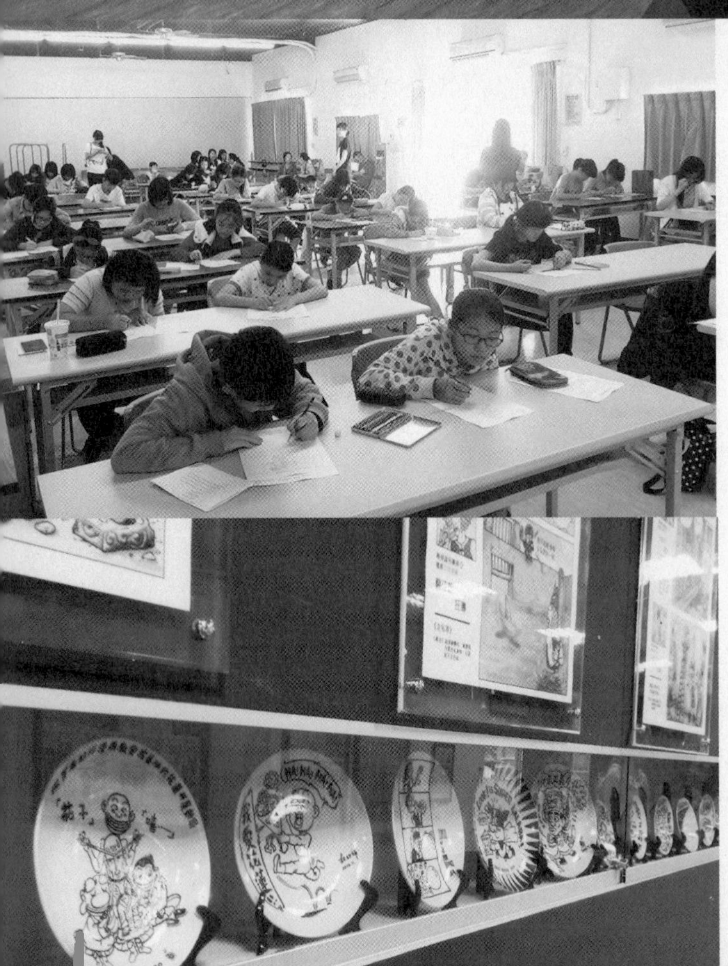

敖老師在漫畫上的成就是無庸置疑的，所以在問到他未來還有什麼更大的目標或理想要追求的？他表示推出《敖幼祥的童話故事》是未來很重要的目標。因為他覺得現在針對小朋友創作的漫畫太少了，他可以在這一塊上面盡一分心力。另一個則是動畫影片的製作，在最早入動畫那一行，後來又轉換跑道成為家喻戶曉的漫畫家，再在如今要回到那個繪製動畫的敖幼祥，還真是使人期待會有怎樣的好戲登場。

◀▲近來敖老師在花蓮創立了漫畫教室並舉辦了許多漫畫體驗活動，未來將會努力把畢生對漫畫的熱情和創作功力傳遞給下一代。

採訪／浪漫編輯部

漫畫圖片提供／時報出版敖幼祥叢書

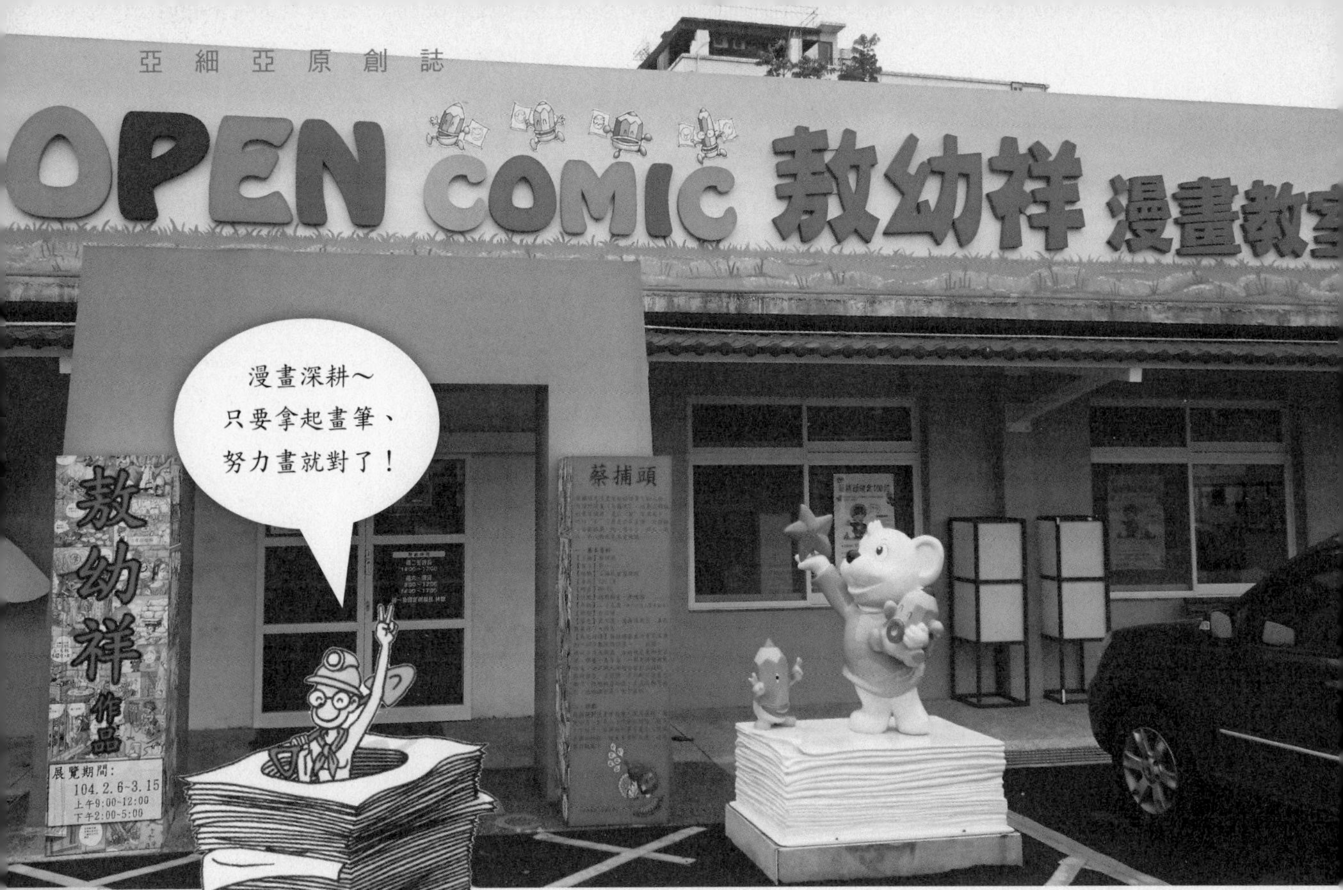

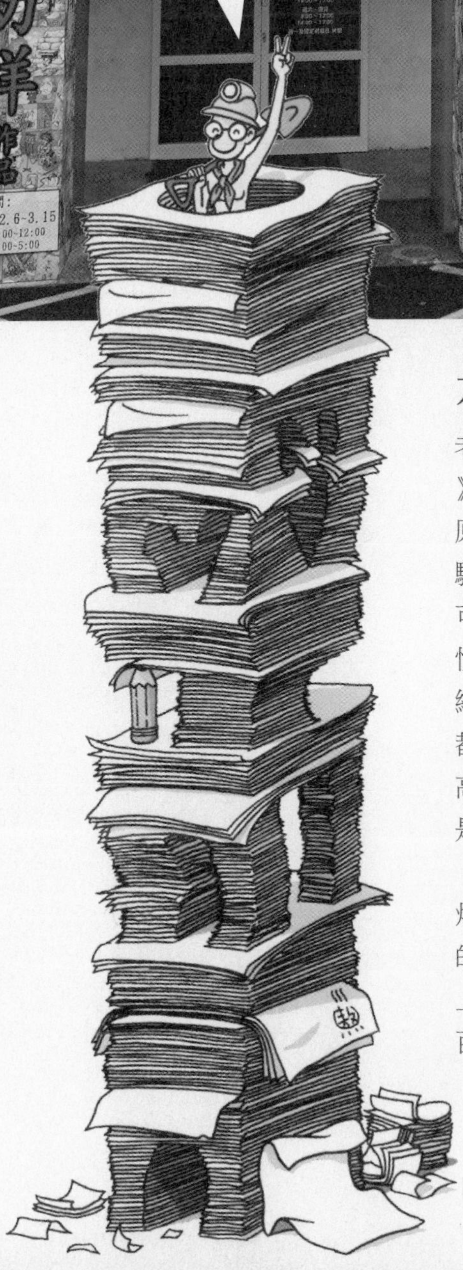

製作——浪漫編輯室

在談到創作《烏龍院》早期的那段時間，也連帶的勾起了敖老師許多那時的回憶，他坦承在畫《超級狗皮皮》與《烏龍院》的初期，其實他自身對漫畫創作的掌握並未竟理想，畢竟他原本從事的是繪製動畫影片的工作，並沒有相關的漫畫創作經驗，所以要自修、學習，便自行在有限的資源裡，去找到一切可供參考的任何書籍訊息，然而在這般資源匱乏，取得困難的情況下，人反而是越珍惜這些難得的擁有。敖老師就覺得沒有網路的那個年代，大家學習畫漫畫這件事，都得自行摸索，也都是無師自通的，但也因此每個作者的風格都很強烈，擁有極高的辨識度，好似與他輩份相近的鄭問、阿推……一看就知道是他們畫的，說起來算是蠻難得的一個時代。

而相對的現今整個環境，與往日大不相同，可說是資訊爆炸的時代，發表漫畫創作的平台，也全然不同，許多年輕朋友的作品發表，不再是經由報紙雜誌這類管道，而是直接在網路上，敖老師以為，這樣的方便的發表平台當然是好事，不過在百花齊放的背後，有些事情還是有值得注意的地方，例如少了與編輯的互相激盪的這部份，畢竟個人都是主觀而難免有盲點的，如果有多一個看法或許作品可以調整的更完善對創作者也是好事一樁。

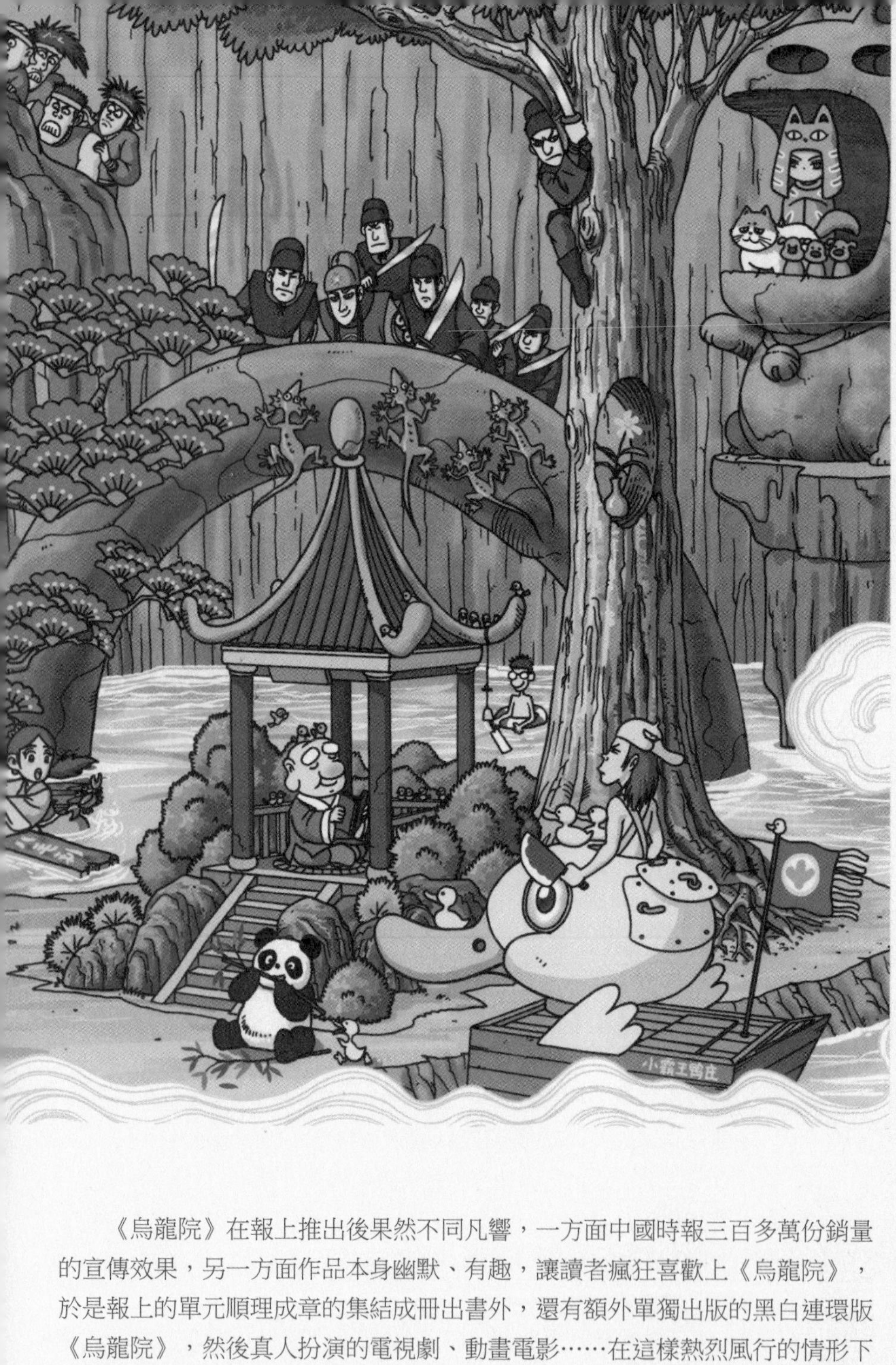

●在民生報刊載的《超級狗皮皮》大受歡迎後招來了另一份報紙—中國時報的注意，也因此催生了超級經典《烏龍院》。一開始雙方面研討的結果，就打定要以功夫喜劇作為表現形式，取名為《烏龍院》的原因也很簡單，就是一個四格漫畫框框（漫畫的格子）像四合院一樣每天在那邊搞烏龍。

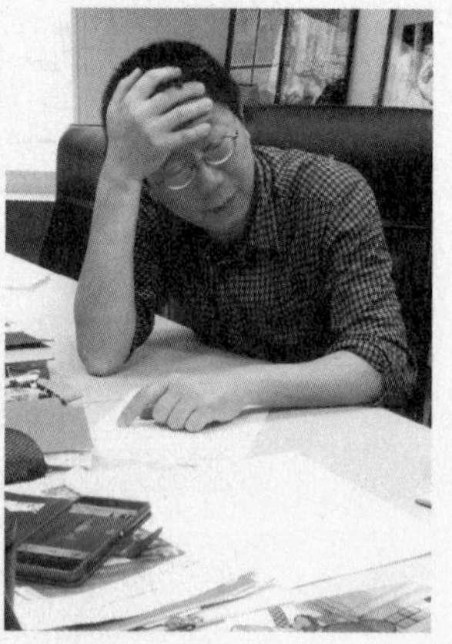

《烏龍院》在報上推出後果然不同凡響，一方面中國時報三百多萬份銷量的宣傳效果，另一方面作品本身幽默、有趣，讓讀者瘋狂喜歡上《烏龍院》，於是報上的單元順理成章的集結成冊出書外，還有額外單獨出版的黑白連環版《烏龍院》，然後真人扮演的電視劇、動畫電影……在這樣熱烈風行的情形下，創作者本身的想法，卻還是很單純的「就畫呀！」心裡沒有太多的複雜盤算，要如何如何，可能就是這份純粹，使得作品維持其原創性與趣味點，才能長在人心，被讀者一直追讀。不過功成名就可不是沒有代價的，敖老師便曾經因背負眾人的期待，以及超量的趕稿（七年畫出4868頁漫畫），在壓力沒有適當排解管道的情況下而導致失眠，嚴重時還必需靠安眠藥才能入睡，還好後來慢慢的調適才不再服用安眠藥。

我們一開始就問了敖老師有關這次新作的問題，因為這次他幫《亞細亞原創誌》創作的全新單元～「怪怪，我的貓ㄦ」，對照之前受矚目的首部作品《超級狗皮皮》，讓人好奇他對與人類最親近的兩種動物，各有著什麼樣的看法？

敖老師回答：狗是最好的朋友，貓不一樣，冷冰冰的，牠是不會找你的，她主動、你被動，不像狗你一喊牠就來了。貓狗兩種個性，但是我覺得養狗比較好玩，比較像哥ㄦ們……有養貓是到花蓮才養貓的，曾經畫過一篇作品～「一隻叫扁食的貓」，那隻貓是撿到的，花蓮有很多扁食店，我就在其中一家店門口撿到的。

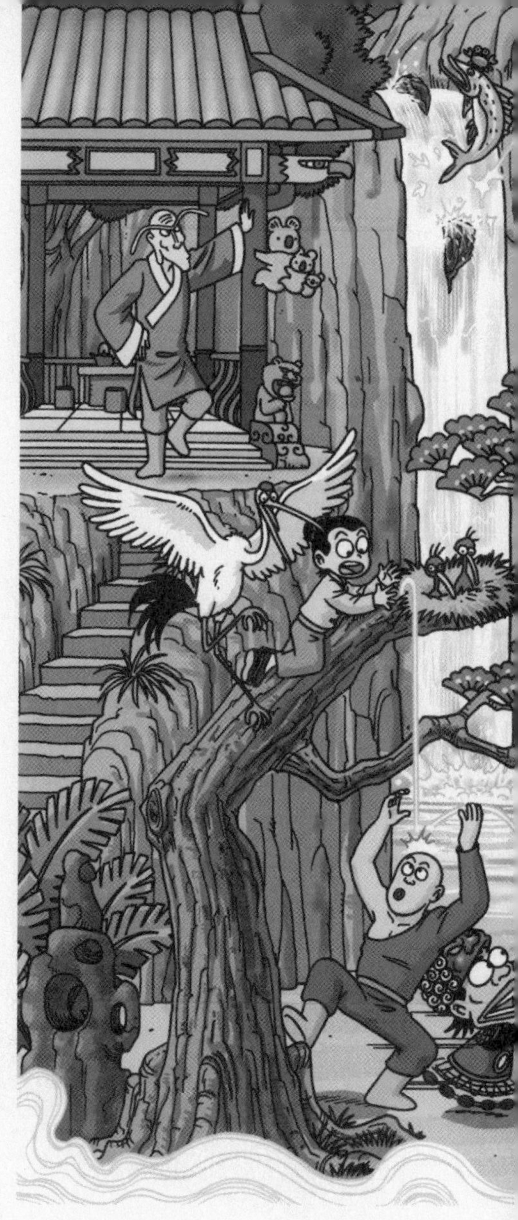

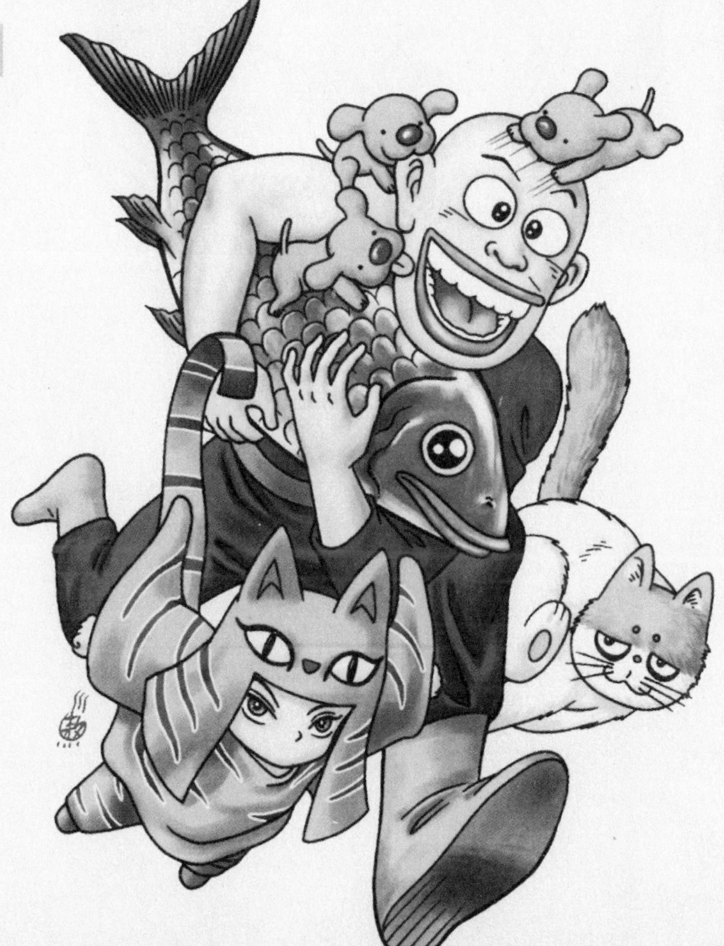

資料提供——時報出版

談著貓說著狗之間，我們也順帶提到當年由民生報連載開始的《超級狗皮皮》，原來皮皮的原型，是敖先生所養過的一隻狗—吉利，那是自小陪伴他長大的親蜜夥伴，《超級狗皮皮》在刊載初期其實並沒有名字，只有「超級狗」這個單元名，後來在單元日愈受歡迎的情況下，舉辦了命名票選活動，一番熱烈的競爭後由「皮皮」這個名字雀屏中選，成就了敖幼祥先生首部暢銷作。

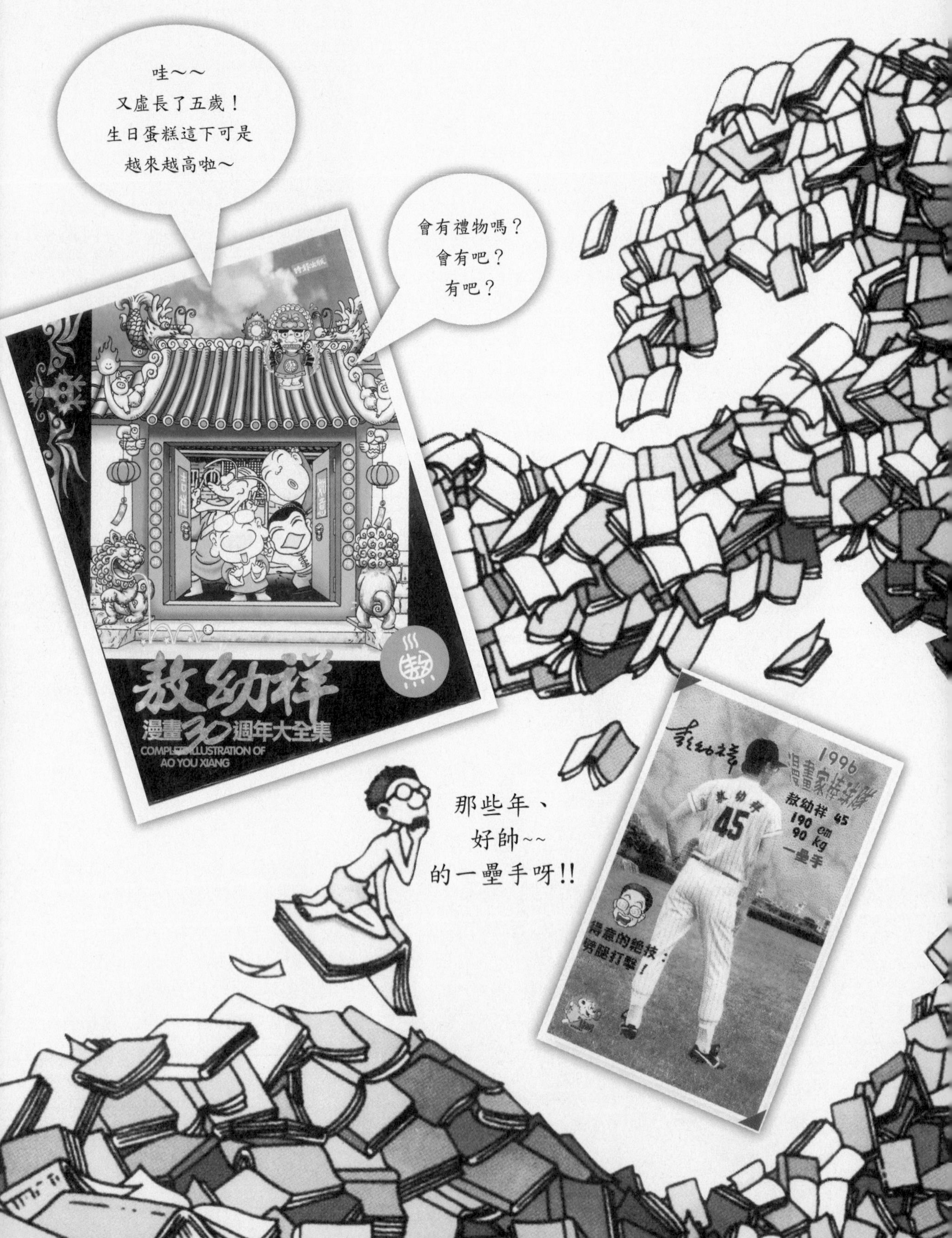
哇～～
又虛長了五歲！
生日蛋糕這下可是
越來越高啦～
會有禮物嗎？
會有吧？
有吧？
敖幼祥
漫畫30週年大全集
COMPLETE ILLUSTRATION OF
AO YOU XIANG
1996
漫畫家棒球隊
敖幼祥 45
190 cm
90 kg
一壘手
45
得意的絕技：
劈腿打擊！
那些年、
好帥~~
的一壘手呀!!

2015 台灣漫畫最轟動大事

大師經典35周年

～不朽的漫畫活寶 烏龍院！

天色有點灰暗的早晨，搭上開往花蓮的火車，列車沿著鐵路走著，車窗外的太平洋、一波波潮浪拍打著美麗的海岸線……今天的旅程目的是要採訪台灣漫畫界的傳奇、神秘高人～敖幼祥大師!!

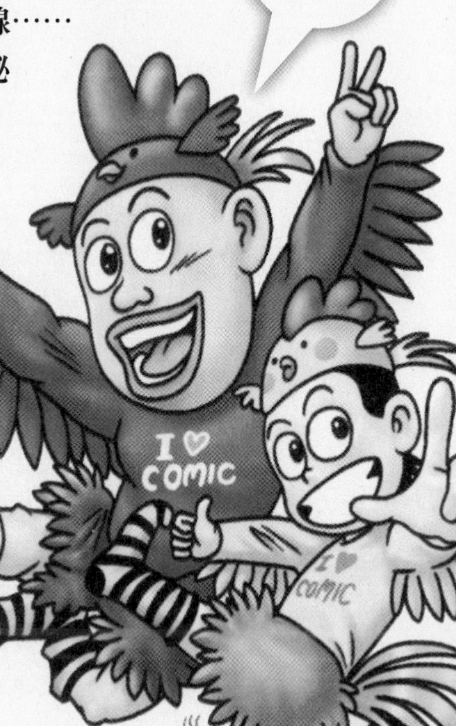

製作——浪漫編輯室

火車很快抵達了花蓮，敖老師親切的在火車站大廳迎接我們，呵呵～過然是高人！一米九的身高，不論在物理或情感上面我們一般小輩對大師都是一種仰視的角度啊！所以稱他是「高人」實在是再合適不過了。

★經典《烏龍院》今年滿35周年！

提到漫畫家敖幼祥，很自然而然的會聯想到已經滿35週年的《烏龍院》這部漫畫，在八零年代的台灣，《烏龍院》就是台灣漫畫的代名詞呢！而敖大師今年不但應亞細亞原創誌的邀請擔任創意總指導，更為了原創誌的讀者們繪製了全新的作品~耶耶!!現在就為大家特別介紹這位給予我們熱情支持的敖大師吧！

2015春之貓狗大戰

究竟貓派和狗派誰比較～浪漫？

擬人化動物從來都是動漫創作的熱門元素，放眼望去中外的動漫領域，動物巨星比比皆是，而這當中，狗與貓的比例又佔了很大的一部份，好比狗中天王史奴比Snoopy，以及貓中至尊加菲貓Garfield。這兩位美國的貓狗超級星，靠著他們的漫畫、動畫、週邊商品，以及授權，不知為美國賺進了多少外匯和國民外交，而另一個動漫實力足與美國相抗衡的國家～日本，也有他們的Hello Kitty、哆啦A夢，這兩隻國貓顯赫於世。

當然動物巨星不僅止貓狗，最大咖的米奇老鼠Mickey Mouse，是怎麼也不會有人能忽略掉他的，再者兔子(兔寶寶Bugs Bunny、美樂蒂My Melody) 、鴨子(達菲鴨Daffy Duck、唐老鴨Donald Duck) 、烏龜(忍者龜Teen Age Mutant Ninja Turtles)……哇～例子簡直舉不完。但回頭來看佔很大比例的貓狗動漫明星，為什麼是他們出現的機會最多？這大概與他們深度滲入人類的生活不無關係，市街上林立的寵物店，貓狗用品數最大宗，即可作為佐證，妙的是狗貓愛好者各有屬，甚至還互看不順眼，愛貓的覺得狗既笨又沒個性，喜歡狗的則反指貓是薄情寡義、不忠誠，這種見解上的歧異，強烈到可以拍成電影！

美國華納2001年的《貓狗大戰》Cats & Dogs，與他的續集《貓狗大戰：珍珠貓大反撲》Cats & Dogs: The Revenge of Kitty Galore (2010)由於將貓塑造成邪惡的大反派角色，而引來愛貓人士的嚴詞批評，不過罵歸罵，賣座還是很亮眼，爭論沒降低該片的吸睛度，反而還可能是一種另類宣傳。總之，貓狗惹人愛，各有個的心頭好，誰也很難勉強誰，而本刊雖沒有要製造衝突，去證明那一種動物，更值得你的眼神關注，但卻湊巧在這一期，分別有我們的漫畫大師～敖幼祥先生畫了「貓」題材的漫畫，另一方面多才多藝的湯翔麟先生則是創作了「狗」相關的故事，就這樣巧妙的兩種動物又對上了，到底是貓的魅力捉得住你？亦或者是狗要讓你感動窩心？這真是此番出刊讓人好奇又期待的讀者反應呀！呵呵！

浪漫編輯部㊣2015.4月